宗教学新论

中国基督教

卓新平 著

中国社会科学出版社

图书在版编目(CIP)数据

中国基督教 / 卓新平著. —北京：中国社会科学出版社，2020.12
(2021.4 重印)
(宗教学新论)
ISBN 978-7-5203-7235-0

Ⅰ.①中… Ⅱ.①卓… Ⅲ.①基督教—中国—文集
Ⅳ.①B979.2-53

中国版本图书馆 CIP 数据核字(2020)第 175433 号

出 版 人	赵剑英
责任编辑	陈 彪
责任校对	赵雪姣
责任印制	张雪娇
出　　版	中国社会科学出版社
社　　址	北京鼓楼西大街甲 158 号
邮　　编	100720
网　　址	http://www.csspw.cn
发 行 部	010-84083685
门 市 部	010-84029450
经　　销	新华书店及其他书店
印刷装订	北京市十月印刷有限公司
版　　次	2020 年 12 月第 1 版
印　　次	2021 年 4 月第 2 次印刷
开　　本	710×1000　1/16
印　　张	28
插　　页	2
字　　数	415 千字
定　　价	168.00 元

凡购买中国社会科学出版社图书，如有质量问题请与本社营销中心联系调换
电话：010-84083683
版权所有　侵权必究

"宗教学新论"总序

宗教是人类社会及思想史上最为复杂和神秘的现象之一。人类自具有自我意识以来，就一直在体验着宗教、观察着宗教、思考着宗教。宗教乃人类多元现象的呈现，表现在社会、政治、经济、信仰、思想、文化、艺术、科学、语言、民族、习俗、传媒等方面，形成了相关人群的社会传统及精神传承，构成了人类文明和民族文化的重要部分，铸就了人之群体的独特结构和人之个体的心理气质。在人类可以追溯的漫长历程中，不难察觉人与宗教共存、与信仰共舞的史实，从而使宗教有着"人类学常数"之说。因此，对宗教的审视和研究就代表着对人之社会认识、对人之自我体悟的重要内容。从人本及其社会出发，对宗教奥秘的探究则扩展到对无限微观世界和无垠宏观宇宙的认知及思索。

于是，人类学术史上就出现了专门研究这一人之社会及灵性现象的学科，此即我们在本研究系列所关注的宗教学。对宗教的各种观察研究古已有之，留下了大量历史记载和珍贵的参考文献，但以一种专业学科的方式来对宗教展开系统的学理探究，迄今则只有不足150年的历史。1873年，西方学者麦克斯·缪勒（F. Max Müller）出版《宗教学导论》一书，"宗教学"遂成为一门新兴人文学科的名称。不过，关于宗教学的内涵与外延，学术界一直存有争议，目前对这一学科的标准表达也仍然没有达成共识。在宗教学的发展过程中，涌现出一大批著名学者，也形成了各种学术流派，并且由最初的个人研究发展成为体系复杂的学科建制，出现了众多研究机构和高校院系，使宗教学在现代社会科学及人文学科领域中脱颖而出，成绩斐然。20世纪初，宗教学在中国悄然诞生，一些文史哲专家率先将其研究视域扩大到宗教范围，以客观、中立、悬置信仰的立场和方法来重点对中国宗教历史问题进行探究，从而形成中国宗教学的基本理念及原则。随着中国现代学术的发展，宗教学不断壮大，已呈现出蔚为壮观之局面。

宗教学作为跨学科研究，其显著特点就是其研究视野开阔，方法多样，突出其跨宗教、跨文化、跨时代等跨学科比较的意趣。其在普遍关联的基础上深入探索，贯通时空，展示出其内向与外向发展的两大方向。这种"内向"趋势使宗教学成为"谋心"之学，关注人的内蕴世界及其精神特质，侧重点在于"以人为本"、直指人心，以人的"灵魂"理解达至"神明"关联，讨论"神圣""神秘"等精神信仰问题，有其内在的深蕴。而其"外向"关注则让宗教学有着"谋事"之学的亮相，与人的存在社会、自然环境、宇宙万象联系起来，成为染指政治、经济、法律、制度、社会、群体、国际关系等问题的现实学问，有其外在的广阔。而研究者自身的立足定位也会影响到其探索宗教的视角、立场和态度，这就势必涉及其国家、民族、地区、时代等处境关联。所以说，宗教学既体现出其超越性、跨越性、抽象性、客观性，也不可避免其主体存在和主观意识的复杂影响。在这种意义上，宗教学既是跨越国界的学问，也是具有国家、民族等担当的学科，有其各不相同的鲜明特色。除了政治立场、学术方法、时代背景的不同之外，甚至不同学派、不同学者所选用的研究材料、关注的研究对象也互不相同，差异颇大。由此而论，宗教学当然有着其继承与创新的使命，而我们中国学者发展出体现中国特色的宗教学自然也在情理之中。

基于上述考虑，笔者在此想以"宗教学新论"为题对之展开探讨，计划将这一项目作为对自己近四十年研究宗教学科之学术积累的整理、补充和提炼，其中会搜集自己已发表或尚未发表的学术论文，以及已收入相关论文集的论文和相关专著中的文论，加以较为周全的整合，形成相关研究著作出版，包括《经典与实践：论马克思主义宗教学》《唯真与求实：马克思主义宗教观中国化之探》《宗教学史论：宗教学的历史与体系》《宗教社会论》《宗教文明论》《宗教思想论》《世界宗教论》《中国宗教论》《基督教思想》《基督教文化》《中国基督教》《反思与会通》等；在马克思主义宗教观的指导下，梳理探究宗教学的历史和宗教学的体系，进而展开对世界宗教的全方位研究。其"新"之论，一在视野之新，以一种整体论的视域来纵观古今宗教研究的历史，横贯中外宗教学的范围；二在理论之新，即用中国特色社会主义理论的创新之举来重温马克思主义经典作家关于宗教之论，探究马克思主义宗教观在当代中国的新发展、新思路；三为方法之新，不仅批判性地沿用宗教学历史传统中比较科学、合理、行之有效的方法，而且对之加以新的考量，结合当代学术最新发展的成果来重新整合；四在反思之新，这就是重新审视自己以往的旧作，总结自己四十年之久宗教研究在理论与实践上的体悟、收获，以及经验和教训，在新的思考、新的形势下积极调适，增添新思和新言。当然，这一项目立足于思考、探索乃实情，而建构、创新则仅为尝试，且只代表自己一家之言，故此所谈"新论"乃是相对的、开放的、发展的，必须持有锲而不舍、止于至善的精神和毅力来继续往前开拓。由于这一研究项目涉及面广，研究难度较大，论述的内容也较多，需要充分的时间保证，也需要各方面的大力支持，故其进程本身就是不断得到合作、得到鼓励和支持的过程。

在此，作者还要衷心感谢文化名家暨"四个一批"人才工程领导小组将本课题列为"文化名家暨'四个一批'人才项目"计划！也特别感谢中国社会科学出版社在编辑出版本项目课题著作上的全力支持！

卓新平
2019年5月

目 录

"宗教学新论"总序 …………………………………………………（1）
前言 …………………………………………………………………（1）
导论：对中国基督教历史研究的几点看法 …………………………（1）

第一编 古代中国基督教史

第一章 中国景教 …………………………………………………（3）

第二章 元朝天主教 ………………………………………………（41）

第三章 沙勿略：天主教远东传教和与东方文化
对话的奠基者 ……………………………………………（59）

第四章 澳门学与基督教研究 ……………………………………（72）

第五章 中西文化交流中的澳门研究 ……………………………（85）

第六章 重新审视罗明坚在中西文化交流上的
开创作用及其历史地位 …………………………………（94）

第七章 论利玛窦在儒学与中华传统文化西传中的
独特贡献 …………………………………………………（102）

第八章 庞迪我在中国的文化"适应"及"融入"之探 ………（121）

第九章 徐光启：放眼看世界的先驱 ……………………………（129）

第二编　近代中国基督教史

第十章　马礼逊与中国文化的对话 …………………………（145）

第十一章　马礼逊汉学研习对基督新教在华发展的影响 ………（160）

第十二章　在华圣公会历史研究 ……………………………（175）

第十三章　土山湾文化的历史意义及当代启迪 ………………（179）

第十四章　妇女对中国基督教发展的历史作用 ………………（184）

第十五章　基督教与新文化运动 ……………………………（189）

第三编　现代中国基督教史

第十六章　吴雷川论基督教与中国文化
　　　　　——《基督教与中国文化》读后感 …………………（195）

第十七章　赵紫宸思想研究 …………………………………（237）

第十八章　赵紫宸与中西思想交流 …………………………（253）

第十九章　融贯神学：一种结合基督教与中国文化的尝试 ……（258）

第二十章　基督教青年会与现代中国 ………………………（265）

第二十一章　《圣经》中译本及其教内外审视 ………………（274）

第二十二章　中国文化处境中的《圣经》理解 ………………（286）

第二十三章　圣经文学在现代中国文学中的意义 ……………（296）

第二十四章　"剑桥圣经注疏集"的汉译 ……………………（305）

第二十五章　展开对中国东正教的研究 ……………………（312）

第二十六章　当代中国基督教神学发展趋势 …………………（317）

第四编　基督教中国化发展

第二十七章　关于基督教"中国化"的再思考 ………………（341）

第二十八章　中国神学建设的沉思
　　　　　　——《丁光训文集》读后感 ………………（353）
第二十九章　中国社会与中国神学 ………………………（356）
第三十章　丁光训与基督教的中国化探索 ………………（369）
第三十一章　中国基督教"爱的神学"及其社会关怀 …………（378）
第三十二章　基督教中国化与中华民族命运共同体的建设 ……（385）
第三十三章　基督教"中国化"问题的政治意义 ……………（393）
第三十四章　坚持基督教"中国化"的现实必要性 ……………（400）

结语：改革开放 40 年来的基督教研究 ………………………（407）

前　言

　　基督教在中国的历史是中国社会及学界比较关注的问题之一，对之评价亦颇为复杂。自7世纪基督教首次传入中国，基督教与中国社会及其文化的接触就充满了张力，这种态势虽经千年之久而未有根本性改变。英国学者鲍勃·怀特（Bob Whyte）为此称基督教与中国的关系乃"未结束的相遇"，预感其碰撞、冲突还会继续。基于这一考虑，故而很有必要从宗教学的视角对中国基督教展开专门的探讨。

　　从政治意义上分析，基督教与中国在历史上的复杂交织主要就在于其政治层面，尤其是基督教自鸦片战争后全面传入中国，这种中西政治冲突主导了基督教与中国的关系，形成了对中国最大的挑战，也是中国人最大的关注甚至焦虑之一，从而把其他方面的发展基本上完全遮盖。只是到1950年以后，基督教在中国才进入另外一种全新的处境，形成其历史发展的新篇章，由此才真正走向中国基督教具有中华主体意识的发展道路。从社会意义上观察，基督教按其传统有丰富的社会工作的经验，其在这些领域也尝试在中国社会做了大量工作，在一定程度上影响到中国社会近现代的发展，对中国社会慈善福利、赈灾扶贫、教育出版、公益服务、妇女解放等方面的进步也起到过不可否认的促进作用。这样，基督教与近现代中国社会的转型遂有着密切关联。从文化意义上来思考，基督教在中国最初乃体现出两大文明的相遇与碰撞、对话与交流、互渗与融合。必须承认，中华文明与基督教文明都是在人类文明历史发展中比较强势的文明，最初的相遇乃强强相对、互不相让，因而才形成基督教在中国社会风风雨雨、跌宕起伏、命运多舛的"遭遇",几经禁教却也没有完全被灭绝,而其仗着西方列强的淫威也没能在文化上"占领"或"征服"中国,这种文化博弈因政治原因还在持续。不过,基督教"入乡随俗"的"处境化"传统,也使之能在一定程度上摆脱这种政治影响而专注文化发展,故而在与中华文化对话上也曾取得明显的进展,给人一种文化意义上有可能强强联合的希望。对此,我们也应客观对待、科学评价。而在当前中国新时代社会主义的发展中,基督教的"在地化""文化化"更是已经进入其"中国化"的实质性发展,所以有着真正"进入"中国社会、"融入"中华文化的光明前景。

为此,以宗教学的视野来探究基督教在中国的历史发展及其适应中国本土的社会文化演变就有着极为独特的历史意义和现实价值。本文集将从四个方面来对中国基督教的发展历程展开分析研究。

第一个方面是回顾古代中国基督教的历史,涉及的主题包括中国景教的历史、元朝基督教的发展、明清天主教的传播等方面。其中对相关个案也有专门的探析,例如,明末耶稣会士沙勿略初来中国的尝试,他虽未获成功,却得到了天主教远东传教和与东方文化对话的奠基者之殊荣;而此后天主教在澳门立足则有着重大意义,奠定了澳门学作为与基督教研究密切关联的"中国学"之重要基础,而这种澳门研究也直接促进了中西思想文化的交流;对于明末清初耶稣会的入华传教,这一部分还对罗明坚在中西文化交流上的开创作用及其历史地位加以重新审视,论及了利玛窦在儒学与中华传统文化西传中所做出的独特贡献,以及对庞迪我在中国的文化"适应"及"融入"展开了相关探讨;此外,从中国思想文化对应西方耶稣会士层面,则还对徐光启作为当时中国放眼看世界的先驱进行了探究,并论及上海土山湾文化的历史意义及其对当代中国社会的启迪。

第二个方面是对近代中国基督教史的回顾,涉及的议题包括马礼逊与中国文化的对话、马礼逊汉学研习对基督新教在华发展的影响,并论述对在华圣公会的历史研究、妇女对中国基督教发展的历史作用以及基督教与新文化运动的关系等问题。在这两个方面,中国基督教的历史基本上以外国传教士在华的传播与发展为主,从总体来看中国教会及教会人士在此阶段比较被动,其对中国基督教发展的主动权及主导权基本上微乎其微。

第三个方面是对现代中国基督教史的探讨,主要侧重思想、经典、文化、翻译等专题,包括对吴雷川论基督教与中国文化关系的分析描述,对赵紫宸思想及其在中西文化交流中的作用所展开的研究,对融贯神学作为一种结合基督教与中国文化的尝试之探,对《圣经》中译本及其教内外审视的分析,对中国文化处境中《圣经》理解的阐述,对圣经文学在现代中国的意义之探讨,以及对中国东正教的研究和对当代中国基督教神学发展趋势的探索等。在中国社会语境中,"神学"好像是个让人望而却步的词语,而实际上其研究非常重要,因为这会触及宗教信仰的核心问题,故其研究有其深邃之处,但也会起到纲举目张的关键作用。所以,本文集不仅不能回避神学的问题,反而会在中国社会思想文化处境中更多地思考这一问题。

第四个方面则是对基督教"中国化"发展的探讨,所论及的议题包括关于基督教"中国化"的再思考、对丁光训与基督教中国化发展的意义之探索、对中国基督教"爱的神学"及其社会关怀的研究、对基督教中国化与中华民族命运共同体建设的分析、对基督教"中国化"问题的政治意义和坚持基督教"中国化"之现实必要性的阐述,以及对基督教著作的汉译在基督教思想"中国化"发展中积极意义的探究和对中华文化渊源与中国神学发展关系的相关解析等。这些对基督教"中国化"的研究有着重大现实意义,而从目前社会舆论对之理解上还存有不少问题,故此需要从理论及实践两个层面、社会及思想两大领域来对之条分缕析、解疑答问。于此,笔者也特别展示了自己的相关思考和探究。

导论：对中国基督教历史研究的几点看法

基督教史研究在世界宗教史研究中占有很大比重，亦具有非常独特的意义。基督教作为世界第一大宗教，它所涉及的范围最广、史料最多、影响也最大，但有关中国基督教史的研究从总体来看却是薄弱环节之一，在迄今所开展的世界基督教史研究中，真正涉及中国的比重很小，因此，加强这一领域的研究，中国学者有着义不容辞的责任。中国改革开放带来了难得的机遇，使当代中国基督教研究出现了重大突破。所以，今天我们系统全面地展开中国基督教史研究，可以说是时不我待，机不可失。其实，中国基督教历史研究不是孤立的，而应该有一些相关方面的对比、观照，对之加以相互关联的整体审视，故而也就会涉及中国基督教历史分期的国际背景、中国基督教史研究中的政治及文化考量以及研究中国基督教史所需注意的对相关史料的科学把握等问题。

一 中国基督教历史分期的国际背景

中国基督教史的分期，按照传统观念和学术习惯大致可以分为四个大的历史时期。在这四个时期，我们现在的研究重点基本上是侧重于对中国本土的研究。而实际上，这四个历史时期都与当时的国际环境有着相应的关联，对这方面的研究应该加强。

1. 关于唐朝景教

唐朝景教研究的一个重要因素是它的中亚背景，因为它的文献、教义都是对这一背景的曲折反映，其特点也在它的中文翻译（意译）及解释中得到了相应体现。唐朝景教与中华文化的对话是多向性的，而不只是双向性的，它涉及西方文化，还涉及中亚文化特别是波斯文化。当它面对中华文化时，已经是一个多种文化因素的综合体了。我们今天谈的"一带一路"就与唐代陆地丝绸之路的中外交通有着密切关联，欧洲经中亚而与中国得以交往。必须看到，我们对"一带一路"建设的文化构想做历史回溯时，基督教在中国的传播则是其中的一个重点。从景教文献所反映的基督教与中华文化对话的过程中，我们可以注意到，它是从一种与佛道文献的混合中得以体现出来的。这种相混使基督教的自我意识在唐代不是非常凸显。现在我们谈到诸多景教文献，其中就有这种文献的真伪问题。目前学界关注较多的是敦煌文献，而对此之外的相关文献有关学者在其发掘和收藏中也有所波及。其实在中国古代文献中间尤其在佛道文献中就存有一些杂糅相混的现象，而外来宗教在传入中国时也不可避免这种混同、误解，其中我们可以看到相关文化的对话、互渗和交流。景教在中国古代文献中也反映出最早的中文《圣经》的翻译，这种较为零散、断续的《圣经》翻译既有直译的元素，也有转译、意译，有些干脆就是写作、翻译者的自我解读，不是严格意义上的翻译。这方面的研究现在要想发掘新的资料已经非常困难。国际学术界对景教文献已经做了大量研究，日本、韩国学者都有积极参与，这些年在欧洲尤其是以奥地利萨尔斯堡大学为主也展开了较为系统的景教研究，当然这中间也有很多中国学者积极参与，做出了一些新的学术贡献。笔者认为，如果没有新的考古发现，从文献资料方面可能很难有重大突破。但是在景教的中亚背景方面，对这些文献的分析解读却是可以有所发掘的，而对其原来文字意义及其中文译文的推敲琢磨也是大有可为的。这些都是以前我们研究方面的不足之处，过去对景教文献尤其是敦煌文献主要是对其与佛教、道教文献的混杂进行甄别、考辨。关于景教的研究，就中国本身论中国已很难有新的、大的进展，而对于景教东来的中亚环境，对于其在丝绸之路上发展演变的关注，却是还可以深入挖掘的，尤其是在景教文献字里行间所体现出的教义、它的表述特点等，可以发现基督教正统教义与异端思想在波斯文化即祆教、摩尼教影响下的嬗变。景教在唐时这种欧亚文化的涵括性是我们现在要特别注意的。

2. 关于元朝的景教和天主教

元朝传入的基督教包括两部分，一是景教从周边少数民族地区重新回到中原，被蒙古人称为"也里可温"。唐晓峰博士在其新著《元代基督教研究》（社会科学文献出版社2015年版）中提出了一个见解，认为元代文献谈到也里可温的时候基本上是针对景教，几乎没有发现也里可温在当时有论及元朝天主教的说法。对这些颇为细微的关注和思考，我们应该重视并深入探索。对元朝景教的研究，笔者认为重点要放在少数民族地区，特别是西北边疆地区景教的传播和发展，如在克烈、汪古、乃蛮、畏兀儿、吉利吉思等民族中的流传和演变。当然，这种传播和发展不是孤立的，它与中亚有相应的关联，来自中亚撒马尔罕等地的景教徒在元代中国南北都很活跃。其传播路径亦为陆上丝绸之路的生动写照，可以从巴格达、喀什噶尔、撒马尔罕、莎车、唐古忒直至内地找出其一条连线。这一景教在中国流传之说甚至与元朝天主教东来传教和西方人对西藏及其宗教的理解问题有着奇特复杂的关联。国内学者关注到景教当时对天主教东传的影响，在十字军东征期间，西方流传一种东方有个长老约翰王虔信景教的传说。据说元时天主教东来的主要动机就与要使这位约翰王从基督教异端转归天主教正宗有关。不过，以前我们没有注意到西方还有约翰王部落被成吉思汗打败后流散于藏区的传说，现在得以重新关注和重视，对此我们可以在《马可波罗游记》，还有东传天主教修士柏朗嘉宾、鲁布鲁克等人的信札中发现一些蛛丝马迹。这其中就有不同宗教对话的猜想，尤其是基督教跟佛教即藏传佛教的对话，这在元朝的宗教研究中就值得我们特别关注。国内研究基督教的学者视野以前没有涉及这一方面，而研究国外藏学发展的一些学者则注意到了这一点，尤其是我们今天和十四世达赖作斗争的时候，留意这一因素对西方民间的影响非常重要。上述传说影响到西方学者对藏传佛教与基督教关系上的一些基本态度，而通过这些西方学者的相关研究，又影响了西方众多老百姓的东方情结和文化情趣，导致他们一种情感上的走向和选择。比如说在西方藏学研究中，8世纪到12世纪景教和藏传佛教的这种关系乃是重中之重，形成延续至今的西方社会层面的渲染。他们的这些说法究竟有多少根据，出于何种缘由，是对还是错，都值得我们进行深入探讨，从而加以历史地说明或澄清。

二是元朝时天主教从欧洲传入中国。元代天主教的研究除了上述这个层面以外，还有其经文翻译的情况，如传说中孟高维诺的蒙文译经就值得再探。汉文译经方面在元时有没有任何的蛛丝马迹，这个也值得我们研究。学术界有一种说法尚待证实，即汉语的通用得力于元朝时的推广，汉语经蒙古语的"同化"而成为当时广被使用的"普通话"。既然"汉人"和"汉语"的意识与元朝密切相关，难道在《圣经》的翻译中却丝毫没被运用吗？另外，当时天主教会教区的拓展，在北方以汗八里即今天的北京为主，在南方也开辟了一些教区，故欧洲人有北契丹、南蛮子之说，对此我们的研究仍是语焉不详。从元朝基督教的研究我们自然就涉及通过陆上或海上丝绸之路而开展的中西多种交流，这个视野理应更开阔一些。但现在许多问题都不是很清晰，值得我们去详细研究。像天主教东传的具体路径、其经历的东方文化熏染或阻碍，景教与天主教的冲突，以及他们为什么会冲突、这种冲突的内外环境如何等，都是可以深入发掘的。比如说景教主要是受中亚文化的影响，而天主教则主要反映出西欧文化的影响，这里面除了教派之争、正统与异端之辩以外，还有没有一些不同文化冲撞方面的因素？再一个就是天主教在元朝时期逐渐走向衰弱的内外原因，还有没有这方面的文献或史实值得我们去深入发掘？唐晓峰博士最近出版的关于元朝基督教的研究在上述各方面都有很多的构想。从元朝开始，天主教在中国就明显留下了一些发展的痕迹，但是对这些痕迹的解读、研究，现在仍然是非常模糊、语焉不详，这是值得在中国基督教史研究走向深入时认真加以考虑的。

3. 关于明清天主教

明清天主教是国内中国基督教史研究的热点或重点，已有很多的考古发掘问世和研究成果的发表，但实际上我们研究的视域仍然还不太开阔。最近笔者在参加国际学术研讨会时发现，一些学者包括一些中国学者已经更多地把视域放在其国际环境、时代背景方面，特别是明清天主教东传时的欧洲背景引起了他们的高度注意。在澳门开会时，笔者记得有一个学者说他曾经在西班牙、葡萄牙的相关档案馆专门查找关涉天主教东传时的相关档案，他记得在里斯本发现的档案中有西班牙和葡萄牙的天主教曾经想采取武力到东方传教的记载。大航海时代西班牙、葡萄牙的海上实力曾独占鳌头，只是后来由于西班牙的无敌舰队被英国打败，由此丢失了其海上霸权，再想以武力东行已鞭长莫及，所以后来在东方就不得不采取入乡随俗的传教策略，尤其是像耶稣会所定的那种文化适应的传教策略。这是硬的不行了才采取的软的策略。当然，这种说法有多大的真实性仍值得我们考虑和考证。此外，最近还听到一种带有颠覆性的见解，如果确实的话，则要重写明清天主教的早期历史。这就是在关于罗明坚、利玛窦的理解上，二人究竟谁在欧洲的影响大之问题。2015 年笔者去马可波罗的故乡意大利威尼斯参加了一个国际学术研讨会，会上一些学者包括中国学者和意大利学者讨论了对罗明坚和利玛窦的重新评价问题。有一种观点强调罗明坚是海外汉学第一人，他既撰写了天主教传教士的第一部中文著作，而且也是最早将中国儒家经典译为西方语言的。过去我们突出的是利玛窦在华影响和贡献，因为罗明坚很早就离开中国回欧洲去了。利玛窦在自己的记载中说曾用拉丁文将"四书"译出，人们据此认为他是西译儒家经典第一人。但当代学者在意大利、梵蒂冈查档案时发现明确为利玛窦用拉丁文撰写的著作微乎其微，到目前几乎没有找到，现在已经找到的拉丁文"四书"翻译手稿文本上有两处标明是罗明坚所译所编，而似乎与利玛窦无关。当然，关于罗明坚的以上表述在这个档案里边也存在很多疑问，比如说在此稿正式的拉丁文"四书"译文正面的主要内容中并没有罗明坚所译的明证,只是在手稿扉页背面有一行字注为"由罗明坚神父收集整理",其表明的是"收集"(collect)而不是翻译。而只是在正文中间与"四书"没有直接关系的部分内容即《各家名言汇编》中,才明确写的是由罗明坚完成翻译的。这部拉丁文"四书"手稿到底是利玛窦还是罗明坚翻译的,现在仍然存疑。西方现代学者对此也分为两大派,像德礼贤一开始认为这部拉丁文手稿是利玛窦所译,但后来改变了观点,声称是罗明坚所译。而意大利今天仍有些学者如达雷利等坚持认为此手稿还是利玛窦的翻译。怀疑出自利玛窦之手的理由是没有找到他的拉丁文作品,他只是在其记载中自己说翻译过拉丁文的"四书"。有些学者甚至提出了一种具有颠覆性的观点,说利玛窦的拉丁文不行,其水平远远差于作为其老师辈的罗明坚,利玛窦留下的很多东西都是用意大利文写的。但肯定是利玛窦所译的学者则认为他作为耶稣会士,拉丁文的水平是毋庸置疑的,其对"四书"的理解还能得到当地中国文人的帮助,而且他在中国传教期间为了来华传教士学习汉语、了解中国文化而用拉丁文翻译"四书"也是完全可能的,其在华所写札记论及的翻译时段、前后秩序、基本内容也大致与目前所发现的拉丁文"四书"手稿结构相吻合。只是其手稿究竟落入谁人之手、由谁带到了欧洲则已无从查起。当时罗明坚已经回到了欧洲,如果是其将"四书"译成拉丁文则只能自己独立完成。虽然眼下所发现的"四书"拉丁文手稿有罗明坚编辑、翻译的字样,却存在落款不一、日期有涂改等问题,现在还没有看到由笔迹鉴定专家对手稿笔迹和罗明坚签字笔迹加以比对肯定的权威说明。虽然学者们对所藏拉丁文的文献现在好像是找遍了,但是还没有真正穷尽,是否还能找到利玛窦的手稿仍很难说。如果说最早的拉丁文"四书"翻译是罗明坚所为这个发现能够得到证实的话,无论是对于天主教来华传播的历史,还是对国际汉学的发展都具有颠覆性的意义,其早期历史可能都要重写。我们说国际汉学始于耶稣会,那么到底始于利玛窦还是罗明坚?利玛窦在中国有非常大的影响,在意大利反而没有像在中国这么有名。我们到利玛窦的家乡玛切拉塔去,没有几个人知道利玛窦是何人，而在中国起码在学术层面可以说是家喻户晓了。相反，罗明坚由于较早地回到欧洲，此后他的一些文献以及关于他的一些研究反而能引起欧洲学界和公众的关注。这些史料、文献等留存下来的东西都值得我们去甄别。尽管不同的意见认为，作为耶稣会士利玛窦肯定拉丁文理应是好的，对此不应该存有疑问，但是现在需要有文献来说明，而至少目前还没有获得能够确证的相关文献。这些关注和思考在国际背景的研究中有很多侧重，却是我们在国内没法加以特别考虑的内容。这些研究进展和争议至少可以开阔我们的眼界，拓展我们的思路。比如还有的学者在查阅文献档案时提到，现在发现的关于汤若望的一些文献记载，绝大部分是满文的，而真正的汉文记载却是凤毛麟角，非常少。所以，也有一些学者提出，汤若望当时学的语言主要是满文，他在汉文的掌握上到底达到了什么样的程度真很难说，这个也是应该关注的。像这些问题就涉及重新对耶稣会在华传播历史的梳理和评价。

　　此外，我们讲明清耶稣会士"中国礼仪之争"的时候，实际上其渊源跟利玛窦的地缘政治的思考是有关联的。利玛窦去世前最后交班的时候本来是有一个很好的人选，像庞迪我就非常理想，他们是一起到北京的，而且庞迪我对利玛窦的中国传教策略既支持又践行，做了不少辅助利玛窦的工作，但由于庞迪我不是意大利人，最后利玛窦就把耶稣会的在华领导权交给了同样是意大利人的龙华明。但是龙华明的传教观点和他们是不一样的，这种思想分歧及宣教思路的不同就导致最后发展成"中国礼仪之争"。如果这些问题仅仅从中国的范围来考虑则是很难解答的，故而需要有国际的，尤其是欧洲背景的考量。我们还可以把视野更多地推到欧洲当时所谓的"中国热"研究、对儒教认识的研究等。当时利玛窦为了吸引中国士大夫加入天主教，主张不要把儒教看作宗教。对这一认知，在《利玛窦中国札记》中可以看到他在观念上有个微妙的变化，他一开始有把儒教视为宗教且贬低儒教的思想，后来为了传教及与中国文化适应的需要才有了明显改变。我们今天争论儒教到底是不是宗教，其实最早可以追溯到这个时期，因此我们应该了解这个时期是个什么样的历史场景，中国的儒家学者对之是怎么看的。这方面的情况目前也值得深入研究。值得一提的是，关于"中国礼仪之争"，以前中国学界更多地注意到西方传教士之间的争论，后来才有中国学者开始对当时中国天主教徒知识分子对礼仪之争的理论参与专门做一些比较系统的研究，但关注和发掘仍然不够。这些都是在明清天主教的发展上值得我们再深入考虑的问题。关于宗教政策和中国基督徒的发展问题，笔者曾经听到国内研究清朝档案的一些学者讲，在利玛窦时期和此后清朝康熙时期或者说包括在他之前的历史时期，在明清王朝允许天主教发展的时候，天主教其实发展得不是很快，他们只是把传教重点放在皇族，放在像士大夫阶层这样的少数高级知识分子身上，而并不太注重基层传教。康熙皇帝禁教以后，天主教反而在基层得到了很大的发展，到鸦片战争前，中国天主教徒从利玛窦之后允许传教时期的几万人，发展到了禁教之后的几十万人。我们对这样的档案记载是否可以更深入地发掘和了解，其史实及意蕴的确值得我们研究思考。实际上，中国传统文化和西方文化深层次的对话和沟通始于明清，耶稣会士对此做出了巨大的贡献。但这种看似颇有成果的文化对话一旦遇到政治层面的对抗就会遭遇灭顶之灾，本来具有深层次意义的文化交流为什么显得如此脆弱，的确值得我们反思和深究。所以，开展这方面的研究，我们需要把国际特别是欧洲的时代背景和中国明末清初的社会状况有机结合起来研讨。

4. 关于鸦片战争前后的基督教

这是讨论中分歧最大的一个领域。比如说，对中国近代社会转型，天主教、新教、东正教的传入到底有多大的影响，基督教对中国"新文化"运动有怎么样的参与，对中国政治有怎么样的卷入，所有这些问题都涉及对这些传教士的认识和评价。以前对传教士的评价是百分之百的否定，但这并不是历史唯物主义的一种做法。现在我们可以对传教士做出一些具体的分析，发现很多传教士在相关领域做出了一些非常积极的贡献。我们反对历史虚无主义，就应该客观地、实事求是地对待历史，包括客观、公正地对待基督教在华传教的历史。我们可以说鸦片战争后基督教会自觉或不自觉地参与帝国主义对华的文化侵略，但不能说所有的来华传教士因此就都是帝国主义文化侵略者。如果是一种全盘否定，这对于那些为中国社会文化发展做出贡献，为社会慈善、扶贫脱贫做出牺牲的传教士个人则是很不公平的。如果说今天要讨论国共两党与基督教的关系，我们会发现早期国民党、共产党与基督教的关系可以追溯到晚清、民国早期，彼此之间有着复杂关联，这也是对基督教在中国卷入政治旋涡的回顾和反思。

5. 关于当代社会的基督教

实际上，我们今天的研究还要注意到第五个历史阶段，也就是1949年以后基督教的在华存在与发展。在2016年9月的"G20"杭州峰会欢迎晚宴上，习近平主席讲到了司徒雷登。司徒雷登可以说是中国革命时期大家最为熟悉的美国人，他作为美国来华传教士和外交官成为美国政府当时"护蒋反共"标志性的人物，但他其实在离开中国之前曾试图改变即改善中美关系，希望能够打破美国与中共关系上的僵局，双方当时也曾有一些尝试直接接触的准备，但是因为美国政府的反对而没有成功，留下了历史的遗憾。司徒雷登本人也成了有争议的人物，是一个悲剧人物，对此现在的相关研究已有充分说明，由于当时没有出现中美关系的奇迹，基督教在华的命运亦因而彻底改变，尤其是在20世纪50年代出现了教会被孤立、信教人数急剧萎缩的情况。再一个就是"文革"后基督教经改革开放之社会转型到今天的发展，这一阶段涉及的问题很多，如相关的人物研究，相关的思想研究，其国内评价和国际公认观点的研究等都方兴未艾。尤其是当下基督教坚持"中国化"方向及推动"中国神学建设"的努力，理应成为我们关注的重中之重。在国际关系上，中美关系、中欧关系、中俄关系中间都有基督教因素，特别是中美两个大国关系之间，基督教新教及其新兴教派所会起的作用，以及中俄战略伙伴关系之构建中的东正教所可能起到的变数作用等，其深入、全面、透彻的研究乃当务之急，时不我待。我们如果冷静地分析，积极地引导，则可以找到基督教在中外关系中所能起到的桥梁连接作用，双边和多边关系发展走向的风向标作用，以及它在中外文化沟通或民众交流中间可能有的拓展作用。我们今天研究中国基督教的历史，在视野方面应该走出中国，放眼世界，形成全球化意义上的审视。

二 中国基督教史中的政治及文化考量问题

1. 与政治的关系

中国基督教与政治的关系在现当代实际上很大比重就是与国民党和与共产党的关系，与西方各国和与新中国的关系，以及中国教会开展"三自"爱国运动以来的各种关系。在这方面，我们以前是对基督教一边倒的否定式的看法，这种视域迄今仍影响到我们的研究，但我们今天的确应该重新思考，应在经过对一些资料的深入发掘、认真梳理和仔细甄别之后而需要对之加以重新评价。政教关系在宗教的社会生存中乃重中之重，尽管各种宗教都会有不少超越时空的抽象思想和精神追求，但其社会形态却不可能与政治根本无关。宗教社会存在及其社会建构是具有政治性的，这对于基督教也没有例外。宗教只要是作为社会团体而存在，就不可能根本超越其社会的政治氛围，但宗教对政治的卷入又是极为复杂的，其信仰的维度在此亦发挥着微妙的作用，对之不可简单评价、随意对待。社会层面的宗教性情似水，弱如潺潺细流，强似洪水巨浪，其以柔克刚之潜力不可小觑。政治不可能消灭宗教，而宗教在关键时刻则有可能反制政治。因此，明智的宗教会主动适应政治，而睿智的政治则会包容并积极引导宗教。

2. 与文化的关系

基督教与中国文化到底是什么关系？我们以前谈到了很多方面，涉及其文化披戴、文化融入、文化重构等问题。基督教是什么性质的文化？其在中国文化中的处境如何？这些发展达到了一个什么样的程度？从文化交流、融合的角度来看待中国基督教，是需要我们加强研究的。

由于历史发展的突变性，基督教在华的历史断断续续，文化交流也并非一条线贯穿下来，其断裂、冲突造成的复杂影响延至今日，其历史不断出现突然的中断或者说重新的开始，这给其文化交流及文化转型带来了许多问题。虽然基督教目前仍不如佛教那样对中国有着巨大且普遍的影响，但其潜力和韧性却仍值得我们深入思考。文化的较量和博弈并非必然要剑拔弩张、你死我活，但也可能是没有硝烟的战争，当然也不排拒有和风细雨有机浸润那样的融入，其结局两败俱伤或双赢同胜都有可能，也就要看双方相遇时的"文化战略"和敏智策略。今天我们说重新认识中华传统文化，反思中国文化和世界文化的关系，那么基督教文化在中华文化中的定位及如何定位，其彼此关系的分析、定位，就是不能回避的问题。

3. 国际化或中国化问题

今天我们还在热议基督教的国际性与中国化问题。对于世界性宗教而言，这实际上乃一个硬币的两面，其实基督教的中国化本来就不是问题，以前教会早就探讨过本土化、处境化、本地化或在地化问题，所谓"地"是什么呢？在中国当然就是中国这块土地。基督教在中国已经在地了，剩下的只是如何"化"的问题，包括天主教会也同样要面对这一现实。只有"中国化"才能确立其随之水到渠成的"中国性"。早在20世纪初，中国天主教会内部就曾经有中国化的走向，明确提出过"中国化"的口号。本来基督教的中国化是一种非常自然的表述，既有《圣经》理论的依据，又有教会实践的经验，为什么今天反而成了问题了呢？所以对今天出现的一些关于中国化的种种抵触和抱怨，实在感到有些匪夷所思，很难理解。境外有舆论说基督教中国化是一种意识形态上的表述，是一种政府行为，当然就对它增加有不同的蕴涵，其实这种说法是不符合事实的。基督教的中国化是中国教会以往就有的传统说法，最近几年首先是我们学界强调了这种说法，并以基督教中国化为题召开了许多研讨会，出版了系列著作。耐人寻味的是，当我们学术界的这一说法没有得到政府肯定的时候，并没有人出来做任何回应。而近两年情况突变，当政府表态支持基督教中国化的说法以后，反而掀起了轩然大波，外界将之说成政府所为，并为此而说事、大做文章。这一戏剧性变化发展里面有很多值得我们思考的问题，其中肯定就有政治的缘由。如果把它理清楚，体悟基督教坚持中国化方向的深刻蕴涵和长远价值，对我们今天如何看待和引导基督教在中国社会的生存和发展都是很有意义的。

4. 对基督教现状即在中国社会中的定位和评估问题

基督教在今天对中国社会至少有三股潜在的影响力：一个是对知识群体的影响力，另一个是对基层民众的影响力，再一个是对社会经济精英的影响力。这些影响力多少都会向政治方向发展，对之关注和积极引导已经时不我待，很有必要。中国基督教史研究应该还原历史的真实，应该启迪我们今天对现实的认知，应该展望基督教在中国的未来走向。所以，历史研究就具有当代史研究的意义。这对于中国社会文化建设，对于中国走向世界、走向未来都是至关重要而不可忽视的。今天中国文化的复兴和真正走向世界，就需要中国学术领域的学者在中国基督教史的研究上求实、务真，我们要彼此呼应，要相互补充，更要加以整合，以共同的努力来还中国基督教史一个真实的面貌，并基于真实的面貌来对它加以客观、科学的评价。这既有利于中国基督教本身，也有利于中国当今社会。

三　研究中国基督教史要注重对史料的把握

1. 收集史料要有"绝对"精神

这就是要研究者尽力去穷尽相关史料，争取对史料的收集能达到极致。陶飞亚教授曾在"中国基督教史专题学术研讨会"上报告了他主持的国家社科基金重大项目——"汉语基督教文献书目的整理与研究"的架构和进展情况，这种资料库我觉得非常好，如果他们能达到预期目标，我想这可能是世界上关于中国基督教研究最大的一个信息资料库。

这种构想和努力就是在追求一种极致，当然其难度非常大，涉及方方面面，希望能锲而不舍，达到成功。不管怎么说，我们无论是从哪个方面收集资料都要有这种"绝对"精神，要争取达到一种尽其所能发现所有相关资料这样一个程度。

2. 在分析史料上要有一种"相对"理论

对我们掌握的史料不可不信，不可全信，做好"信史"与"疑史"的辩证结合，必须对已经掌握的史料进行考证、辨识、甄别。为什么这么讲？20年前，笔者曾经到香港中文大学参加一个关于民间信仰、传统文化的研讨会，当时有一位非常著名的学者正好是七十大寿，大会请他作了一个主题报告，他就在史料的运用与分析上作了一个提醒，强调相关史料或许仅有相对意义。这是因为有时候我们掌握到的一些原始材料乃相对的，如果原原本本用这个原始材料，有可能它是真实的反映，但也有可能会出一些错谬。这位学者对相关研究论文的原始材料进行了甄别，通过地方志的印证以及查找相关监狱里审问的档案记载，发现这个原始材料是在拷打逼供这种情况下说出来的，它跟真实的情况还有一定的距离。所以，对得到的原始材料也应该相对地存疑。为什么这么讲？我们现在把握的材料，包括我们所注重的口述史，首先只能从其相对的意义来考虑，例如口述史当事人所说虽然是第一手材料，但是他口述时可能有所顾忌，因种种考虑而对事实真相有所隐讳，或者有所改变，所以我们还需要有一些旁证的资料对它加以证实，但是开展这个工作在实际上确实很难很难。无论如何，我们对所掌握的材料一定要有一种"相对"的理论思考和斟酌。结合这种情况，我们的学术研究既要有一定的开放性，同时也要留有相对的余地，或者说留有充分考虑的空间。我们从事历史研究的人都觉得自己能够掌握到第一手材料是一种惊喜，这使自己会有独特的资料优势，但是对已经掌握的材料却一定要有一种科学、客观、冷静的分析和辨别。

3. 在审视史料上要有一种"串珠"形式的贯通

我们在研究历史时遇到的虽然可能是一个个案，但是研究这个个案的时候要展开相关的联系，使它在历史的动态再现中鲜活起来。我们研究相关历史时肯定会有自己的预设，有一定的目的和考量。其实，不管是什么样的史料它都会有一种时空背景的关联，从时间上来说，它经历过不同历史时期的发展；从空间上来说，它会见证不同地域的复杂变化，所以我们在微观研究上要非常细致，做到探幽洞微、明察秋毫。除此之外，在这种细致的微观研究基础上，还要有中观研究的考虑，甚至还应有宏观研究的把握，这样就可以把零碎的史料串起来，使之在反映真实历史上得以有机共构。我们研究历史的意义是什么？就是要以小见大，有微言大义之效，而以小见大就一定要注意细节。我们今天有不少报告都描述了很多鲜为人知的细节，使大家感到非常亲切，非常直接，非常生动，其言之有物而再现了历史，这就是我们历史研究的魅力所在，但是仅仅重温这些历史细节还不够，我们研究历史还要有一种历史哲学意义上的通盘考虑，对掌握的史料也要有超越历史本身的思考。为什么要还原它的真实？这就是以史为鉴、洞若观火的蕴涵。但研究历史不是为研究历史而研究，还必须有相关的多种思索，这可能就是我们以史观今的意义所在，即对今后或者当下的发展有一种鉴别，起一种警醒作用。我们知道有一句名言，认为"一切历史都是当代史"，说的就是这个意思，以古洞今则要达到一种普遍联系，然后对它加以整体把握。这样的历史观要求我们有解释学意义上的双重视域叠合，既还原古代的真实，又有今天的参照，是历史客体和研究主体的有机共构。

4. 运用史料和理解历史一定要慎重、睿智

不同历史时期，不同个案会有不同的定位，有不同的标准或不同的价值观。如果只是以某一种定位来强求，以某一种标准作为绝对价值观的话，不一定会让其他人心服口服。所以，我们做历史评价时一定要慎重、谨慎。我们今天运用历史，尤其是涉及从历史认知走向今天的应

用，究竟会有什么意义呢？笔者认为，这是我们学者当下的一种责任，我们要起到一个"智库"的作用。"智库"是对我们学术界一个客观的定位，而不是谁请你去做智库，你才能做智库，或者说人家不请你了，也就不去做了。为国家建言献策这是中国知识分子的优良传统，"士"的特点就是有一种忧国忧民的意识，一种积极参与的意识。研讨会讨论的很多问题涉及复杂的历史或现实评价，其观点的真实亮出确属不易，因为一旦涉及对过去历史较为敏感的评价，则可能要承担其现实后果，于是有些朋友在此就会语焉不详，或者用一句大家常学说的"你懂的"就搪塞过去了，并不奢望其真正的解决。其实，既然是学术研究，那就要堂堂正正，而不能藏着掖着，瞒这瞒那。也就是说，根据我们掌握的史料，通过我们的分析，理应把事情原原本本地道来，对它的利弊做出客观冷静的分析，实事求是，这是我们的责任所在。当然，我们在谈到很多现实的问题时也要有自知之明，把握好评价的尺度和分寸。有些问题，我们在关注，在研究，似乎无人过问，但相关决策者并不是不想过问这方面的事情，或许时机尚不成熟。作为学者，我们应该做的就是以自己专业学术的系统研究而做好准备，为反思历史、对比现实提供一种真实的场景，使我们的立论有着不可分辩的说服力。而不可见风使舵、人云亦云，更不能以一种投机的心态来揣摩他人之言及时局之变。至于这对于我们的顶层设计是不是能有一种参考作用，则不是由我们来决定的。我们只要言我们可以言，说我们可以说的，客观真实地建言献策，就是尽职尽责了。在相关部门决策的时候，如果我们的研究能够体现出一种客观性，能够提供一种全球的审视、现实的启发，那就非常有价值了。我们所谈到的应该是一种对历史厚重的面对，以历史的参照而使我们当下的决策不再会那么肤浅，或者说不是那么只考虑表面，而是深思熟虑、高瞻远瞩。

我们所谈到的很多宗教问题，都具有超前性，对其真实的直面或当前需要的反思，有些其实相关部门尚未真正准备好，还不可能真正去着手解决。但我们有历史积淀的学者却应该在学理、知识层面准备好，使有关部门对我们的成果一旦需要就能及时用上。我们之所以会吃亏，一方面在于对过去的历史审视不够，另一方面则是对现实的观察也不够。所以，我们处理现实中遇到的一些棘手问题，要知己还要知彼，在深入、透彻地了解己方和彼方上，学者是可以提供相应帮助的。从这个方面来讲，我们不要草率、匆忙地推出研究结果，而是要有细心、耐心和恒心，让我们的学术成果坚实、扎实，这样才可以做好智库的工作。从当代文化战略的意义上讲，历史研究不只是一个纯学术研究，它对我们今天的发展，对自我的认知，对我们在整个世界历史发展中的地位判断，对我们可能起到的作用，都会有一个客观、冷静的分析。作为历史学者一定要看到历史研究在当下、在当今的现实性，体现出其当下的价值和意义。现在中国正处于一个巨大的社会转型时期，而且面临着世界多变的政治风云，我们的发展势必会涉及一个怎么办、怎么走的问题，历史则会给我们提供启迪和智慧。例如，我们今天和谐社会的构建、积极引导宗教与社会主义社会相适应、"一带一路"建设合作、人类命运共同体的达成等，这些方面都离不开对宗教的关注和正确对待，都不可能缺少我们学者，尤其是历史学者的智慧和参与。现在社会对宗教尤其是基督教看得并不是很清楚、想得也不是很明白，面对世界绝大多数人信教这一客观存在及宗教历史的深厚积淀，面对海陆丝绸之路沿线国家或地区世界三大宗教的存在及影响，如果不能正确应对和决策，我们今后的发展则可能会受到很大阻扰，甚至会再次吃亏，所以我们不是局外人，也不是旁观者，我们要及时提供历史的真实及其经验教训，积极主动地做国家发展、文化复兴的践行者、探路者。这就是历史研究在今天的重要意义。

2015年10月，中国社会科学院基督教研究中心、安阳师范学院宗教文化研究所在河南安阳成功举办了"中国基督宗教史专题学术研讨会"，获得学界好评。2016年7月，中国社会科学院基督教研究中心、安阳师范学院宗教文化研究所再次合作，在河南郑州又成功举办了"中国天主教研究：天主教史专题论坛（2016）"。这两次学术研讨会，学界、政界、教界人士共聚一堂、相互尊重，三界共构、建言献策，畅所欲言、和而不同，在笔者参加的关涉基督教的研讨会中还不多见，值得提倡和推广。这两次会议的成功召开与他们的辛勤劳动是密不可分的。衷心希望在唐晓峰博士、刘国鹏博士等后起之秀的共同努力下,把中国社会科学院基督教研究中心所开展的基督教和天主教史论坛继续办下去,且要办出水平,办成品牌,并以此为动力来加强对基督教的综合性、全面性研究,争取能为中国基督教史研究做出有益贡献。

(原载刘志庆著《中国天主教教区沿革史》,中国社会科学出版社2017年版。)

第一编 古代中国基督教史

第一章

中国景教

一 唐朝景教之传播

(一) 景教与聂斯脱利派

基督教于唐贞观九年（635年）由叙利亚人阿罗本（Olopen）等聂斯脱利派传教士传入中国。因此，最早入华的基督教，实为其在波斯一带传播的教派聂斯脱利派。

聂斯脱利（Nestorius）是生于叙利亚日尔曼尼西的基督教神学家，428年任君士坦丁堡大主教后，因批驳阿里乌派的上帝一位论而提出基督二性二位说，主张基督的神、人二性应当分开，马利亚仅为基督的肉身之母而绝非上帝之母。这种观点遭到以亚历山大主教和罗马主教为首的正统派的坚决反对，并在431年以弗所公会议上被斥为异端。435年，聂斯脱利被革职流放。其追随者被迫东逃，在当时与东罗马帝国相对峙的波斯等地得到发展，形成聂斯脱利派。7世纪中叶，这一教派由波斯传入印度、中国，即中国唐代的景教。

1. "景教"之名的由来

景教是唐朝对由波斯东来之聂斯脱利派的称呼，表达了当时中国人对这一宗教的初步认识。如《大秦景教流行中国碑》所载："真常之道，妙而难名，功用昭彰，强称景教。"这意指因颇难对之恰当命名而以"景教"之称来勉强表述其信仰奥义。"景"字由"日""京"合并而成,本有"日大""光明"之意。据李之藻所撰《读景教碑书后》:"景者大也,炤也,光明也。"阳玛诺(Emmanuel Diaz)在其《碑颂正诠》中亦谓"识景之义,圣教之妙明矣。景者光明广大之义"。"景"字寓意为"光"之解读由此可与"福音书"中基督乃"世界之光"的释义相关联,属于基督教神学中基督论的内容,如钱念劬之言:"景教者,基督旧教之聂斯托尔派也。……入中国后,不能不定一名称,而西文原音弗谐于口,乃取《新约》光照之义,命名曰景。景又训大,与喀朵利克(Catholique)原义亦合,可谓善于定名。"(《归潜记》丁编之一)而"景"字蕴含的"大"则表明其宗教的兴旺发达,与其教会论的理解相关联。此外,"景"还有"景仰"之意,即表"敬仰""信仰"之意。在其东传过程中,"景"字之称更是具有"日""火"之意,表达了当时波斯流行的宗教观念。景教在其内在教义和外在形态上反映出基督教与波斯宗教思想的混合并存。此外,唐时长安有表现佛教密宗特征的"大日教"势力之流传,而波斯祆教、摩尼教等来华后亦与佛教宗派相混,以使华人易于接受。景教在唐朝很自然会被归入此类。由此可见,基督教乃以受波斯宗教观念熏染的"日大教"形式而首次传入中国。景教以其"景"字而集中体现其信仰特色。为此,唐人除称此教为"景教"之外,亦称其教祖为"景尊"、救主为"景日"、教会为"景门"、教堂为"景寺"、教士为"景士"、教徒为"景众"、教规为"景法",并将其信仰传播称为"景风",称其宗教感化力及其影响为"景力""景福"和"景命"等。

2. 景教源流及其在中亚的发展

聂斯脱利被革职流放后死于埃及,其门徒则逃离以弗所而进入叙利亚、美索不达米亚和波斯领土,与当地存在的古代东方教会结合,从此开始基督教向中亚和远东的广泛发展,迎来东方教会的鼎盛时代。

所谓景教信徒即赞成或同情聂斯脱利神学主张的基督教徒。他们反对把马利亚作为"神之母"来崇拜,不同意将耶稣基督的神性与人性相混。这些人并不自称为聂斯脱利派,因主要居住在亚洲西部两河流域即古代亚述帝国和迦尔底·巴比伦帝国之地而习惯以亚述或迦尔底教会自称。489年，东罗马皇帝下令将叙利亚教会的爱迪沙神学院关闭，因其领导人爱迪沙主教伊巴斯（Ibas）支持聂斯脱利的神学主张。于是，其学生纷纷加入东方亚述教会，并由已任底格里斯河畔尼锡比斯城主教的巴尔索马（Barsumas）出面在该城另办一所神学院，使之成为聂斯脱利派在东方的一个新的思想文化中心。聂斯脱利派信徒逃入波斯之际，正值波斯帝国与罗马帝国断交和对抗，因其受到罗马帝国迫害而被波斯人视为盟友，从而获得其独立发展的政治保障。在波斯帝国庇护下的聂斯脱利派，自484年开始组建其独立的东方教会，自选自圣其宗主教，485年开始承认神职人员结婚合法，496年进而做出脱离罗马教会而独立的决定。498年，他们在波斯京城塞流西亚集会，宣布接受聂斯脱利之神学思想和教义、教规而与罗马正统教会决裂，从此正式组成名副其实的东方独立教会，即景教教会。自496年以后，景教宗主教府设在底格里斯河上的双城塞流西亚－克泰锡封。独立存在的景教教会传教活动也非常积极主动。经过540年的内部改革整顿，其传教士开始从叙利亚、波斯到阿拉伯、印度等地传教，其影响一度超过西方教会，东方景教故曾被称为"火热的教会"。

7世纪时，波斯全境被阿拉伯人征服，伊斯兰教开始盛行。新的征服者为稳住阵脚而对基督教相对宽容，允许基督徒在缴纳人头税的前提下保留其信仰。这样，景教教会得以继续生存和发展。不少景教徒作为王宫侍从、贵族医生、教师和商人而享有较高社会地位。762年，景教宗主教府移至巴格达，受阿拉伯哈里发的直接控制。9世纪后，伊斯兰教转而对景教持压迫态度。自987年始，景教教主由哈里发直接任命。此后景教教堂被毁之事时有发生，教会财产亦屡遭没收，波斯境内的景教开始衰落，不少景教徒往东逃亡。到14世纪时，景教徒人数大减，其在东方的发展陷入低谷。

（二）景教在唐朝的流传

7世纪景教传入中国，正值唐朝"贞观之治"的"太平盛世"。中国唐朝以其雄厚的国力而对外族持宽大、开放政策，对于各种外来宗教亦百川俱纳、兼容并蓄。当时波斯因其政治经济之需与中国关系较好、交往甚密，而其商贸特产、工匠技艺及"奇器异巧"亦受中国人的青睐。所以，唐代帝王对于波斯也保持着政治和外交上的亲善关系，为波斯宗教文化的传入敞开了大门。这一历史背景使景教由波斯入华如水到渠成，极为自然和顺利。

1. 唐贞观之治与景教东来

唐太宗贞观年间（627—649），中国封建文化发展进入盛世。皇帝李世民在政治上励精图治，实行虚怀博纳、举贤任能的"君道"；在经济上实行轻徭薄赋的政策，留意民间疾苦，大力发展生产；在民族和外交政策上亦持开明和开放之态，不仅在周边少数民族地区广设蕃州、安置降众，以缓和民族矛盾和消除边患，而且还与远近众多国家通使通商，实行政治经济和思想文化上的友好交往及交流。这样，唐朝出现了牛马布野、谷价低廉、民族融洽、社会升平的贞观之治。其国威及影响直达边裔诸国，吸引了不少外国使臣和商人来华开展建交或通商活动。

西域各国在唐代之前就已与中国有着密切交往。随着中西交通之路（后称"丝绸之路"）的开辟，载货东来的西域商贾络绎不绝。北魏时代，曾为其东来之便而设有四夷馆。"自葱岭以西，至于大秦，百国千城莫不款附，商胡贩客，日奔塞下，所谓尽天下之区已。"（《洛阳伽蓝记》卷三）各种宗教随之传入，"百国沙门，三千余人，西域远者，乃至大秦国。"（《洛阳伽蓝记》卷四）为此，唐代之前已设有"礼四夷远人"，"掌蕃客朝会，吉凶吊祭"的宗教事务管理机构"鸿胪寺"。唐朝以来，其声威远扬，更加吸引西域各国"遣使来朝，并献方物"。外来宗教之东传亦成为时尚，其传教士甚至可以久留中国，译经宣道。在这种中西文化交流的大潮中，景教高僧阿罗本受其教长之派遣，"占青云而载真经，望风律以驰艰险"，自波斯率宣教师团东来，获唐朝允准而于唐贞观九年（635年）到达唐都长安。阿罗本一行受到唐太宗的欢迎，太宗派宰相房玄龄亲率仪仗队到长安西郊迎接，并让其在皇帝的藏书楼译经著文。贞观十二年（638年），唐太宗通过景教士释经讲道而"深知正真，特令传授"。其诏令曰："道无常名，圣无常体，随方设教，密济群生。波斯僧阿罗本远将经教，来献上京。详其教旨，玄妙无为。观其元宗，生成立要。济物利人，宜行天下。所司即于义宁坊建寺一所，度僧廿一人。"（《唐会要》卷四九）这一诏敕标志着景教被唐朝所公认，由此开始其在华之流传。

2. 从"波斯胡教"到"大秦景教"

景教传入中华，几乎与火祆教、摩尼教东来同时。此三教均自波斯传入，唐人因弄不清其教义区别而将之统称为"波斯胡教"或"波斯教"。"景教"为后起之名，它最初被称为"经教"或"波斯经教"，即被误为波斯崇拜火与光明诸教之一，或被看作来自波斯的佛教宗派。唐太宗曾称景教士阿罗本为"波斯僧"，其以国费所建之景教寺亦名曰"波斯寺"。此外，唐代对景教的称呼后来又包括了"大秦教"和"弥尸诃教"或"迷诗诃教"（即"弥赛亚"之译音）。

主张宽容和调和各种宗教的唐太宗对这种"词无繁说，理有忘筌"的异域宗教颇有好感。他不仅诏令全国准其传教，而且敕令建造教堂、安置教士，随后又让人将其肖像摹画于教堂墙壁，使之"天姿泛彩，英朗景门"。太宗此举为景教在华立足打下了基础。唐高宗李治继位后亦"克恭缵祖，润色真宗"。他继承太宗的宗教宽容政策，促成景教在全国的发展。除京都长安之外，他还令"诸州各置景寺，仍崇阿罗本为镇国大法主"。这些举措迎来了景教的兴盛，一度形成"法流十道，国富元休，寺满百城，家殷景福"的局面。当时中国共三百余州，分为关内、河南、河东、河北、山南、陇右、淮南、江南、剑南、岭南十道。景教碑上此言实指景教已经在全中国流行。

武则天"临朝称制"后推崇佛教，景教遭到排挤和压制，其发展受阻。从武则天专权至唐睿宗李旦逊位（683—712）期间，景教基本上呈停滞和衰落之态，曾先后在洛阳遭到佛教僧侣的谩骂攻击和在长安被一些士大夫耻笑毁谤。只是因其僧首罗含（Abraham）与大德僧及烈（Gabriel）等西方教士"共振玄纲，俱维绝纽"，景教才保住其在华的存在。

712年唐玄宗李隆基继位，唐太宗的宗教宽容传统得以恢复。景教发展重获生机，并达到高潮。开元年间（713—741），景教士来华频仍。他们以奇巧珍玩取悦唐朝皇族权贵，利用所掌握的技术、医术来感服众人，展开传教。714年，"波斯僧及烈等广造奇器异巧以进"（《册府元龟》卷五四六）。732年，"波斯王遣首领潘那密与大德僧及烈朝贡"（《册府元龟》卷九七一）。740年，医术高明的景教士崇一曾为玄宗之兄治病。玄宗本人对景教也抱有好感，他曾命令其兄弟宁国王等五王亲临景教寺设立神坛，还让人修复已经破损的景教活动场所。742年，玄宗又令内侍大将军把高祖、太宗、高宗、中宗、睿宗这五位皇帝的画像安置在景教寺内，为此还"赐绢百匹，奉庆睿图"。744年，景教派新主教佶和（George）来华，于是玄宗又诏令景教寺主罗含和普论（Paul）等17位景教教士跟佶和同到兴庆宫诵经礼拜。

随着唐人对景教教义及其信仰特征的理解逐渐加深，人们开始将景教与波斯胡教区分开来。景教寺的名称在唐玄宗时期得以更改，即从"波斯寺"或"波斯胡寺"改为"大秦寺"。玄宗天宝四年（745年）诏令曰："波斯经教，出自大秦，传习而来，久行中国。爰初建寺，因以为名。将欲示人，必修其本。其两京波斯寺宜改为大秦寺。天下诸府郡置者，亦准此。"（《唐会要》卷四九）"大秦"指罗马，中国自汉以来已通行此称谓，但实际上是指东罗马帝国范围，包括叙利亚和犹太等地。以"大秦寺"取代"波斯寺"之名，说明唐人对景教之源有了更深刻的认识。玄宗不仅下诏为景教寺改名，并且还"天题寺榜，额载龙书"，从而使景教寺有了御笔亲题的匾额，其社会地位亦随之迅速提高。

755年冬，安史之乱爆发，玄宗逃难入蜀，太子李亨在灵武即皇帝位，称唐肃宗。肃宗对景教亦持支持之态，他在灵武等五郡重新建立起景教寺，并重用景教教士伊斯（Yazedbouzid）为朝廷命官。当时大将郭子仪总戎朔方，肃宗任命伊斯为同朔方节度副使，"为公爪牙，作军耳目"，协助其平定安史之乱。据景教碑记载，伊斯"远自王舍之城，聿来中夏，术高三代，艺博十全"，为肃宗、代宗和德宗三朝著名的"白衣景士"。肃宗时，伊斯官至金紫光禄大夫，试殿中监，受皇帝赐予紫袈裟。他"和而好惠，闻道勤行"，"能散禄赐，不积于家"，曾"仍其旧寺""重广法堂"，使景教在其活动地区得到恢复与发展。在肃宗时已建功立业之后，他"更效景门，依仁施利。每岁集四寺僧徒，虔事精供，备诸五旬。饿者来而饭之，寒者来而衣之，病者疗而起之，死者葬而安之"。人们感到"清节达娑，未闻斯美"，因而"愿刻洪碑，以扬休烈"。由此可见，景净（Adam）撰写的《大秦景教流行中国碑颂并序》亦有纪念当时景教名僧伊斯之意。

762年，李豫继位为唐代宗，继续肃宗保护和尊崇景教的传统。景教碑说他"每于降诞之辰，赐天香以告成功，颁御馔以光景众"。780年，德宗李适即位，仍对景教抱有好感。景教碑记载他"披八政以黜陟幽明，阐九畴以惟新景命"。其继位的第二年（781年），《大秦景教流行中国碑》就得以建立。碑文记述了景教在唐朝传教近150年的曲折发展，亦反映出其在当时已受人普遍尊崇的有利状况。

天宝四年（745年）至德宗建中二年（781年）之间，"景教"之名被正式使用，它从此取替了以往"经教"或"波斯经教"之称。在德宗建中二年正月建立的景教碑上，原被视为"波斯僧"的阿罗本已被改称为"大秦国大德"；"景教""大秦寺""景寺"等表述亦在碑文中频频出现。玄宗令景寺更名之诏和景教碑的正式建立，标志着中国景教完成其从"波斯胡教"到"大秦景教"的发展。

（三）唐朝景教的衰亡

德宗以后，景教在华发展高潮已过。其在顺宗、宪宗、穆宗、敬宗、文宗诸朝（805—840）均无显著进展，影响日渐减少。唐朝景教在其后期发展中既无著名人物出现，亦无以往在政治和文化上对皇帝的吸引力。加之此时唐室已衰，统治者出于经济上的考虑而对宗教势力的增大失去宽容之态。中国景教本身因其理论著述贫乏、神学影响有限而逐渐减弱其对民众的感染。随着当时东西交通的阻塞，在华景教徒也缺乏往昔来自其波斯景教大本营的支持与帮助。这种种原因，遂使景教在华的生存出现了危机。此间来自西域的几大宗教均处于不景气状态，已无法与佛、道势力抗衡。穆宗长庆四年（824年），舒元舆撰《重岩寺碑序》时曾言，摩尼、祆教、大秦"合天下三夷寺不足吾释氏一小邑之数"（《全唐文》卷七二七）。这三教或被视为"外道""胡教""夷教"，或被看作由佛教变衍而成的异端宗派，因而被排斥在唐人文化生活圈之外，主要在留居唐地的西域人中流传。于此，景教在华的生命力已极为脆弱。

会昌五年（845年），唐武宗李炎因憎恨佛教"僧尼耗蠹天下""十分天下之财而佛有七八"的状况而崇道毁佛，下令灭教。其打击对象以佛教为主，兼及其他从西域传入的"胡教""夷教"。武宗诏令曰："我高祖、太宗，以武定祸乱，以文理华夏，执此二柄，足以经邦。岂可以区区西方之教，与我抗衡哉！"（《旧唐书》卷一八上）其态度是不仅要灭佛，而且对从波斯传入的景教、祆教、摩尼教等"宜尽去之"。摩尼教已于武宗"灭教"令颁布之前两年被禁绝。当时"敕天下摩尼寺并令罢废，京城女摩尼七十人皆死。在回纥者流之诸道"。（《佛祖统纪》卷四二）因此，此次灭教主要针对佛教、景教和祆教。武宗禁教令下达后，"天下毁寺四千六百、招提兰若四万，籍僧尼为民二十六万五千人，奴婢十五万人，田数千万顷，大秦穆护、祆二千余人"（《新唐书》卷五二），其八月诏则谓当时景教及火祆教僧共三千余人。这些人及其"大秦穆护等祠"都因"释教已厘革"而"邪法不可独存"，"其人并敕还俗，递归本贯充税户，如外国人送还本处收管"（《旧唐书·武宗本纪》）。这一毁灭性打击使唐朝景教从此一蹶不振。此时波斯已由阿拉伯人所占，在政治和军事上形成与中国的对抗。中国景教在内遭到禁止，在外失去支援，已无法起死回生，其衰亡遂标志着基督教在华第一次传教的失败。

景教自635年由阿罗本传入长安，至845年被武宗"灭教"所亡，前后共200多年历史。878年，黄巢起义军攻陷广州时又驱杀居住当地的12万名穆斯林、犹太人、基督教徒和祆教徒。从此，景教仅在西北边境地区，如蒙古的克烈、乃蛮、蔑里乞和汪古部落，以及畏吾儿等游牧民族中继续存在，而在中国内地则基本绝迹。980年，巴格达景教教士那及兰（Najran）受命与5名景教教士同往中国整顿教务，一无所获。其987年报告说："中国之基督教已全亡，教徒皆遭横死，教堂毁坏，全国之中，彼一人外，无第二基督教徒矣。遍寻全境，竟无一人可以授教者，故急归国也。"①

（四）景教教派组织及教义礼仪

中国景教在组织体系及其教义教规上均与聂斯脱利派密切相关，属于古代公教会中的东方教会，即叙利亚教会。但在其中国发展中，其教派及教义等方面亦出现了与中国社会及其思想文化相关联的发展变化。

1. 唐朝景教派系之所属

唐时景教东来，初与当时流行中国的波斯祆教、摩尼教、同期传入的阿拉伯人之伊斯兰教，以及汉地佛教等相混，故在历史文献中对其所属亦有多种说法。其中曾较为流行的见解即称景教为波斯火教："景教者丙教也，唐人讳丙，故以景代丙，丙者火教也。"（《湖楼笔谈》卷七）"景教流行之事，见《通典》《两京新记》《西阳杂俎》《长安志》《西溪丛语》《墨庄漫谈》诸书。景教即火教，丙丁属火，文言文则曰丙教，避唐讳曰景教。"（《无邪堂答问》卷二）亦有人曾猜测景教非火非天非释之教，而乃三教之结合，认为"胡僧之黠者，牵合三教而创为景教之名，以自高异"，"其所谓景教者，依傍于波斯之火神，润色以浮屠之门面"（徐继畬：《瀛环志略》卷三）。清末中国史学家洪钧最先断定景教即基督教之聂斯脱利派，认为古代天主教之入华乃始自唐朝景教："在中国东晋时有聂斯托尔为东罗马教士，著书立说，名盛一时，教王以其贤，擢为康思坦丁诺白尔之主教。其人创议耶稣为主教之圣人，非即上天之子，不立附会穿凿，一时攻之者蜂起，教王乃集众主教焚其书，流之于亚美尼亚，忧愤而死。当时附其说者皆遭屏逐，散居东方，自称聂斯托尔教，浸淫东来，自里海以东以至中土。西人据此以

---

① ［英］亨利·玉尔：《古代中国闻见录》，引自张星烺编著《中西交通史料汇编》第一册，中华书局1977年版，第130页。

考景教碑下东西两行乃西里亚文字，必是聂斯托尔教人久居其地，用其文字著之于碑。其说甚确。至云大秦则假旧名以为焜耀也。"（洪钧：《元史译文证补》卷二九）

这一见解得以确认，自此以景教乃基督教旧教中聂斯脱利派的说法为学界之共识。

中国景教既属源自聂斯脱利派的古代公教之东方教会（叙利亚教会），其组织体系亦与之相符，基本上模仿叙利亚教会体制及结构，并受其设在巴格达的宗主教府管辖。唐代中国景教会的组织机构分为十级，由此构成景教神职人员的等级序列：

一为宗主教（patriarkis），汉文名称为大主教、僧正或法主，乃景教神职中的最高职位。景教碑文末句"时法主僧宁恕知东方之景众也"，即指当时乃巴格达（旧译"报达城"）宗主教诃南尼苏二世（Hanan Ishu Ⅱ，亦译"哈南宁恕"，其汉名简为"宁恕"）总管着东方景教徒。宁恕作为东方教会的领袖，虽被中国景教徒取有汉名，本人当时却不在中国。

二为总监督（papas），汉名亦称教父，乃景教在某一地区或国度的最高领袖。立景教碑时中国景教的最高领袖即撰写碑文者景净，称中国教父或中国总监督。此外，阿罗本将景教传入中国后，曾被尊为中国景教的最高首领，有"镇国大法主"之称。

三为主教（appisqopa），汉名称为上德、大德或监督。景教碑文中曾称阿罗本为上德和大德，既说"大秦国有上德曰阿罗本，占青云而载真经，望风律以驰艰险"，又说"大秦国大德阿罗本，远将经像，来献上京。"据考证，上德源自道教称谓，大德则为当时佛教名称，二者同义，乃指领有主教衔的景教高级教士。此外，景教碑中还提及有大德及烈、大德佶和、大德曜轮等。

四为省主教（korappisgopa），汉名称为乡主教，一般行使在乡村地区的主教管辖权。景教碑所载景教僧人之名中包括有省主教衔者多人，如僧伊斯、僧业利、僧行通、僧景通等。此外，与之接近的景教神职亦有寺主、僧首等称谓，如寺主僧业利、僧首罗含等。

五为教正（arkediagon），汉名亦称六级修士长，景教碑记有教正及烈、僧玄览等。

六为牧师（ms ams sana），汉名习称司祭。景教碑记有牧师多人，如僧惠通、僧玄览等。

七为司铎（aassisa），汉名称为长老，为景教中普通神职。在来华景教士中多有"在俗司铎"，习称"白衣景士"。景教碑下面和左右两侧所刻景教教士名单中，许多人即属于这种在俗司铎之类型。

八为修士（ihidaia），即景教中常居修院之修士，与在俗人中的"白衣景士"有别，而称为"达娑"。景教碑中曾分出"清节达娑"与"白衣景士"这两类神职人员，前者出家、属东方教会之黑衣圣职人员，后者在俗，即东方教会之白衣圣职人员，仍属世俗圣职人员，故称僧人，并赐给袈裟，以示与白衣俗人之别。对"达娑"一词有两种解释，一说其"乃梵文 dasa 之译音。佛之役人之义也"[①]。一说其为波斯文 tarsa 之译音，景教碑中译作达娑，另有"突娑""迭屑"等译名，专指景教徒或穿有教服、住在景教寺及其修院中的教士及修士，习称景教僧人或景僧。景教碑所载司铎兼修士者共有僧崇敬、僧延和、摩西和阿巴迪叔 4 人。

九为博士（maqriana），景教碑中题名之长老、教正兼牧师僧玄览亦为博士。

十为守墓（qatra），景教碑上所刻之叙利亚文景教僧人名字和职称中，亦有守墓司铎西蒙。

唐朝景教组织曾遍及全国十道，在西京长安和东京洛阳设有主教区。景教碑中叙利亚文所指克姆丹（khumdan）教会即长安教会，萨拉格（Sarag）教会即洛阳教会，两京叙利亚文之拼法源自其梵文音、义。景教碑提到僧伊斯曾任古唐国都克姆丹之主教，亦提及加伯尔（Gabriel，疑即大德及烈）曾为克姆丹和萨拉格二城景教会的首领。当时景教在华神职人员颇多，仅在景教碑中记有姓名的景教士就达 83 人

---

① 张星烺编注：《中西交通史料汇编》第一册，第 118 页。

之多，其中载有叙利亚文及汉文之名者约 69 人，即大秦寺僧景净（Adam）、法主僧宁恕（Hananisou）、僧伊斯（Yazedbouzid，碑中其汉名与叙利亚名分开）、僧灵宝（Savranison）、大德及烈（Gabriel，碑中其汉名与叙利亚名分开）、僧业利（Marsargis）、僧行通（Iazedbouzid）、大德曜轮（Iouhannsan）、僧日进（Ishaq）、僧遥越（Ioel）、僧广庆（Mihael）、僧和吉（Giouargis）、僧惠明（Mahdad）、僧宝达（Mśihadad）、僧拂林（Apprem）、僧福寿（Mouse）、僧崇敬（Bachos）、僧延和（Elias）、僧惠通（Iouhannis）、僧乾佑（Ahroun）、僧元一（Petros）、僧敬德（Ayoub）、僧利见（Louqa）、僧明泰（Mattai）、僧玄真（Iouhannan）、僧仁惠（Ies ou´aneh）、僧曜源（Iouhannan）、僧昭德（Sabrisou）、僧文明（Iesou´dad）、僧文贞（Louqa）、僧居信（Constantinos）、僧来威（Noh）、僧敬真（Izadsafas）、僧还淳（Iouhannan）、僧灵寿（Anous）、僧灵德（Mar Sargis）、僧英德（Ishaq）、僧冲和（Iouhannan）、僧凝虚（Mar Sargis）、僧普济（Peusai）、僧闻顺（Sirm´oun）、僧光济（Ishaq）、僧宁一（Iouhannan）、老宿耶俱摩（Iaqoub）、僧景通（Mar Sargis）、僧玄览（Gigoi）、僧宝灵（Palos）、僧审慎（Sim´oun）、僧法源（Adam）、僧立本（Elia）、僧和明（Ishaq）、僧光正（Iouhannan）、僧内澄（Iouhanna）、僧崇德（Iaqoub）、僧太和（Abdisou'）、僧景福（Iesoudsd）、僧和光（Iaqoub）、僧至德（Iouhannan）、僧奉真（Soubhal´maran）、僧元宗（Mar Sargis）、僧利用（Sim'oun）、僧玄德（Appren）、僧义济（Zharia）、僧志坚（Qoriaqos）、僧保国（Bachos）、僧明一（Ammanouel）、僧广德（Gabriel）、僧去甚（Slimoun）、僧德建（Iouhannan）；无汉名者约 10 人，即 Milis（珉理）、Sabrisho（萨布利恕）、Avai（阿比）、Daouid（大卫）、Mouse（摩西）、´Abdisou（阿巴迪叔）、Sim'oun（西蒙）、Sim´roun（西蒙）、Iouhannan（约翰南）、Ishaq（以扫）。无叙利亚名者约 4 人，即阿罗本、僧首罗含、僧佶和、僧普论。除景教碑颂并序正文之中及其碑文正面下部载有的景教士之名外，碑石左右两面共刻有 70 个景教士姓名。穆尔认为，"这些人可能就是建碑时在此

主教区的圣职人员"或伊斯"召集的一次年会的参加者的姓名"[1]。

2. 景教的教义思想

(1) 景教碑中的景教教义

陈垣指出,"要讲基督教入华史,还是要从唐代的大秦景教流行中国碑讲起"[2]。唐朝景教的教义思想,在景教碑文中曾得以简明扼要地阐述。其内容大体包括基督教教义的各个重要方面:

一为上帝论。景教碑文描述上帝乃无所不在、无所不能、无所不知、无始无终的至高无上之永恒存在,相信其上帝"常然真寂,先先而无元,窅然灵虚,后后而妙有。惣玄枢而造化,妙众圣以元尊者"。不难看出,这种对上帝的描述中显然有着中国传统文化思想对"天""道"之理解。

二为三位一体论。景教碑文称上帝乃"三一妙身",指明"其唯我三一妙身、无元真主阿罗诃欤";其中即包括圣父"无元真主阿罗诃",圣子"景尊弥施诃"和圣灵"三一净风",虽三位却共构"一妙身"。

三为创世论。体现为三一妙身的无元真主阿罗诃"判十字以定四方,鼓元风而生二气,暗空易而天地开,日月运而昼夜作。匠成万物,然立初人;别赐良和,令镇化海",从而创造了日月星辰、世上万物以及具有灵气的人类。景教碑后铭词进而强调,"真主无元,湛寂常然,权舆匠化,起地立天"。这里"匠成"和"匠化"之表述颇为引人注目,即以中国思想文化的理解而表达了上帝"创世"的底蕴。中文"匠"字源自"斧斤",本为木工的工具,喻指"计划""制作",而其制作的完成遂称"匠成"。古代文献中就有"然后修朝聘以明贵贱,飨饮习射以明长幼,时搜振旅以习用兵,入学庠序以修人伦。此皆人之所有于性,而圣人之所匠成也"(《淮南子·泰族训》),以及"陶冶庶类,匠成翘秀"(《抱朴子·勖学》)等说法。景教碑文即以"匠成"

---

[1] [英]阿·克·穆尔:《一五五〇年前的中国基督教史》,郝镇华译,中华书局1984年版,第59页。

[2] 《陈垣学术论文集》第1集,中华书局1980年版,第94页。

来表达上帝完成的创世、造人之"工程"。

四为关涉原罪论的世人堕落说或魔鬼论。景教碑文叙述了自撒旦引诱人类始祖犯罪以来人世的种种堕落、迷茫和黑暗,并指出由此人已难以自救:"洎乎娑殚施妄,钿饰纯精。间平大于此是之中,隟冥同于彼非之内,是以三百六十五种,肩随结辙,竞织法罗;或指物以托宗,或空有以沦二,或祷祀以邀福,或伐善以矫人。智虑营营,思情役役,茫然无得,煎迫转烧;积昧亡途,久迷休复。"由于人类始祖堕落而陷入"彼非"之罪过,离开了其本善的真性,故而使人类"久迷"却难以回头。

五为救赎论或基督论。即讲述救世主耶稣基督从三位一体中道成肉身,降临人间,为童贞女马利亚所生,替世人赎罪受难并复活升天。景教碑文称此为景尊弥施诃"三一分身","戢隐真威,同人出代。神天宣庆,室女诞圣于大秦"。基督降世后"设三一净风无言之新教,陶良用于正信"。他制定了"八福"的标准,并提出其信徒应常存信、望、爱之美德,即景教碑之言:"制八境之度,炼尘成真。启三常之门,开生灭死。"不过,景教碑文中的教义之论并没有涉及聂斯脱利派所强调的基督二性二位说。

景教碑中对景教思想的阐述,亦突出其对"景"字的理解和界说。"景净士将述圣教,首立可名曰圣教景教也。"(阳玛诺:《碑颂正诠》)"景"字作为其教名称,既有其基督教信仰之根据,亦反映对其他宗教的协调与结合。"景"字取光明广大之义,乃是对景教相信弥施诃为世界之光的诠释。然而景教之"光"与"日""火"的结合则源自其对波斯祆教、摩尼教之拜火传统,以及对佛教密宗之大日教影响的体认。此外,"景"字亦有"大""仰"等理解,即表达一种景仰、慕仰,取"高山仰止,景行行止"(《诗经·小雅·车辖》)之意。而道教经典中亦有《黄帝内外景经》的类似表述。所以,唐朝景教以其"景"字之不清内涵而持一种开放之势,试图包容相关信仰因素并由此获得其他宗教之认可。

在彰明其信仰特色、强调其教义特点上,景教碑文中屡屡使用

"景"字。景净认为其信仰博大精深、奥妙无穷，只能以景教来勉强称之，故有其"真常之道，妙而难名，功用昭彰，强称景教"的说明。这里显然也有"道可道非恒道"的寓意。但他为"明明景教，言归我唐"而由衷高兴，并为此大加颂扬。在碑文中，其"景"字之用都充满着尊崇、赞颂、肯定和寄予无限希望之意，如"景尊弥施诃""景宿告祥""悬景日以破暗府""景风东扇""英朗景门""法非景不行""诸州各置景寺""家殷景福""颁御馔以光景众""阐九畴以惟新景命""我景力能事之功用""更效景门""白衣景士"等。

　　但在景教教义之解说及论证上，唐朝景教除受其原传之地波斯宗教的影响外，亦与中国儒佛道思想相混合。其术语之应用、理论之表述，以及伦理道德之提倡，都有着与中国传统观念及宗教信仰妥协、结合的痕迹。景教在华与佛教汉传有相同之感，深知"不依国主，则法事难立"（《高僧传·释道安传》），因此吸收儒家忠孝思想并加以弘扬。景教碑中充满对唐朝皇帝的溢美之词，"言国主助圣教之广，圣教助国主之光，盖圣教流行之益，缘帝王从奉"（阳玛诺：《碑颂正诠》）。景教还号召其信徒尊君事父，容忍祖先崇拜等中国传统观念及礼仪。景教碑文"七时礼赞，大庇存亡"即含有为生者和死者祈求保佑之意。基督教传统亦讲孝敬父母和爱人如己，"然而将孝养主义与祖先崇拜合一，则实为景教所受儒教思想的影响"[①]。景教在华传播时期，更是借用了当时处于兴盛状况之佛教的术语及其思想形式。景净曾参与翻译佛经，因而常用佛典词语来阐述景教教义，所撰碑文中之景教的上帝"阿罗诃"，即是从佛教《妙法莲华经》中借用之语。此外，景教文献中的"世尊"（耶稣）、"僧"（教士）、"大德"（主教）、"三一妙身"（三位一体）、"弥施诃"（弥赛亚）、"净风"（圣灵）、"娑殚"（撒旦）、"寺"（教堂）、"佛事"（礼拜弥撒），以及"慈航""慈恩""妙有""法主""法王""功德""大施主""普救度""救度无边"等亦取自佛教用语。与此同时，景教也袭用道教思想及术语。景教碑文中的一些

[①]　朱谦之：《中国景教》，人民出版社1993年版，第144页。

语句及其语气都颇具道家风格，如"常然真寂，先先而无元，窅然灵虚，后后而妙有"，"无元真主"，"鼓元风而生二气"，"浑元之性，虚而不盈"，"真常之道，妙而难名，功用昭彰，强称景教"，"惟道非圣不弘，圣非道不大"，"道无常名，圣无常体"等，均类似《道德经》的思想与文风。此外，景教碑中"宗周德丧，青驾西升。巨唐道光，景风东扇"亦喻指老子乘青牛车西行，而景教东传则乃老子之教的复归。景教碑文描述"大秦国南统珊瑚之海，北极众宝之山，西望仙境花林，东接长风弱水"，据考证此即按道教西王母神话中之昆仑山仙境所构设。①

（2）敦煌景教文献中的景教教义

唐朝景教文献除景教碑外，还有20世纪初在甘肃敦煌鸣沙山石室中发现的7种唐景教文献，即《大秦景教三威蒙度赞》《尊经》《大秦景教宣元思本经》《志玄安乐经》《序听迷诗所经》《一神论》和《大秦景教大圣通真归法赞》。而还有一种与《宣元思本经》似有关联的《宣元至本经》则被视为伪经，如朱谦之认为，此经"虽题为《宣元至本经》，实与《宣元思本经》似无关系，以《宣元思本经》无'至'之一字，即为明证。盖《宣元思本经》是景教文书，而《宣元至本经》则为道教的信徒所作以注释《老子道德经》者"②。而在敦煌藏经洞所出的典籍中则还有一件《大秦景教宣元本经》，其标题中也无"至"字，此件原为李盛铎收藏，后被日本企业家西尾新平购买收藏。此外，张乃翥在2006年10月11日的《中国文物报》上刊载了介绍洛阳新出土《大秦景教宣元至本经》石经幢的文章，此后又在《西域研究》2007年第1期发表了《跋河南洛阳新出土的一件唐代景教石刻》一文，展示了内容与上述版本明显不同的《宣元至本经》经文。

这些文献从不同的角度阐述了景教教义，如在表述其对圣三位一体的信仰上，《三威蒙度赞》即以"三威"来概括，"三才慈父阿罗诃"

---

① 朱谦之：《中国景教》，人民出版社1993年版，第150—152页。
② 同上书，第127页。

意指慈父（圣父）、明子（圣子）、净风王（圣灵）三位一体的威严上帝。《尊经》也礼赞"妙身皇父阿罗诃，应身皇子弥施诃，证身卢诃宁俱沙，已上三身同归一体"。在救赎论上，《三威蒙度赞》之"蒙度"亦为蒙受救度之意，即突出"蒙圣慈光，救离魔"，"弥施诃，普尊大圣子。广度苦界，救无亿"。《大秦景教大圣通真归法赞》中也强调"大圣慈父"能以慧力救此亿兆民，驱除魔鬼为民彰。此外，《序听迷诗所经》实乃"耶稣基督经"，"序听"即"耶稣"，"迷诗所"即"弥赛亚"在唐朝时的音译。此经以基督论为其核心，论及基督道成肉身，马利亚（末艳）经圣灵（凉风）受孕而生耶稣（移鼠），并详尽叙述了耶稣一生行实及说教。而《一神论》则是论述其创造万物之至高一神的景教神学，涉及其绝对一神、灵魂不灭和信者属灵等思想。其经文谓："万物见一神。一切万物既皆是一神一切所作，若见所作，若见所作之物，亦共见一神不别。以此故知一切万物并是一神所作。可见者不可见者并是一神所造。之时当今，现见一神所造之物，故能安天立地，至今不变。""天地唯有一神，更无二，亦无三。"由此劝人"唯事一神天尊，礼拜一神"。这种对一神论之绝对强调似具有泛神论色彩，如云"唯一神遍满一切处""一神所在，在于一切万物常住"等。

在《宣元思本经》中，出现了"匠帝"之说，经文"即宣玄化，匠帝真常（旨）"，与景教碑中"匠成"和"匠化"之表述形成有机呼应。而在洛阳发现的《宣元至本经》中也多处出现了"匠帝"之说："唯匠帝不亏不盈，不浊不清，保任真空，常存不易"，"常乐生命是知匠帝为无……"甚至其《经幢记》中亦有"我无元真主匠帝"和"无始未来之境，则我匠帝阿罗诃也"等表述。显然，"匠帝"在《宣元至本经》中乃其神学的核心思想，即唐朝景教音译其神明"阿罗诃"的中文表达，乃其"上帝"（"耶和华"）之名的中文意译。景教以"匠帝"来理解其信仰传统的"造物主""创世者"，体现上帝的真实存在和创造一切。在中国景教的理解中，"匠帝"就是至高无上、无始无终的"无元真主"。中国思维中对神明的具象性理解，与西方基督教上帝观的抽象性体悟存在着微妙的不同之处，因此"匠帝"及其"匠成"

"匠化"的事功，显然更具中国特色。景教在唐代的发展，其思想势必会有与中国儒佛道宗教观念的交流、碰撞，故在景教神学思想中可以找到其与儒家"孝道"、道家"天道"和佛家"无道"对话、交融的蛛丝马迹。所以，不少中国学者都认为《宣元至本经》并非译自外文的景教经典，而乃景净结合中国宗教思想而用中文撰写的景教经典，因其没有外文根源而也被视为"景教伪经"。

敦煌景教文献还论及景教的修道方法及其渐进之途，如《志玄安乐经》指出"当有十种观法为渐修路"；其"观诸人间"，一者"肉身性命，积渐衰老，无不灭亡"；二者"亲爱眷属，终当离拆，难保会同"；三者"高大尊贵，荣华兴盛，终不常居"；四者"强梁人我，虽欲自益，反为自伤"；五者"财宝积聚，劳神劳形，竟无所用"；六者"色欲耽滞，从身性起，作身性冤"；七者"饮酒淫乐，昏迷醉乱，不辨是非"；八者"犹玩戏剧，坐消时日，劳役精神"；九者"施行杂教，唯事有为，妨失真正"；十者"假修善法，唯求众誉，不念自欺"。若"观此十种，调御身心，言行相应，即无过失"，则可进入"无欲、无为、无德、无证"之"四法"，达到"安乐道"即"无道"之境。为此，经文劝诫信众："惟此景教胜上法文，能与含生度生死海，至彼道岸安乐宝香，……若有男女依我所言，勤修上法，昼夜思惟，离诸染污，清净真性，湛然圆明，即知其人终当解脱。"另外，在《序听迷诗所经》中也有"善有善福，恶有恶缘"，让人"先事天尊，第二事圣上，第三事父母"等道德教诲及规劝。

3. 景教教规及礼仪

唐朝景教除了在上帝创世、圣三位一体、人之原罪与堕落、基督道成肉身拯救人世等教义上与天主教相同外，在施洗、祈祷、瞻礼等教规及礼仪上亦与之相似。其不同之处，主要在于景教受聂斯脱利主张基督二性二位而否认马利亚为上帝之母这一说法的影响，反对天主教的圣母崇拜。此外，景教神职人员可以娶妻，亦形成与天主教神职人员独身制的明显区别。

景教在华传播及发展中，曾制定出既反映其教会传统又体现其信仰特色的各种教规与礼仪。从其教阶制来看，景教实行监督制，但其神职人员亦可分为三类八级，有其递相依属的教阶之别。其最高类为监督，分为教务大总管（即宗主教）、总主教和主教三级；其中间类为司祭，可分为司祭与副僧正（即教正）两级；其基层类为执事，可分为助祭、佐祭员和读经师三级。自5世纪末叶始，聂斯脱利派神职人员结婚被视为合法，后因黑衣圣职与白衣圣职之分而有所限制。但一般司祭以下五级教士均可结婚，而且在华景教之主教及僧人娶妻生子亦属正常情况。

景教碑文中展示了景教在华的一些具体教规及礼仪，我们从中可以窥见唐朝景教徒的宗教生活或信仰方式，它们大体包括如下这些方面。

一为洗礼。景教采取以水和圣灵给信者施洗的办法，其碑文中"法浴水风，涤浮华而洁虚白"即指领洗者通过水与圣灵来涤除其罪污，达到心灵纯洁、为人谦谨之境。

二以十字架为印记。"印持十字，融四照以合无拘。"景教徒重视十字，以之作为其信仰记号，并主张融合四方之人于十字架下，使其获得无拘束的灵性新生。

三是敲木铎以集众，信徒崇拜、祷告时要面朝东方。景教碑文言其"击木震仁惠之音，东礼趣生荣之路"，说明景教徒用木板而不用铃，如穆尔所引"教堂司事起来击木板召集会众作夜祷"[①]。但朱谦之则认为"此言礼堂高架巨钟，击之以集众宣讲福音"[②]。"东礼"属古代基督教会的传统习惯，"朝东祷告"乃4世纪《使徒教训》之首条。"自古迄今，西国率以东向瞻礼天主，凡建天主圣堂圣台，厥向概面西方，瞻礼者向东行礼，以示天主如太阳东出，光照普地者然。"（阳玛诺：《碑颂正诠》）

四为景教士行落发礼。景教碑文云："存须所以有外行，削顶所以无内情。"其修士存须、髡顶，始于6世纪初之教会传统，为发愿离俗

---

① ［英］阿·克·穆尔：《一五五〇年前的中国基督教史》，郝镇华译，中华书局1984年版，第54页。
② 朱谦之：《中国景教》，人民出版社1993年版，第168页。

者的标志。其存须表示外有道行，以体现景僧之修养；其削顶则表明内无俗念，以说明出家者一心归主。

五即严守斋戒。景教斋戒多而严谨，正如景教碑文所言："斋以伏识而成，戒以静慎为固。"其戒斋期包括复活节前的四句斋、圣灵降临节后的圣徒斋、圣母迁徙斋、也里牙斋、天使通告马利亚会圣灵受孕的通告节斋、尼尼微斋、圣母斋等。斋即断食，以此为一切德行之源。而大斋节期时，景僧要留守寺内，不得外出。此外，景教宗主教亦有茹素之规。

六则每天祷告、崇拜七次，为生人、死者祈福。景教碑所谓"七时礼赞，大庇存亡"，即"叙教士行礼拜之时日及其功用。……言每日七时祷告歌诗，即昧爽、日出、辰时、午时、日昳、日晡、亥时是"；并"言诵经之益，不特施及生人，并及在教亡者，因赖教士七日夜在上帝前祷告赞美而获升天也"[①]。

七为每周第七日举行圣餐礼拜。即景教碑中"七日一荐，洗心反素"之所指。"荐者无牲而祭之谓"[②]，景教士在周日行圣餐礼，以领其信众悔罪涤恶、清心正意。此即成为景教徒宗教生活中定期而必需的礼仪活动。

二　元朝也里可温教之传播

基督教在中国的第二次传播盛行于元朝。随着蒙古人南下中原、建立元帝国，基督教在中国内地重新出现。元时流行的基督教分为两大流派，一是唐朝武宗"灭教"后曾在中原绝迹、却仍流传于西北边境如蒙古等地的景教之复兴，以及中亚景教的再次东来，代表着东方教会的传教活动。二是罗马天主教会的首次来华传教，尤指方济各会修士在华布道建堂之举，代表着西方教会的传教活动。不过，一般认为元朝入华

---

① 朱谦之：《中国景教》，人民出版社1993年版，第169页。
② 同上。

基督徒被统称为"也里可温",其东、西教会之别并不突出;然而在有限的文献中并没有发现明确以"也里可温"来称呼元代天主教的,因此后者之称仍值得辨考。由于景教和天主教都具有敬仰十字架的信仰特色,因此两者在元代也被称为"十字教",其教堂则被称为"十字寺"。

(一)"也里可温"之名的意义

"也里可温"即元朝蒙古人对来华基督教徒的专称。"也里可温,教名也。"(元至顺《镇江志·大兴国寺记》)一般而论,"也里可温"被理解为蒙古语"有福缘之人"的音译。但对"也里可温"之词义及语源,迄今并无定论。蒙古人在进入中原之前,称景教徒为"迭屑",谓:"迭屑人奉弥失诃言得生天。"(《至元辨伪录》卷三)"迭屑"(tersa)意指"敬畏神的人""虔诚的人",源自古波斯人对景教教士的尊称"达娑"(Tarsa)。通常"达娑"指住在景教寺中的景士,而与在俗人中生活的"白衣"景士相区别。自元世祖忽必烈进入中原大地起,"迭屑"一词不再使用。从史籍上看,除了《元典章》用过此词外,其他文献、碑铭以及《元史》记载中都已改用"也里可温"。据考证,"蒙古帝国里面的基督教徒名曰 tarsa,而又常名曰 ärkägün,前一个名称就是景教碑中的达娑,也就是丘处机《西游记》中的迭屑,后一个名称就是中国史籍中的也里可温。"[1]而对"也里可温"词义,陈垣在其《元也里可温教考》中曾引证道:"《元史国语解》曰:也里可温,蒙古语,应作伊噜勒昆;伊噜勒,福分也,昆,人也,部名(卷三)。又曰:也里可温,有缘人也(卷二四)。"[2] 由此可见,"也里可温"被理解为"有福缘的人"。此说为多数学者所接受,如方豪所言:"到了元朝,信奉耶稣基督的各宗派,都被称为十字教,又称也里可温,也有写作伊噜勒昆、阿勒可温、耶里可温、也里阿温、也里河温、伊哩克温、

---

[1] 冯承钧译:《唐元时代中亚及东亚之基督教徒》,见《西域南海史地考证译丛》,商务印书馆1934年版,第72页。

[2] 《陈垣史学论著选》,上海人民出版社1981年版,第3页。

伊哩克敦等，亦有简作也里或可温，或雅哈的，意即有福人，或有缘人。"①方豪甚至还觉得可以把"也里可温"分开来理解，即"也里"指"上帝"，"可温"指"子"，二者合并则有"上帝之子（民）"的寓意。张星烺在其《中西交通史料汇编》中则认为"伊噜勒昆"与"也里可温"读音并非全同，遂另引屠寄所著《蒙兀儿史记·乃颜传》中"也里可温"注，认为"也里可温"即唐景教碑上"阿罗诃"的转音。"阿罗诃"原本佛经中"阿罗汉"的别译，唐朝景教徒借此名词作为叙利亚文"埃洛赫"（Eloh，即希伯来文Elohim）之译音，意指"上帝"。而"也里可温"正是蒙古人接触此词之阿拉伯语后音译所致。对此，陈垣亦承认："按阿剌比语也阿二音之互混，《元史译文证补》已言之。阿剌比语称上帝为阿罗，唐景教碑称无元真主阿罗诃，《翻译名义集》卷一曰，阿罗诃，秦云应供，大论云应受一切天地众生供养。故吾确信也里可温者为蒙古人之音译阿剌比语，实即景教碑之阿罗诃也。"②据此，"也里可温"意为"上帝教""信奉上帝之人"或"信奉福音者"。陈垣依其考证而强调"也里可温"是教名，而且是基督教名："观《大兴国寺记》及《元典章》，均有也里可温教之词，则也里可温之为教，而非部族，已可断定。复有麻儿也里牙（马利亚）及也里可温十字寺等之名，则也里可温之为基督教，而非他教，更无疑义。《元史国语解》所释为福分人者，或指其为奉福音教人也。"③另外，"也里可温"也被用作对其教士、司铎、修士的尊称，有"长老"的含义。朱谦之对之曾解释说，元朝时"马儿哈昔是 mar-hasia 的对音，列班也里可温是 rabban-ärkägün 的对音；列班也里可温指的是司铎同修士，马儿哈昔指的是主教"④。总之，"也里可温"作为教名，包括元朝复兴的景教和首次传入的罗马天主教。不过，元代随着蒙古人传入的景教乃源自

---

① 方豪：《中国天主教史人物传》（上），中华书局1988年版，第17页。
② 《陈垣史学论著选》，上海人民出版社1981年版，第6页。
③ 同上书，第4页。
④ 朱谦之：《中国景教》，东方出版社1993年版，第176页。

中亚和西北地区少数民族中的景教传统，与唐朝景教各有特色。

（二）也里可温与元朝景教的复兴

唐武宗"灭教"虽使景教在中国内地灭绝殆尽，却没能阻止它在西北边疆等地的延续和发展。因此，在蒙古兴起前后，景教在这一地区得以保留并对蒙古人的宗教信仰产生了一定影响。随着蒙古人统一西北、征服当地信奉景教的各部落，景教信仰亦在蒙古人中广泛流传。历史上甚至有景教由蒙古传入西藏之说。而蒙古人南下中原、定都燕京、建立起元朝之后，景教也自然在中国得以再现和复兴。此时人们已不再称其为"景教"，而以"也里可温"之名来代替，但承认"自唐时景教入中国，支裔流传，历久未绝。也里可温，当即景教之遗绪"（洪《元史译文证补》卷二九）。由此表示对这一信仰的认同和崇敬态度。

1. 宋元之际景教在西北边疆的流传

元朝景教的复兴，源自宋元之际景教在西北边塞地区的保持和发展。在中国西北边陲，历史上曾出现过许多少数民族，如汉朝有匈奴和鲜卑，唐朝有突厥和回纥，宋朝有契丹和女真，以及征服中原、建立元朝的蒙古等民族。他们大多为生活在草原上的游牧民族，其习俗和民族传统也有许多相似之处。自唐以来，景教曾在上述一些部落中盛行，由此而影响到蒙古人的宗教信仰。蒙古人最早在额尔古纳河黑龙江之北贝加尔湖东南流域生活，约7世纪时开始西迁，从此形成与中国西北边疆的有机联系。在蒙古人统一大漠之前，居住在土拉河和鄂尔浑河流域的克烈部落、阿尔泰山附近的乃蛮部落、色楞格河流域的蔑里乞、阴山以北地区的汪古部落，以及西部地区的畏兀儿和吉利吉思等民族中都已流行景教信仰。据记载，北宋初年（约1001—1012），克烈王曾率其部众20万人皈依景教。传说克烈王狩猎途中遇暴风雪而迷路，忽见一圣者显现并劝他信仰基督，以便获救。克烈王答应后遂得圣者指引而绝处逢生，走出迷途，回到其大本营。其率领部众皈依基督时，据传还请巴格达东方教会派来教士。克烈部信奉景教后常用基督教的洗礼之名，"据伯希和之说，有个克烈王名 Marghuz，无疑就是基督教名 Markus (mare)，他的儿子名 Qurjaquz，也是聂斯托尔教徒最流行的 Cyriacus 之讹"①。此外，1081 年朝贡而来的阻卜酋长余古赧（Johanan）、1089 年受任的阻卜诸部长磨古斯（Marcu）都为基督教教名。成吉思汗在统一大漠南北时，曾与克烈部联姻，景教影响由此而来。正如伯希和（Paul Pelliot）所考证的，"基督教之所以传布到成吉思汗的家族乃因其与克烈王女通婚"②。因此，蒙古王妃、部将和侍臣中多有景教徒。例如，磨古斯即成吉思汗曾与之结盟的克烈部酋长王罕的祖父马儿忽思·盃禄汗，而王罕、其弟札阿绀孛之女唆鲁忽帖尼、王罕的孙女脱列哥那，以及成吉思汗的著名侍臣镇海等也都是属于克烈部族的景教徒。术赤太子和睿宗拖雷之王妃均出自克烈部。唆鲁忽帖尼嫁成吉思汗幼子拖雷，史称睿宗庄圣皇后即别吉太后，是蒙哥、忽必烈、旭烈兀和阿里不哥的生母。她死后其枢曾停于甘州（今甘肃张掖）十字寺内，后才迁葬北京。据史书之载，至元元年三月，"中书省臣言：甘肃甘州路十字寺奉安世祖皇帝母别吉太后于内，请定祭礼。从之"。（《元史》卷三八）"初世祖定甘州，太后与在军中。后没，世祖便于十字寺祀之。至是岁久，祀事不肃，故议定之。"（《甘州志》卷二）1328 年时还有"命也里可温于显懿庄圣皇后神御殿作佛事"（《元史》卷三二）的宗教活动。旭烈兀曾承认："吾母亦基督教徒，吾心中最爱基督教徒也。"③ 脱列哥那为克烈部乃马真人，初系蔑里乞部首领之妻，后被成吉思汗俘获后赐予窝阔台为妻，是定宗贵由的生母，在窝阔台死后新汗尚未选立期间曾摄理国政（1242—1246），对景教在蒙古族中的传播亦起到一定的作用。镇海于 1221 年至 1224 年曾与道士丘处机应成吉思汗之召从中国东部来到阿姆河，为蒙古建国之初的重臣，在太宗和定宗时官至中书右丞相，后因反对蒙哥汗而被杀。镇海为其三子都取有教名，一为要束木（Joseph），一为勃古思（Bacchus），一为阔里吉思

---

① 朱谦之：《中国景教》，东方出版社 1993 年版，第 172 页。
② 同上。
③ 豪渥斯：《蒙古史》第三部，第 206 页；参见朱谦之《中国景教》，第 172—173 页。

(Georges)。

汪古人多为景教徒,"中国人常名之曰白达达部"①。他们取有基督教名,其墓石亦刻有十字和叙利亚文铭文,元朝为此专设管理诸路也里可温总管府治理。其部族首领阿剌兀思因与成吉思汗联合进攻乃蛮而相约两家世代通婚,互称"安答"(契交)和"忽答"(亲家)。从此,阿剌兀思子孙世代与蒙古皇室联姻。其子孛要合娶成吉思汗女阿剌海公主。孛要合次子爱不花娶忽必烈女月烈公主,至元间称为丞相。爱不花长子阔里吉思娶成宗女,封为高唐王,守西北边境,被欧洲传为佐治王。阔里吉思子术安则娶泰定帝姊,亦被委以重任。这种联姻自然使景教直接影响到蒙古皇族。《元史》中记载的汪古部著名三族,都为景教世家。其一乃作为驸马的高唐王阔里吉思一族,另外二族则为元朝著名文豪马祖常和赵世延的家族。据记载,"马氏之先,出西域聂思脱里贵族"(《金华黄先生文集》卷四三世谱)。其先祖和禄采思即西域的景教贵族。这一族于辽道宗咸雍年间(1065—1074)迁到甘肃南部临洮,后又定居黄河之北的静洲,随之在金、元两朝世代任官。其曾祖帖穆尔越哥任职金朝马步军指挥使,从此得名马氏,13 世纪初以马庆祥一家最为出名。《恒州刺史马君神道碑》中提及马庆祥的洗礼名习里吉斯(Sargis)。而马祖常正是马庆祥的玄孙、月合乃的曾孙。月合乃曾任世祖朝的礼部尚书。马祖常则为元初著名儒学家和文学家。赵世延乃按竺迩之孙,也出自崇奉景教后迁居内地的汪古部。按竺迩出身阴山边塞,在出征甘陕、四川等地时立有战功,任太宗朝的征行大元帅。赵世延是与马祖常齐名的元朝大文豪,而且官至御史中丞、中书平章政事。这些著名汪古族景教徒的社会文化活动,为景教在蒙古人中的存在和传播创造了良好的氛围。

宋元之际景教不仅流行于西北边陲克烈、汪古两部,而且在乃蛮、蔑里乞、畏兀儿、吉利吉思等族中亦得到广泛传播。北宋太平兴国六年(981 年)王延德出使高昌国时,曾见到当地景教僧侣和信徒。畏兀儿

---

① 朱谦之:《中国景教》,第 173 页。

人早在 11 世纪前就有信奉景教和祆教等传统，11 世纪后在黑汗王朝统治下开始改信伊斯兰教，但 13 世纪与蒙古人交往时又有许多人改宗景教。当时在汗八里出了两个景教著名人物列班扫马和雅八·阿罗诃，即属于畏兀儿族。直至元末时察合台后王独尊伊斯兰教，其他宗教才遭到排斥。

景教在中国西北地区和中亚一带的存在和传播，一度使之成为该地区影响最大的宗教。到 13 世纪时，景教宗主教的管辖范围在此已达到 25 个大教区。《多桑蒙古史》曾以阿塞曼那斯《东方丛书》资料说明那时"传布景教之亚洲诸地，曾分为二十五大区域，或主教长辖区，所辖主教区共有七十余所，包括伊拉克、阿拉伯、美索不达米亚、底牙儿别克儿、阿塞拜疆、叙利亚、波斯、印度、河中、土耳其斯坦、中国、西夏（Hangout）唐兀等地"①。当阿拉伯人推行伊斯兰教、中亚地区景教发展受到限制时，蒙古人的西征和对阿拉伯人东进势头的遏制则重使景教得到一定程度的保护。

与此同时，基督教盛行的欧洲开始广泛流传东方兴起一个强大的基督教国家的传说，讲一位"长老约翰王"（或称"祭司王约翰"）既是这个遥远国度的教长（大祭司），又是其君王。他虔信景教，并率领军队出征波斯和米底等地，战胜了穆斯林，攻克爱克巴塔那，在准备收复圣地耶路撒冷时因底格里斯河涨水而受阻。1145 年，叙利亚加伯拉地方主教葛柏拉（Gobala）奉亚美尼亚王之命出使教宗尤金三世（Eugenius Ⅲ）宫廷时曾对之大力宣扬，并声称这位"长老约翰王"就是《圣经》中所说朝拜耶稣圣婴的东方"三贤王"之后裔，他将帮助西方基督徒战胜穆斯林。此后，天主教教宗和欧洲一些君王又突然收到"长老约翰王"于 1165 年发来的正式信件。其写给君士坦丁堡皇帝曼纽尔（Manuel）的信中说，"我约翰以万能上帝和极大权能的主耶稣基督，万王之王，万君之君的名，向我的朋友君士坦丁堡君王曼纽尔致意问候"，"我是一个热心的基督徒，到处保护与接济所有的信徒。我们

---

① ［瑞典］多桑：《多桑蒙古史》下册，冯承钧译，中华书局 1962 年版，第 96—97 页。

已经决定带领一大批军队去访问我主耶稣的陵墓，惩罚基督十字架的仇敌"①。此信的公布使"长老约翰王"这位"看不见的使徒"一时成为欧洲人议论的重要话题。据说1177年时教宗亚历山大三世（Alexander）曾给"长老约翰王"复信，准备派其医生斐利浦（Philip）前往东方传教，以使这位约翰王从景教之异端而皈依天主教正宗信仰之真道。由于"长老约翰王"的信件既没有注明地点，也无具体日期，因而欧洲人对之有种种猜测，其国度在12世纪时被认为在西辽，约翰王即哈剌契丹国王弘可汗；13世纪时约翰王国被认为指克烈部，如马可·波罗（Marco Polo）在其《马可·波罗游记》中曾称"长老约翰王"乃成吉思汗之前的温克汗，即克烈部首脑王罕；而14世纪时，西方天主教传教士鄂多立克（Odoric）则认为此国即汪古部。这一查无史证的传说，却从一个侧面说明元朝建立之前西域少数民族中曾盛行过景教。只是随着蒙古人多次西征使中亚及东欧地区的政治社会结构发生巨变，其自成体系的景教教区亦被削弱或摧毁，这一传说才销声匿迹。

2. 元朝的建立与景教在中原地区的复活

当成吉思汗铁骑驰骋、建立其横跨欧亚大陆的蒙古帝国时，他对各种宗教亦采取了"一视同仁，皆为我用"的政策。他曾与信奉景教的克烈和汪古部族联姻，让景教在其皇族贵戚中自由发展。在占领中亚景教流行地区撒马尔罕后，其子拖雷染病，元代景教名人马薛里吉思之外祖撒必为其进家传良药香果蜜丸舍里八，并让景教徒为他祈祷，使之得以痊愈。撒必从此成为成吉思汗的御医，获"答剌罕"身份而免掉人身隶属和赋税差役之苦。当马可·波罗的父亲尼古拉（Nicolo）和叔叔玛菲奥（Maffeo）旅行来到当时蒙古帝国的政治中心和林时，他曾让他们带信给罗马教宗，请教宗派100名学有专长的教士来东方传教。窝阔台大汗继位时，对景教等亦实行怀柔政策。太宗之妻脱列哥那本人即景教徒，并曾直接参与朝政。元定宗贵由大汗登位时，亚美尼亚国王海敦（Haithon）派其弟仙伯德（Sempad）赴和林道贺。使臣因蒙古人

---

① 参见江文汉《中国古代基督教及开封犹太人》，知识出版社1982年版，第105页。

之景教信仰而感叹说："当今大汗之祖未生时,基督教徒已流衍四方。"①宪宗蒙哥汗继位后也宽容一切宗教。他曾说："如同神赐给我们五根不同的手指,他也赐给人们不同的途径。"②虽然反对蒙哥汗的有景教徒镇海和夸达克,蒙哥汗却并不因此而鄙弃景教,因为其母也是信教者。此外,他所重用的近臣博剌海也是景教徒。这种态度一脉相承,为整个元朝统治者所保持。对此,真正统一中原、建立起元朝的元世祖忽必烈曾对马可·波罗表白说:他对基督教的耶稣基督、回教的穆罕默德、犹太教的摩西、佛教的释迦牟尼"这四位先知皆敬奉,由是其中在天居长位而更真实者,受我敬拜可保佑我"③。元统治者的这一姿态,使佛教、道教、伊斯兰教、摩尼教、基督教以及蒙古人传统信仰中的原始萨满教崇拜等在元代都得以保留和发展。

随着元朝的建立,各种宗教得以恢复,景教亦在中原地区获得新生。出于管理宗教事务之需要,元朝设立宣政院管理佛教事务,又设立集贤院专管道教。至元二十六年（1289年）,忽必烈又设立崇福司管理也里可温教事务。就其规模而言,"元制,礼部亦掌僧道,然有宣政院以专掌释教僧徒,秩从一品;有集贤院以兼掌玄门道教,秩从二品;而礼部之掌,遂有名无实。是可见元代对于僧、道之尊崇。顾也里可温之在元,亦为一种有力之宗教,特置崇福司,秩从二品,其阶级盖在宣政之下,而与集贤等也。"④崇福司设官分职之命名乃取自基督教"传福音"之义,其职能即"掌领马儿哈昔、列班也里可温十字寺祭享等事"（《元史·百官志》卷八九）。延祐二年（1315年）时崇福司曾改为院,"置领院事一员,省并天下也里可温掌教司七十二所,悉以其事归之。七年,复为司,后定置已上官员。"（《元史·百官志》）延祐七年（1320年）恢复崇福司原有"司"之机构,以求管理上的方便。忽必

---

① 张星烺编著:《中西交通史料汇编》第二册,中华书局1977年版,第72页。
② 《柏朗嘉宾蒙古行纪 鲁布鲁克东行纪》,中华书局1985年版,第302页。
③ ［英］阿·克·穆尔:《一五五〇年前的中国基督教史》,郝镇华译,中华书局1984年版,第155页。
④ 《陈垣史学论著选》,上海人民出版社1981年版,第28页。

烈执政期间，景教在甘州、宁夏、天德、西安、大都等处都设有主教区，其主教驻地"掌教司"数目达72所之多，反映了元代景教曾有过的繁荣景象。

3. 13世纪元朝景教的兴盛发展

蒙古统治者的宗教宽容政策，使各种宗教生活趋于活跃。在1235年兴建的早期蒙古帝国中心哈剌和林，其中国工匠和穆斯林商人居住的两大区域中既有清真寺、佛寺和其他庙宇，也有建在大汗宫殿万安宫附近的景教寺。许多蒙古贵族、官员、侍臣、御医和一些色目人都信奉景教。而且，各种宗教的神职人员还享有免除赋税、差役和军役等待遇。元帝国建立后，这种对宗教僧侣的优厚待遇得到保留和进一步扩大。如至元四年"二月，诏遣官签平阳、太原人户为军，除军、站、僧、道、也里可温、答失蛮、儒人等户外"（《元史·兵志》卷九八）。至元二十九年七月，"也里嵬里、沙沙尝签僧、道、儒、也里可温、答赤蛮为军，诏令止隶军籍"（《元史·世祖纪》卷一七）。此外，"至定宗、宪宗之间，则诸教士之田税、商税、均行豁免"①。景教在元代虽与佛、道等教处于激烈竞争之中，但因有统治者的支持而颇具实力。其"军籍之停止，徭役之蠲除，租税之豁免，已是政府之一种特别优待法矣，然当时政府对于也里可温之尊崇，尚不止此"②。其教士不仅可依僧例给粮，而且还获准参与为帝王祝寿祈福等宗教活动。这种形势亦使元代景教获得广远的分布，如在汗八里，直隶长芦镇，蒙古，河北的河间，山西的大同，甘肃的沙州、肃州、甘州、额里折（凉州），鄯州和额里合牙，黄河北岸诸地（外套），新疆的喀什噶尔、叶尔羌、赤斤塔拉思和伊犁，江苏的常熟、扬州和镇江，浙江的杭州和温州，福建的福州和泉州，以及云南等地都曾有景教存在和流传。

13世纪中叶，元朝景教达到鼎盛。当时汗八里景教会因列班扫

---

① 《陈垣史学论著选》，上海人民出版社1981年版，第21页。
② 同上书，第28页。

马和雅八·阿罗诃两隐修士西游传教之事而闻名遐迩。列班扫马是汗八里景教巡回教士昔班之子,约30岁时入修道院6年,后又离家到汗八里郊外山中独居隐修。雅八·阿罗诃是山西霍山景教教正裴尼尔之子,原名马可,因仰慕隐修之道而离开家乡来追随列班扫马,3年后得度为景教僧,在游历西域途中被选为景教公会法主,故有雅八·阿罗诃三世的称号。1278年,两人起程西行,旨在朝拜圣地耶路撒冷,在耶稣墓前求主赦罪。此举得到了元世祖忽必烈的支持。其在途中亦曾受到忽必烈女婿昆布哈和爱不花二王的礼遇及祝福。他们从大都燕京(汗八里)出发,途经山西霍山、唐古特(宁夏)、沙州(敦煌)、和阗(新疆)、喀什噶尔(疏勒)、霍罗桑、阿塞拜疆等地,最终到达巴格达,一路上千辛万苦,几濒于死。两人途中曾在于阗滞留6个月,在疏勒朝见国王海都(Kaido),获通行许可证,后又在图思城附近圣施杭景教修道院避难。他们因在美索不达米亚境内马拉迦城与景教法主马屯哈(Mar Denha)相遇而获准去巴勒斯坦。在巴格达,两人又被景教法主派遣赴旭烈兀汗之子阿八哈大王处,求其对景教法主的封册。使命完成后,两人转道重赴耶路撒冷,但因叙利亚正处于战乱、战场形势不明朗而放弃此行,从乔治亚返回巴格达。马屯哈随之任命马可为"契丹及汪古之京城大德"职,时年35岁的马可祝圣后改名雅八·阿罗诃。而列班扫马同时也被委任为巡锡总监大德。两人祝圣后授命返回中国传道,途中于1281年得知马屯哈已死的消息,遂返回巴格达以便参加法主葬仪。其间雅八·阿罗诃被一致推选为东方教会的新法主,并兼任塞流西雅和泰锡封两城教务。同年11月,雅八·阿罗诃在巴格达附近圣库科教堂接受圣职,遂成为景教会主要领袖,称雅八·阿罗诃三世。1282年阿八哈王死后,其弟阿合马(又名帖古迭儿)篡位,政教关系一度紧张。1284年阿合马被杀,阿八哈长子阿鲁浑王即位,成为蒙古人统治波斯的西域宗王,此后景教重又获得政府的重视与信赖。作为伊利汗国国王,阿鲁浑王意欲征服巴勒斯坦和叙利亚,声称若能收复"圣地",他就受洗入教。为此,他请雅八·阿罗诃推荐一位合适人选作为使臣前往欧洲,以求获得西方基督教各国的支援。在雅八·阿罗诃的引见下，列班扫马获此任命，遂带着阿鲁浑王给欧洲各君王的亲笔信于1287年从黑海港口出发，先到君士坦丁堡拜见东罗马皇帝安特罗尼库斯二世（Andronicus Ⅱ），随之去意大利那不勒斯和罗马。时值教宗洪诺留四世（Honorius Ⅳ）去世，红衣主教哲罗姆（Jerome）等人接见了扫马。此后扫马又到巴黎，受到法王腓力四世（Philip Ⅳ）的接见。离开巴黎后他在格斯柯尼还觐见了英王爱德华一世（Edward Ⅰ）。扫马返回罗马时谒见了新任教宗尼古拉四世（Nicholas Ⅳ），并呈交阿鲁浑王和雅八·阿罗诃的亲笔信。扫马在罗马曾按景教仪式主领圣餐，也参加过教宗主持的天主教弥撒。扫马完成使命后回到阿鲁浑王朝廷述职，国王为此答应扫马建堂传道，并让继任王位的儿子合赞入教。1294年，列班扫马在巴格达逝世。1317年，雅八·阿罗诃也在马拉迦去世。

13世纪著名景教徒还有仕于元朝的爱薛。他出身于景教世家，祖名不阿里，父名不鲁麻失，系生活在叙利亚西部讲阿拉伯语的拂林人。1246年，定宗贵由举行登基大典，前来参加庆典的叙利亚景教长老审温列班阿答（Simeon Rabbanata）对不鲁麻失赞不绝口。唆鲁忽帖尼闻之动心，奏请贵由汗遣使相邀。但不鲁麻失因年高体弱而推辞，由其子爱薛代父应召，来到蒙古王宫服务。爱薛熟识星历、医药之术，并掌握有各种西域语言，因而受到贵由和唆鲁忽帖尼的厚待。他娶了唆鲁忽帖尼的同族侍女为妻，夫妻俩曾是蒙哥汗公主的傅父和傅母，交往颇深。忽必烈即位后，爱薛成为其侍从，直言敢谏，曾劝其抑佛扬景，并要求对回回的活动加以限制。忽必烈对他极为器重，"命掌西域星历医药二司事"。其创立的京师医药院于1273年改为广惠司。1283年，爱薛以译人（怯里马赤）身份奉诏随孛罗丞相出使伊利汗国。孛罗被阿鲁浑王留用后，爱薛历经艰辛重返大都。忽必烈觉得爱薛"生于彼，家于彼，而忠于我"，对之从此更加重用。1287年，爱薛就任秘书监卿，掌历代图籍及阴阳禁书；1289年，又兼任崇福司使；1294年，在元成宗铁穆耳即位之际授翰林学士，承旨兼修国史；1297年时又授平章政事；

直至武宗即位时还曾封爵秦国公。爱薛死后被元仁宗于 1312 年追封为太师开府仪同三司上柱国拂林王，谥忠献。

除了皇宫侍臣、御医等多为景教徒外，13 世纪蒙古军队中一些外国雇佣人员和侍卫也信奉景教。1275 年，汗八里为之开设景教总主教驻所。据 14 世纪罗马教会驻波斯伊儿汗国总主教约翰·柯拉（John de Cora）所撰《大可汗国记》言，当时景教徒"居契丹国境内者，总数有三万余人。皆雄于资财，……其派教堂皆整齐华丽，有十字架及像，以供奉天主及古先圣贤。其人代皇帝举行各种祈祷，故常得享受特权"①。

4. 马薛里吉思与景教"七寺"

元朝景教最著名的教士之一，便是兴建景教"七寺"的马薛里吉思。他本为中亚撒马尔罕的医生，其外祖曾为拖雷治病，家传医术因而闻名于蒙古王宫。1268 年，忽必烈召他入宫为御医，调制其祖传香果蜜丸舍里八，由此开始其在元朝的不凡生涯。元至顺《镇江志》曰："公之大父可里吉思，父灭里，外祖撒必，为大医。……至元五年，世祖皇召公驰驿进入舍里八，赏赉甚侈。舍里八煎诸香果，泉调蜜和而成。舍里八赤，职名也，公世精其法，且有验，特降金牌以专职。九年，同赛典赤平章，往云南；十二年，往闽浙，皆为造舍里八；十四年，钦受宣命虎符怀远大将军、镇江府路总管府副达鲁花赤。"（卷九）"达鲁花赤"在蒙古语中意为"长官"，在元朝实为居于地方官之上的"监临官"。因此，马薛里吉思于此已官至镇江府知府之位。他于至元十五年（1278 年）正月抵达镇江，八月时改授明威将军。马薛里吉思走上仕途后，在其所辖之地极力推广景教。据传，他"虽登荣显，持教尤谨，常有志于推广教法。一夕，梦中天门开七重，二神人告云，汝当兴寺七所。赠以白物为记。觉而有感，遂休官务建寺"（《镇江志》卷九）。1279—1282 年，马薛里吉思先后在镇江城内外建成景教寺六所，又在杭州建景教寺一所。这七寺即镇江的大兴国寺、云山寺、聚明

---

① 参见江文汉《中国古代基督教及开封犹太人》，知识出版社 1982 年版，第 140 页。

山寺、丹徒县开沙的四渎安寺、黄山的高安寺、大兴国寺侧的甘泉寺，以及杭州荐桥门的大普兴寺。此外，他还在云山寺和聚明山寺之下建有也里可温公墓。其建寺之举乃表明自己"有志于推广教法"和"忠君爱国"之心，"无以自见，而见之寺耳"。马薛里吉思"休官"甚至"舍宅"而建景教寺，足以反映其景教信仰之虔诚。在此之前，镇江、杭州等地均无景教教堂。所以，马薛里吉思兴建七寺，实为元代景教在江南的流传奠定了基础。

在马薛里吉思所建教堂中，以建于1281年的镇江大兴国寺最为著名。此寺建成后约20年，即元成宗大德二年至五年（1298—1301），在镇江任儒学教授的杭州人梁相曾撰有《镇江大兴国寺记》，使马薛里吉思传教建寺的详情为人所知。其《寺记》云："大兴国寺，在夹道巷，至元十八年本路副达鲁花赤薛里吉思建。……薛迷思贤，在中原西北十万余里，乃也里可温行教之地。……祖师麻儿也里牙灵迹，千五百余岁。今马薛里吉思，是其徒也，教以礼东方为主，与天竺寂灭之教不同。""薛迷思贤"即《元史》所称"薛迷思干"，《元史地理志》西北地附录作撒麻耳干，今译撒马尔罕，在波斯东北地。"其地盛行景教，证之此碑记有'教以礼东方为主'，与景教碑'东礼趣生荣之路'相合。又此碑记有'十字者像人身四方上下以是为准'，亦与景教碑'判十字以定四方'及'印持十字'相合。"[①]撒马尔罕曾为景教大主教的驻地，其祖师麻儿也里牙（Mar Elijah）即撒马尔罕大主教，于1190年（希腊历1501年）去世，故有"千五百余岁"之说。此地于1220年为成吉思汗所夺，由此归顺蒙古帝国，其所信奉的景教亦得以传入蒙古，继而传入中国内地。马薛里吉思为了弘扬景教，还从西域迎来景教高级教士马里哈昔牙、麻儿失理河、必思忽八，以能"阐扬妙义，安奉经文"，并主持景教寺的宗教礼仪活动。马薛里吉思建寺传教之举在元朝得到了上层统治者的支持，据传："完泽丞相谓公以好心建七寺奏闻，玺书护持，仍拨赐江南官田

---

① 朱谦之：《中国景教》，第179页。

三十顷，又益置浙西民田三十四顷，为七寺常住。"(《镇江志》卷九)元朝政府的这种姿态无疑为景教的传播起了积极推动作用。据当时人口调查，在 1331 年镇江 114200 多户居民中，每 167 户中就有 1 户为也里可温，每 63 人中就有 1 人是也里可温教徒。而杭州则特有一区专住也里可温。从 13 世纪中叶的中国景教发展来看，中国北部至少约 15 个城市中住有景教徒。当时景教共分为 25 个主教区，其中 4 处即在中国境内，西京大同曾为其重要中心。

随着元代的结束，马薛里吉思兴建的景教七寺亦逐渐衰败或改为他用，且多成为佛教寺院。"据《万历镇江志》，则大兴国、高安、四渎安三寺，明时尚在，惟甘泉不载。云山、聚明，则元至大间已改为般若院。《康熙镇江志》，则并此六寺之名而不可考矣。"[①]杭州的大普兴寺也于明嘉靖二十年（1542年）改为谢三太傅祠。田汝成曾论及杭州景教寺之变迁："城内胜迹三，太傅祠在荐桥东，旧十方寺基也，当熙春桥西，元僧也里可温建，久废。"(《西湖游览志》卷一六)此外，中国各地在元代建成的众多景教寺，同样因失去统治阶层的扶植而陆续破败、消失。

（三）元朝也里可温教派体系

元朝也里可温乃在华基督徒的总称，但其中实有东方、西方教会之区别，即东方景教与西方天主教的不同。因此，一般认为，元朝也里可温包括基督教中景教与天主教这两个不同的教派体系。但相关文献并没有以"也里可温"来专门论及天主教，故而这里所论之也里可温教实质是指元代景教。

1. 元朝景教与中亚景教之关系

唐武宗"灭教"后，中国内地景教已不复存在。所以，元朝景教并非唐朝景教之直接遗绪，而乃源自中亚及在西北边陲传播的景教流派。据 893 年大马色克（今译大马士革）主教爱利雅斯（Elias）对景

[①] 《陈垣史学论著选》，上海人民出版社 1981 年版，第 45 页。

教各主教驻节地之统计,当时中亚各地区约有 13 个景教行教区域,其一区为教务大总管区域,驻报达(Bagdad)城,二区驻强的萨波儿城(在伊朗库及斯坦省),三区驻尼锡必斯城(在底格里斯河畔),四区驻毛夕里城,五区驻拜脱格马城,六区驻大马色克城(在叙利亚境内),七区驻莱夷城(在伊朗德黑兰南),八区驻哈烈城,九区驻亚美尼亚,十区驻康特(即撒马儿罕),十一区驻法儿斯城(在伊朗境内),十二区驻巴尔达阿城,十三区驻哈尔汪城。"此表成于唐末,最东至撒马儿罕而止。唐与回纥不与其列。可见唐昭宗时,中国已无景教徒。故无设立主教之必要也。"[1]

元朝时,景教宗主教的管辖范围则已从中亚扩展至中国。在 13 世纪,景教曾发展为 25 个行教区域,所辖教区共 70 余处。"盖西自亚美尼亚与波斯湾,东至唐兀(Tangut,即西夏)、汗八里(Cambalec,即今北京),皆在行教区域内矣。"[2]其各主教驻节地包括一区强的萨波儿,二区尼锡必斯(Nisibis),三区巴斯拉(Basrah,在波斯湾头),四区毛夕里及阿尔拜拉(Arbela),五区拜脱赛流西亚(Beth Seleucia)及喀尔察(Carcha,在阿述利亚),六区哈尔汪,七区波斯及万(Van,在伊朗西北),八区呼罗珊(Khorasan,亦名麻甫 Mery),九区哈烈,十区阿拉伯(Arabia)及阔脱罗拔(Cotroba,今索科脱拉岛 Socotra),十一区秦尼(Sinae,即中国),十二区印度,十三区亚美尼亚,十四区叙利亚或大马色克城,十五区阿错贝奖省(Azerbijan),十六区莱夷及陀拔斯单(Tabaristan),十七区低廉(在里海南岸),十八区撒马儿罕(Samarkand),十九区可失哈耳(Kashgar,今喀什噶尔),二十区巴里黑城(Balkh),二十一区赛笈斯坦(Segestan,今伊朗东境),二十二区哈马丹城(Hamadan,在波斯境内),二十三区汗八里(Khanbaleg,即今北京),二十四区唐兀(Tanchet,即西夏,今陕甘西北),二十五区察赛姆格拉及脑克忒

---

[1] 张星烺编著:《中西交通史料汇编》第一册,第 208—209 页。
[2] 同上。

(Chasemgarah, Nuachet)。①

由此可见，元朝景教与中亚景教有着极为密切的关系，其各教区亦为景教宗主教之所辖。据1349年阿姆路（Amru）新表，景教25个教区稍有调整，其中汗八里与阿尔法力克合区，喀新姆格尔（Kashimghar）与脑克忒合区，喀什噶尔教区得以重构，并新增加了撒马儿汗以东的塔尔克（Tark）区和耶路撒冷区等②。此外，《鲁布鲁克东行记》亦曾记载："契丹国内有十五城，皆有聂思脱里派教徒。其人于西京城（Segin）有总主教驻焉。"③西京在金代指大同，至元二十五年（1288年）时改西京为大同路，因此鲁布鲁克这里所指即今山西大同。④ 当时此地为景教主教驻节地之一，并生活着众多景教信徒。

2. 元朝景教的四个主教区

在13世纪景教的25个行教区域中，有4个主教区属于元朝时之中国，即第十一区秦尼、第十九区喀什噶尔（古译可失哈耳）、第二十三区汗八里和第二十四区唐兀（亦称唐古忒）。

秦尼主教区包括中国西北地区，其景教最为盛行，信奉景教的克烈、汪古诸部落亦在此教区所辖范围之内。秦尼教区的主教府设在大同，即辽金时期之西京。当时景教徒已与汉人杂居，融入其社会生活。因此《元史》中曾记载，至元十三年（1276年）六月庚午，"敕西京僧、道、也里可温、答失蛮等有家室者，与民一体输赋"（《元史·世祖本纪》）。大同迤西乃汪古部旧壤，景教影响颇大。统治汪古部的高唐王阔里吉思虔信景教，后经孟德高维诺的劝说而改宗天主教，元成宗大德时在大同建有天主教大教堂一所。但他被俘遇害后，其弟术忽继任王位，又令其部众恢复了景教信仰。

喀什噶尔主教区亦在中国西部，其信徒多为畏吾儿人。其主教驻节

---

① 张星烺编著：《中西交通史料汇编》第一册，第208—210页。
② 同上书，第210页。
③ 同上书，第194页。
④ 《柏朗嘉宾蒙古行纪 鲁布鲁克东行纪》，耿昇、何高泽译，中华书局1985年版，第255页，第333页注73。

地在喀什噶尔（今新疆喀什），并在多处建有教堂。据传叶尔羌的察合台亲王曾率众皈依景教，建有施洗约翰纪念教堂一所。此外，在莎车、赤斤塔拉思等地，亦有景教会及其宗教活动。

汗八里主教区以元大都为核心，其在元朝影响最大，辖区亦较广。在元初中国景教徒列班扫马和雅八·阿罗诃西行以及西方天主教徒马可·波罗东游之际，担任汗八里景教总主教者先后有马贵哇桂斯（Mar Guiwarguis）和马聂思脱里（Mar Nestorios）。列班扫马经马贵哇桂斯总主教施洗入教，雅八·阿罗诃则在马聂思脱里总主教处接受洗礼。二人曾比较活跃，在其教内一度形成较大影响，但并没有引起中国社会民众的普遍关注。1275年马可·波罗来华时，汗八里景教教区正值马聂思脱里在任时期，"马聂思脱里乃继马贵哇桂斯之任者也"①。但其对从西方新来初到的天主教徒也缺乏相关了解。

唐兀主教区则统辖西夏各地（今陕甘宁地区），其主教驻节地在甘肃甘州（张掖）。据传城内建有景教教堂3所，极为华丽壮观。元世祖之母别吉太后是出自克烈部族的景教徒，她死后曾停柩在甘州景教寺内。唐兀是元时蒙古人对西夏地区的称呼，又名唐古忒或河西，曾以兴州（今宁夏银川）为都城建立大夏国。在唐兀主教区范围中，甘肃的沙州（敦煌）、肃州（酒泉）、凉州（武威）和鄯州（西宁），额里合牙（宁夏），以及陕西的哈拉善（榆林）等地均建有景教教堂，生活着一些景教徒。对此，《马可·波罗游记》卷一曾有所记载。

虽有上述这些传教活动，但总体看来，元时景教发展规模不是很大，属于一种社会边缘性质的宗教信仰流变，其影响无法与儒佛道相比，对中国内地尤其是汉族仅有很浅的侵染，只是在一些人数并不很多的边境地区少数民族中曾获得比较明显的认同；但这些民族之中也多有信仰上反复变动的现象出现，其景教信仰的根基并不牢固，加之此时景教与天主教的尖锐矛盾冲突亦消耗了双方的实力，使本为同一信仰的两种教派不仅没能团结起来在华共求生存，反而是相互争斗、彼此打压，

---

① 张星烺编著：《中西交通史料汇编》第一册，第214页。

形成其信仰"内耗",结果导致它们两败而不是双赢的发展趋势。随着元朝的终结,景教作为最早传入中国的基督教的一支却也最终遭遇到其彻底在中国本土消亡的命运。

(原载卓新平著《基督教犹太教志》,上海人民出版社1998年版。)

第二章

元朝天主教

一 也里可温与元朝天主教的传入

罗马天主教会于元朝时首次传入中国，这使基督教在华的发展进入一个新阶段。天主教传入元代蒙古人统治地区以后，据说亦被人称为"也里可温"。因此，历史上有人因弄不清景教与天主教之本质区别而将之混为一谈。如"刘文淇《至顺镇江志校勘记》曰：此卷述侨寓之户口。所谓也里可温者，西洋人也。卷九大兴国寺条载梁相记云：薛迷思贤在中原西北十万余里，乃也里可温行教之地。……据此则薛迷思贤乃西洋之地，而也里可温即天主教矣（卷上）"。"洪钧《元史译文证补》，元世各教名考曰：也里可温之为天主教，有镇江北固山下残碑可证。"[①] 此处所指镇江残碑，很可能即景教大兴国寺碑，所记述的基本上是当地景教的存在和发展，其与天主教关系不大。综合而论，相关文献所论及的"也里可温"基本上是指景教的情况，而其是否能够涵盖元代来华的西方天主教，这在中国学术界仍然是一个颇为存疑的问题。

蒙古人在统一中国之前曾铁骑西下，征战欧洲。成吉思汗及其后裔组织的三次西征使蒙古骑兵在欧洲长驱直入、所向披靡，曾一度饮马多瑙河，染指黑海和地中海地区，引起了欧洲各国的震惊。在当时西方人

---

① 《陈垣史学论著选》，上海人民出版社1981年版，第3—4页。

眼中,"鞑靼人"曾被看作突然从"塌塌如斯"冥府之渊中跳出来的"魔鬼",其西侵曾被称为给欧洲带来破坏和灾难的"黄祸"。为此,罗马教宗格列高利九世(Gregorius Ⅸ)一度号召要组织抗蒙十字军来认真应对。1242年,已击溃孛烈儿(波兰)和捏迷思(德意志)联军、进渡秃纳河(多瑙河)并攻掠马茶(今匈牙利布达佩斯)的拔都统领之蒙军得到元太宗窝阔台病逝的消息,因而从欧洲撤兵东返。此后教宗英诺森四世(Innocentius Ⅳ)于1245年在法国里昂主持召开欧洲主教会议,商量对策。因听说有一部分蒙古人已皈依基督,会议决定派人东来争取蒙古大汗信教,以使之彻底停止西侵。从此,开始了天主教方济各会和多明我会修士长途跋涉出使蒙古、东来传教的活动,于是也拉开了西方天主教入华的序幕。

就其时代背景而言,蒙古人创立的横跨欧亚大陆之元帝国,亦为东西方世界的沟通及其文化交流提供了有效空间和便利条件。正如张星烺所指出的:"迄于元代,混一欧亚,东起太平洋,西至多瑙河、波罗的海、地中海,南至印度洋,北迄北冰洋,皆隶版图。幅员之广,古今未有……通蒙古语,即可由欧洲至中国,毫无阻障。驿站遍于全国,故交通尤为便捷……东罗马、西罗马及日耳曼之游历家、商贾、数士、工程师等,皆得东来,贸易内地,自由传教,挂名仕版。东西两大文明……以前皆独立发生,不相闻问,彼此无关者,至此乃实际接触。"[①]

元代中西交通之便及其文化交流日趋增多之势态,直接给天主教的首次传入中国带来了契机。

1245年,方济各会修士柏郎嘉宾(Giovanni de Piano Carpini)等三人携教宗书信来与蒙古修好,开了罗马教廷与蒙古通使之端。1247年,多明我会修士、伦巴底人安山伦(Anselme de Lombardie)等受教宗派遣来到波斯蒙古西征军统帅拔都营地,但因拔都态度傲慢而毫无收获。1249年,法国国王路易九世(Louis Ⅸ)又遣多明我会修士、法国人龙如模(Andre de Longjumean)等三人东来,但其抵达定宗贵由

[①] 张星烺编著:《中西交通史料汇编》第2册,北京辅仁大学1930年版,第1—2页。

行宫时，贵由已病逝。当时摄政的斡兀立海迷失皇后接见了西方使者，但覆书仍然倨傲，要求西方称臣入贡。龙如模于1251年返回欧洲，此行亦未获进展。此后路易九世再派方济各会修士、佛兰德人鲁布鲁克（Guillaume de Rubrouck）东来通使，随蒙古军队同行至和林。1264年，元世祖忽必烈入都燕京（蒙语汗八里，汉名大都），改元至元。从此，西方天主教徒和传教士亦随蒙古人而得以进入中国内地。

（一）方济各会修士出使蒙古

方济各会是意大利天主教徒方济各（Francesco d'Assisi）创立的隐修组织，与多明我会同为13世纪建立的天主教两大托钵修会，曾成为当时天主教对外传教的重要力量。元代天主教传入中国，方济各会修士作为罗马教宗使节和来华传教士起了非常关键的作用。

1. 柏郎嘉宾出使蒙都和林

在1245年教宗英诺森四世主持的欧洲主教会议上，决定派遣方济各会修士3人携带教宗书信出使东方，觐见蒙古大汗。这一使团以意大利人柏郎嘉宾为首，包括同行的波希米亚人司提凡（Stephen）和随之从不勒斯劳赶来的波兰人本笃（Benedict）。他们于1245年复活节从法国里昂出发。按其修会规则，修士外出必须步行。但柏郎嘉宾年迈体胖，因而获准骑驴代步。他们途经波希米亚、波兰、俄罗斯等地，1246年2月在基辅会晤蒙古守将，随之前往蒙古人所建钦察汗国，在伏尔加河上游萨来城拜见拔都。此后继续东行，一路上风餐露宿，渡海翻山。司提凡因过于疲惫而半途折回，其余两人于1246年7月22日到达蒙古都城哈剌和林。

此时元太宗窝阔台已死。约一月之后新君定宗贵由正式继位。11月13日，柏郎嘉宾获定宗召见，遂呈上教宗致蒙古大汗书信。信中指责蒙古杀戮之过，劝告大汗信教、罢兵，并善待教徒及教宗使节："余闻王等侵入基督教诸国以及他境，所过杀戮，千里为墟，血流盈壑。直至于今，王及部下凶狠之气，破坏毒手，未稍休止。……余代天主行教，闻王所为如此，不胜诧异。余本天主好生之德，欲合人类于一家，据敬天明神之理,特申劝告并警戒,请求王及部下止息此类暴行,尤不可虐待基督教徒。王所犯罪恶多而且重,必遭天主所谴,可毋庸疑。王须急宜忏悔,使天主满意。"①其口气直率、强硬,充满劝诫、警告之意。贵由阅后写有致教宗复信让柏郎嘉宾带回,答曰:"尔等居住西方之人,自信以为独奉基督教,而轻视他人。然尔知上帝究将加恩于谁人乎?朕等亦敬事上帝。赖上帝之力,将自东徂西,征服全世界也。"②信中措辞针锋相对,显得高傲和毫不妥协,信尾还附有"上帝在天,贵由汗在地,上帝威棱,众生之主之印"的玺文。

柏郎嘉宾等人在蒙古逗留约有四个月,得贵由复信后即起程返欧。临行前曾获太后所赐貂皮缎袍两袭。1247年11月,他们在里昂向教宗复命。此次东行虽无传教成果,却开了西方传教士东来之先河。而且,柏郎嘉宾回到里昂后写有一部拉丁文的《蒙古史》,对当时西方了解蒙古人的地域分布、民族习俗、宗教信仰、风土人情、军事政治,以及沿途各国民族、地理、社会情况等起了一定作用。可以说,这部著作是描述丝绸之路沿途景观及中西文化交流的最早著述之一,在中西交通史上有着重要意义。

2. 鲁布鲁克东来传教

1253年,法王路易九世为了联络蒙古大汗共同对付穆斯林,配合其十字军东征而收复圣地,决定派方济各会修士鲁布鲁克携带其书信前往蒙都和林通使。另一修士意大利人克来莫那(Bartolomeo da Cremona)亦与之同行。他们于5月从君士坦丁堡出发,经黑海而抵达索耳达亚。7月底至蒙古拔都之子撒里答营地,此后又至钦察觐见拔都。拔都让其觐见大汗蒙哥。他们于9月继续东行,12月抵和林,次年1月4日得宪宗蒙哥接见。5月24日,宪宗再次召见鲁布鲁克,并让其带回给法王的复信。信中语气极为严厉,大有催促法王投降之意。鲁布鲁克在和林停留期间试图向蒙古人传教未果,于8月由原路返欧。1255年6

---

① 张星烺编著:《中西交通史料汇编》第一册,中华书局1977年版,第183页。
② 同上书,第184页。

月，鲁布鲁克回到塞浦路斯岛，但路易九世已返法国。于是，他撰写《东行记》寄送法王，汇报其出使经历。这一游记也为中西交通史上的重要文献。

据鲁布鲁克自述，他借出使机会东行蒙古之目的乃在于传教。为此他曾公开声明："我既不是陛下（指路易九世）的使臣，也不是任何人的使臣，我只是按我们的会规而前往非教友的地区。"①他在蒙古时曾当着大汗之面与佛、道等教代表展开辩论，因而一度获得大汗和皇后对基督教的认可。据传他曾为信教的蒙古人诵经祈祷，而皇后也常常来教堂参加礼拜活动。不过，当时蒙古人中流行的基督教即聂斯脱利派，与天主教存在着明显差别。鲁布鲁克在其《东行记》中曾记述了外蒙古境内克烈、蔑里乞、乃蛮三大部落信奉景教的情况，并展示了景教在中亚和中国北部一带的广泛流行，称其在去契丹途中都曾遇到聂斯脱利教徒，在契丹国15个城市中亦住有聂派信徒，"在西京并驻有他们的总主教"②。鲁布鲁克东行传教之志未能如愿，但其游记给后世留下了景教在华流传的珍贵史料，也是天主教在华接触各种宗教比较早的记载。此外，鲁布鲁克在其东行记中还提及了西藏和藏族人，据传是"西方第一个讲述西藏文字的人"③，这对此后西方比较基督教与藏传佛教有着独特影响。

（二）波罗东游的经历及见闻

1255年，意大利威尼斯商人尼古拉·波罗和玛菲奥·波罗兄弟东来经商，1260年到达克里米亚，三年后又抵布哈拉。在此，他们巧遇忽必烈派去伊利汗国的使臣，随后应其之邀而一道东来，于1266年抵达蒙古上都（当时尚称开平），觐见蒙古大汗。登基不久的忽必烈接见了波罗兄弟，表现出对西方国家和天主教的浓厚兴趣。他"详询关于

---

① 方豪：《中国天主教史人物传》（上），中华书局1988年版，第20页。
② 同上书，第21页。
③ 伍昆明：《早期传教士进藏活动史》，中国藏学出版社1992年版，第32页。

教皇、教会及罗马诸事,并及拉丁人之一切风俗"①。"尤其是教皇的情况、教会的事业、宗教的崇拜和基督教的教义"②。当了解到教会详情后,"世祖即派二人携带玺书,出使教廷,要求教宗派遣一百位通晓七艺的学者东来"③。而且,这些学者还必须长于辩论,能据理阐明天主教之优杰。世祖还希望波罗兄弟能去"圣地",为之带回耶稣圣墓长明灯中的一些圣油以作为纪念。1269年,波罗兄弟返抵欧洲,向罗马教廷呈交了蒙古皇帝书信。两年后,尼古拉决定带其17岁的儿子马可·波罗同来东方。新任教宗格列高利十世(Gregorius X)闻讯后急忙召见尼古拉兄弟,令其带上教宗给元世祖的复信,并曾指派两名多明我会修士同行,但两修士不久因故折回。1271年11月,波罗一家3人取道中亚、翻越帕米尔高原赴蒙,经过长达三年半的跋涉才于1275年夏到达上都,谒见在此"巡幸"暂驻的世祖。忽必烈收下了教宗书信及礼品。据传他得知波罗兄弟再度来华的消息后,曾派出"使臣迎于四十日程之外",表示出对其来华的高度重视。

波罗3人在大都长期"留居朝中",受到热情款待。尼古拉让其子马可·波罗作为"汗之臣仆"晋见世祖,颇得世祖喜爱。马可·波罗潜心学习汉文,同时亦学蒙文、畏兀儿文、西夏文和藏文,在元朝仕宦17年,曾被派往山西、陕西、四川、云南等地,官至扬州总管之位,深受重用。他们因思念故乡而多次要求回国,但都未获批准。直至1286年波斯汗阿鲁浑因其宠妃去世而派人请忽必烈赐婚,波罗3人才获得离华返欧的机会。他们以护送新娘阔阔真公主下嫁波斯之名,于1291年初离开福建泉州西行。其到达波斯时阿鲁浑已死,阔阔真按蒙古习俗成为阿鲁浑之子合赞的王妃。波罗全家3人则于1295年回到威尼斯。马可·波罗口述的《东方见闻录》(即《马可·波罗游记》)成

---

① 《马可波罗行纪》(据法国沙海昂法文译本),冯承钧译,上海书店出版社1999年版,第12页。方豪在上述著作中曾对之引用。
② 《马可·波罗游记》(据美国人科姆诺夫英译的赖麦锡意大利文本),梁生智译,中国文史出版社1998年版,第6页。
③ 方豪:《中国天主教史人物传》(上),第24页。

为当时欧洲人认识中国的窗口，并为人们了解元朝中国基督教存在状况留下了丰富史料。虽然西方现代曾有学者如吴芳思（弗兰西丝·伍德）等人质疑这一游记的真实性，但按其所描述的细节和杨志玖等人的考证来看，则已充分显示出此游记对元代中国有着比较深入的剖析，确证了马可·波罗的中国之旅。

从马可·波罗这一游记的描述中，可以看出忽必烈对基督教有着一定程度的好感。"从大汗态度看，他认为基督教信仰最真实最美好，因为他说，凡不是尽美尽善之事，此教概不让人去做。"[1]马可·波罗甚至认为，"如果教皇派去适当的人向他宣传我们的宗教，大汗必会成为基督教徒，因为我们已经确知，大汗颇有意于此"[2]。他又指出，元朝蒙古宗王乃颜即"一受洗基督教徒"，其所持之帅旗上亦有"十字架之徽志"。乃颜因反叛忽必烈失败被杀；当人们为此而讥笑基督徒时，忽必烈却安慰他们，说"上帝的十字架"未助乃颜行逆是对的，因为十字架不会助其作恶，这更说明十字架信仰之正义所在。于是，基督徒对忽必烈亦心悦诚服。此外，马可·波罗还谈到13世纪景教的分布情况。其来华时沿途经过的城市巴格达、喀什噶尔、撒马尔罕、莎车、唐古忒等都有景教流传。此后他在其游历的甘肃、西夏、河西、蒙古、云南、江苏等地亦普遍发现了景教的行踪。还有一点颇值一提的是，马可·波罗在其时代是讲述藏族地区情况比较突出的西方人，他在其《马可·波罗游记》中不仅论及"长老约翰王"与成吉思汗的关联，还描述了成吉思汗与长老约翰之战，指出"最后成吉思汗胜敌，长老约翰殁于阵中"[3]，由此留下了被后人引申出这一信奉基督教之"长老约翰"部下此后与藏族及藏传佛教复杂关系的蛛丝马迹，对后来不少西方人的藏传佛教观也有着非常微妙的影响。

波罗一家的东游和西归，使元朝统治者与天主教教宗之间有了一定

---

[1] ［英］阿·克·穆尔:《一五五〇年前的中国基督教史》，郝镇华译，第155页。

[2] 同上书，第156页。

[3] 《马可波罗行纪》，冯承钧译，第144页。

的沟通和了解。其在欧洲的影响为不久后天主教正式传入中国奠立了相关基础，创造了良好条件。

（三）孟德高维诺使天主教在华立足

1289年，教宗尼古拉四世（Nicholas Ⅳ）派意大利方济各会修士约翰·孟德高维诺（Giovanni de Montecorvino）作为教廷使节前往中国，从而使之成为天主教来华真正开教的第一人。孟德高维诺取道亚美尼亚、波斯和印度东来，沿途经历了海陆丝绸之路的艰辛跋涉。他在印度南方梅里亚波逗留期间，与之同行的多明我会修士尼古拉·比多亚（Nicola da Pistoia）病逝。孟德高维诺于1294年从印度由海路来到大都，时值世祖忽必烈去世，但被蒙成宗铁穆耳召见，且获准在大都留居和自由传教。从此他建堂布道、蒙文译经，使天主教首次在华立足。

孟德高维诺入华后首先在汪古人中传教，曾使高唐王阔里吉思由景教改信天主教，其部属亦随之改宗。他在1305年的信中回忆了使这位闻名欧洲的佐治王皈依天主教正宗的经历："此间有佐治（George）王者，印度柏莱斯脱约翰大王之苗裔。门阀显赫，昔信聂思脱里派教说。余抵此之第一年，即深与余结纳，从余之言，改奉正宗，列名僧级。每奠祭时，王亦盛装来至余处，参预典礼，聂思脱里派徒因谤王为异教。王率其臣民大部来归正宗，捐资建教堂一所，雄壮宏丽，无异王侯之居。堂内供奉吾人所信仰之天主，三一妙身及吾主教皇。王赐题额为'罗马教堂'。"[①]阔里吉思受命镇守西北边境，后被笃哇军俘虏后遇害。因独子"尚在襁褓之中"而由其弟术忽难袭高唐王之位。术忽难命其部众恢复原有的景教信仰。当时孟德高维诺已远在皇宫，因而闻之亦无能为力。为了争夺信众，当时天主教与景教形成了巨大张力和冲突。

1299年，孟德高维诺在大都建成第一座天主教堂。1303—1305年，

---

① 张星烺编著：《中西交通史料汇编》第一册，第220页。

德国修士亚诺尔德·科洛尼（Arnold Cologne）曾来华协助其建堂传教。1305年，孟德高维诺在皇宫前又建成一座教堂，并已将有关祈祷文、圣咏等宗教文献译成当地方言。其在1305年的信中写道："余于京城汗八里筑教堂一所。六年前已竣工，又增设钟楼一所，置三钟焉。自抵此以来，共计受洗者达六千余人。""余尝收养幼童一百五十人，……皆毫无教育，亦无信仰。余皆加洗礼，教之以希腊及拉丁文。《一百五十章之祈祷文》（Psalters）及《圣歌》（Hymnaries）三十首，《圣务日课》（Brevaries）二篇，余皆已译成其地方言。因此收养诸童中，已有十一人知悉祭圣乐曲。余为之组织唱歌队。每逢星期日，则在寺中轮流服务。余莅堂或他往，诸童皆能不懈其职。《一百五十章之祈祷文》及各种文件，亦皆由诸童缮写。唱歌时，皇帝陛下亦尝闻而乐之。祭圣时，余与诸童共同行礼。"①

其1306年所写书信亦说："一千三百零五年，余在大汗宫门前，又建新教堂一所。堂与大汗宫仅一街之隔。……城内居民以及他处之人，从未闻有教堂者，来见教堂屋宇奂新，红十字架高立房顶。又闻余在室内唱歌，皆讶异万分，不明何谓。当余等唱歌时，大汗陛下在宫内亦得闻之。""第一教堂与第二教堂，皆在城内。……余将所收幼童，分为两队。一队在第一教堂，他队则在第二教堂，各自举行祭务。余为两堂住持。每星期轮流至一堂，指导奠祭。"②

元朝皇帝对基督教徒颇为宽厚，孟德高维诺在华传教活动遂较为顺利。他在宫廷中亦有一职位，可经常入宫。成宗将他视为教宗专使，礼貌相待。他曾试图劝请成宗"改奉基督正宗"未果，因而不无遗憾，叹息"余若有二三同伴在此助理，则至今日大汗必受洗矣！"③孟德高维诺在传教中遇到的最大阻力是景教徒对天主教的反对和抵制。元代基督教在传播过程中由此而发生过激烈的教派之争。当时朝廷内外诸多景教

---

① 张星烺编著：《中西交通史料汇编》第一册，第219页。
② 同上书，第225—226页。
③ 同上书，第221页。

徒对孟德高维诺的传教之举及其成功强烈不满，曾设法对之加以排挤或诬陷。因此，其传教初期多有磨难。他在信中记述说："余初来此境，受聂派直接虐待，或唆使他人来欺侮余，种种情形，备极惨酷。其人造作诽语，谓余乃侦探匪徒，而非由教皇派遣。稍后，其人又伪造证据，谓教皇实有大使派来东方，赠礼物甚伙，至印度时，余暗杀大使，而窃其物也。阴谋诽谤不止者凡五年。余尝受法庭传审，几受死刑。最后乃得天主怜助，有某君作证，启发大汗之天心，使知余实冤枉无罪，告者诬妄。大汗将诬告者及其妻妾儿女，悉放逐之。"①

由此可见，当时景教与天主教明显有别，很难相混。元成宗对天主教的宽容和想与罗马教廷及欧洲诸国通使的愿望，为孟德高维诺在华传播天主教提供了良好的外部条件。

（四）元朝天主教在华主教区的设立

孟德高维诺在华传教顺利的消息传至罗马教廷，教宗克雷芒五世遂于 1307 年再派方济各会修士 7 人来华协助教务，并决定建立汗八里（即大都）总主教区。这 7 位修士临行前被祝圣为主教，其中一人留任得利斯代主教、3 人病死在印度，仅有哲拉德（Gerardus Albuini）、裴莱格林（Peregrinano Castello）和安德鲁（Andreas de Perusia）3 人抵大都。他们代表教宗祝圣孟德高维诺为汗八里总主教，负责契丹（中国北部）与蛮子（中国南部）教务。从此，孟德高维诺亲自管理大都教区，由安德鲁等人辅助教务。此外，他亦于 1313 年创设刺桐（即泉州）教区，哲拉德为其首任主教，后由裴莱格林、安德鲁等教士继任，负责中国东南地区教务。

天主教在华教区由孟德高维诺开辟，但他"居此布教，无人辅助，几十一年"②。其来华开教初期基本上是他一人在苦苦支撑，为此他在

---

① 张星烺编著：《中西交通史料汇编》第一册，第 218—219 页。
② 同上书，第 219 页。

1305年曾写道:"余来此后不闻教皇与本级僧侣及西方音耗,已十二年矣。"[1]其间来华相助传道者极少。而哲拉德等方济各会修士1307年之东来,亦"经历艰苦饥困,海陆危险,衣衫为盗匪劫掠殆尽,九死一生"[2]。在华天主教传教士长期与其总部隔绝,孤立无援。若无元朝皇帝的宽厚容忍态度及其"钦赐薪俸"和免役免税政策的保障,天主教很难在华维系下去。哲拉德等3位主教来华之后,先在大都辅理教务5年左右,亦享受钦赐薪俸"阿拉发"。"阿拉发者,皇帝所赐外国使臣、说客、战士、百工、伶人、术士、贫民以及诸色人等之俸金。供其生活费用也。所有俸金之总数,过于拉丁数国王之赋税。"[3]元朝皇帝的"钦赐薪俸"实际上开了中国政府给来华传教的宗教人士发俸金的先例,由此亦体现出中国古代政教关系中"政主教从"的独特传统。

随着中国北部教会发展已初具规模,孟德高维诺又派传教士南下去福建泉州、浙江杭州、江苏扬州等地开教。孟德高维诺自印度取海道来华时曾经过当时东方第一大港刺桐港(即泉州港)。其"'涨海声中万国商''市井十洲人'的繁荣景象,以及穆斯林建立的一座座风格独特的清真寺,可能令这位主教留下难以忘怀的印象"[4]。自1313年起,哲拉德、裴莱格林、安德鲁等人先后担任泉州教区主教,使天主教在江南及沿海一带得到明显发展。

孟德高维诺在华期间曾翻译了《新约》有关章节和《旧约·诗篇》等,并特别绘制出六幅《圣经》图像,附上拉丁、达尔西和波斯三种文字,以供传教布道之用。在其任汗八里总主教的晚期,来华天主教传教士日渐增多。1318年,方济各会修士、意大利波登隆埃人鄂多立克(Odorico da Pordenone,即真福和德理)启程东来。他于1321年抵达西印度,由此从海路到中国,约于1322年抵广州及泉州,曾在泉州拜会

---

[1] 张星烺编著:《中西交通史料汇编》第一册,第221页。
[2] 同上书,安德鲁之信,第229页。
[3] 同上书,第229页。
[4] [美]海斯·穆恩·韦兰:《世界史》中册,生活·读书·新知三联书店1975年版,第618页。

安德鲁主教，后又取道福州、杭州、南京、扬州、临津、济宁，沿大运河北上，于1325年到达大都，觐见泰定帝。据传他在杭州时寄寓当地方济各会教堂，曾与灵隐寺佛僧辩论生死轮回之说，后在大都见宫廷中不少官员都改宗基督教，遂"留京三年，付洗二万人"①。鄂多立克见孟德高维诺年事已高，需派传教士来协助，因而于1328年奉命离华返欧，旨在组织新的一批传教士来华事宜。他由陆路西行经天德、山西，约于1330年抵西藏拉萨，最后经中亚、波斯返回意大利。他曾去阿维农城晋见教宗约翰二十二世（John XXII），准备带50名传教士再次东来，但因病于1331年去世而未成此行。他在病榻上口述了其东行经历，由人笔录而成《鄂多立克东游录》。鄂多立克在此东游录中比较详细地向西方介绍了西藏的情况，指出吐蕃"与印度本土接壤，臣服大汗"②，并描述了天葬等藏族风俗习惯，因而对西方藏学研究客观上起到了奠立作用。

1328年，孟德高维诺在大都去世。他在华生活长达34年，据称曾"授洗三万余人"，成为天主教来华传教第一人。1333年，教宗约翰二十二世得知此消息后，又派方济各会修士、巴黎大学神学教授尼古拉斯（Nicholas de Botras）前来接任汗八里总主教职。尼古拉斯率26人东行，曾抵达阿力麻里（今新疆霍城县境内），受到察合台汗的招待，但此后即全队失踪而不知所往。1338年，元顺帝派了一个16人使团去晋见教宗。使团由法兰克人安德鲁（Andrew the Frank）、日耳曼那梭人威廉（William of Nassio）和阿兰人拖该（Thogay）带队取陆路西行，并带有元顺帝表示与教皇通使修好的书信和阿兰人福定琼斯（Futim Joens）、香山董琪（Chyansam Tungii）、者燕不花爱文奇（Gemboga Evenzi）、嘉珲俞乔（Joannes Yuchoy）和鲁比士平则奴斯（Rubeus Pinzanus）等署名致教宗的请愿信。其中元顺帝信曰："仰尔教皇赐福

---

① 顾保鹄：《中国天主教史大事年表》，光启出版社1970年版，第7页。
② 《海屯行记　鄂多立克东游录　沙哈鲁遣使中国记》，何高济译，中华书局1981年版，第82页。

于朕,每日祈祷时,不忘朕之名也。朕之侍人阿兰人,皆基督之孝子顺孙。朕今介绍之于尔教皇。朕使人归时,仰尔教皇,为朕购求西方良马,及日没处之珍宝,不可空回也。"①阿兰人则在信中表白他们"自昔受法座使者约翰孟德高维奴之教诲养育,崇奉天主教,于是举止有方,心神藉慰"。而孟总主教去世后,其信徒已"居世无教师,死者魂魄无抚慰","犹之群羊而无牧人,无教诲无抚慰也"②。因此恳求教宗速派新的总主教来华赴任。元朝使团1338年到达阿维农后受到教宗本笃十二世(Benedict Ⅻ)的接见。教宗随之任命方济各会修士鲍纳(Nicolas Bonet)、穆拉诺(Nicolas de Molano)、马黎诺里(Marignolli,即佛罗伦萨人若望 Giovanni da Firenze)和匈牙利人额我略(Gregoire de Hongrie)4人为专使,携带教宗书信和礼物随元朝使团一道来华。鲍纳等人中途返回,而马黎诺里则随使团于1342年抵达大都,同行者共32人。马黎诺里在觐见顺帝时不仅呈送上教宗覆书,而且还以教宗名义奉赠骏马一匹。"至正二年秋,七月十八日佛郎国贡异马,长一丈一尺三寸,高六尺四寸,身纯黑,后二蹄皆白。"(《元史·顺帝本纪》)当时文人墨客亦以此为题而有《天马赞》《天马歌》或《天马图》等诗文颂赋,从而留下了"佛郎国献天马"的佳话。马黎诺里在华逗留期间受到元朝的厚待,他记述了当时天主教传教士受到宽容和保护之状:"汗八里都城内,小级僧人有教堂一所,接近皇宫。堂内有总主教之寓所,颇为壮丽。城内他处,尚有教堂数所,各有警钟。教士衣食费用,皆由大汗供给,至为丰足。"③而且,他本人"留汗八里时,常与犹太人及他派教人,讨论宗教上之正义,皆能辩胜之。又感化彼邦人士,使之崇奉基督教正宗"④。元至正六年(1346年),马黎诺里经杭州、宁波,由泉州上船西返。临行时,元帝设宴欢送,赠赐3年费用和良马200

---

① 张星烺编著:《中西交通史料汇编》第一册,第240页。
② 同上书,第240—241页。
③ 同上书,第252页。
④ 同上。

匹，并复信恳请教宗再派有红衣主教等级之传教士来华，以维系天主教在华教区的生存。这些历史记载充分说明元朝统治者对天主教的认可及护持。

二 元朝天主教的消失

马黎诺里于1353年抵阿维农向教宗复命，呈交元帝覆书。此时罗马教廷出现了分裂，已无暇顾及对华传教事务。而方济各会也因内部分歧和异端运动而使其东方传教的热情锐减。东西方交通状况在14世纪亦起了变化。自14世纪中叶以来，信奉伊斯兰教的成吉思汗后裔帖木儿在中亚撒马尔罕兴起，切断了西方由陆路来华的通道，而海路亦逐渐被阿拉伯人所垄断。元朝本身的发展在14世纪下半叶也遇到了危机。元代末年群雄崛起、战争频仍，元顺帝被逼而出塞北迁，信奉或宽容基督教的蒙古人随之退出中原。这样，天主教会在华生存和发展的内外部环境都日益恶化，其传教活动也终于停止。

在孟德高维诺入华传教之前，元朝蒙古人所称呼的"也里可温"基本上指景教徒，其人数发展在元代曾达到3万多人。随着孟德高维诺在华立足，"也里可温"在理解上也应该包括天主教徒，其领洗入教者亦有3万人左右。但他们大多不是汉人，而是阿兰人、蒙古人和色目人等。因此，元代基督教会在华的历史与唐代景教相似，它并非大多数中国人尤其是汉民族皈依基督教的发展过程，而主要展示了"事实上或名义上的外国基督教徒在中国居住时的活动"①。而且，景教徒与天主教徒之间相互攻讦、势不两立，也削弱了基督教会在华的影响、限制了其发展。"设此两派耶教，均以基督为法，互相敬爱，则耶教在华在亚之发展，必无限量也。总主教约翰初居北京、宁夏时，景教徒极力反对，是以两方互仇，不能协力同心。"②元代基督教与汉人相脱离，以及

---

① [英]阿·克·穆尔：《一五五〇年前的中国基督教史》，第2页。
② 王治心：《中国基督教史纲》，青年协会书局1940年版，第60页。

内部景教与天主教两派分裂对立的状况，使之没能掌握其仅次于佛、道两教却位于答失蛮之前的有利时机而在中国社会中真正扎下根来。此外，两派纷争也让人们并不将之看作一种宗教，故元时也里可温的状况一般被理解为景教的存在，其依附于元朝蒙古人的政治势力而侵犯其他宗教的利益，结果也招致外来的排挤和打击。如景教徒马薛里吉思在镇江为官时于1279年强行将原属佛教之寺院改建为景教的云山寺和聚明山寺，就曾酿成两教讼事，引起人们对"也里可温擅作十字寺于金山地，……倚势修盖十字寺"（至顺《镇江志》卷一〇）其"势甚张"的反感。1311年，云山寺和聚明山寺被佛教没收改作金山下院。元仁宗亦降旨拆除景教所塑，毁其十字，使"其重作佛像，绘画寺壁，永以为金山寺院"，并令集贤学士、书法家赵孟頫立碑撰文，裁定"金山也里可温子子孙孙勿争，争者坐罚以重论"。加之景教与天主教的冲突，也使二者的生存局面都不断恶化。应该说，在元代的文献中并无"天主教"之表述，外文之译为"基督教""天主教"也是近现代以来的译文表达，并非元时之原本说法。至于元时对"天主教"的汉文及蒙文是否有与之相关的恰当表述或翻译，则尚待进一步发掘、探究。实际上，以"也里可温教"这一表述的元代文献也微乎其微，而"也里可温"则在当时有比较宽泛的理解，多被用于指民族、户籍和有相关信仰的宗教人士。这种氛围中对元时基督教的理解故而也可将天主教涵括入也里可温之内。

孟德高维诺死后，在华天主教会群龙无首，从此走向衰落。罗马教宗为保住中国教会这块领地，自马黎诺里之后也曾陆续委派过多人来华任汗八里总主教职，但无一人实际膺任。如1362年教宗命多马索（Thomasso）担任此职，其未到任；1370年，教宗乌尔班五世（Urban V）令方济各会修士伯拉笃（Guillaume Prato）率领12名随从来华就职，后不见踪影；1371年，教宗再派方济各会修士鲍提奥（François Podio）以教廷钦使之名来华，同样下落不明；至1426年，教宗马丁五世（Martin V）还曾任命加布阿（Giacomo da Capua）为北京总主教，但也没有到任。面对传教几近停滞的处境，方济各会在其1369年前所写《年鉴》中曾慨叹："因为后来负有促进这种事业的责任的人们，处处缺乏热忱，以致传教事业，鲜有进步。"①大都教区因没有主教而已名存实亡，刺桐教区第五任主教雅各伯（Jacobus）于1362年到任后不久即死于泉州兵乱，该教区随之亦陷入瘫痪。

随着明朝于1368年取代元朝，明太祖朱元璋明令禁止基督教的传播，蒙古人及其信教官员已北逃塞外，因此也里可温所包括的景教及天主教在中国亦跟着消失，再无踪迹可循。究其消亡原因，徐宗泽曾指出："元代之信奉天主教者，大抵皆系西域各部落人；真正之中国人实绝无而仅有。元朝以鞑靼种征服中国占其地而有之；及一旦失势，蒙古人及他民族皆远逃出塞；汉族重行恢复，则蒙古异族所有之一切建设，自然尽量铲除之矣。且当时又无教士继续来华，亡羊失牧，不久而竟无声无臭。"②

景教和天主教仅靠蒙元统治上层的厚待和支持来维系其存在，因此只是浮在中国社会的表层而未曾对之产生过深刻影响。所以，元帝国的覆灭已使基督教当时在华赖以生存的整个基础都全然消失。它也彻底断送了基督教第二次来华传教的种种努力。

三 元朝天主教组织机构

元朝天主教组织体系由意大利方济各会来华修士所创立。1307年，教宗克雷芒五世获知孟德高维诺在华传教成功而决定设立天主教汗八里总主教区，任命孟德高维诺为其总主教，负责整个中国北、南两部的教务，从此形成较为完备的元朝天主教组织机构。

克雷芒五世为建立汗八里总主教区，曾委派7位主教携教宗诏书东来。其中仅有哲拉德、裴莱格林和安德鲁3人抵大都，尼古拉斯（Nicolas de Bantra）、安德鲁梯斯（Andruzio d´Assisi）和赛福斯托德

---

① 江文汉：《中国古代基督教及开封犹太人》，知识出版社1982年版，第126页。
② 徐宗泽：《中国天主教传教史概论》，上海书店1990年版，第160页。

(Ulrich Sayfustordt) 3 人行至印度时病逝,而威廉(Guillaume de Villeneuve) 则未曾起程已改任他职。3 位主教与孟德高维诺共居大都 5 年,为大都教区的发展奠定了基础。安德鲁在其书信中曾言及他们"于一千三百零八年(元武宗至大元年)抵大可汗皇帝陛下之都城汗八里(Cambaliech)。既抵汗八里,传教皇谕旨,拜总主教后,居其处几五年之久"①。随着孟德高维诺晋升为汗八里总主教兼东方全境之总主教,他于元皇庆二年(1313 年)从汗八里教区中划出刺桐教区以专治中国东南地区教务,由此形成元朝天主教北部大都教区和南部泉州教区之并立,均隶属于汗八里总主教区。

大都教区由汗八里总主教孟德高维诺直接负责。1328 年孟德高维诺去世。罗马教廷此后于 1333 年曾任命尼古拉斯为汗八里第二任总主教,明初(1370 年)又曾任命伯拉笃为汗八里第三任总主教,但两人均未抵达汗八里赴任。此间教宗对汗八里教职多有任命和委派,如明太祖洪武二年(1369 年),教宗乌尔班五世(Urban V)曾下旨任命科斯麻士(Cosmas)为汗八里总主教,后于 1370 年收回成命,让其充任驻钦察国撒雷城主教,而改派伯拉笃来华任职。由于几位新任命的总主教都不能赴任就职,汗八里教区总主教之位在孟德高维诺逝世后长期空缺,这客观上也导致了汗八里天主教会由盛至衰,最终随元朝的灭亡而消失。

刺桐教区为汗八里总主教区的下属教区。刺桐乃泉州别名,是当时中西各国商船来往的大港,海上丝绸之路的重要据点,因该城扩建时曾在城周环植刺桐树而得名,但外国游客曾以此为波斯语。元朝时,"漳泉一带,奉教者尤多,缘其地滨临东海,屡有外洋商船至其地贸易。而热心教士搭商船而至者,亦复不少"②。据传当时有一亚美尼亚女信徒富于资财,曾捐款修建刺桐主教座堂及方济各会会院。孟德高维诺闻此事后即派哲拉德于 1313 年赴刺桐为其首任主教。哲拉德在此治理教区

---

① 张星烺编注:《中西交通史料汇编》第一册,中华书局 2003 年版,第 229 页。
② 刘准:《天主教传行中国考》,献县张家庄天主堂印书馆 1937 年版,第 85 页。

5年，1318年逝世。孟德高维诺随之又曾委派安德鲁为其第二任主教，但因安德鲁谦让不受而改派裴莱格林为刺桐教区第二任主教，于1318至1322年在任。其间安德鲁已于1314年左右将其阿拉发即钦赐薪俸移至刺桐，并在城外建了一座教堂和一所修院。1322年，安德鲁接任为刺桐教区第三任主教，治理教区10年后于1332年逝世，由白道禄（Petrus a Florentia）继任为刺桐第四任主教。白道禄在任期间曾兴建刺桐教区第三座教堂，其去世后则由雅格伯（Jacobus a Florentia）就任刺桐教区第五任主教。但雅格伯于1362年到刺桐上任后不久就死于当地兵乱，从此刺桐教区逐渐衰亡。随着南北主教区的消失，元朝天主教不复存在。

（原载卓新平著《基督教犹太教志》，上海人民出版社1998年版。）

第三章

沙勿略：天主教远东传教和与东方文化对话的奠基者

引　论

明末清初天主教的东传，是中国基督教历史的第三个阶段。历史往往与杰出人物的业绩连在一起，而这些人物亦成为人类历史上的一个个重要里程碑。圣方济各·沙勿略（St. Francisco Xavier, 1506—1552）在天主教远东传教和与东方文化对话的历史上，就是这样一位具有里程碑意义的人物。他为16世纪天主教的东传奠定了基础，并以文化适应和文化融入的策略开创了与东方文化的对话，从而为此后数百年的天主教东方传教史提供了传教思路和相应的对话模式。尤其在中国基督教历史上，沙勿略于1551年从日本来中国澳门附近的上川岛试图入中国内地传教之举，被视为一个全新时代的开始。从此，1550年之前被称为中国基督教的古代史，而1551年以来的发展则被归入其始自明清的近现代史。因此，沙勿略来上川岛之旅就成为国际学术界有关中国基督教历史上标示其古代与近代之区分，从而具有分水岭意义的事件。而沙勿略本人也自然被视为明清之际天主教入华传教当之无愧的"创始者和奠基者"。不过，按照中国学术界的传统划分，一般以19世纪鸦片战争为中国近代史的开端。于是，这里仍把明末清初的天主教入华传教归为中国古代基督教历史范围之内。而"天主教"之中文表述，也是在明末清初天主教在华传播期间逐渐形成的。本来，中国古代文献中就有"天主"之名称，《史记·封禅书》把天主、地主、阳主、月主、四时主等"八神"并列，指出"八神，一曰天主，祠天齐"。儒家传统中亦有"最高莫若天，最尊莫若主"等表述，相信"天地真主，主神主人亦主万物"，由此而形成"天主"作为"至上神"的蕴涵。据传大约在1583年即明神宗万历十一年，最早入华耶稣会传教士罗明坚（Michaele Ruggieri）曾在肇庆短暂停留传教，当其离开肇庆时曾委托一个信教的少年帮助照看其留下的祭坛、祭服，而随后罗明坚与利玛窦一起回到肇庆时突然发现其祭坛中央壁上悬有一中堂，上书"天主"二字，遂获触动，此后逐渐将之采用作为其中文教名。不过，其教是否将所信奉的至上神称为"天主"是有争议的，后来关于中文"神名"之争，乃是其内部思想分歧之起因，即导致其在华传教最终中断的"中国礼仪之争"的真正肇端。

从明末天主教入华的源端来看，沙勿略有着最重要的意义及影响。沙勿略在参与创立耶稣会之后就下决心东来传教，于是有其来印度、日本和中国传教的经历。而且，他在东方的传教采取了全新的策略，即推出了积极与当地文化对话的这一入乡随俗的灵活思路。因此，沙勿略来远东传教的历史意义及思想影响就得以奠立。基于此点，后人一般都以沙勿略为典型来探究基督教与东方文化的接触、碰撞和沟通，由此评说基督教在东方文化中的信仰定位和历史命运，并为基督教此后的可能发展和需要解决的问题提出相关警示及启迪。这也就是我们把沙勿略作为耶稣会远东传教"第一人"来展开研究的意义之所在。

可以说，在基督教修会发展史和海外传教史上，圣方济各·沙勿略都是一个具有里程碑意义的人物。他的名字与天主教耶稣会的创立和其"远东开教"事业永远地连在了一起。1533年，耶稣会的发起人依纳爵·罗耀拉在巴黎大学取得了文科硕士学位，开始与一批志同道合的同学一起研习《神操》功课，探索牧灵工作的有效之途。此时正在巴黎大学读哲学的方济各·沙勿略亦参加到这个团队之中。1534年圣母升天节那天（8月15日），依纳爵·罗耀拉与方济各·沙勿略、彼得·法贝尔、迭戈·莱内斯、阿尔方斯·萨尔梅隆、西蒙·罗德里格斯和尼古拉斯·博瓦迪利亚共七人在巴黎蒙马特山的圣母教堂发愿组成耶稣会,他们志愿献身于耶路撒冷城天主之国的工作,并表示若此举不成则转而效忠教宗。①这样,方济各·沙勿略成为耶稣会的创始人之一,即最早发愿入会的七位耶稣会士之一。1537年3月25日,首批会士在罗马得到教宗保罗三世的批准,准备前往耶路撒冷。他们此时先后发愿、举行晋铎仪式。但因政治、军事原因,其耶路撒冷之行未果。1540年9月27日,教宗保罗三世(Paulus Ⅲ,1534—1549年在位)正式批准耶稣会的成立。1541年4月,依纳爵·罗耀拉当选为耶稣会第一任总会长。也就是在1541年,方济各·沙勿略和他的两个同伴来到葡萄牙的里斯本,打算去远东传教。这样,方济各·沙勿略开创了一项全新的事业,远东天主教发展的近代历史亦由此开始。

一 沙勿略的"远东"之行

方济各·沙勿略于1506年4月7日出生在西班牙的纳瓦拉,1525年他入巴黎大学圣保罗神学院学习,对亚里士多德哲学情有独钟,于1530年获文科硕士学位。在巴黎大学读书时,他受依纳爵·罗耀拉的影响而于1534年发愿入正在筹备成立的耶稣会,成为其首批七会士之一。1537年他在威尼斯晋升神父。1541年他从里斯本以奉葡萄牙国王若奥三世(Joao Ⅲ,1521—1557年在位)派遣和作为教宗保罗三世的使者之名义航海东来,开始其"远东开教"的历史之旅。1542年5月,沙勿略抵达印度果阿。此后耶稣会在果阿建立了其在远东的第一个传教据点,并使之成为此后西方传教士来东方传教的一个重要中转站和培训基地。例如,利玛窦在来中国之前就曾在果阿度过了约四年的学习及神

---

① [德]彼得·克劳斯·哈特曼:《耶稣会简史》,谷裕译,宗教文化出版社2003年版,第3—4页。

修时间（1578—1582），他在印度果阿、科钦学习人文学和修辞学，1580年在科钦晋铎，1581—1582年在果阿完成神学课程。耶稣会士在果阿的这种为远东宣教而进行的学习、训练和准备因而可以追溯到沙勿略，是他为此奠定了基础。沙勿略于1542年10月至1544年12月在印度南部传教，随后转至马拉巴传教两年，接着又到麦利亚保尔、马六甲、昂包纳岛传教。1547年底，沙勿略在马六甲认识了因杀人罪而在此避难的日本武士池端弥次郎，并使他皈依天主教，送往印度果阿的圣保罗神学院学习神学。沙勿略从池端弥次郎那儿了解到日本的情况，并决定前往日本传教。

1549年8月15日，沙勿略与西班牙神父托雷斯和修士费尔南德斯带着池端弥次郎，随葡萄牙使节乘中国商船抵达日本西南部的鹿儿岛，开始其日本传教的使命。在鹿儿岛，他曾希望当地领主为他提供方便以能直接前往京都传教，但当他认识到这一愿望不可能马上实现后遂留在当地传教，学习日语，并在池端弥次郎的帮助下用日语编译了《小公教要理书》。一年后，由于鹿儿岛领主不再支持耶稣会士的传教活动，并采取镇压之态，沙勿略等传教士只好于1550年8月离开鹿儿岛前往平户，并以京都为其此行的目的地。他们在平户两个月的停留取得了传教上的收获，当地受洗人数甚至多于他们在鹿儿岛一年传教所皈依者。然而，他们到达京都后才发现它正处于战乱之中，天皇大权旁落，其走上层传教路线的希望落空，于是，他们仅在京都停留了11天就离开了此地。沙勿略从京都来到山口，在当地领主的支持下展开传教活动。至1551年9月，当地受洗人数已达500人。在葡萄牙商人的帮助下，沙勿略转至府内传教，并在很短的时间内建起了教堂，发展了500多名信徒。

在日本传教期间，沙勿略逐渐了解到日本流行的儒学、佛教等都是来自中国，甚至日本的文化、风俗和习惯等也基本上是从中国学来的，由此移植、发展为日本的文化。据传，不少日本人曾在沙勿略传教过程中向他提问，让他回答其宗教与中国宗教文化是什么样的关系，中国人知不知道、接不接受他所传的宗教。在沙勿略写回欧洲的信中，他曾有如此论述:"在日本人眼中,有关处世态度、为政之道以及灵魂轮回诸方面,中国人实为大智者,因此传教工作时遇阻难,因为每当论及上帝的戒律及世界的创造等问题时,他们总表怀疑。这也难怪,在他们看来,连中国人都不知道的东西,怎能率尔置信?"①这种刺激和由此而来的思考使沙勿略决定去中国传教,他希望以溯源传教之方法来根本解决在远东传教难的问题。在他看来,中国文化乃远东文化之源,因此若能影响这一远东文化之源,则有可能取得其在远东传教的成功。

应该承认,沙勿略最早关于中国的信息并非来自日本,而早已从在中国沿海从事商贸活动的葡萄牙商人那儿获知。他在1546年5月10日写给欧洲耶稣会士的信中曾表明:"我在马六甲遇到了一个葡萄牙商人,他来自被称为中国的国度,并在那里进行过大笔交易。他说,从中国宫廷来的许多中国人向他提了许多问题,其中包括基督徒是否吃猪肉。……每年有许多的葡萄牙船从马六甲驶往中国的港口。我向了解这个民族的许多人们打听被他们遵守的祭典与习惯等许多问题。这是为了判断他们是否是基督徒,是否是犹太人。很多人都说使徒圣多马去了中国,使许多人成了信徒。……有一个主教(马尔·雅各布斯)做证说,他在葡萄牙人征服印度、从他的故国来到印度后,曾从在印度遇到的主教那里听说,圣多马去了中国,并(从那里的人们中)获得了信徒。"②有学者认为,"沙勿略此信很可能是耶稣会士有关中国的最初记录,使徒圣多马进入中国传教的传说也因此流传甚广。"③因此,早在到日本传教之前,沙勿略就已经有了让耶稣会士来华传教的想法。他在1549年2月1日从印度所写的信中已表明:"听从神的召唤,从今以后,会有许多的会员前往中国。然后再越过中国与鞑靼,去(更远的)天竺的著名大学。据保罗(池端弥次郎的教名)说,日本人、中国人和鞑靼

---

① 参见罗光主编《天主教在华传教史集》,台中:光启出版社,台南:徵祥出版社,香港:香港真理学会1967年联合出版,第9页。
② 转引自戚印平《沙勿略与耶稣会在华传教史》,《世界宗教研究》2001年第1期,第67页。
③ 同上书,第67页。

人从天竺接受了神圣的教义。"①显然，沙勿略当时并不知道他所在的印度就是"天竺"，而池端弥次郎所言日本人、中国人等"从天竺接受"的"神圣教义"就是佛教。直至他到了日本，与日本民众及其文化深入接触后，才认识到日本文化尤其是在日本已有广远影响的日本佛教乃从中国传入，由此也才使他真正下定了来中国传教的决心。正如利玛窦后来所言，沙勿略注意到日本人总是诉之于中国人的权威、乞灵于中国人的智慧，"总是声称，如果基督教确实是真正的宗教，那么聪明的中国人肯定会知道它并且接受它。于是沙勿略决心必须尽早地访问中国，使中国人能从迷信之中皈依。做到了这一点，他就更容易争取日本人，并把福音从中国带给他们了。"②

1551年11月，沙勿略乘葡萄牙商船离开日本，据传途中商船于同年12月曾抵中国广东上川岛，因明朝海禁无法入内地传教而转乘其好友葡萄牙人佩雷拉（Diogo Pereira）的商船经马六甲返回印度果阿。③在印度，他开始筹备中国之行，具体探讨如何进入中国的有效途径。在经过充分准备后，沙勿略与商人佩雷拉一道于1552年4月25日离开印度科钦前往中国，但在途经马六甲时，佩雷拉的船只及货物被扣，佩雷拉本人亦滞留于马六甲。沙勿略失去了这一葡萄牙外交、商务使团的掩护，但仍坚持去中国的航程，并于1552年8月抵达中国广东上川岛。沙勿略在上川岛曾建有一个小圣堂以供礼拜之用，但他想尽办法仍然没有找到进入中国内地的机会。1552年12月3日，沙勿略"壮志未酬身先亡"，因病在上川岛去世，成为死在中国的第一位耶稣会士。然而，沙勿略的"壮举"激发了耶稣会士来华传教的热情。就在1552年12月1日，在果阿修院的修士在信中曾如此写道："弗朗西斯科神父（沙勿略）滞留当地期间，修院中始终充满了极大的热情。而且，弟兄们

---

① 转引自戚印平《沙勿略与耶稣会在华传教史》，《世界宗教研究》2001年第1期，第68页。

② 利玛窦、金尼阁：《利玛窦中国札记》，中华书局1983年版，第128页。

③ 关于沙勿略1551年12月首次抵上川岛之说参见（法）费赖之著《在华耶稣会士列传及书目》上，冯承钧译，中华书局1995年版，第3页。

都燃起了成为他的伙伴的希望,强烈地恳求我主,使自己成为该神父进行神圣挑选时被选中的人。因为他们推测,在以往所去的所有地方中,中国无疑是能够殉教的场所,而且他们还认为,那里是可以获得良好结果的地方。"①因此,沙勿略以其筚路蓝缕的开创及冒险精神而被天主教会尊为"东洋传教宗徒""远东开放元勋"。1622年,他被教宗格列高利十五世封为传教圣人;1927年12月14日,他被教宗庇护十一世宣布为传教主保圣人。

二 沙勿略的东方传教策略

作为在东方传教的开创者和尝试者,沙勿略除了传教的热情之外,还特别注意其传教策略,由此形成了"沙勿略方针"。这一方针对耶稣会在日本和中国的传教意义深远,所以说,"沙勿略的贡献是无与伦比的。虽然他在日本传教的时间并不长,但却为他的后继者留下了一笔极为丰厚的精神遗产,其中最为核心而本质的一点,就是审时度势,因地制宜,采取灵活机动的传教策略,以达成传教改宗的终极目标。……这种或可称之为'沙勿略方针'的曲线传教路线,不仅左右着此后传教工作的基本思路,而且在事实上成为日本耶稣会传教士能否立足、传教事业能否发展的前提。同时,这种曲线传教的核心精神不仅与中国耶稣会士的传教方式具有显而易见的承嗣关系,而且对此后日益广泛而深入的东西方文化交流产生了不可估量的深远影响。"②综合而论,沙勿略的东方传教策略大体涉及如下一些内容,由此亦构成其与当地文化对话、沟通的基本思想。

其一,沙勿略确立了耶稣会在东方传教"走上层路线"的方针。在沙勿略看来,采取一条自上而下的传教方针是最为快捷、最为简便

---

① 转引自戚印平《沙勿略与耶稣会在华传教史》,《世界宗教研究》2001年第1期,第73页。

② 戚印平:《日本早期耶稣会史研究》,商务印书馆2003年版,第47页。

的，而且也最容易取得成功。在历史上，基督教通过说服上层而使其臣民信教有许多实例。东西方传统中都曾有"在谁的领地，信谁的宗教"之现象。除了古代推翻西罗马帝国的"蛮族"在皈依基督教会时曾出现过这种君王皈依、臣民紧随的史实之外，最有影响的还有公元988年基辅罗斯公国弗拉基米尔大公因信奉基督教而带来的史称"罗斯受洗"之全民皈依的典型例子。因此，沙勿略也希望日本天皇能通过他的宣教而皈依天主，所以他刚到日本就立即想奔赴京都与天皇见面。据《日本教会史》记载，"他计划到达该地后，立即访问日本国王和这一王国中众多领主居住的（京）都的宫廷，从国王那里获得在日本全境向所有希望接受我主教义的日本人传播教义的完整许可。"①而当他发现日本天皇大权旁落、各地领主拥有实权后，即采取了与领主结合、寻求其支持的传教策略，并由此取得了耶稣会初传日本时的成功。佛教在中国传播的经验教训中逐渐推出了"不依国主，则法事难立"这一规则，而沙勿略对于执政者对其传教的认可、支持之重要亦心领神会。当然，这种策略也有巨大的风险，一旦当权者收回其支持而采取"禁教"之态，整个宣教事业则会面临灭顶之灾。

其二，沙勿略意识到在东方传教的成功不只是在于宣教的努力，也必须考虑到经济利益的实际存在及其对传教的影响。在与日本各地领主的交往中，沙勿略敏锐地觉察到这些当权者认可，甚至支持耶稣会的传教活动并不是无条件的，而是受到一定经济利益的驱使，有着明确的经济考虑。在认识到这一点后，沙勿略遂因地制宜，巧为斡旋，尽量在实行这些经济交往时最大限度地为其传教提供时空上的方便和机遇，趋利避害，化不利为有益。这种方法虽有明确的功利色彩，却比较接近传教历史上的真实情况。实际上，任何思想上、文化上的交流都不是孤立的、单一的，而必然与经济上、贸易上的交流互惠有机共构。宗教的传播与发展如果不是在这种社会经济文化交流的大氛围中进行，显然既难达成功，亦不会持久。

---

① 戚印平：《日本早期耶稣会史研究》，商务印书馆2003年版，第30页。

其三，沙勿略在开创传教局面之初善于以"奇器异巧"吸引对方的关注，由此可营造一种彼此靠近、相互接受的气氛。沙勿略为谒见日本天皇曾准备了"洋琴一台、时钟一个和其他物品"。当他离开京都来到山口后，为了拜访当地领主大内义隆也精心挑选了相关礼品。据记载，沙勿略"挑选了赠送给王的十三件贵重礼物。它们是巨大而精巧的时钟，三支带精美枪身的燧石枪，缎子，极为美丽精致的玻璃器皿，镜子，眼镜和二封信。……这些礼物他从未在这里示人。王见到它们后表示了极大的满足，他立即在市街各处竖立牌子，注明他愿意见到主的教诲在这个城市（山口）和领国内得到弘布，无论谁都可以自由入教而不受妨碍。王还命令他的家臣，不得向神父们施加任何烦恼，并送给神父及其从者一座寺院用以栖身。"①这种方式被此后的耶稣会士所采用，而且屡屡成功。例如，利玛窦和庞迪我于1601年进入北京时就曾向明神宗朱翊钧呈献万国全图、自鸣钟、八音琴、三棱镜、珍珠镶十字架等礼品，据说："明神宗对两座大小不一的自鸣钟爱不释手，对庞迪我演奏的西琴亦感到新奇，欢喜之际'嘉其远来，假馆授粲，给赐优厚'（《明史》卷三二六），准许两人长驻北京传教，令其为宫廷服务。"②无论他们是否曾被皇帝"召见便殿"，皇帝见到这些礼品"龙颜大悦"而允许他们留京传教却是事实。由此可见，这些小小的礼品在东西文化交流中往往会起到巨大的杠杆作用，以一种和平的方式在无形中开启了对方紧闭的大门。

其四，沙勿略在传教过程中比较注意其"外交身份"，通过获得本国政府及相关权威机构的支持而能以"使节"的地位来与对方接触和沟通。沙勿略为拜见日本天皇和山口领主而准备了印度总督和主教以及马六甲长官的书信，在葡萄牙商人的支持下，其与丰后领主大友义镇的会面就"被包装成为葡萄牙国王的使节正式会见日本诸侯的隆重仪

---

① 戚印平：《日本早期耶稣会史研究》，商务印书馆2003年版，第43页。
② 卓新平：《基督教犹太教志》，上海人民出版社1998年版，第58页。

式"①。为了来中国传教，沙勿略亦曾试图拿到日本幕府颁发给商人的"安全通行证"。而当他从印度前往中国上川岛时，亦将其主教写给中国国王的信件带在身边，希望能为他进入广东起到作用。这种心态也极为符合东方文化状况，中国儒家有"名不正则言不顺"之说，耶稣会士正是想通过这些信函来证明自己的"正规"或"外交"身份，以免对方将自己作为"难民""逃犯"来对待。

其五，沙勿略在与东方宗教接触中表达了一种愿与之沟通、对话的姿态。例如，沙勿略曾与日本佛教僧侣友好互访，平等对话，探讨双方感兴趣的理论、信仰等问题。沙勿略还与一个名叫东堂忍空的寺院住持建立起密切接触的个人关系。这种姿态影响到耶稣会士对日本佛教的研习、借鉴，并试图用相关佛教术语来翻译天主教的基本概念及神学教义。尽管这种不同宗教之间的比较和翻译会有造成误解的风险，但这种对话并不因此而停止。例如，池端弥次郎在帮助沙勿略日译其《小公教要理书》时，曾出现了将基督教的神名"Deus"误译为佛教真言宗主神"大日如来"的重大错误，沙勿略于1552年离开日本前因佛教僧侣异样的热情而发现了这一问题，遂定出了一个重要的"音译原则"，将拉丁语的"Deus"直接音译为日本语音之表达。这一原则此后也对耶稣会在中国的汉译工作产生了影响，在1628年嘉定会议上中国天主教关于"上帝"译名的争议正是中国"礼仪之争"的开端，其中一些传教士就按照音译原则而坚持将天主教的神名按拉丁语音译为"徒斯"。

其六，沙勿略在传教中为使对方心悦诚服、真正皈依而主张对受方文化寻根溯源，找出主攻目标，以便达到信仰问题的根本解决。例如，他从日本宗教、文化中发现其来源乃中国宗教、文化，于是下决心来中国传教，使中国人皈依。沙勿略在离开印度来中国传教之前曾在信中写道："我期望本年1552年，可到中国。若福音在中国一经播种，必有丰

---

① 戚印平：《日本早期耶稣会史研究》，商务印书馆2003年版，第44页。

富之收获。若中国人真心归化，日本人抛弃自中国传去之异说，自不难也。"①

其七，沙勿略在传教过程中还注重相关教理、神学著作的撰写、翻译，以使天主教信仰能在不同地域、不同文化中真正扎根，并有本土语言、文化的相应表述和阐发。为此，沙勿略本人身体力行，先后曾撰写了三部《教理书》，并组织力量将之译成多种东方语言文字。例如，他于1542年用葡萄牙文撰写了第一部教理书《小公教要理书》(La Dottrina Cristiana)，不久就让人将之译成泰米尔语，1545年时又被译为马来语，随后又被译为日语。1546年，他用葡萄牙文撰写了第二部教理书《信理诠解》(Dichiarazione del Simbolo della Fede)，随之亦使其得以译为泰米尔语和日语；他甚至曾试图让人将之译成中文。约1545年以后，他在马六甲又用拉丁文出版了其第三部教理书《耶稣会教理指导》(Instructio pro Catechistis Societatis Iesu)。此外，他还在当地组织人们成立了平信徒讲解教理的机构，使其实行全日制的天主教教义讲解培训。②

三 沙勿略的历史意义及影响

沙勿略因其在16世纪中叶东来传教之举而成为基督教进入近代以来东方传教的先知和先驱。他是天主教远东传教和与东方思想文化对话的"创始者和奠基者"，使基督教的发展取得了时空上的重大突破。就其时间上的突破而言，沙勿略东来之举既开创了一个全新的宣教时代，使东方基督教会重新活跃，亦在中国基督教历史上起到了划分古代史与近代史的作用，其1551年从日本来中国广东上川岛传教乃标志着一个新的时期之开始，故而成为具有分水岭意义的事件。为此，英国学者

---

① 引自徐宗泽《中国天主教传教史概论》，上海书店1990年版，第165—166页。

② 参见 Gerald H. Anderson ed., *Biographical Dictionary of Christian Missions*, New York: Simon & Sonustel Macmillar, 1998, p.751.

阿·克·穆尔曾以1550年为界撰写历史，完成了沙勿略来华之前的《一五五〇年前的中国基督教史》。[①]就沙勿略成绩卓著的印度、南洋和日本传教及其未获成功的来华传教初探而言，笔者认为他的历史意义及思想影响大体可以包括如下几点。

首先，沙勿略代表了一种信仰的"开拓精神"。这种精神虽然也可用"冒险"来表示，却乃是基督教生生不息、发展扩大的重要支撑。因此，这种"开拓"和"冒险"也可被视为基督教宣教学、宣教史上的"殉道精神"。若无这种精神，天主教则很难在那个交通艰难、信息闭塞的时代"发现"东方、进入东方，而整个基督教的历史和东方教会的历史亦会出现重大变动且有全然不同的景观。

其次，沙勿略探讨并提供了在东方传教、与东方对话的思路及方法。他在东方的经历乃基督教历史上前人罕有的探索。他认识到东方思想文化与西方迥异，而其在东方氛围中的宣教则意味着这两种文化已不可避免地相遇、接触、碰撞和沟通。在两种都具有深厚历史积累和强大社会支撑的文化相遇时，文化对话的方式及策略就显得格外重要。沙勿略从社会、政治、经济、文化渊源和语言翻译等方面出发而形成的构想和做出的尝试给后人提供了启迪意义。尽管"沙勿略方针"有其局限性，在把握和衡量东西方文化时不是很准确，却表达了一种要去理解、去沟通的意向。正是这种意向开辟了对话之途，带来了相互理解的希望。

再次，沙勿略看到了政治、政权和政策对传教的影响和制约，从而有着与本地政治协调的努力。在基督教对东方的传教过程中，与当地政治和文化的协调、沟通既同样极为困难，也同样富有意义。沙勿略做出了适应当地政治和文化的最早尝试，为耶稣会在亚洲，尤其是在中国传教提供了重要经验。可以说，沙勿略"走上层路线"的思路被利玛窦发扬光大、进一步深化，从而形成在历史上影响深远亦争论不断的"利玛窦路线"和"利玛窦规矩"。

---

① 中译本见郝镇华译，中华书局1984年版。

最后，东方与西方在政治、经济、思想、文化各层面的对话或对抗至今仍在延续，基督教在东方文化中的信仰定位和历史命运尚未得到根本解决。从这一意义上讲，今天离沙勿略的"远东开教"仍然很近。因此，沙勿略所遇到的问题、所寻求的解答也是我们今天必须继续其问其答的。所以说，沙勿略当年的经验教训也仍然能够为我们当今的可能发展和需要解决的问题提供启发和警示。

（原载《文化与宗教的碰撞，纪念圣方济各·沙勿略诞辰500周年国际学术研讨会论文集》，澳门理工学院出版，2007年。）

第四章

澳门学与基督教研究

澳门文化的发展离不开基督教文化的积极参与和重要支撑。澳门文化最初所展示的是西方文化，在其发展过程中则充满了中西文化的交流及融合，逐渐形成其中西合璧的文化特色。澳门发展史与基督教在华传播史有着密切关联，澳门因此成为自明朝以来近代基督教在华传播的始点和支撑其传教的据点。在澳门的特殊地位形成之后，来华传教士有了准备、研究、休憩之地，并且终能得以深入中国内地，取得其传教的突破性进展。无论是天主教传教士利玛窦，还是新教传教士马礼逊，都以澳门为其入华传教的第一站，并因此而取得了入华传教的成功。从这一意义上来看，在澳门学的建立及发展中，基督教研究应为其基本构成之一。对明末清初以来基督教传教士的研究，尤其应该成为澳门学不可或缺的部分。因此，以探究基督教入华传教为线索，从澳门教会的建立、天主教研究、中国明清天主教学者和基督新教研究这些方面来对澳门学所涵括的基督教研究这一重要内容加以分析阐述，对于推动澳门学的发展，获得对澳门学更准确、全面的理解，都具有非常独特的历史意义和学术价值。

一 澳门开埠与澳门教会的建立

在澳门开埠之前，明朝中国是一个封闭的社会，自设"海禁"来禁止与外界的政治、经济和文化往来。以葡萄牙人为主要人群的来华商船当时只被允许在沿海的上川岛做简单的商贸交易，而且"条件是必须做完生意立即撤离，或返回马六甲，或前往日本"①。与中国当时的闭关锁国相对比，这一时期在西方历史上既是对外"发现""探险"的"大航海时期"，也是欧洲宗教改革后天主教兴起其自身的改革运动（史称"反宗教改革运动"）之调整时期，其中一项重大举措就是新型传教修会耶稣会建立并以"海外传教"为重要旨归。为了实现"在欧洲所失、在海外夺回"的传教宏愿，耶稣会创始人之一方济各·沙勿略（St. Francisco Xavier）率先冒险来东方传教。其"远东"之行先后到达印度、马六甲和日本等地，而且他在印度果阿、马拉巴、麦利亚保尔、马六甲、昂包纳岛、日本鹿儿岛、平户、京都、山口、丰后等地都取得了其"远东开教"的成就，曾给当地不少亚洲人施洗。然而，在传教过程中，沙勿略从在中国沿海从事商贸活动的葡萄牙商人和日本民众那儿听说到中国思想文化的博大精深和广远影响，因此决志来中国传教。此后沙勿略乘葡萄牙商船于1551年和1552年先后两次到过上川岛，第二次于1552年8月到达上川岛后执意留住岛上，以便能寻找到入中国内地传教的机遇。然而上川岛当时恶劣的居住条件和孤岛无援的处境使沙勿略在岛上一病不起，于1552年12月3日逝世，成为耶稣会在华传教史上第一位"壮志未酬身先亡"的悲剧人物。

1553年之后，葡萄牙人被允许在澳门暂时停留和居住，这一在当时看似权宜之计的举措却预示着中外关系史上将发生质的突破。不过，这一突破悄然出现，最初并没有引起人们的特别关注和警惕。而最早伴随着葡萄牙商人进入澳门的，则是耶稣会等天主教传教士。1552年，耶稣会印度会省成立。据传其印度会省省长大主教巴雷托（Belchior Nunez Barreto）于1555年抵达澳门，随之他以澳门为立足点曾先后两次去广州，在广东居留时间有一个多月，最早开始了在中国的传教活动。此间经澳门入广州的还有多明我会传教士卡斯巴·克卢斯（Gaspar

---

① [葡]施白蒂：《澳门编年史》，小雨译，澳门：澳门基金会1995年版，第11页。

de la Cruz），他于 1556 年也在广州逗留了约一个月。1557 年，第一批葡萄牙人获许在澳门长期定居，这一年遂被视为澳门开埠之年。随着外国商人的大量涌入，西方传教士也陆续进入澳门，如耶稣会士德·蒙特（Giovanni Battista de Monte）、弗罗伊斯（Luis Froes）、佩雷斯（Francisco Pérez）、戴塞拉（Manuel Teixeira）、平托（André Pinto）、黎伯腊（Jean‑Baptiste Ribeyra）、黎耶腊（Pierre‑Bonaventure Riera）等人在 1562 年后得以进入澳门。他们长期居留澳门之际亦多次尝试入内地传教。自 1555 年后，"三十年间，计有三十二位耶稣会士，二十二位方济会士，两位奥古斯丁会士以及一位道明会士先后做同样性质的尝试，但没有一人如愿以偿，得以永久居留。"[①]

1557 年亦是以耶稣会士公匦勒（Gregorio Gonzalez）为代表的欧洲传教士在澳门传教建堂之始。澳门第一座教堂圣安东尼奥小教堂于 1562 年建立，此后佩雷斯等人于 1565 年在附近又建造了耶稣会士住宅。这一地区后来进而成为圣保禄学院的院址。1565 年，耶稣会澳门会院成立。1560 年，耶稣会士卡内罗（Melchior Carneiro）在印度果阿被正式任命为主教，成为埃塞俄比亚首座大主教奥维多（Andreas de Oviedo）的辅理主教，二人于 1566 年被命令前往远东地区传教，但奥维多受命后迟迟没有动身来就职，只有卡内罗于 1568 年抵达澳门，成为实际上的澳门首任主教。卡内罗于 1569 年在澳门创建了仁慈堂和圣法拉艾尔医院，于 1576 年 6 月 23 日正式成立澳门教区，此间天主教徒在澳门已达到五六千人之多。

由于传教士的到来，澳门的社会生活中注入了重要的精神文化内容。一方面，澳门成为远东著名的商贸海港，形成近代以来新的海上"丝绸之路"；澳门的社会生活成为欧洲社会生活在中国的一个缩影，而中国人也得以从这一扇敞开的窗口"近距离"认识西方，进而了解世界。另一方面，澳门也成为远东著名的传教基地，远道而来的西方传

---

① 罗光主编：《天主教在华传教史集》，台中：光启出版社，台南：徵祥出版社，香港：香港真理学会 1967 年版，第 10 页。

教士得以在此休息、调整、学习、集训,了解中国文化、掌握中国语言,从而不仅使自己获得丰富的中国知识,而且也推动了澳门的教育、文化发展,使中西文化交流开始取得实质性进展。此时入内地传教受挫的传教士亦可返回澳门小憩、休整,为重返内地做更充分的准备。尽管耶稣会印度日本中华教务巡阅使范礼安(Alexandre Valignani)于1578年到澳门后,因为进不了内地传教而曾临窗远眺中国大陆,感叹"磐石呀、磐石呀,什么时候才裂开呢"? 却因有澳门这一基地而不再有沙勿略孤立无援、坐以待毙的绝境。在范礼安的支持下,澳门天主教加强了其修院和教堂的建设,制定了接触并亲近中国语言文化的策略。为了培训传教人员,天主教于1594年在澳门创办了圣保禄学院,尽管这只是一所神哲学院,实际上却为澳门最早具有大学性质的学校,对中国近代的高等教育有着重要的启迪和先导作用。欧洲中世纪大学的兴起,是中世纪思想文化鼎盛和欧洲向近代转型的重要根基及动因。而天主教以神学形式将这种大学教育引入远东,则为其在中国的"可持续性发展"奠定了基础。在圣保禄学院从1594—1762年这168年的历史中,我们看到了许多教会历史名人的诞生,看到了其汉语学习的深入及其入华传教的成功,更看到了他们在中西文化交流、沟通上的积极贡献。

正是在上述意义上,16世纪澳门的开埠和澳门教会的建立,成为中西文化交流史上的大事,也掀开了中国文化发展新的一页。澳门代表着欧洲走出中世纪之后中西文化之间最直接、最鲜明的对照,是最早较为集中展示在中国人面前的西方社会生活及精神文化模式的一个"橱窗",让人们看到了两种不同社会风貌、两种迥异城市风格、两种差别明显的思想文化方式在同一地区、同一国度中的"共在"同存。因此,对这段历史发展的系统研究,就形成了一门独特的学问即"澳门学",而作为其基本内容和重要构建的精神文化、教育层面,则与基督教研究,尤其是与其在华传教历史及特点研究有着极为密切的关联。所以说,"澳门地方虽小,但却有重要的历史地位……它是东西方最早的商贸中心,是西方文化进入中国的最早的也是最重要的基地和桥梁。400年前,传教士在澳门创办了远东第一所大学,培养了数百名传教士,澳门教育为东西方文化交流作出了巨大的贡献"①。这种不同社会景观、不同精神信仰共在的"澳门模式"虽有着其历史的局限或遗憾,却实际上为今天中国实施的"一国两制"构想提供了思想启发和历史上的经验积淀,也使之有可能得以较为顺利地进行。尽管中西政治交往、文化交流的历史有过许多磕磕碰碰、恩恩怨怨,却仍然回避不了如何共处、同存的问题。这样,澳门学的研究会为我们梳理、勾勒"澳门模式"提供基本可能,其意义即在于观古洞今,展示以往中西交流历史上的得失,从而使我们今天能够更好地面对彼此,为未来的和谐发展共谱新曲。而在这种回顾、总结中,其基督教研究则是我们认清其复杂历史的一面躲不掉的镜子。

二 澳门学中的天主教研究

就在沙勿略客死上川岛的1552年,后来成为天主教来华最著名传教士的利玛窦(Matteo Ricci)诞生了。利玛窦之所以能成就其入华传教成功的奇迹,乃得力于他在澳门的系统训练和充分准备。可以说,澳门成了几乎所有早期来华天主教传教士"热身"之地。正因为如此,对天主教的研究遂成为澳门学中的重要内容。

最早真正进入中国内地传教的耶稣会士是罗明坚(Michaele Ruggieri)。尽管他屡屡受挫,却因有澳门的支撑而避免了沙勿略那样的厄运。罗明坚于1579年抵达澳门,首先在澳门潜心研习汉语。可以说,早期海外汉学基于耶稣会的汉语研习,而这种研习真正卓有成效的推进则是始于澳门。在这一意义上,海外汉学最初的发源并不在"海外"而是在澳门。尽管澳门当时的汉语学习基本上是"传教士的汉学",却毕竟有着其地域上的优先和得天独厚。这是当时的印度果阿、南亚的马六甲和远方的西欧所无法与之相比较的。罗明坚在澳门边学汉语,边寻找机会进入内地。他于1580—1582年利用外国商人每年春秋可去广州

---

① 冯增俊主编:《澳门教育概论》,广东教育出版社1999年版,颜泽贤"序"。

通商两次之便而先后进入广东四次，尤其是1582年12月曾应两广总督陈瑞之邀而与巴范济（Francois Passio）同往肇庆，在东关天宁寺居住达四个月之久，只是因为总督后来遭黜，二人才不得不返回澳门。此后，罗明坚请范礼安派利玛窦来与之做伴一同再入广东，两人于1583年9月同到肇庆，并且获准在此住居，从而真正开创了天主教近代入华传教成功的先例。以其在澳门打下的汉语基础，罗明坚用汉语写成《天主圣教实录》一书印发，此书即天主教在华出版的第一部著述，而且也是欧洲人最早用汉语写成的天主教教义纲要。罗明坚在书中率先采用"天主"一词作为其宗教信仰中的神名，从此奠定了中国传统上称罗马公教会所敬崇的绝对一神为"天主"、其教为"天主教"的说法，并且沿用至今。罗明坚在华传教达五年之久，只是因为1588年时奉范礼安之命自澳门回欧述职而不再返华，故此没有获得如利玛窦那样在华传教的盛名。范礼安曾如此评价罗明坚："这是我所喜爱的一人，因为他用谦逊坚忍，把中国关得很紧的大门打开；因为他是第一个主张用中国的语言文字，将降生救世的道理在中国传布；因为是经他的手，在中国造成第一座圣母无染原罪的小堂，……最后也是由他把智慧的利玛窦领入中国。"[①]

利玛窦于1582年8月抵达澳门，在范礼安的安排下准备随罗明坚一道入中国内地传教。为了完成这一使命，利玛窦在澳门的任务首先也是"埋头书案，一心学习中文"[②]。在范礼安的特别提醒和指导下，利玛窦还重点探究了中国的风土人情，了解中国的政治制度和政府体制。通过在澳门的中文学习和对中国风土人情的掌握，利玛窦对范礼安"入境而问俗"的传教态度和适应方法心领神会，积极响应，由此奠立了其适应中国社会文化的"利玛窦式"传教方法，并且影响到早期来华耶稣会传教士群体，使天主教在华传教取得突破性进展。在澳门逗留

---

① 裴化行：《天主教十六世纪在华传教志》，萧濬华译，商务印书馆1936年版，第179页。

② 罗光：《利玛窦传》，台北：台湾学生书局1979年版，第38页。

期间，利玛窦还对沙勿略等远东开教的天主教传教先驱亦加以潜心研究、系统论述。他所撰写的相关文章曾被范礼安收入《方济各·沙勿略传》，并以《中国奇观记》为书名单印发行。此外，他还在澳门开展了对新入教天主教徒的宗教教育及灵修培训。①在澳门的经历，还使利玛窦在基于了解中国风土人情的准备上，总结出了后来行之有效的"广交朋友"和"巧送礼物"等在华传教技巧。

与利玛窦一道成功进入北京的耶稣会士庞迪我（Diego de Pantoja）也是在澳门完成了系统的神学训练和汉语研习。庞迪我在1597年7月抵达澳门后即入圣保禄学院开始了其神学第二阶段的学习，于1598年7月完成该阶段的课程考试，然后又进入其第三阶段的神学训练，直至1599年10月完成学业后潜入南京与利玛窦会合，共同策划其北京之行。庞迪我之所以被选为利玛窦北上的伙伴和助手，正是在于其所获得的澳门圣保禄学院的系统训练。当时的圣保禄学院院长李玛诺（Manuel Dias）对庞迪我有过如下的评价："该神父具备所需年龄、语言能力、谨慎、力量、美德等优点。"②"南京教案"后，庞迪我等人于1617年被驱逐回澳门，此间他还写有《天主实义续篇》，并曾试图重返内地，终因重病缠身而于1618年逝于澳门。

入华之前在澳门圣保禄学院就读的天主教传教士还包括汤若望（Johann Adam Schall von Bell）、毕方济（Francisco Sambiaso）、艾儒略（Julio Aleni）等人，他们基于在澳门打下的坚实基础，后来都成为明清入华传教的"风云人物"。可以说，圣保禄学院曾经成为澳门天主教教育和神学研究领域的一道亮丽风景线。它为天主教的"中国式"传教方式准备了"温床"，亦为传教士的中国"本土化"提供了知识。正因为这种"中国"意向和"本土"努力，使澳门成为明清之交联结中西的有效纽带。"澳门对中西文化交流的重要贡献之一，是它提供了良好的条件，把许多西方人培训为中国通，使之有可能成为汉学家，同时又

---

① 参见林金水《利玛窦与中国》，中国社会科学出版社1996年版，第11页。
② ［法］裴化行：《利玛窦评传》上册，管震湖译，商务印书馆1993年版，第307页。

把许多中国人培训为通晓西学的人才。承担这种培训使命的圣保禄学院,可以说是培养汉学家和西学人才的摇篮。"①

论及澳门天主教研究与澳门学的关联,则必须论及圣保禄学院的贡献。始建于1565年的圣保禄神学院最初为一小修院,1594年扩充为圣保禄学院,原在圣保禄教堂旁边,后来二者合并,被当地中国人统称为"三巴寺"。其鼎盛时规模颇大,有"相逢十字街头客,尽是三巴寺里人"②之说。该寺后于1835年被火焚毁,仅剩其前壁和堂前68级石阶,现以"大三巴牌坊"之名而成为澳门的重要名胜,记载着其天主教信仰的历史和宗教文化。对此,西方学者曾描述说:"圣保禄学院——由耶稣会士早期在澳门创办,目的在于传教。信徒们出资购买了这所毗邻古老教堂的房舍。异教徒在此聆听教诲,年轻的葡萄牙臣民在此接受教育。在1594年之前,这里一度成为一个规模较大的修院,经常有90名本地居民的孩子在此聆受学问的入门知识。随后一所'学院'建立起来了。开设了两个拉丁文班,有两个神学教席,一个哲学教席,一个文学教席。学院由一个用作图书馆的大厅、一座用于天文学的建筑和一间施药所环绕而成。来往此地的传教士在学院中寄宿,这里可以接纳70到80人。这所东方驰名的学府在1762年因葡王若泽一世(Joseph Ⅰ)的命令而关闭,其成员被遣散。"③中国学者方豪对之亦有如下追溯:"嘉靖四十四年(一五六五),澳门耶稣会院,附设学校。万历二十二年(一五九四)乃扩充为大学,教授神学、哲学、拉丁文学,有图书馆、观象台及药房等。乾隆二十七年(一七六三)葡王加以封闭。又毁于道光十五年(一八三五)一月二十六日、二十七日之大火。澳门早年之医事教育情形,遂不可考。"④据统计,先后在圣保禄学院及其教

---

① 朱维铮主编:《基督教与近代文化》,上海人民出版社1994年版,第323页。
② 印光任、张汝霖原著,赵春晨校注:《澳门记略校注》,澳门文化司署1992年版,第149页。
③ [瑞典]龙思泰著:《早期澳门史》,吴义雄等译,东方出版社1997年版,第51—52页。
④ 方豪:《中西交通史》下册,岳麓书社1987年版,第814页。

堂居住、学习和工作过的著名传教士包括佩雷斯（其教堂创建人）、卡内罗（澳门首任主教）、范礼安、罗明坚、利玛窦、孟三德（Edouard de Sande）、郭居静（Lazarus Cattaneo）、龙华民（Nicolas Longobardi）、庞迪我、费奇规（Gaopard Ferreira）、阳玛诺（Emmanuel Diez Janior）、王丰肃（Alphonsus Vagnoni）、熊三拔（Sabbathinus de Ursis）、毕方济、艾儒略、金尼阁（Nicolaus Trigault）、谢务禄（Alvare de Semedo）、陆若汉（Joannes Rodrignez）、傅汎际（Francois Furtado Heurtado）、邓玉函（Jean Terrenz）、罗雅各（Jacques Rho）、汤若望、孟儒望（Joaannes Monteiro）、安文思（Cabriel de Magalhaens）、陆安德（Andreas Lohelli）、卫匡国（Martinus Martini）、卜弥格（Michael Boym）、柏应理（Philippe Couplet）、南怀仁（Ferdinandus Verbiest）、徐日升（Thomas Pereira）、林安多（Antonio de Silva）、巴多明（Dominicus Parrenin）、马若瑟（Joseph H. M. Premase）、雷孝思（Joan Bapt Regie）、赫苍壁（Jul-Placidus Hervieu）、冯秉正（Joseph Franciscus Maria Anna de Moyriac de Mailla）、戴进贤（Ignatius Kogler）、宋君荣（Antonius Goubil）、蒋友仁（Michael Benoist）、钱德明（Joan-Joseph-Maria Amist）等。而且据传金尼阁等人1620年来澳门时还带来了"彼国书籍七千余部，欲贡之兰台麟屋，以参会东西圣贤之学术者也"[①]。基于这段历史，澳门学故而不能忽视对澳门圣保禄学院的研究。当然，近年来澳门学者的相关系统研究[②]，已经为之打下了良好基础。

三 澳门与中国明清天主教学者

明朝统治者主要实行"封疆锁国"的政策，其长期"海禁"使中国失去了及时认识世界、了解西方近代"海外大发现"以来飞速发展的机会。在这种封闭关门之中，澳门的特殊存在遂成为从外在世界照射

---

① 朱维铮主编：《基督教与近代文化》，第325—329、336页。
② 参见李向玉《澳门圣保禄学院研究》，澳门日报出版社2001年版。

进来的"烛光"。它虽然较弱,却带来了让中国人看到外面世界的光亮。这种关注,在受传教士影响而皈依天主教的中国士大夫身上尤为明显。例如,成为天主教徒的明末政治家、思想家和科学家徐光启在当时就坚决主张"苟利于国,远近何论焉",对西方文化表达了一种开放、吸纳的精神。他提倡引进"西学",希望以此来"富国""强政",并通过译介、实践西方的"天学""实学"而成为当时打开国门"放眼看世界"的真正第一人,远远要早于清朝鸦片战争之前的林则徐。不过,"西方"太远,很难看清,中国知识分子当时只能借助于接触西方传教士和译介其带来的西文书籍来"间接"了解西方。于是在这种情况下,中国明清天主教学者就特别关注澳门,不断尝试对澳门加以较为全面和深层次的了解。

由于澳门在当时并不受制于明朝,而且云聚了众多西方商人和传教士,因而其城市和居民有着浓厚的欧洲风情及特色,体现在其政治、经济、城市建筑、文化生活和精神信仰各方面。这样,澳门作为西方社会文化生活的一个"缩影",向中国在一定程度上展示了"西方"的风格和氛围,给中国人认识西方提供了某些便利。于是,在引进西方文化和技术上,不少中国学者首选澳门,将澳门作为一个沟通西方、接近西方的窗口。例如,徐光启在危难受命、领兵御敌时,曾两次派人去澳门购买西洋大炮,第一次为1620年让李之藻、杨廷筠设法派人采购,后由李之藻门人张焘在澳门购得四门大炮,并在宁远守御战中起到重要作用;第二次为1628年委派耶稣会士龙华民和毕方济去澳门再次购置大炮。其实当时徐光启不仅对澳门的军工贸易颇为了解,而且对整个澳门社会也有着全面的观察和研习。

除了从内地来旁观澳门,不少中国知识分子更是直接进入澳门,在澳门生活、学习,得其切身体验。据记载,明清之际在澳门圣保禄学院有着系统学习经历的华籍耶稣会士包括钟鸣仁、康玛窦、黄明沙、游文辉、徐必登、钟鸣礼、石宏基、法类斯、郑玛诺、吴渔山、陆希言、龚尚实、崔保禄等人。其中郑玛诺后来又从澳门赴罗马深造,成为中国近代第一位留洋学生,远远早于鸦片战争之后留美的容闳等人。在明清

"闭关锁国"时期，澳门实际上成为中国人得以走出国门、走出亚洲、走向世界的通道。

在澳门学习中的佼佼者则为吴渔山，他于1680年时与陆希言一道随耶稣会士柏应理来到澳门，入圣保禄学院研习神学。他们当时被学院修士们"衣服翩翩，吟哦不辍，从天主堂而出入。读书谈道，习格物、穷理而学超性"①的学习及生活气氛所强烈感染，遂积极成为其中的一员。吴渔山为此曾写下《三巴集》诗卷，对之有"关头粤尽下平沙，濠境山形可类花。居客不惊非误入，远从学道到三巴"②的生动描述。通过这种身临其境和生命投入之意义上的学习，中国天主教中形成了不少知识分子重灵修、重戒律和重文化交流的传统，他们不仅领悟到"西学"中"超性"的"天学"，而且在生活中亦形成"修虽苦而行不外露，礼从俗而规矩愈严"③的习惯，以"不违教范"来律己，以"济众施博"来待人。基于这一传统，研习中国天主教学者的心路历程和社会形象，了解华人修士的灵修生活及神学研习，也成为澳门学中洞幽独微的一个特殊领域。

四 澳门学中的基督新教研究

澳门的独特意义，还在于其乃基督新教传入中国内地的第一站。1807年9月4日，英国伦敦会传教士马礼逊（Robert Morrison）抵达澳门，标志着基督教在华历史的又一个时代来临。新教在澳门活动的一大特点，则是非常关注文字传教即出版事业的发展。马礼逊借英国东印度公司翻译职位的掩护，来往于澳门、广州之间，从事译经、出版和传教活动。例如，他于1814年9月9日在澳门为广东印刷工蔡高施洗，发

---

① 引自章文钦《吴渔山天学诗研究》，《文化杂志》第三十期，澳门文化司署1997年版，第125页。
② 引自李向玉《澳门圣保禄学院研究》，第146页。
③ 同上书，第152页。

展了新教在中国内地的第一个教徒。此后中国基督徒梁发于1823年底在澳门被马礼逊按立为伦敦会宣教士，亦被视为第一个中国籍牧师的诞生。由此可见，澳门对于中国基督新教发展史乃具有起源意义，澳门学者因而不可缺少对中国基督新教本身的研究。

除了翻译、出版《圣经》之外，马礼逊还于1832年创办了《中国丛报》（Chinese Repository）。此乃外国人在华出版的第一个英文杂志，在中国近代出版史、新闻史和中西文化交流史上都有独特意义。马礼逊去世后，这一杂志于1836年转到澳门出版，至1844年再转到香港，在澳门前后有八年出版时间，留下了珍贵史料。鸦片战争后，新教传教的重心移往香港，但澳门作为马礼逊来华传教第一站和他去世后安葬之处，对于中国新教仍具有其独特性和神圣性。此外，新教在鸦片战争前后创办的大量报纸杂志，有许多内容都是对澳门社会生活各方面的综合报道，对澳门学而言亦有极高的史料价值。基督教在澳门办报办刊，在19世纪形成了一种世风，留下了珍贵的资料。对此，金国平、吴志良在《挖掘原始档案文献，重现澳门历史原貌》一文中指出："史料的发掘、整理及出版是项巨大的系统工程，……该项工作应持之以恒。只有充分挖掘整理澳门历史的原始档案文献，才能体现澳门史的原貌，才能正确评估澳门史的意义，才能真正体现澳门的文化价值。"[①]史学乃其他学问的基础，澳门学首先应重视澳门史学，而在近代澳门历史研究中，新教报刊资料的收集整理则是其重要构成。

随着基督新教传入澳门，澳门的历史又翻开了多元文化、多种宗教对话、交流、沟通、共存的一页。基督新教发展传播的特点在于其多个教派、多种思潮的扩散性，而且善于同其他宗教接触、沟通，因此，澳门学亦应该涵括不同宗教比较与对话的丰富内容。鸦片战争后，天主教各个修会、基督新教各种差会都涌入澳门，其他宗教在澳门也获得了生长、发展的宽松气氛和土壤，从而形成澳门多种宗教共同发展的多元之状，尤其是在此居住的华人使中国传统宗教、民间宗教也得到了蓬勃发

---

① 金国平、吴志良：《镜海飘渺》，澳门成人教育学会2001年版，第12页。

展，形成"土教"可以与"洋教"媲美的局面。这些研究显然都是对澳门学的补充和完善。从研究基督教入手，梳理各种宗教在澳门发展、变迁的历史轨迹，可以感受到由此所触及的宗教比较与对话研究，并与跨文化研究非常自然、有机地联系起来。

总之，澳门学作为基于澳门历史发展演变之时空的一门学问，在涉及澳门的文化及精神生活时必须特别关注基督教研究，必须将这种研究纳入其学科体系的重要构建。宗教的发展，尤其是天主教的发展在澳门的社会文化、精神信仰的历史中占有重要地位，甚至在澳门的多元发展中也因其典型存在而保持了澳门人的灵性特征和精神依托之传统，在其复杂的社会嬗变中让人仍能得以辨认出其人性生活本真的轨迹及意向。澳门的宗教不仅表现为辐射性的发展，而且在其社会生活的方方面面有着广泛的渗入，体现出深远的影响。因此，对澳门许多领域的研究都会涉及宗教问题，都会感受到宗教的存在及作用。以天主教为主线，澳门的宗教给人展示出多元并存、各美其美的景色，让人去探索并领悟到多元求同或和而不同的可能及其路径。基于这一思路，研究澳门宗教应是开放性、开拓性的，应是在多元性中寻找普遍性，在分散、杂居中获得凝聚力的生活艺术、生存技巧之探求。澳门基督宗教的发展卷入了近代中外宗教相遇、碰撞、对话、对抗以及沟通和融合的时代大潮之中，特别是在中西政治、经济、思想、文化的对抗或交流中首当其冲，同时也为彼此起到过"窗口"和"桥梁"的作用。这样，在认识、研究澳门基督教，特别是其天主教时一定要看到其开放、对话、共存等特点，注意其结合不同文化、沟通各种思想的包容、融合态度及意向，同时总结其在历史进程中曾有过或者仍然留下的遗憾或不足；这种研究思路和方法有必要运用到今天对澳门的综合探讨之中，而且应该结合现实来开展更广泛的联系，推动多方面的联想，由此方能体现澳门学的独特意义，展示其跨文化、跨学科研究的特色、价值和优势。

（原载《广东社会科学》2010年第4期）

第五章

中西文化交流中的澳门研究

澳门是欧洲宗教改革以来中国对外开放的最早窗口，基督教中古之后的对华传教史亦始于澳门，故此澳门对明朝以来的中西文化交流有着重要意义。近代中西文化交流多以基督教在华传播的形式来展开，天主教传教士利玛窦和新教传教士马礼逊等人，都是先到澳门，在此经过学习或休整后再入内地传教，而且他们也因在澳门的中国学知识准备而促成其入华后得以传教成功。此外，中国文化的西渐，也是通过基督教这一便捷媒体而得以畅通，使近代西方得以贴近东方、认识中国。于是，在国际汉学的发展中以及中西交通史学的形成中，澳门研究成为其重要组成部分。因此，很有必要从澳门研究的形成及其与基督教的关联以及对其他宗教的涵括来探究中西文化交流，论述澳门研究在其中的独特作用与意义。

一 澳门对外开放的意义

在历史研究中，人们曾提及明朝中国有过资本主义经济的萌芽，出现了从古代封建主义到现代新型经济形态的缓慢转型。而这种转型的肇始，则与澳门有着直接和内在的关联。明朝中国曾是一个非常封闭的社会，其统治者因无"海洋文化"的意识而以其"农耕文化"之传统观念来自设"海禁"，关闭海疆，禁止一切与外界的交往。而当时以西班牙、葡萄牙为首的南欧国家则以"地理大发现"的"大航海时代"而进入了其"海洋文化"发展的鼎盛期，其舰至美洲、觊觎东方，在闯开印度、日本之际亦想染指中国，跃跃欲试，企图进入这块对之颇为神秘的土地。不过，在澳门开埠之前，这些西方来华商船只被允许在沿海的广东上川岛短暂停留，从事简单的商贸生意。而对试图传教的西方传教士则更是拒之千里，决不允许。故此才有作为耶稣会"远东开教"先驱的方济各·沙勿略（St. Francisco Xavier）客死上川岛的悲剧。沙勿略并非为经济利益而来，其传教之举在深层次意义上乃旨在思想文化的交流，他通过在中国沿海从事商贸活动的葡萄牙等欧洲商人以及和日本民众交谈中，感悟到可能接触一个伟大的民族及其灿烂文化，故而冒死前往，从而以其"远东殉教"而拉开了基督教明清来华传教漫长而曲折之戏剧的序幕。

一般而言，经济的交往通常都会以文化的交流来相伴随。1553年之后葡萄牙人被允许在澳门暂住，标志着中西社会文化交流这一划时代史实的悄然开始。与葡萄牙商人一同进入澳门的就是欧洲天主教传教士，而且以较为开明、开放的耶稣会士最为活跃。在此后约"三十年间，计有三十二位耶稣会士，二十二位方济会士，两位奥古斯丁会士以及一位道明会士先后作同样性质的尝试"[①]。经过长期努力，且因耶稣会士在对华交往中的灵活性，欧洲传教士终于得以在澳门建堂传教，从此打开了中西思想文化交往之门，也使中国明朝紧闭的大门出现缝隙、吹入西风。至1576年澳门教区成立时，在澳门的天主教徒已经达到五六千人的规模，因此澳门文化从一开始就有着浓厚的宗教文化色彩。与以往的中外文化交流尤其是中欧文化交往以陆上丝绸之路为主不同，澳门文化有着明显的海上丝绸之路的特色。西方商贾和传教士来到澳门，一方面使澳门成为西方经济、文化进入中国的桥头堡，另一方面则使之成为中国文化输入西欧的中转站。其频繁的来往形成当时中西海上丝绸

[①] 罗光主编：《天主教在华传教史集》，台中：光启出版社，台南：徵祥出版社，香港：香港真理学会1967年版，第10页。

之路的繁荣，也使中国人的眼界慢慢得以拓展。澳门的这种开放，让中国人可以近距离地了解西方人的生活及其精神文化状况，并对中国自身的世界定位有所反思。一些人不再从"世界中心"来看待"中国"，而开始意识到中国乃世界众多国家中的一国。而西方海洋文化的闯入及其影响的浸润，也直接刺激到中国传统的陆地文化，使之感受到前所未有的挑战和压力。本来，取代元帝国的明朝在其兴盛期开始也有过一定的海洋意识，如在澳门开埠前百年就有过"郑和下西洋"的壮举，但其与西方当时兴起的"海洋文化"有着质的不同。虽然郑和曾为海上丝绸之路增光添彩，但其"壮举"仍为"大陆文化"的展示或炫耀，只是向沿途各国显示明朝的国威而已，其所下"西洋"也非后来通常所指之"西方"（欧洲）。而西方"海洋文化"从一开始就有着"扩张""占有"的性质。郑和时代对西方仍然知之甚微，基本上乃遥远的传说。而百年之后的澳门发展则不然，从这一扇敞开的窗口"近距离"认识西方、进而了解世界对当时的中国而言则有了可能，澳门真实地向中国人展示了西方的社会生活，不再是传说。所以说，澳门的开放客观上代表着中西文化关系在近代历史上出现的重要转折，而澳门的社会形态、民风习俗和精神面貌也给当时的中国人一种耳目一新的感觉。澳门由此成为16世纪以来中西文化相遇、碰撞、接触、了解和融合的一个缓冲地带。在这种特定的历史环境中，中国的对外开放翻开了重要一页。澳门在鸦片战争之前的中外文化交流中有其双向沟通的独特性甚至唯一性的作用。从这种意义上，澳门文化亦与当时开始形成的国际汉学结下不解之缘。可以说，国际汉学的最早雏形或早期形态就是"澳门学"最初所涵括的内容，这种意义的"澳门学"应为国际汉学之始。

二 澳门研究与中西宗教研究

澳门文化的一大特点是宗教文化，也浓缩性地体现出当时的中西宗教对话。众所周知，澳门的西文表述 Macao 本身就是对中国民间宗教信仰"妈祖"的一种理解。此外，16世纪澳门的开埠和澳门教会的建立，使西方宗教社会在当时中国得到了最为精准、最为全面的展示。在这种中西文化交流的"澳门模式"中,宗教文化占有很大比重,这就决定了澳门研究的宗教探索之必然和侧重。当然,由于西方天主教传教士不可替代的作用,对天主教的研究在澳门研究中占有很大比重,由此亦带来了中西宗教比较研究的必要性。例如,国际汉学最初乃为"海外汉学",其发轫于经澳门入华传教的西欧耶稣会传教士。为了传播来自西方的宗教信仰"福音",这些传教士首先必须学习中国语言文化,因此,所谓后来被人所称的"汉学"最初却是研习其传播学的基础学科和传教士所必须具备的基本功。这样,"汉学"与"神学"就有了最初的关联,而这种在澳门所学习的"神学"从一开始就必然是涵括"汉学"内容的"比较神学"。基于这种传统,国际汉学在其海量涵括中就已经有了比较宗教学的意蕴,充满中西宗教比较研究的内容。而且,其肇端乃与澳门研究有着必然关联,无论其知识的积淀,还是其思想的进出,都必须经过澳门的"中转"和"消化"。西方人的"走进来"、中国人的"走出去",在很长时期都基本上只有澳门这唯一的"出入口"。所以,澳门研究从一开始就是中西文化、中西宗教的比较研究。在中西交流史的研究中,自明以来的研究基本上始于这种以澳门为辐射核心的跨文化研究、跨学科研究。今天汇聚而成的澳门学之所以可能,就在于其最初就已经定位的开放性、跨学科性研究,由此决定了澳门学的多学科性质,其体系所涵容的多学科之间的"科际交流""科际整合"使这些学科得以超越其"边缘性"而整合为一门专门学科、独立学科。反之,澳门学向广泛领域多学科的开放、关联亦是其学科本质所决定的。其中,我们尤其应看到澳门学与中西宗教研究、中西语言研究的独特联系。

最早进入中国内地传教的耶稣会士罗明坚(Michaele Ruggieri)实际上也是最早的汉学家。他在 1579 年抵达澳门后传教士间形成突击研习汉语、掌握中国文化的风气。所以说,"汉学"最初被视为来华耶稣会士的一门学问,而早期汉学的实施并不是在"海外"而是在澳门,真正的"海外汉学"其实乃源于"澳门汉学",就隐含在"澳门学"

之中。由"澳门汉学""传教士的汉学"发展成为今日博大精深、历史久远的"国际汉学"。同理，这种"汉学"并不纯为"中国"的学问，而夹杂着或者说充满了西方人的理解、体会、领悟和解读。而其"汉学"的内容则更是充满中西宗教元素。直到今天，澳门仍是中外宗教共聚同生的示范之地。其天主教占绝对优势的存在并没能彻底排拒其他宗教。罗明坚以其在澳门获得的中国语言及文字知识，使用汉语写成《天主圣教实录》一书印发，结果此书独占鳌头，成为天主教在中国出版的第一部汉语著作，这部书也代表着欧洲人最早用汉语写成的天主教教义纲要。罗明坚通过率先运用"天主"等词作为其宗教术语的表达而形成了当时传教士在中西比较中的"话语权"和"话语体系"，其影响在今天仍有一定程度的留存。中国的"话语"构建及相关联的"话语开放"大致有过三次高潮，第一次为公元初前后佛教的传入和隋唐鼎盛的《佛经》翻译所导致，第二次为明清天主教的传入和中西经典的翻译所推动，第三次则为"新文化运动"前后中西文化交流和明治维新后日本汉译西方术语的引进所影响。其中第二次始于澳门，形成其前后关联，故而曾起中枢作用。我们今天是否又进入"中国话语"新的构建期和开放期，其研究及结论亦应以上述历史为借鉴和参照。

在当时的澳门，中西宗教比较对话不只是教会的传教实践，而且也是学术研究及教育培训的重要内容。当时西方传教士在澳门创办的如圣保禄学院等神学院，实际上乃澳门高等教育的雏形，其特点是宗教教育与世俗教育的结合、中国思想与西方精神的共构。对此，相关研究者曾总结说："400年前，传教士在澳门创办了远东第一所大学，培养了数百名传教士，澳门教育为东西方文化交流做出了巨大的贡献。"[①]其实，这种对传教士的培养无意中也是对"汉学家"的培养，即培养了熟悉中西文化的"双向性""复合性"人才。例如，被视为对海外汉学的奠立做出了杰出贡献的利玛窦（Matteo Ricci），就是在当时澳门的天主教教育体制中培养出来的。利玛窦在澳门曾"埋头书案，一心学习中

---

① 冯增俊主编：《澳门教育概论》，广东教育出版社1999年版，颜泽贤"序"。

文"。其学习的重点不仅有天主教神学、宗教理论和西方文化知识，而且还包括中国的语言文化、思想精神及风土人情，甚至对当时中国的政体结构亦有触及，可谓门类齐全，搜罗广泛。后来在来华耶稣会中较为通行的"利玛窦方式"并非凭空而降，却是得益于澳门天主教教育当时所强调的"入境而问俗"的立意。利玛窦对中西文化要素有着创造性发挥，其"广交朋友"和"巧送礼物"之道成为其在华官场及文人圈中畅通无阻的法宝和秘诀。此外，与利玛窦同进北京的耶稣会士庞迪我（Diego de Pantoja）同样也是先在澳门入院学习，在获得必要的神学训练和汉语研习后才被派往中国内地的。这些由澳门神学生而发展为著名传教士兼汉学家的还有汤若望（Johann Adam Schall von Bell）、毕方济（Francisco Sambiaso）、艾儒略（Julio Aleni）等人。此外，澳门的神学高等教育在培养中国双向人才上也功不可没，不少中国知识分子在澳门生活、学习，并由此开阔眼界，甚至走向世界。明清之际在澳门求学的华人包括钟鸣仁、康玛窦、黄明沙、游文辉、徐必登、钟鸣礼、石宏基、法类斯、郑玛诺、吴渔山、陆希言、龚尚实、崔保禄等人。其中吴渔山等人后来成为中国近代著名文化人士，而郑玛诺此后又从澳门走出国门，远渡重洋赴罗马深造，实际上成为中国近代第一位留洋学生，也是中国近代第一位游学欧洲的中国人，因而远远早于因"中国礼仪之争"而于18世纪初赴法的黄嘉略。明清华人留洋外出，在知识学术及思想精神和信仰层面就打破了当时的"闭关锁国"之状。涓涓细流汇成江河，中国的对外开放从此越走越远，形成势不可当之态。所以说，"澳门对中西文化交流的重要贡献之一，是它提供了良好的条件，把许多西方人培训为中国通，使之有可能成为汉学家，同时又把许多中国人培训为通晓西学的人材。承担这种培训使命的圣保禄学院，可以说是培养汉学家和西学人才的摇篮。"① 基于澳门的经验，中国近代以来的高等教育研究不可能与宗教教育研究截然分开，而其宗教教育之联结则又开了中国人近代海外留学之先河，形成国内教育与海外教育之关联。特

---

① 朱维铮主编：《基督教与近代文化》，上海人民出版社1994年版，第323页。

别是这种神学教育与世俗教育的复杂共融，在此后的中国教会大学教育史中得到了更为全面、更加深入的展开。

以澳门天主教为主，其历史上相继传入了多种宗教，如此后传入的基督新教、伊斯兰教、巴哈伊教等。对中国近代发展影响巨大的基督新教亦以澳门为其传入中华的第一站。马礼逊（Robert Morrison）于1807年9月初先至澳门，后抵广州，而且在澳门发展了中国内地第一位新教徒蔡高，按立了中国第一位新教宣教士梁发。此外，马礼逊来往于澳门、广州之间从事汉译《圣经》和中英文词典等出版活动，为以澳门为基点的中西宗教文化交流增添了新的内容。此后来华西人因此而称马礼逊为"英国贤士""万世不朽之人"，并在澳门马礼逊墓碑上写道，"当其于壮年来中国时，勤学力行，以致中华之言语文字，无不精通。迨学成之日，又以所得于己者作为英华字典等书，使后之习华文汉语者，皆得藉为津梁，力半功倍"[①]。马礼逊逝世后，美国新教传教士布朗（Samuel Robbins Brown）在澳门创办了马礼逊学堂，该校中国学生容闳、黄宽、黄胜此后随布朗赴美国留学，成为鸦片战争后中国第一批留学生。与从外传入的宗教相对比，中国传统宗教亦保持了在澳门的存在，或在这种中西文化的相遇及交往中重新在澳门得到恢复和加强，如儒佛道三教的发展以及民间宗教或民间信仰的传布。这种传统保留至今，使澳门成为各种宗教和谐共存的典型之地，也为我们研究宗教对话、宗教比较以及多元宗教同存之社会共同体的构建提供了宝贵经验和重要启迪。从学术意义上，我们可以通过研究澳门的这些宗教而体悟到澳门研究所表达的以"参会东西圣贤之学术"的深刻蕴涵。

三　澳门研究对反思中西文化交流的意义

中国近代吃了"封疆锁国"政策的大亏，当时统治者的"海禁"、排外、拒绝吸纳外来思想文化之举使本来颇为强大的中国逐渐走向衰

---

① 马礼逊墓碑碑文，见《中国丛报》第十五卷，第105—106页，1846年2月。

败,失去了传统优势。本来,"澳门模式"给我们提供了见识"海洋文化"而走向开放的机会,由此可以使澳门成为反省自我的"镜子"和认识世界的"橱窗"。但当时的封建中国反应迟钝、感觉麻木,且夜郎自大,目中无人,失去了一次中华民族认识世界、自我复兴的绝好机会,此后遂有上百年一蹶不振的民族磨难。虽然当时中国封闭国门,但澳门的特殊存在却透露了一丝从外在世界照射进来的"微光"。可惜只有少数受传教士影响而皈依天主教的中国士大夫对之敏感,因而如徐光启那样坚决主张"苟利于国,远近何论焉",强调对西方文化的开放和吸纳。徐光启曾亲临澳门考察并研习神学,时间虽短却收获颇丰。他提倡引进"西学",希望以此来"富国""强政",最终达到对西方的"超胜"。在这一意义上,徐光启的澳门经验使他成为当时打开国门"放眼看世界"的真正第一人。不过,以当时的交通工具和联络方式,"西方"确实太远,很难真正看清,而中国封建统治者尾大不掉还懒得去看,故而错失良机。"澳门模式"与鸦片战争后发展起来的香港有明显不同,更多体现出多元文化汇聚的特点,它或许能为我们提供中外交流的另一种选择,从而少一些撞击,多一些平和或缓冲。这在我们今天的澳门研究中都是应该注意的。

　　回顾历史,中西文化交流一路磕磕碰碰、颇多沟沟坎坎,走得非常复杂和艰难,这一处境迄今并没有得到根本改变,中西双方仍保留着这一心结,而其遗产又使今天的相遇和交流仍多有纠结,文明冲突的感觉似乎要大于文化融合的期盼。中国今天的确强大了,中国意识的回归使我们有了文化自知、自觉、自强和自信,我们在憧憬着走向未来社会文化更为富强的"中国梦",并面对乱世有着"风景这边独好"的自豪与陶醉。不过,审视历史,洞若观火,当时的明清帝国在世界上本来也很强,但其沾沾自喜、不思进取却使之吃了大亏,招致中国近代史上拖得太久的一蹶不振,迄今仍没有真正完全恢复元气。反观自身,我们在现代发展中的问题仍不少,许多矛盾也正成为潜在的危机。我们今天要走向世界,在我们的文化构建中补入海洋文化的元素,以及拓展当代的丝绸之路及海上丝绸之路,显然已遇到很大的挑战和阻力。而在中国自身和谐社会的构建中,我们亦遇到如何妥善处理民族、宗教、非政府组织、华侨、对外关系等新的难题,需要观念、思想、战略、政策等方面的正确选择或及时调整。因此,我们必须居安思危,保持对外开放和吸取各家之长的心态,以有利于我们的可持续发展、长治久安。为此,澳门研究对中西文化交流的反思,其真正现实意义就在于以史为镜,以史为鉴,让我们能抓住机遇而不错失机会,从而不断给我们继续奋进以警醒、告诫和激励。

(原载《澳门研究》2015 年第 2 期)

第六章

重新审视罗明坚在中西文化交流上的开创作用及其历史地位

罗明坚（Michaele Ruggieri，1543—1607）在明末耶稣会最早入华传教中曾起过重要的先驱作用，但因其回返欧洲较早，其生平及其著述给后人留下了不少模糊之处，因而对之研究不够深入，评价亦不够准确，这在中国尤为典型。当前随着不少新的史料得以发掘，藏在梵蒂冈及欧洲各地的档案文献得以整理，罗明坚的历史形象重新清晰起来，这就给我们重新研究和评价罗明坚提供了重要契机。正是在这一学术处境中，我们有必要重新审视罗明坚在中西文化交流上的开创作用及其历史地位，对这段历史获得更为科学、更加准确的认知。

1583年9月10日，意大利传教士罗明坚带着来华不久的利玛窦（Matteo Ricci，1552—1610）入广东肇庆传教，从此真正拉开明末清初西方天主教来华传教的序幕。罗明坚早在1579年就来到中国澳门，为入华传教而研习汉语，随之创办圣马丁讲道学校。1582年，他随葡萄牙商船到广州传教，后来在肇庆天宁寺暂住，但不久被逐回澳门。在1582年底罗明坚初次来肇庆时就已经入乡随俗，"改著僧众服装"，这实际代表着明清天主教在华本土化的最早尝试。他在佛教天宁寺住了四个月之久，因而对中国佛教传统及习性颇有了解。正因为如此，当他带着利玛窦重返肇庆时，就让利玛窦也着僧服，剃发薙须，形似"西僧"。这一经历虽然很短，却是"耶佛对话"的最早尝试，为天主教如何处理与中国宗教的关系提供了启迪和经验。不过，罗明坚在中国的时间并不长，他1588年离开中国之后没再返回，因中国教界的影响不大，学界对之亦知之不多，缺少研究。对比之下，利玛窦在罗明坚离开中国返回欧洲后，于次年离开肇庆前往韶州开教，随之开始接触并研究儒家，一改"西僧"为"西儒"，从此使天主教在华传教事业风生水起，让耶儒对话进行得有声有色。这样，中国学界以及西方天主教界和汉学界非常重视对利玛窦的系统研究，并习惯上将之称为"西方汉学"甚至是"西学东渐、东学西传"的"第一人"。而对罗明坚则明显忽视，缺少深入研究，没有恰当评价，使其形象和事迹埋入了尘封的历史，只是将之作为"为利玛窦铺路的人"而偶然提及。

在当代学术研究的进程中，随着不少新的史料得以发掘，藏在梵蒂冈及欧洲各地的档案文献得以整理、翻译和研究，研究者开始更多地注意到罗明坚，并基于新发现的文献档案来开展更加深入、细致的专题探究；这样，罗明坚的历史形象得以重塑，人们也得以更为准确地研究和评价罗明坚的历史地位及其贡献。其中极为关键之处，就是对罗明坚、利玛窦二人的相互关系、历史定位重新研究、对比和分析。在这种基于尘封的史料逐渐面世而得以认知的学术处境中，我们当然有必要重新审视罗明坚在中西文化交流上的开创作用及其历史地位，需要获得对这段历史更为科学、更加准确的认知。

大致而言，对罗明坚的重新研究和评价大致可以分为两个方面，一是罗明坚在中国传教和研习中国文化的典型贡献和历史地位，二是罗明坚回到欧洲后对传播中华思想文化所起到的真正作用及其在中西文化交流史上的准确定位。

一　罗明坚在中国传教和研习中国文化上的作用及意义

在天主教在华传教和研习中国文化方面，罗明坚当然要早于利玛窦，而且可以说是利玛窦的领路人和指导老师，其研究思路和传教方法也曾对利玛窦有过重要影响。罗明坚最早尝试用中文写作，并于1581

年在澳门完成了其第一本中文著作《天主圣教实录》（拉丁文名为 Vera et Brevis Divinarum Expositio）的初稿，并于1584年在华推出其初版。徐宗泽对此曾评价说，"天主教教士欲入中国宣传圣教，实始于圣方济各，惜未实行，赍志以没，厥后实践圣人之志者实为罗明坚、利玛窦二人。1583年罗、利二公得入吾国内地，在广东肇庆建立圣堂，是时罗公洞明文字为宣扬圣教不可少之工具，即于1584年出版《天主圣教实录》，是为天主教教士到中国后之第一刊物"①。这是第一本用汉语写成的天主教教理问答书，而且也是天主教核心观念"天主"这一汉语表述的第一次使用，用以讲解"人神由天主所造""天主定有十诫命人遵守""人欲求灵须服事天主"等"天主教之根本道理"。从这一意义来看，罗明坚在以中国语言文化来传播天主教上具有奠基作用。这个"第一"显然是早于利玛窦的。

罗明坚准备《天主圣教实录》的撰写，主要是其在澳门研习汉语期间。耶稣会以澳门为大本营而在此集中学习汉语和中国文化，为入中国内地传教做准备。这样，海外汉学的萌芽实际上是在澳门发生的，澳门可以当之无愧地被视为国际汉学发展的第一站。而罗明坚的翻译及用汉语撰写天主教教理著作，是当时澳门汉学及中国研究的重要构成及主要成果之一，这也就奠定了罗明坚在澳门汉学发展中的引领地位。方豪在评价罗明坚在中国传教和研习中国文化上的贡献时提到他有两个"首先"："一、他是外国教士中首先到内地居住的。""第二件值得我们一提的事，便是他是首先以汉字汉文撰写天主教教义的书。"②这意味着，从时间演进上来看，罗明坚在来华开教和开始深入探究中国文化上都走在前面，起着引领作用。

此外，罗明坚与利玛窦合作，共同编撰了《葡萄牙文—汉文辞典》（亦称《葡汉辞典》），对于中外文互译、为双向沟通、翻译等也具有开先河之功。当代编辑出版该辞典的耶稣会士魏若望（John W. Witek）

---

① 徐宗泽：《明清间耶稣会士译著提要》，上海书店出版社2006年版，第2页。
② 方豪：《中国天主教史人物传》（上），中华书局1988年版，第66页。

说，罗明坚与利玛窦"编撰的手稿《葡汉辞典》是他们学习汉语具体的一步"①，而且在这一编撰工作中，不少学者认为罗明坚起着主要作用，而"利玛窦只是作为助手出现的"。因此，从这些工作的首创性来看，有学者提出，利玛窦的"第一汉学家"之称应该让位给罗明坚。不过，这种颠覆性审视也有一定难度，其主要原因就是利玛窦来华时间较长，其钻研中华文化也比较系统深入，出版著译作品甚多，从而形成了巨大的历史影响，这一地位不易抹掉。所以，方豪在比较罗明坚和利玛窦之后曾说，"利玛窦，恐怕是从古以来，所有到过中国的外国人中，最出名的一个。他在生时，除为全国士大夫所倾倒之外，更闻名日、韩二地，卒后不久，他的著作两次在越南重刻。明清之际，教外人有时简直称天主教为'利氏之教'或'利氏学'；其他外国教士则被称为'利氏之徒'。甚至于所有十六七世纪传入的西学，一律归之于利氏。"②正因为这种影响，所以人们以前对罗明坚的历史定位只是突出了他为利玛窦的发展铺路而已，人们甚至以施洗约翰与耶稣的关系来比较罗明坚与利玛窦，其结果罗明坚虽有先驱身份的探索之功，却没能获得利玛窦那样的显赫地位。我们今天若要重新审视罗明坚的这一历史地位，则需要对其早期在华的宗教活动和汉语研究做更深入的学习和探索。当前新的史料发现和对以往文献的重新理解或阐释，为我们重新审视罗明坚提供了难得的机遇。而罗明坚这种"第一"的地位如果确立，则会带来对天主教明清来华历史的重新探究，也会导致对当时传教士汉学萌芽及发展的重新评价。

二 罗明坚返欧后在中西文化交流史上的贡献及定位

1588年，罗明坚踏上回欧的旅程，从此在中国历史舞台上消失。

---

① John W. Witek ed., Michele Ruggieri, Matteo Ricci, *Portuguese－Chinese Dictionary*, Ricci Institute for Chinese－Western Cultural History, San Francisco：2001, p. 83.

② 方豪：《中国天主教史人物传》（上），中华书局1988年版，第72页。

他回到欧洲后正遇天主教教宗地位不稳、更迭频繁时期,而当时欧洲君王对遥远的中国亦兴趣不大,故罗明坚没有引起人们的重视,其请求教宗遣使于北京的使命也无法完成,因而对之记载不多,只知道其于1607年殁于萨勒诺。长期以来,人们论及欧洲人士在中西文化交流上的作为及贡献时,对罗明坚着墨不多,极少提及。

在明清之际中文文献译成西文的记载中,曾论及罗明坚与利玛窦合作翻译"四书"之事。以前一般认为是利玛窦主要翻译了"四书",其完成也是罗明坚离开中国之后,在1588年之前或许有了这一翻译尚未完成的初稿手稿,而罗明坚只是抄写了这部初稿并将之带回了欧洲。而利玛窦用拉丁文翻译"四书"一事,在其书信中曾有所提及。学界公认的是,这一拉丁文的"四书"译本应该是此中国儒家经典最早的西文译本,但对究竟谁是其主要译者则存有争议,认为是罗明坚或利玛窦翻译的都大有其人。1935年,意大利著名汉学家德礼贤(Pasquale D'Elia, 1890—1963)在罗马·伊曼努尔二世国家图书馆的耶稣会档案中发现了一份16世纪拉丁文"四书"手稿(编号为FG[3314]1185),手稿扉页背面注为"由罗明坚神父整理"。德礼贤最初认为,"很有可能该译作的作者为利玛窦,而罗明坚只是抄写而已,同时也抄写了作品的日期"。但1942年德礼贤在整理出版《利玛窦史料》第一卷时改变了看法,认为"该译本为罗明坚所作",并解释说:"他之所以未能像拉丁文教理问答手册一样出版,是因为遭到了范礼安神父的强烈反对。"不过德礼贤在此却说了也能证实利玛窦也在翻译"四书"的如下一段话:"范礼安在1596年12月16日给耶稣会会长的信中点明'罗明坚粗通汉语',而且说利玛窦当时不仅正在写作一部更好的教理问答手册,同时也正在翻译'四书',其译作的大部分在1594年11月15日或16日前已给他看过。"[①]于此,究竟是谁翻译了最早的拉丁文"四书"就成了疑案。以前认为是利玛窦所译的学者较多,如费赖之(Louis

---

① 以上引文参见张西平《罗明坚的汉学贡献》,载《国际儒学研究》第二十三辑,第62—63页。

第六章　重新审视罗明坚在中西文化交流上的开创作用及其历史地位　　99

Pfister）在《在华耶稣会士列传及书目》中说，利玛窦"一五九三年曾将中国'四书'转为拉丁文，微加注释。……凡传教师之入中国者，皆应取此书译写而研究之。此书是否印行，抑尚存有写本，未详"①。这里费赖之也论及此译本是否印行或存有其他抄本不详。裴化行（Henri Bernard）也说，"利玛窦用拉丁文翻译了（确切些说，是释意）'四书'，还加上许多注释。"并且较为详细地描述说，"1593 年 12 月 10 日，他就可以宣布已经译完'四书'中的三部（第四部是次年译完的），到了 1595 年，他就可以希望把手稿誊清了。其实算不上翻译，而是用拉丁文释意，还加上许多注释"②。此外，也有学者谈到《利玛窦中国札记》的合作者"金尼阁保留了利玛窦为'四书'作拉丁文翻译和注释的记载，略去了利玛窦札记中其他提到'四书'的地方"③。当代较为系统深入研究利玛窦的意大利学者达仁利（Francesco D'Arelli）也坚持认为此拉丁文"四书"确为利玛窦所译。

而认为是罗明坚率先将"四书"译为拉丁文、此译稿乃罗明坚所留的学者除了德礼贤之外，当代美国学者孟德卫（D. E. Mungello）也强调，"利玛窦的前任，比他早两年来华的罗明坚可能是尝试将'四书'翻译成欧洲语言的第一人。利玛窦几乎在同时紧随其后进行翻译，有证据表明利玛窦为'四书'所作的拉丁文翻译和注释被用来作为教授刚到中国的耶稣会士中文的材料。"④在对上述手稿的研究和解读中，当代学者已越来越多地认为此稿乃罗明坚所留，如中国学者张西平非常强烈地坚持这一观点⑤，意大利学者麦克雷（Michele Ferrero）最近也撰写有"《论语》在西方的第一个译本：罗明坚手稿翻译与研究"一

---

① ［法］费赖之：《在华耶稣会士列传及书目》上，著，冯承钧译，中华书局 1995 年版，第 46 页。
② ［法］裴化行：《利玛窦评传》上册，商务印书馆 1993 年版，第 161—162 页。
③ ［美］孟德卫：《奇异的国度：耶稣会适应政策及汉学的起源》，陈怡译，大象出版社 2010 年版，第 45 页。
④ 同上。
⑤ 参见张西平《罗明坚的汉学贡献》，《国际儒学研究》第二十三辑，第 60—67 页。

文，指出"利玛窦的中文强于罗明坚，但是后者的拉丁文胜过前者。因此我认为罗明坚在回欧洲试图从教皇那里为中国皇帝派遣一名使者之前，组织翻译了《论语》，并抄写了译文，将其带回欧洲。这就可以解释为什么手稿仅用拉丁文写成"。但麦克雷在此同样也提及"这一手稿并未出版是因为利玛窦正在为一个更好的译文而工作"①。

　　由于以前所发现的史料中并无罗明坚翻译"四书"的记载，因此对这一手稿的科学研究和准确解读就至关重要，其中一是要把理解该手稿属于罗明坚所存在的相关疑虑令人信服地解释清楚②，二是需要对以往记载利玛窦翻译"四书"的资料及学者观点加以澄清，对于相关论述及其蛛丝马迹做出合理的说明。目前除了存有争议的这一手稿外，尚未发现利玛窦所留下的重要拉丁语文献。如果利玛窦没有这种译稿，那么历史上的诸多记载该如何解释；如果利玛窦确有上述译稿，那么这些译稿命运如何，是已遗失还是仍然尘封于某处，或就是上面论及存有争议的手稿等，都是需要加以说明或澄清的问题。这些问题的解答留下了十分有趣却很有意义的研究议题。如果经过确切考证而认定这一最早的"四书"之拉丁文翻译实乃罗明坚所独立完成，那么我们也就必须重新确定罗明坚在中西文化交流史上的开创作用和领先地位。这样，西方汉学的历史和中国经典翻译为西文的历史都得重新研究梳理，重新追溯其起源和始因。而在这种重新探究中，对罗明坚的研究和解读则乃重中之重。于是，罗明坚返回欧洲后的行踪必须重新发掘，其翻译、注释和研究中国经典必须重加梳理，其在汉学上的多方面才艺必须重新引起关注和认真探讨，其对西方了解中国的影响也必须重新加以评价。当然，这种研究也理应与对利玛窦的深入研究、重新审视相呼应、相对照。二者关系的理顺或重新排位意义非凡，有着重大的历史价值。总之，对罗明

---

① 参见麦克雷《〈论语〉在西方的第一个译本：罗明坚手稿翻译与研究》，《国际汉学》2016 年 12 月，第 24 页。

② 参见卓新平《论利玛窦在儒学与中华传统文化西传中的独特贡献》，《国际儒学研究》第二十三辑，第 50—59 页。

坚的研究目前特别有待加强和系统、深入地开展。一旦这一系统文化发掘工程得以展开，那么国际汉学和中西文化交流研究或许会出现重大转型，迎来一个全新的时代。我们期待中西文化交流历史上这一奇迹的真正出现。

（本文为2017年在意大利参加"罗明坚：中欧对话前夕的一位耶稣会传教士肖像"国际学术研讨会上的发言）

第七章

论利玛窦在儒学与中华传统文化西传中的独特贡献

意大利耶稣会传教士利玛窦（1552—1610）是第一个以"西儒"自称的天主教来华传教士，对中华传统文化采取了认真研习、主动译介的积极态度。他重点探究了儒家文化，曾以自己的理解来讲授"四书章句"，并属于最早将儒家"四书"译为西文的学者之一，其"四书"的拉丁文译本具有开西方学者翻译中国文化经典之先河的意义。为此，他享有西方的"中国学"之"鼻祖"的殊荣。利玛窦以其身体力行而带动了西方传教士对儒学等中华传统文化的学习、翻译和在西方社会的推广、传播，从而亦为当时中西思想文化交流的重要使者。在理解儒家思想上，利玛窦看重儒家的学术层面而不是其宗教层面，故而认为儒教不是宗教，而乃中国传统世俗文化的表述，此即最明确表示儒教不是宗教这种说法之始。此外，利玛窦还推动了对儒家思想中"天"之理解与西方基督教的"天主"观念的比较研究，对儒家道德思想亦有深入的探究。利玛窦的这些探索在中西思想文化交流中有着筚路蓝缕之功，尤其是使儒学开始被西方社会所关注和理解。对于利玛窦的这些独特贡献，目前人们在其细节考据上仍有不少未解之谜，对其通过接受儒家思想来融合中西文化之举也存有疑问和不解，故其重要历史地位和杰出文化贡献在中方，特别是在其故乡意大利乃至整个西方尚未得到足够的重视和充分的评价。所以，发现利玛窦的意义和价值，对之做出适当评价，这正是我们当今在中西思想交流探究中需要积极推进的。

一 引论：利玛窦的"西儒"之旅

利玛窦的中国内地之行始于 1583 年 9 月 10 日，他随早期而来的意大利传教士罗明坚（Michaele Ruggieri，1543—1607）同至广东肇庆，获准住居。在此之前，耶稣会传教士受其日本传教经验影响，认为中国流行佛教，故以靠近佛教的特色作为其入华传教的文化披戴。1582 年底罗明坚初次来肇庆时就已经"改著僧众服装"，在佛教天宁寺住过四个月之久。因此他让利玛窦与之同来时遂都穿僧服，剃发薙须，形似"西僧"。但罗明坚 1588 年离开中国之后，利玛窦不久也于次年离肇庆往韶州开教，随之开始接触儒士、研究儒家经典，与儒学结缘。在这一时期利玛窦认识了苏州常熟人瞿太素（1549—1612），由此而有了与儒家思想深层次接触的机缘。利玛窦在 1589 年 9 月 9 日寄往澳门的信件中，曾提及有来自南雄府的瞿太素登门拜访，随后两人交往频繁。在《利玛窦中国札记》中有关于瞿太素的如下记载："他是一个被称为尚书的第二级高官的儿子，苏州人，是受过良好教育的知识分子。"但"他变成一个公开的败家子。他青年时就摆脱了孝道的约束，父亲死后，他越变越坏，交结败类，沾染种种恶习，其中包括他变成炼金术士时所得的狂热病。""当他听说神父们是在韶州时，他就去拜访他们，……他在神父们寄居的寺内得到一间房屋，以便就近求教。""在结识之初，瞿太素并不泄露他的主要兴趣是搞炼金术。有关神父们是用这种方法变出银子来的谣言和信念仍在流传着，但他们每天交往的结果倒使他放弃了这种邪术，而把他的天才用于严肃的和高尚的科学研究"，并且在后来还"成为一名基督徒"[①]。瞿太素在利玛窦那儿学习几

---

① ［意］利玛窦、［比］金尼阁：《利玛窦中国札记》，何高济等译，中华书局 1983 年版，第 245—246、248 页。

何、天算、数学、力学等，同时也教利玛窦研读四书五经，利玛窦因此开始对四书五经作拉丁文的释义和注解，从表层了解进入精读深解之境。

瞿太素在与利玛窦的交往中，对其着僧衣僧冠颇感奇怪，告诉他僧侣的社会地位远远差于儒生，指出中国真正的主流社会、上层阶级乃儒士阶层，所以劝他改着儒装。利玛窦此时既加深了对儒家的了解，也意识到儒家思想才真正深入人心，对中国社会有着更大的感染力和渗透性。于是，利玛窦向负责中国传教事务的意大利耶稣会士范礼安（Alexandre Valignani）报告，建议在华传教士改衣儒服，蓄须留发，改称"西儒"。1594年，其建议获得批准，范礼安派传教士郭居静（Lazarus Cattanneo）到韶州协助利玛窦，并通知其改穿儒服，利玛窦遂带领在华耶稣会传教士易僧服为儒服，以"西儒"的身份在中国社会亮相。对此，《利玛窦中国札记》记载说，"利玛窦神父穿着知识阶层的衣服，特别是那种被称作儒士的服装。它是一件朴素的道袍，配一顶有点像我们自己的教士所戴的四角帽的帽子。……他对儒教却不加以挑剔，反而赞扬他们，尤其是他们的伟大的哲学家孔夫子，孔夫子对于来生的解释，宁愿保持沉默，也不愿发表错误的见解；为了说明'道'，他提出了一些修身、齐家、治国的格言。""利玛窦神父习惯于穿着他新采用的服装到处走动，这对一个外国人是件不寻常的事，但它得到了士大夫阶级的赞许。在这以前，从西方到中国来的外国人都不赞同儒家的学说，也不赞成孔夫子本人。"①

利玛窦由此开了西方人认同儒家的先河，从而也得到中国士大夫阶层的积极回应。作为西儒，利玛窦潜心钻研儒家思想，积极阅读儒家经典，并与中国儒士圈子、上流社会广交朋友，对其"有德行之人""交且敬之"，先后结识李之藻、徐光启等上层儒士，并将天主教的礼拜场所原称"寺"字废掉，改称更具中国文化之表述的"堂"，由此形成中

---

① ［意］利玛窦、［比］金尼阁：《利玛窦中国札记》，何高济等译，中华书局1983年版，第362—363页。

国"天主教堂"之称。改为西儒之后，利玛窦广泛接触官绅儒士，与之论经谈道，商量并实践儒学原理及其传统礼仪，真正开始了深入了解中华文化的"西儒"之旅。这一调整和选择，使耶稣会来华传教士以与儒家思想交流、对话为重点，并将之译介到西方社会，从而形成了东学西渐、儒家流欧的时代发展，并由此在西方兴起了"中国学"、形成了"中国热"。

二 利玛窦与"四书"的拉丁文译本

利玛窦在其书信中曾提及他将"四书"意译成拉丁文，并加了注解。这一拉丁文的"四书"译本应该是该中国儒家经典最早的西文译本。在1589年，利玛窦移至韶州传教期间，他开始延师讲授"四书章句"，由此亦有了其翻译"四书"的动因。据利玛窦给耶稣会总会长等所写书信中之言，他为了给刚到中国的耶稣会士石方西（Francesco de Petris，1562—1593）等人教习汉语，于是选定"四书"来翻译，从1591年12月至1593年11月为其主要的翻译时间，这样在1594年时该拉丁文"四书"译本基本上译毕，他还在其译序中赞扬了儒家的伦理观念，认为"四书"可以与罗马哲学家塞涅卡的名著媲美。从"在利玛窦神父的教导下，他们在学习中国哲学方面进步神速"[1]等记述中，可以看到当时这种翻译及研究的蛛丝马迹。在这些书信中，利玛窦最初用希腊语的"Tetrabiblion"作为"四书"的译名，后来则频繁使用意大利语"Quattro Libri"来作为"四书"的译名。

费赖之（Louis Pfister）在其《在华耶稣会士列传及书目》的"利玛窦"条目中论及利玛窦，"一五九三年曾将中国'四书'转为拉丁文，微加注释。……凡传教师之入中国者，皆应取此书译写而研究之。

---

[1] ［意］利玛窦、［比］金尼阁：《利玛窦中国札记》，何高济等译，中华书局1983年版，第274页。

此书是否印行,抑尚存有写本,未详。"①裴化行(Henri Bernard)在其《利玛窦评传》中亦说,当时"欧洲传教士们循序渐进地研读中文经典。为便于他们学习,利玛窦用拉丁文翻译了(确切些说,是释意)'四书',还加上许多注释"。"于是,1593年12月10日,他就可以宣布已经译完'四书'中的三部(第四部是次年译完的),到了1595年,他就可以希望把手稿誊清了。其实算不上翻译,而是用拉丁文释意,还加上许多注释。从此,新来的人都拿它派各自的用场,……它的作者写道:'这个工作无疑会对我们在中国和日本的人有用的,我看似乎在欧洲也会受欢迎。在伦理方面,这是又一塞内卡,或者说,是异教徒中间最著名作家之一,这是一本值得一读的书,因为它是由精细卓越的道德格言组成的。'"②不过,由于这一翻译当时没有印行,故也留下了其译者、其流传、其保存等疑问。

由此可见,利玛窦真正深入接触中国儒家经典乃至中国文化典籍的第一部书就是《四书》。显然,利玛窦在韶州时已经开始阅读和钻研儒家典籍"四书""五经"。他在自己的回忆录中也明确谈到过他在韶州教授来此传教的耶稣会神父读经之事:"两年间在韶州相继去世的这两位神父都随利玛窦神父学完了中国儒家的'四书''五经',这一般是在中国儒家的学校里教授的课程。"③利玛窦当时虽对都有认真研读,却仅仅意译了"四书"。对此,裴化行评价说,"'四书'(利玛窦有时称之为Tetrabiblion),简言之,只是大学生用的初级课本;更受尊崇得多的还是孔子改编的四部古书,加上按传统说法是他自己的撰写的第五种。这叫作'五经'。应科举者必须选择其一,有现场以它为题做出一篇典雅论文的能力。利玛窦遵照这一习俗,对新来的传教士至少讲解一种'经',不过,似乎没有译出来。不管怎么说,他自己在一位业务精

---

① [法]费赖之:《在华耶稣会士列传及书目》上,冯承钧译,中华书局1995年版,第46页。
② [法]裴化行:《利玛窦评传》上册,商务印书馆1993年版,第161—162页。
③ [意]利玛窦:《耶稣会与天主教进入中国史》,文铮译,商务出版社2014年版,第183页。

通的老师帮助下，认真全部加以用心研习。"①

利玛窦在华回忆录的意大利文手稿由其继任者龙华民（Niccolo Longobardi，1559—1654）转交金尼阁（Nicolas Trigault，1577—1628）带回欧洲，由金尼阁将之译为拉丁文并于1615年在德国奥格斯堡出版，其拉丁文书名题为《耶稣会进行基督教在中国的远征/自同会利玛窦神父的五卷本回忆录/致教宗保禄五世/中国的风俗、礼法、制度和新开端/最准确、最忠实地描述传教事业极为艰难的初始阶段》（*De Christiana Expeditione apud Sinas suscepta ab Societate Iesu. Ex P. Matthaei Ricij eiusdem Societatis Commentarjis. Libri V. Ad S. D. N. Paulum V. In quibus Sinensis Regni mores leges atque instituta & nova illius. Ecclesiae difficillima primordial accurate et summa fide describuntur.*）。"然而，金尼阁在翻译的过程中，并未严格按照手稿的文字内容逐字逐句地移译，而是对其内容进行了部分的修改、增补和编辑。"②特别值得注意的是，"金尼阁保留了利玛窦为'四书'作拉丁文翻译和注释的记载……略去了利玛窦札记中其他提到'四书'的地方。"③此后据这一版本翻译的该回忆录遂标明为利玛窦、金尼阁合著，即中译本《利玛窦中国札记》之来源。1909年，意大利耶稣会士文图里（Pietro Tacchi Venturi）在耶稣会档案馆里发现了利玛窦回忆录的意大利文手稿，其中包括少量葡萄牙文的资料和拉丁文撰写的利玛窦生病至安葬的情况记载，估计为金尼阁所添加。利玛窦将这一意大利文手稿取名为《耶稣会与天主教进入中国史》（*Della entrata della Compagnia di Giesùe Christianità nella Cina*）。但文图里将之整理出版时另外定书名为《耶稣会士利玛窦神父历史著作集》（*Opere storiche del p. Matteo Ricci S. I.*），此后意大利耶稣会士、著名传教士汉学家德礼贤（Pasquale D'Elia）又进一步对此版本加工整理，完

---

① ［法］裴化行：《利玛窦评传》上册，商务印书馆1993年版，第162—163页。
② ［意］利玛窦：《耶稣会与天主教进入中国史》，文铮译，商务出版社2014年版，译者前言，第Ⅲ页。
③ ［美］孟德卫：《奇异的国度：耶稣会适应政策及汉学的起源》，陈怡译，大象出版社2010年版，第45页。

成了三册出版,取书名为《利玛窦史料——天主教传入中国史》(*Fonti Ricciane – Dell' introduzione del Cristianesimo in Cina*)。利玛窦的来华回忆录及其书信的出版在欧洲引起了轰动,使欧洲人得以前所未有地关注中国文化,并且开始较为全面地了解到儒家思想。

利玛窦的上述回忆及其书信论及其用拉丁文翻译"四书"之事,但这部译稿却石沉大海,不见踪迹。而在意大利罗马·伊曼努尔二世国家图书馆今保存有一份16世纪拉丁文"四书"手稿(编号FG[3314]1185),手稿扉页背面注为"由罗明坚神父整理"。据罗莹介绍,该手稿内容共为五部分,包括《第一本书·人的教育》即《大学》,《第二本书·始终持中》即《中庸》,《论省思·第三本书》即《论语》,《俗称〈四书〉之一的孟子》,以及《各家名言汇编》;"整部手稿共有三处日期标注:一处位于《大学》译文的开篇,注有'一五九一年十一月'(mense Novembri anno 1591)的字样;第二处位于《论语》译稿的结尾处,标明完稿之日是'圣劳伦斯日'……第三处日期出现在《各家名言汇编》,这部分译稿的开篇和结尾都标注有时间,其中开篇标注的是'一五九三年十一月二十日'(Die 20 mensis Novembri 1593),而文末则有罗明坚本人独立完成该部分翻译的声明:'本人罗明坚于一五九二年十一月二十日晚完成该册书的翻译并将其献给万福圣母'(Die 20 mensis Novembris 1592 in Vesperis Presentationis Beatisse. ae Virginis traductio huius libelli fuit absoluta per me Michaelem de Ruggeris),其中年份数字有涂改的痕迹,且与开篇的日期标注恰好相差一年,不排除开篇日期乃译者笔误的可能。"[①]这部"四书"拉丁文译稿按其记载约译于1591年11月至1593年之间,是否为罗明坚所译则不确定。最早关注该手稿的德礼贤起初认为是利玛窦所译,由罗明坚抄写后带回意大利,但他此后则认为该手稿乃罗明坚自己所译。当代美国学者孟德卫(D. E. Mungello)也认为,"利玛窦的前任,比他早两年来华的罗明坚可能是尝试将'四书'翻译成欧洲

---

① 罗莹:《耶稣会士罗明坚〈中庸〉拉丁文译本手稿初探》,《基督教文化评论》第四十二期,香港:道风书社2015年版,第123—124页。

第七章　论利玛窦在儒学与中华传统文化西传中的独特贡献　109

语言的第一人。利玛窦几乎在同时紧随其后进行翻译，有证据表明利玛窦为'四书'所作的拉丁文翻译和注释被用来作为教授刚到中国的耶稣会士中文的材料。"①而当代意大利学者达雷利（Francesco D'Arelli）则断定此拉丁文"四书"的确乃利玛窦所译。由于已知史料中并无罗明坚翻译"四书"的明确记载，加之其时间亦不吻合，故此该手稿有更多可能为利玛窦所译，但被其抄写者署上罗明坚之名，因为1591年之后这段时间正是利玛窦在韶州研习讲授"四书""五经"之际，而罗明坚早已于1588年离开中国，此后亦没再返回，利玛窦乃罗明坚走后才于1589年离开肇庆到韶州的。费赖之记述说，"明坚于一五八八年自澳门登舟，一五八九年安抵里斯本，复由里斯本抵菲利普二世宫廷，以此事告此国王。会罗马四易教宗，……此事因之延搁甚久，明坚见其事无成，且疲劳甚，遂归萨勒诺，于一六〇七年殁于此城。"②如果此手稿确为罗明坚所译，除非是如下两种情况：一是罗明坚在1588年之前在肇庆期间所译或与利玛窦合作译就，因为二人此间曾合作编写《葡汉辞典》；编辑出版该辞典的耶稣会士魏若望（John W. Witek）说，罗明坚与利玛窦"编撰的手稿《葡汉辞典》是他们学习汉语具体的一步"③，但按当时他们的汉语理解能力尚难以将"四书"译为西文。二是罗明坚于1591—1593年间在欧洲时所译，但这种可能性不大，因为没有中国学者的帮助，罗明坚很难单独将"四书"译为西文，而离开了中国的罗明坚可能也很难再有兴趣和精力来从事这种翻译工作。由于很少发现利玛窦所留下的拉丁语文献，而其意大利文作品却频频面世，故有学者认为利玛窦的拉丁文水平不足以完成中国经典的翻译，因此断定最早的中国经典之拉丁文翻译乃罗明坚所为。如果这种论断属实，那么整个西方汉学史和中国经典西译史可

---

　①　[美]孟德卫：《奇异的国度：耶稣会适应政策及汉学的起源》，陈怡译，大象出版社2010年版，第45页。

　②　[法]费赖之：《在华耶稣会士列传及书目》上，冯承钧译，中华书局1995年版，第29页。

　③　John W. Witek ed., *Michele Ruggieri, Matteo Ricci, Portuguese - Chinese Dictionary*, Ricci Institute for Chinese - Western Cultural History, San Francisco：2001, p.83.

能都得重写。不过，也有学者坚持利玛窦作为耶稣会士应该精通拉丁文，这是其入会训练的基本功之一，而利玛窦对中国经典的透彻理解也应该强于罗明坚，加之其在华处境的便利和身边中国士大夫的帮助，更有利于他的中国经典西译工作。而上述拉丁文"四书"系罗明坚所译之说也同样存有不少疑问，因为当时罗明坚在华几乎没有时间和精力来用拉丁文翻译"四书"，而其在欧洲单独完成这一高难度的翻译有点匪夷所思，历史上也没有充分的旁证。至于有罗明坚当时在欧洲发表关涉中国经典的拉丁文著作的证明，也需要考证其文本的原始来源及其发表的具体情况。从二人此后的历史处境来看，显然罗明坚在欧洲的影响较大，而利玛窦在中国的影响则明显超过罗明坚，但因其适应中国规矩的做法则使他在欧洲长期是位有争议的历史人物，故此这位在中国非常出名的人物却甚至在其意大利家乡都曾鲜为人知。所以，究竟是罗明坚还是利玛窦最先用拉丁文翻译了"四书"，目前仍然是一件存有疑问、留有争议的学术公案。如何拨开这一历史迷雾，自然也为其当代研究者带来了魅力和动力。

按照当前留存相关历史文献记载中的蛛丝马迹来分析，利玛窦在韶州的处境则很有可能促使他从事这项翻译工作，利玛窦的相关言论并非空穴来风，否则也不好解释。而且，根据利玛窦的记载和这份手稿中的说明来分析比较，二者亦有许多接近、相似之处。从相关人员及利玛窦自己对翻译"四书"的描述来看，"1593年是利玛窦来到中国的第十年。这一年的12月10日，他在一封发自韶州的给阿奎维瓦神父的信中谈到，他计划把四书译成拉丁语，而且已经于1591年着手翻译。""那年，到访的范礼安神父希望我把四书翻译成拉丁语……在主的帮助下，我已经完成了前三部（《大学》、《中庸》和《论语》）的翻译；而第四部（《孟子》）我正在翻译之中"。"利玛窦于1594年完成了四书的翻译，并于1595年把一份译文寄给阿奎维瓦神父。"[①] 而罗马所藏16世纪"四书"

---

① John W. Witek ed., *Michele Ruggieri, Matteo Ricci, Portuguese – Chinese Dictionary*, pp. 100 – 101.

第七章　论利玛窦在儒学与中华传统文化西传中的独特贡献　　111

拉丁文手稿则在《大学》译文开篇处注有1591年11月的日期，"另由于《大学》《中庸》《论语》这三部分的手稿，在每半页右上角有连续的页码排序，似是作为一个整体被译介或抄写"，在此之后"间隔多个空白页才又出现重新编页的《各家名言汇编》"，而此译文开篇处所记日期为1593年11月20日；只是在这部《各家名言汇编》的末尾有罗明坚独立完成于1592年11月20日晚的说明："之后手稿再次出现多个空白页，才又出现重新编页的《孟子》译文，无时间或译者落款。"①根据该手稿编排的这种情况，可以断定《大学》、《中庸》和《论语》乃连续译就，而《孟子》译文则是随后完成的，与前三部译文的形成显然有着时间差，这与利玛窦书信中的说法及其翻译顺序基本吻合。而《各家名言汇编》则明显是插入其中的，这部译文可能是罗明坚在欧洲所译。《各家名言汇编》"实为《明心宝鉴》这一杂糅儒、释、道三教言录蒙书的拉丁文译本（明朝范立本编撰的《明心宝鉴》分上下卷共二十篇，手稿译者只选译其中的十五篇）"②。罗明坚所译《各家名言汇编》的难度显然要小于"四书"的翻译，而且此书与"四书"的直接关联并不大，显然不能与之构成整体。此外，只有《各家名言汇编》译稿后乃明确说明是罗明坚所译，"四书"各篇的译稿却并无此说明，仅在手稿扉页的背面标注着由罗明坚神父收集整理（A P. Michele Rogeri collect）的字样，故而只能说明其具有编纂者的身份，并非可以确凿证明其乃整个"四书"的译者。因此，很有可能是罗明坚在欧洲先后得到利玛窦"四书"的译稿后重新将之整理抄写，其间《孟子》译稿未到，他故而添入了自己所译《各家名言汇编》，只是后来才抄入迟来的《孟子》译稿。虽然这部"四书"译稿抄本上没有利玛窦所译的明证，但罗明坚也只是在该译稿并不明显的位置（扉页的背面）标明为其所搜集编纂（collect），而不像在《各家名言汇编》译稿中那样明确强调是由其翻译完成的。而且，或许这两处签名也

---

① 罗莹：《耶稣会士罗明坚〈中庸〉拉丁文译本手稿初探》，《基督教文化评论》第四十二期，香港：道风书社2015年版，第124页。

② 同上书，第143页。

并非同一时间、同一人所为，因为罗明坚之签名在手稿扉页背面为 Michele Rogeri，而在《各家名言汇编》译稿后却为 Michaelem de Ruggeris，如若乃同一时期的签名则难以解释为何有其明显区别。这一译者是谁的问题之所以重要，就在于弄清罗明坚和利玛窦在明末天主教入华传教中的真实位置及其历史贡献。

关于利玛窦用拉丁文意译"四书"之说，历史上也有相关记述和学者研究的相应谈论。"类似的线索亦散见于殷铎泽（Prospero Intorcetta，1626—1696）、柏应理（Philippe Couplet，1623—1693）、鲁日满（François de Rougemont，1624—1676）、卫方济（François Noël，1651—1729）等来华传教士的个人书信中。"[①] 利玛窦的"四书"拉丁文译稿对这些人翻译儒家经典也起了决定性的启迪和引导作用。"该手稿的出现标志着明清'儒学西传'序幕的开启，此后经由郭纳爵（Inácio da Costa，1603—1666）、殷铎泽、柏应理、卫方济等多代来华耶稣会士的努力，'四书'译本的质量亦不断改进。"[②] 1662 年，郭纳爵用拉丁文翻译了《大学》，起名《中国的智慧》（*Sapientia Sinica*）；1673 年，殷铎泽用拉丁文翻译了《中庸》，题为《中国的政治道德学说》（*Sinarum Scientia Politico-moralis*），书后附有拉丁文和法文的孔子传记；柏应理则组织恩理格（Christian Herdtricht，1624—1684）、殷铎泽、鲁日满等传教士用拉丁文翻译了《西文四书直解》，拉丁文书名题为《中国哲学家孔子》（*Confucius Sinarum Philosophus*），包括《大学》《中庸》《论语》，并附有《周易》64 卦及其意解，此书于 1687 年在巴黎出版时引起轰动，被视为在欧洲最早出版的儒家经典西文译本。此后，卫方济于 1711 年在布拉格翻译出版了《中华帝国经典》（*Sex librl classici sinensis*，亦称《六部中国经典著作》），包括《大学》《中庸》《论语》《孟子》《孝经》和《三字经》。这些译本在其拉丁文翻译上就参考了利玛窦译

---

① 罗莹：《耶稣会士罗明坚〈中庸〉拉丁文译本手稿初探》，《基督教文化评论》第四十二期，香港：道风书社 2015 年版，第 122 页。

② 同上书，第 143 页。

本的译词选择,而且他们从对"四书"的翻译也扩大到对其他儒家经典的翻译。孟德卫认为,"利玛窦选择将'四书'……作为重心,因为'四书'既是文人士大夫道德的精髓,也是他们通过科举考试提升社会地位的法宝。"所以,"四书"自然也成为后来所译《中国哲学家孔子》的重点,"从结构和内容上来看,《中国哲学家孔子》代表了利玛窦神父适应原则的一个延续"①。在当时的欧洲,《中国哲学家孔子》以其丰富的内容"正是试图影响世人看法的一个尝试"②。如果"四书"最早的西译不是利玛窦所为,那么上述这些影响及记载则都需要重新加以解释、说明其中原因及奥秘之所在了。

三 利玛窦与耶儒对话

利玛窦对儒家经典的钻研,使之逐渐深入中国思想文化之内,得以窥其堂奥。按照范礼安给耶稣会制定的入乡随俗的来华传教方针,利玛窦提出"以学问定为传教之原则",这是其研究汉学的动力来源。起初,利玛窦并不看好儒家思想,"利玛窦对于他认为与孔子有关的学问,即'道德哲学'的态度则根本不是褒扬。利玛窦在这方面的论述流露出了大量欧洲沙文主义和文化近视的色彩。他说,道德哲学是中国人所知的唯一一种较高深的哲理科学。他认为中国人对道德哲学的论述是有缺陷的,主要原因在于他们根本不懂逻辑。利玛窦所说的逻辑显然是与亚里士多德演绎法逻辑有关的形式逻辑的方法论。因此,利玛窦认为中国人的伦理学是混乱的,虽然他承认中国人也得到了理性之光的一定指引。"③而且,利玛窦一开始也认为儒家是宗教,"孔子尽管品德高尚,却是异教徒。"④在《利玛窦中国札记》专论"中国人的各种宗教

---

① [美]孟德卫:《奇异的国度:耶稣会适应政策及汉学的起源》,陈怡译,大象出版社2010年版,第269页。
② 同上书,第268页。
③ 同上书,第43—44页。
④ 同上书,第43页。

教派"的第十章中，利玛窦曾指出，"儒教是中国所固有的，并且是国内最古老的一种。"①他认为儒教的宗教特征包括如下一些方面：首先，儒教有对神明的崇拜；"他们却的确相信有一位神在维护着和管理着世上的一切事物。他们也承认别的鬼神，但这些鬼神的统治权要有限得多，所受到的尊敬也差得多。"其次，儒教有宗教教义及伦理道德体系，"他们的信条包括有一种善有善报、恶有恶报的学说。"②再次，儒教有相关的宗教仪式及法律诫命，包括皇帝及其大臣参加的祭天、祭地礼仪，"这类宗教仪式严禁庶民参加"，除此之外，"信奉儒教的人，上至皇帝下至最低阶层，最普遍举行的是……每年祭祀亡灵的仪式"；而"这种法律的诫命是写在四书和五经里面的"。最后，儒教有其礼拜场所，包括皇帝祭天祭地的庙宇和儒士活动的孔庙等，但"孔庙实际是儒教上层文人唯一的庙宇"③。不过，利玛窦在儒教中也看出其不少与西方宗教相异的因素，这为他后来不承认儒教为宗教埋下了伏笔。在中西对宗教的理解上，一种观点认为西方宗教的建构性明显，而中国宗教的弥散性突出。但这种特点并不能够充分说明中西宗教理解之别，因为在重建构的西方宗教底层发展中同样有其弥散性，而看似弥散的中国宗教其建构性存在也是显而易见的，如儒教的建构性就非常典型，仅以弥散性并不足以说明儒教。

通过潜心研究儒家经典，了解中国思想文化，利玛窦的态度发生了巨大变化，即从看不起儒家转为对之持尊重、学习之态，原来潜意识的贬儒、易儒观念也变为补儒、合儒的思想，从而开创了耶儒对话、双向互动的路径。恰如徐宗泽所言，"利公从士大夫交际之中，深觉欲归化中国民众，先该从中国儒士入手，其与儒士交际当以学问为工具"④。这样，"利玛窦神父是第一个开始研究中国文学的人，他对他所学的东

---

① ［意］利玛窦、［比］金尼阁：《利玛窦中国札记》，何高济等译，中华书局1983年版，第100页。
② 同上书，第101页。
③ 同上书，第102—103页。
④ 徐宗泽：《中国天主教传教史概论》，上海书店1990年版，第173—174页。

西十分精通，博得了中国知识阶级的钦佩，因为他们在所读到的东西里从来没有碰到过一个还能从他们那里学到点东西的外国人"①。而在向西方介绍儒学中，利玛窦至少做了如下三个方面的努力。

其一，利玛窦开始客观、积极地评价孔子。这里，利玛窦有着这样的评价："中国哲学家之中最有名的叫作孔子。这位博学的伟大人物诞生于基督纪元前五百五十一年，享年七十余岁，他既以著作和授徒也以自己的身教来激励他的人民追求道德。他的自制力和有节制的生活方式使他的同胞断言，他远比世界各国过去所有被认为是德高望重的人更为神圣。的确，如果我们批判地研究他那些被载入史册中的言行，我们就不得不承认他可以与异教哲学家相媲美，而且还超过他们中的大多数人。"②这种赞誉之词在当时来华西人中是极为罕见的，而且此乃利玛窦的真诚之言，尤其显得难能可贵。正是利玛窦对儒家的这种高度评价，影响并感染了西方学界对中国文化的态度，如歌德后来就评价儒家思想充满了"教育、伦理和哲学内容"，而莱布尼茨为此则干脆扬中贬西，表示"鉴于我们道德急剧衰败的现实，我认为，由中国派教士来教我们自然神学的运用与实践，就像我们派教士去教他们由神启示的神学那样，是很有必要的，由此我想到，如果不是因为基督教给我们以上帝的启示，使得我们在超出人的可能性之外的这一方面超过他们的话，假使推举一位智者来裁定哪个民族最杰出，而不是裁定哪个女神最美貌，那么他将会把金苹果交给中国人"③。

其二，利玛窦从比较对话的角度提出儒教不是宗教的说法。在看到儒教的宗教因素的同时，利玛窦也开始怀疑儒教的宗教性。利玛窦特别注意到儒教的世俗性特征，指出"中国人以儒教治国，……他们勿宁是说在研究学问时吸收它的教义。……孔子是他们的先师，据他们说发

---

① ［意］利玛窦、［比］金尼阁：《利玛窦中国札记》，何高济等译，中华书局1983年版，第483页。

② 同上书，第31页。

③ 引自夏端春编《德国思想家论中国》，江苏人民出版社1989年版，第9页。

现了哲学这门学问的乃是孔子。他们不相信偶像崇拜。事实上，他们并没有偶像"①。至于儒教的祭祖尊孔，利玛窦也认为是现实世俗层面的而不是宗教神圣层面的。对于中国人的祭祖，利玛窦从中国人的理解方面解释说，"他们认为这种仪式是向已故的祖先表示崇敬，正如在祖先生前要受崇敬一样。他们并不真正相信死者确实需要摆在他们墓前的供品；但是他们说他们之所以遵守这个摆供的习俗，是因为这似乎是对他们已故的亲人表示自己的深情的最好的办法。的确，很多人都断言这种礼仪的最初创立与其说是为了死者，倒不如说是为了生者的好处。他们这样做是希望孩子们以及没有读过书的成年人，看到受过教育的名流对于死去的父母都如此崇敬，就能学会也尊敬和供养自己在世的父母。这种在死者墓前上供的做法似乎不能指责为渎神，而且也许并不带有迷信的色彩，因为他们在任何方面都不把自己的祖先当作神，也并不向祖先乞求什么或希望得到什么。"②而对于中国人的尊孔，利玛窦注意到孔庙中"最突出的地位供着孔子的塑像，如果不是塑像，则供奉一块用巨大的金字书写着孔子名讳的牌位"。而且在特定的时节，"大臣们以及学士一级的人们都到孔庙聚会，向他们的先师致敬。这种情况中的礼节包括焚香烧烛和鞠躬跪拜"。但利玛窦对之解释说，"每年孔子诞辰以及习惯规定的其他日期，都向孔子供献精美的肴馔，表明他们对他著作中所包含的学说的感谢。他们这样做是因为正是靠着这些学说，他们才得到了学位，而国家也才得到了被授与大臣官职的人们的优异的公共行政权威。他们不向孔子祷告，也不请求他降福或希望他帮助。他们崇敬他的那种方式，正如前述的他们尊敬祖先一样"③。对祭祖尊孔的认可，这是利玛窦对待中国传统礼仪上的最大突破，这也是后来引起"中国礼仪之争"的重要焦点。孟德卫曾如此评论说，"因此，利玛窦尽管注

---

① [意]利玛窦、[比]金尼阁：《利玛窦中国札记》，何高济等译，中华书局 1983 年版，第 100—101 页。
② 同上书，第 103 页。
③ 同上书，第 103—104 页。

意到中国的读书人把孔子作为他们共同的大师来尊敬,并对他的话丝毫不敢质疑,他却并没有将孔子当做耶稣的竞争者来对待。利玛窦解释说,这是因为中国过去的哲人和统治者是将孔子作为凡人而不是神来尊敬的。利玛窦在一段话中坚决否认儒士尊孔的仪式是宗教性的,这段话后来在礼仪之争中引起了激烈的争辩"[1]。

对于儒教的非宗教性,利玛窦还进而讨论说,"虽然这些被称为儒家的人的确承认有一位最高的神祇,他们却并不建造崇奉他的圣殿。没有专门用来崇拜这位神的地方,因此也没有僧侣或祭司来主持祭祀。我们没有发现大家都必须遵守的任何特殊礼仪,或必须遵循的戒律,或任何最高的权威来解释或颁布教规以及惩罚破坏有关至高存在者的教规的人。也没有任何念或唱的公众或私人的祷词或颂歌用来崇拜这位最高的神祇。祭祀这位最高神和奉献牺牲是皇帝陛下的专职"[2]。此外,"较晚近的儒家则教导说,人的肉体一死,灵魂也就不复存在"[3]。虽然利玛窦否定了儒教作为宗教的一些基本要素,但很显然其对宗教的标准是按照基督教的理解来对待的。基督教所信奉的神明是唯一的、超越的、绝对的,而中国文化传统中祖宗、先帝、圣贤、伟人、英雄等皆可为神。由于不把儒教当作宗教来看待,利玛窦向中国士大夫传教就有了很多方便之处,避免了基督教神学与儒家思想的教义分歧或信仰礼仪上的纠纷。不过,利玛窦从根本上并没有解决这一问题。从西方传教士方面来看,利玛窦之后的多数人仍把儒教当作宗教来看待,如此才有异常尖锐的中国礼仪之争。而从中国宗教理解来看,则留下了国人之间关于儒教究竟是不是宗教的长期之争。

其三,利玛窦认为融合儒家思想既有必要,也有可能。对于利玛窦"融儒"的思想和方法,孟德卫曾评价说,"利玛窦曾在这样一种灵活

---

[1] [美]孟德卫:《奇异的国度:耶稣会适应政策及汉学的起源》,陈怡译,大象出版社2010年版,第43页。

[2] [意]利玛窦、[比]金尼阁:《利玛窦中国札记》,何高济等译,中华书局1983年版,第102页。

[3] 同上书,第101页。

变化的文化氛围中创造出一种切实可行的儒学与基督教结合的体系；……其次，利玛窦在创造儒学与基督教结合体系的过程中曾花了很大功夫结识汉族的文人士大夫，并向他们学习"。为了推行其适应中国文化的原则，利玛窦"相信中国古代曾崇拜过一个唯一真神，将新儒学看作对中国原有哲学的曲解而加以摒弃，把最终的目标定为使中国的统治阶级都信仰基督教"①。利玛窦当时所努力的就是走上层路线，在文人士大夫中下气力。这种传统被后来的耶稣会所继承，尤其在《中国哲学家孔子》的西译中得以体现。所以，"在《中国哲学家孔子》中，耶稣会的适应路线利用了中国古人和早期儒家传统在信仰问题上的模糊性对儒家士大夫文化作了一番褒扬的处理。"其中"将儒家学说的某些概念阐释称自然宗教和犹太—基督教传统中唯一真神的倾向也是很明显的"。但是，利玛窦等人的努力不只是起到向中国传播基督教的作用，而且也很明确地向西方人介绍了中国儒家思想及其代表的中国传统文化，其适应原则"实际上是从文人士大夫的视角介绍了中国文化"，因此为其儒家经典的西译工作"赋予了更多历史文献方面的价值，而不仅仅是为基督教服务的工具"②。

林金水在谈到利玛窦用基督教来融合儒家思想时论及利玛窦所采取的三种不同形式："a.'合儒'，联合儒家反对释、道；b.'补儒'，附会先儒（孔学）反对后儒（朱学）；c.'益儒''超儒'，用基督教神学修改儒家理论。"③这一思路对于我们理解耶儒对话很有帮助，也使我们同时看到，利玛窦的"融儒"之举客观上也帮助了当时的西方人借助基督教来理解并接受儒家思想。很显然，利玛窦对儒家的解读"是以儒教与自然法则的一致性而不是以中国人对宗教的倾慕为基础的"④，

---

① ［美］孟德卫：《奇异的国度：耶稣会适应政策及汉学的起源》，陈怡译，大象出版社2010年版，第269页。
② 同上书，第270页。
③ 林金水：《利玛窦与中国》，中国社会科学出版社1996年版，第224页。
④ ［意］利玛窦、［比］金尼阁：《利玛窦中国札记》，何高济等译，中华书局1983年版，第683页。

他以儒家文献来解说天主教理,无意中却也由此使西方人较为深入、透彻地了解了儒家思想的基本内容及其精髓所在。这种理解最为典型地体现在对神、对人的解读上,亦成为此后耶儒对话关涉"天人"之际、"神人"关系,或"天人合一"与"神人合一"的恒久话题。在对中国之"天"的理解上,利玛窦借助于儒家经典将关于"天"和"上帝"的词语整理出来,认为中国人所理解的"天""上帝"实与天主教所信奉的唯一真神"天主"同一,因此利玛窦承认并强调,"历观古书而知上帝与天主特异以名也"①。这既有利于中国人接受天主教信仰,同样也帮助了西方人理解或认可中国儒家思想中的神明观念。而在对中国人的"人"论理解上,利玛窦则侧重于对儒家"仁学"的解读,强调对"仁者爱人"的认同,这样既把人对天主之爱表现出来,凸显"仁也者,爱天主"的思想,又可以加深对儒家"忠""孝"等观念的理解,深化对孔子之"道德哲学"的认识。对于西方人来说,这实际上也是"把孔夫子,这位儒教奠基人留下的某些语焉不详的字句,通过阐释为我所用"②。

综上所述,利玛窦对儒家思想的探究既前卫又深入,其对儒家经典尤其是"四书"的西译和解读在中西思想文化交流上有着筚路蓝缕之功,开了使儒学被西方社会所关注和理解之先,也为西方汉学之始,至少也可以说他与罗明坚共创了西方汉学。对于利玛窦的这些独特贡献,目前人们在其细节考据上仍有不少未解之谜,对其通过接受儒家思想来融合中西文化之举也存有疑问和不解,故其重要历史地位和杰出文化贡献在中国,特别是在其故乡意大利乃至整个西方尚未得到足够的重视和充分的评价。今天,在中西交往中因为各自仍然强调其异而引发新的矛盾、隔阂和冲突,忽略了在异中求同、认同乃是共建人类命运共同体之努力中的一种优选。其实,利玛窦在当时中西文化交流中已经有着积极而成功的尝试,但后来因否定利玛窦方法而导致的"中国礼仪之争"

---

① 参见卓新平《基督教犹太教志》,上海人民出版社1998年版,第87页。
② 谢和耐:《中国文化与基督教的冲撞》,辽宁人民出版社1989年版,第16—17页。

则造成了这种交流的阻塞和倒退。所以，发现利玛窦的意义和价值，正是我们当今需要积极推进的。

（原载《国际儒学研究》第二十三辑，华文出版社2016年版。）

第八章

庞迪我在中国的文化"适应"及"融入"之探

庞迪我（Diego de Pantoja，1571—1618）是晚明时期来华的西班牙耶稣会传教士，也是明清之际中国与西班牙思想文化交往及宗教信仰交流中最为著名的人士之一，对之有着"筚路蓝缕、以启山林的先驱之功"。自1601年初随利玛窦一同到达北京，庞迪我就成为以利玛窦为代表的早期来华耶稣会"适应"中国思想文化之策略，即所谓"利玛窦规矩"的积极倡导者、支持者和实施者。在来华传教士关于"传什么""怎样传"的问题上，大体曾出现两种倾向：一种为"入乡随俗""文化适应"，主张宣教方式的灵活性和宣教内容的变通性，这种倾向乃为利玛窦和庞迪我等人所持守。另一种则为"忠实原义"，对其传教内容要保持"原汁原味"，不允许为适应当地文化而有任何修改、调整。后一种显然对"利玛窦规矩"持怀疑和批判态度，因对之否定而走向相反的道路。但历史事实证明，利玛窦和庞迪我的"文化适应"策略乃是正确的、可行的，由此而取得了在华传教的关键性进展和巨大的文化影响。而其对立面挑起的"中国礼仪之争"则最终导致了明清天主教"合法"传教的终结，即因碰到中国的"禁教"而重受挫败，前功尽弃。从中国与西班牙文化交流史的意义上来探究，庞迪我在中国的文化"适应"及"融入"之努力，迄今仍有着警醒和启迪作用。

一　庞迪我在中国的文化"适应"

在对华传教过程中，庞迪我和利玛窦等耶稣会传教士带来的西方奇巧"方物"吸引了中国官方和上层士大夫的注意，引起他们窥探这些文化"象征"背后所隐藏的西方文化知识及西方文明本真的浓重兴趣。与唐朝景教入华传教的策略相似，明末来华的耶稣会传教士也是"广造奇器异巧以进"①。而这些"奇器异巧"显然也达到了当时科学发展的最高水平，反映出西方科学体系的独特和新颖之处。因此，不仅中国皇帝对之有"惊心动魄"的欣喜②，随之"龙颜大悦"，允许传教士居京传道，而且中国士大夫知识阶层亦对与之相关的西方科学知识高度重视，表现出虚心学习和认真借鉴的态度。在这种情况下，庞迪我并不是单纯地以介绍西方科学文化来推进其传教发展，采取以"奇器异巧"来取胜的西方文化优越论方式来在中国活动，而是持有一种文化交流、沟通的立场，表达出学习中国文化、适应中国社会的意向和主动性。

为了适应中国文化，庞迪我认为首先必须学会中国的语言文字。因此，庞迪我一来到中国就开始了系统地汉语学习，并将这种学习与中西文化交流的实践相结合，通过用汉语阅读、会话和写作来不断得以提高。他在《七克·自序》中曾论及自己"九死一生，涉海三载而抵中华"后刻苦学习汉语并及时加以运用的经历，为此写道，"中华语言文字，迥不相通，苦心习学，复似童蒙，近稍晓其大略，得接讲论"③。值得一提的是，庞迪我的汉语学习乃一种"创造性"的学习，他不仅以这种语言"适应"来接近、熟悉中国文化，并还能结合西方语言的特点来推动汉语的普及，为汉语此后能走向世界做出了重要贡献。例

---

①　《册府元龟》，卷五百四十六。
②　朱谦之曾论及景教徒以"奇器异巧"来呈送皇宫，"是会使唐皇帝惊心动魄的"。见朱谦之著《中国景教》，东方出版社1993年版，第71页。
③　引自徐宗泽编著《明清间耶稣会士译著提要》，中华书局1989年版，第55页。

第八章 庞迪我在中国的文化"适应"及"融入"之探 123

如,庞迪我在其汉语研习中进行了音韵学意义上的探讨,他和利玛窦等人最早尝试"合中西方法,以研究中国文字"①,并初步考虑到对汉语的拉丁字母拼音方案。所以,当此后法国耶稣会传教士金尼阁"为西士攻读华文之便"而采取"耳以听字之音韵,目以视字之拼合"②的方法写出了用罗马字母分析汉字音素的重要著作《西儒耳目资》时,他也不得不承认这一构思乃利玛窦、庞迪我等人"实始之",而他自己所取得的成就乃"愚窃比于我老朋友而已"③。庞迪我刻苦学习汉语的精神亦使中国的文人大为感动,熊明遇曾对庞迪我如此评价说:"傅华语、学华文字,篝灯攻苦,无异儒生,真彼所谓豪杰之士。"④

除了语言上的适应,庞迪我也非常注意在生活方式上适应中国社会及其文化风俗。在衣着上,当他获知儒家在中国社会文化中的重要地位后,亦身着"丝袍方巾"的"儒服",打扮为"儒者",以展示其"合儒"的姿态。这样,庞迪我如利玛窦被称为"利子"那样,亦有"庞子""庞公"之尊称。在生活上,他尽量尝试适应中国的饮食习惯,如他学着向中国人那样喝热茶、饮热酒,并尝试使用筷子来进餐。他为此曾在其《书信》中写道:"我承认他们的方法较之我们的习惯更优越。因为这种进食方式非常方便,凡是尝试着使用筷子吃饭的人都会感到十分快意。现在我们在日本和澳门的神甫和修士们都已经用筷子吃饭了。"⑤

语言为文化交流的工具,生活方式为社会交往的姿态,庞迪我并不仅仅满足于这种在表层上对中国文化的"适应",而是以此为途径来寻求更深层次的思想文化"适应"。为此,庞迪我用汉语撰写了许多理论著作,如《七克》《庞子遗诠》《天神魔鬼论》《人类原始论》《受难始末》《天主实义续篇》《辩揭》等。在这些著作中,庞迪我不仅致力于

---

① 引自徐宗泽编著《明清间耶稣会士译著提要》,中华书局1989年版,第322页。
② 同上书,第321—322页。
③ [比]金尼阁:《西儒耳目资·自序》。
④ 熊明遇:《七克引》。
⑤ 引自张铠著《庞迪我与中国》,北京图书馆出版社1997年版,第47页。

传播西方思想文化，宣讲基督信仰教义，而且也非常注重对中国经典的运用，以中国思想的表述来起到理解、诠释的作用。

例如，庞迪我在其《七克》中就将儒家的道德观与天主教教义非常自然、巧妙地糅合在一起，以适应中国人尤其是中国知识分子的认知方式和理解思路。当他在《七克》第二卷论及"爱"的意义时，就以儒家思想的"中庸之道"作为其解读之法，自然地引用《论语》之言，从而模糊天主教教义与儒家学说之间的界限，让人感到二者似乎是讲的同一道理。他说，爱有四个要义，其中第三个教义即"人也。爱人者，恕而已。己所不欲，勿施于人，即天主所谓爱人如己是也"①。这种将儒家仁爱观与基督教"爱"之精神的巧妙结合，乃是因为庞迪我深知中国知识界中占主流的儒家思想之立场，其儒家学说为其接受或拒斥外来文化及其宗教信仰的基本标准和原则。庞迪我主动去适应中国士大夫的这一标准和原则，使之认为基督信仰乃与其中国传统文化体系之代表的儒家学说相似、吻合。他窥见了儒家体系中伦理道德观念的主导性和重要性，因而尝试以突出、宣扬儒家道德观与基督教道德观之"同"来掩盖二者本质之"异"，并进而推行其"异"，达到从"合儒"到"补儒"乃至"超儒"之目的。其结果，看到其"同"的中国士大夫对庞迪我极为推崇、褒奖，如熊明遇以孔孟之维来评价庞迪我，感叹"孔子论仁，于视听言动之四目，而以礼克。孟子论性，于口鼻耳目四肢之五官，而以命克。……不意西方之士亦我素王功臣也"②。而陈亮采亦如此评价《七克》："其书精实切近，多吾儒所雅称。至其语语字字，刺骨透心，则儒门鼓吹也。其欲念念息息皈依上帝以冀享天报而永免沉沦，则儒门羽翼也。且夫克之为义，孔颜称之矣。一日克己天下归仁。并育并行神圣极事，而其功夫惟曰：非礼勿视听与言动而已。无高词，无侈说，其积既久，上与天通，是故孔门之教期于达天。颜子之

---

① 庞迪我：《七克》，卷二，页一九。
② 熊明遇：《七克引》。

学，谓之乾道，故四勿也。七克也，其义一也。"①中国知识分子中不少人由此而承认庞迪我等耶稣会传教士的"西儒"身份，觉得其"七克"之论乃与儒家"克己复礼"的思想相似、相同、相合。当然，看到二者之"异"的中国文人则从捍卫本土文化的立场出发来对《七克》加以批判，并对庞迪我的"适应"策略持怀疑态度。所以，当《七克》被收入《四库全书》子部杂家类时，《四库全书总目》编纂者称《七克》"其言出于儒墨之间，就所论之一事而言，不为无理，而皆归本敬事天主以求福，则其谬在宗旨，不在词说也"②。应该承认，庞迪我在中国的文化"适应"取得了相对的成功，因而其言行、思想在当时被不少中国知识分子所接受、欣赏和赞扬。但其"适应"的相对性及其目的性亦为一些中国知识分子所察觉，故而仍对庞迪我持警惕、批评之态。

二 庞迪我在中国的文化"融入"

"文化适应"是为了"进入文化"，以便实现"文化融入"。应该说，明末清初的利玛窦、庞迪我等耶稣会来华传教士曾持有"文化适应"的积极姿态，但其本人的信仰原因以及其所处的历史背景和在华传教氛围，使其"文化适应"仅达到所谓"文化披戴"的程度，即对中国思想文化的"表层"理解和认同。此即耶稣会传教士的"合儒"之态。但他们并没有真正"融儒"的思想准备，以使其本有信仰达到在中国的"文化重构"。相反，在耶稣会内部乃至整个天主教内部的宣教原则和宗旨之压力下，他们的相对"适应"乃旨在以其外来信仰来"补儒""超儒"，并最终取代儒家思想体系。这样，在其实施这一宗教目的、并被中方一些敏感人士所看出这一历史文化背景中，"文化冲突"遂不可避免。这乃是明清之际"中国礼仪之争"得以产生并不断

---

① 陈亮采：《七克篇序》。
② （清）永瑢等编修：《四库全书总目》，中华书局1981年版，第1081页。

升级和恶化的深层次原因。

　　本来,"文化适应"在宗教传播中应是"一个外来的宗教,经历一些改变,在接受它的文化中,自取一新的面貌"①。利玛窦和庞迪我等人曾试图以中国思想模式、汉语语言形式来使天主教在华"自取一新的面貌",这虽不是历史意义上"最早"(因为有唐朝景教的汉语言述)却仍为比较"系统"意义上"最初"的"汉语神学"之尝试,其特点乃是在思想、言述、文字表达上中外学者的有机合作,取得了珠联璧合之成果。然而,其"补儒""超儒"的动机,则使这种文化"进入"不是更多地侧重于"文化融入",而乃企图达至一种"文化支配",即以其"新宗教"(天主教)来在华"逐步改变原有文化的制度、思考或表达的模式,结果便产生一种深度的文化疏离或割让"②。可以说,庞迪我的时代正是处于这"两难"之间的"十字路口":一方面,他想努力"适应"中国思想文化,以便能有更深层次的"进入";另一方面,他又不希望因为这种"适应"而出现自我主动或被动、有意识或无意识的文化"质变",即在中国文化氛围的信仰"重构"中"化解"自我,失去其原有的西方文化之"自我意识"或"身份认同"。这种两难处境和矛盾心理使庞迪我在中国的文化"融入"只能适可而止,达到比较相对的程度,而不会发生根本"质"变。

　　大体而言,庞迪我在中国的文化"融入"包括其语言、服饰、社会礼仪等"文化形式上的融入",其社会交往、交友等"文化交际上的融入",以及其社会活动、科学实验等"文化实践上的融入"。

　　从"文化形式上的融入"来看,庞迪我首先在语言上多用"汉语"来表达和交流。语言沟通实质上乃文化交流之始,乃其他文化交流的重要前提。在其北上的途中,他曾从押送贡品的刘太监在南京买得的一个男孩那儿学习"纯粹的南京话"。而来到北京之后,他又从徐光启的一

---

　　① [比] 钟鸣旦:《本地化:谈福音与文化》,陈宽薇译,台北:光启出版社1993年版,第31页。
　　② 同上书,第30页。

第八章 庞迪我在中国的文化"适应"及"融入"之探 127

位朋友那儿学习地道的中文;据说这位徐光启的朋友会"每天给庞迪我神父上课教授中文,而且住在教堂里,以便和神父们密切接触并经常用中文谈话"①。这样,"庞迪我神父学会了说中国话,还会读中国字并极为准确地写中国字。"②其次,在服饰上,庞迪我多以"儒者"的形象来出现,除了身着"丝袍方巾",而且还蓄起胡须,乐有"庞子""庞公"之称。此外,他还注重观察、学习中国的礼仪,在待人接物、饮茶就餐、礼送往来上,都尽量遵守中国礼节,以便使中国人对他不会感到"异类"或"陌生",而是作为其朋友或同行。

从"文化交际上的融入"来看,庞迪我热心社交活动,他频频穿行、出入于皇宫王府、士大夫府邸,并与中国达官贵人和知识名流广交朋友。与庞迪我结交至深的中国政界及学界人士包括徐光启、李之藻、杨廷筠、王徵、孙元化、李应试、李贽、曹于汴、朱国祚、沈一贯、叶向高、吴道南、孙玮、熊明遇、郑以伟、陈亮采、翁正春、陈仪、彭端吾、黄吉士等人。这些人使庞迪我得以较深地了解中国社会及其政治、文化,从而注意以最佳的方式融入中国社会、扬长避短,获得其生存与发展的有利条件。而且,这些人大多为当时中国社会中较为开明的政治家、持开放之态的思想家、主张"西学中用"的科学家等颇具启蒙精神的知识精英。他们对庞迪我比较顺利地适应并融入中国社会及其思想文化亦帮助很大。例如,徐光启就曾对庞迪我用中文撰写的著作《七克》进行了系统、全面地修改、补充和润色,并写了《克罪七德箴赞》一诗,指出"人罪万端,厥宗惟七。七德克之,斯药斯疾。……七克既消,万端并灭"③,从而突出其核心意义、扩大其社会影响。此外,徐光启还邀请庞迪我参加其《几何原本》的增订出版,推荐他参与明朝历法的修改,使之获得更多融入中国社会文化的机会。

---

① [意]利玛窦、[比]金尼阁:《利玛窦中国札记》,何高济等译,中华书局1983年版,第517页。
② 同上书,第471页。
③ 《增订徐文定公集》,徐家汇天主堂1933年刊行,卷一,第4页。

从"文化实践上的融入"来看，庞迪我不仅将其与利玛窦等耶稣会传教士所带来的西方科学知识及其科学实验方法介绍给中国知识界，而且还积极参与中国的科学实践活动，以体验一种在"文化实践"过程中与中国科学界的合作及其实践层面的"融入"。在徐光启、李之藻等人的推荐下，庞迪我曾利用其用星盘勘测城市纬度的技术而对中国从广州到北京一些大城市的纬度进行测试和核定，介绍、推广西方制药露的方法以及酿制葡萄酒的方法，向皇宫绘制了世界地图并翻译了从海外传入的世界地图上的文字内容，也为修改中国历法的工作做了重要准备。不过，这种"实践上的融入"虽然使不少中国士大夫相信西方传入的"天学"即为"实学"而走入了基督信仰，却也让庞迪我害怕自己因致力于"实学"而偏离、甚至脱离其原本应传播的"天学"，从而本末倒置、南辕北辙。这种担心和害怕，呼应了当时中西双方的猜忌和犹豫，其结果两大文明虽然相碰，却因各有心思而并不真正在意对方，从而擦肩而过，分道扬镳，其彼此隔膜和防范亦沿袭至今。

基督教在中国如何"适应"和"融入"其社会文化，利玛窦和庞迪我等耶稣会传教士曾有过意义非常深远的尝试，但其"原则"立场和宣教"目的"使得其尝试也只能适可而止，而且还遭到各方面的怀疑、指责。可以说，这种问题后来被"悬置"起来而不再被深究，基督教来华传教主流自19世纪40年代以来也自觉或不自觉地走上了"文化干涉"和"文化支配"的道路，为中西之交造成隔阂与创伤。这一问题在今天仍然是没有解决、没有公认的正确答案的问题。中西之间的猜忌、防范在今天国际关系中仍乃常态。但庞迪我等人浅尝辄止的"适应""融入"却仍在中西文化交流史上留下了积极影响，传为耐人寻味的佳话。这种评价、反应本身，在我们重新面临中西文化相遇和交流的今天，显然有着重要的启迪，让人感到意味深长。

（原载《明清时期的中国与西班牙国际学术研讨会论文集》，澳门理工学院出版，2009年。）

第九章

徐光启：放眼看世界的先驱

在中西文化交流的历史上，有过许多曲折和磨难。由于文化史与政治史的交织，对这种交流及其相关态度的评价亦更为复杂多样。从中国文化发展的角度来看，对外来文化，尤其是西方文化大致分为"吸纳"与"排拒"两种态度。应该承认，这种"排拒"有出于保护"国粹"、维护民族利益、防范外来渗透或侵略的考虑，在一定程度上体现出中国的"民族自觉"或"民族气节"。但若以历史发展的客观事实和结果来认识并反思，则会看到在世界文明历史的演进中，某一民族的对外"排拒"态度及策略并不真正有效。而且，这种"排拒"往往在事实上反而会给其民族带来灾难，导致其发展的滞缓或倒退，造成"落后就会挨打"的结果，甚至出现"民族沦亡"的危险或危机。与之相对照，中华民族在其历史发展的兴盛时期，则往往会有"海纳百川、有容乃大"的开放胸襟，善于接受和吸纳外来文化因素，从而丰富和发展自我文化的内涵，以更为有利的态势自立于世界民族之林，参与世界文明的构建。回顾这一历史，我们可以看到中西文化交流上的几个历史高潮时期及其带来的社会发展，可以找出几个历史机遇点及其令人遗憾的稍纵即逝，也可以发现一批有识之士的慧眼睿智及其走向"开放"的胆识气魄。其中，明末清初的中西接触乃为一个关键点。或许可以说，中国当时的对外态度和策略，实质上影响到此后的中国社会命运和文化发展，为一部悲壮的中国近现代历史提供了坎坷不平的路径。当然，历史不可能重写。不过，历史之路仍在延续，我们总结以往的历史经验和教训并不只是发思古之幽情，而有着如何展望未来、走向未来的现实意义。实际上，中国今天的"改革开放"，正是对以往中国历史上的"开放"及其"吸纳"外来文化之举的肯定和继续。与历史惊人相同的是，我们所处的时代仍有着历史争论、选择的回音，对待西方文化也仍然有着"吸纳"还是"排拒"这两种极为鲜明且截然不同的态度。当我们处于今天之"此在"而感到迷惘、犹豫、徘徊和困惑时，历史这面镜子可以让我们蓦然回首，觅得意味深长的感悟和启迪。在这一"回首"中，一批为中国社会发展和文化繁荣而对外寻觅、开放的知识精英映入我们的眼帘，他们的筚路蓝缕、鞠躬尽瘁令人感动，而他们的凤毛麟角、功败垂成亦让人感叹。在这些人物中，明末政治家、思想家和科学家徐光启（1562—1633）则显得格外突出。体会并反思他当时的选择和努力，既有历史评价意义，更有现实启发作用。

一　徐光启：明清之际"放眼看世界"的先驱

徐光启所处的历史时期，正是中国社会如何转型的关键时刻。经过漫长的封建制度之发展，其弊端积重难返，当时中国的封建社会已渐呈颓势，而在明末时期这一制度衰败亦更为明显，给人展示的是一种国弱民穷、百业凋敝、内忧外患、危机四伏之景象。但从另一角度来看，与封建制度的崩塌相伴随的，应是另一种新的社会制度之萌生、发展的机遇。如果能顺应历史发展的潮流，因势利导，相关社会的内部则仍可得以革新，由此克服危机而达到顺利转型。其实，明朝的发展本来是有这种可能性的。从分析其社会状况则可发现，明朝的中国曾出现过早期资本主义的萌芽，其社会生产力和生产关系已有复杂而缓慢的变化，新的科学体系亦在摸索中寻找突破，其文化发展在一定程度上甚至也可以与欧洲的文艺复兴时代相比较。然而，明朝统治者政治眼光的狭小使之主要采取了"封疆锁国"的政策，以长时期的严格"海禁"而阻止了中外交往，失去了外来的"刺激"和"功力"。其结果，封建制度顺着其历史惯性而仍得以延续，社会自我变革及科技发展的许多机遇相继消失，中国文化仍然不得不在"封建"的老路上再走几百年。

当然，也应该承认，明朝曾出现的社会变迁之征兆也曾在文化领域闪现。当时"明王朝在政治上是高度专制的，但在文化上却能包容，宗教上实行多教并奖的政策。随着中央实际控制力的下降，民间文化和民间宗教得到空前发展"[1]。正是在这种形势下，对外来宗教的"禁止"也逐渐出现了松弛，使天主教得以传入中华。不过，中西文化的交流，尤其是宗教方面的交流在当时并不十分畅通，对之猜忌、怀疑、抵制、反对之声不绝于耳，有时甚至非常强烈。因此，对外来西方文化持"吸纳"之态，对外来天主教采取"皈依"的选择，对于明朝知识分子而言仍会面临巨大的压力，仍需具有足够的勇气。这不仅是一种认知上的选择，也是其生存上的选择。面对明朝社会政治的颓势，徐光启等人曾试图以引进"西学"来力挽狂澜，希望能以此来"富国""强政"，避免明朝的最终隳沉。但徐光启等人在当时明朝政治导向上乃孤掌难鸣，和者甚寡，因面对各种指责、非难而困难重重，无法有其真正的作为。这种"大势已去"的局面使明朝已无法用"西学""开禁"来扭转，而徐光启等人"对外开放""引进西学"的努力实际上亦为时已晚、无力回天。所以，徐光启等人的"闪亮"思想只是在中国封建体制漫长夜空中如流星划过，明朝"复兴"的机会转瞬即逝，其命运只能给我们带来不尽的思绪和联想、惆怅和叹息。

尽管徐光启等人有着"生不逢时"的悲剧性处境，然而其"选择"及其"努力"在中西交流的文化史、思想史上却仍然深有意义。在人类思想史上，并不以政治上的成败与否来论英雄，许多著名的思想家都是"悲剧"意义上的"英雄"，他们的思想理论和观点学说远超过"政治"上的辉煌而得以更广远、更持久的流传，甚至获得了永恒的意义。必须承认，徐光启在今天已发扬光大的"全球化"进程中乃是最初的中国探险者之一，其对当时新知识、新文化的开明之态，客观上推动了

---

[1] 牟钟鉴、张践：《中国宗教通史》下册，社会科学文献出版社 2000 年版，第749页。

近代中国"文化边界"的"外移",支持了对西方先进科学技术和思想文化知识的"内引"。当明朝仍在其"锁国"之禁中沉睡时,徐光启以其对西方传教士的欢迎之态和对其"天学""实学"的接受意向而成为明清时代打开国门"放眼看世界"的第一人,担当了引进"西学"的先行者角色,并且真正是当时具有"世界眼光"、呼唤中国认识自我和世界的"先知"及"先驱"。徐光启的历史及现实意义,不只是在于他对西方科技知识的评介、引进和对这种"实学"的推崇,而且更在于他看到了西方文化体系的整体性和关联性,从而并不将西方"实学"与"天学"加以人为割裂,而是把其"天学"与"实学"联系起来加以思考,强调对西方科技体系和文化体系的双重开放性及开明性。这样,他对世界之"看"乃真切之看,而不是因实用主义和功利主义而戴着有色镜或过滤镜来看。他认真好学、细心研究,以求窥其奥秘、达其本真、获其精髓。虽然,徐光启由"认可"到"皈依"西方"天学"并非唯一可取之路,其对这一"天学"的理解和评价在今天或许也还值得重新商榷和反思,但其对西方文化体系的整体认知及其内在规律的有机把握,仍可为我们今天冷静、客观、真实地分析、评价那种以割裂心态来取西方科技之实、异西方文化之本的机会主义、实用主义提供极为重要的洞见和判断。

二 徐光启对西方"实学"的吸纳

对徐光启而言,吸纳西方"实学"乃是为了"西学中用",并通过掌握"西学"而最终达到对西学的"超胜"。因此,学习西方乃是为了中华的强盛,并不是"崇洋媚外"或"全盘西化"。而向外来文化学习,则必须持"开明"的态度,有"开放"的眼光。为此,徐光启在其《辨学章疏》中曾提出"苟利于国,远近何论焉"的主张。科学知识本来就是不分国界的,而吸纳先进的科技知识,就必须跨越这种东西方的地缘界线和当时为人谈及的"华夷之防"。在学问层面,徐光启等明清知识精英率先达到了一种"普世"观念。正如王徵所言:"学原不问精粗,总期有济于世;人亦不问中西,总期不违于天。"①

所谓"实学",是指当时西方科学著述或相关科学实践活动所表达的内容,它能得以"实证",而且能够"实用"。徐光启对西方传教士传入的"天学",首先就理解为这些耶稣会士所宣传的西方科学知识,这种"实学"能"匡时济世""裨益当世",可为"经世"之用,而且见效快、影响大;其内容涵括西方天文学、数学、物理学、舆地学、医药学、农学、水利、军事技术等方面。这些"实学"关涉"士农工商,生人之本业",切合当时社会经济和科学技术发展之需要,因而颇受中国知识精英的欢迎和重视。

徐光启对"实学"的强调,大体有两个层面的考虑,第一个层面主要是出于对国家得以富强的考虑,如其所言,"时时窃念国势衰弱,十倍宋李,每为人言富强之术。富国必以本业,强国必以正兵"②。为此,他认为农业和军事乃为强国之基本,为了富国强兵,就必须认真学习相关的知识并对之加以应用。所以,徐光启对各种"实学"持积极的学习、吸纳态度,"惟好学,惟好经济。考古证今,广咨博讯,遇人辄问,至一地辄问,问则随闻随笔,一事一物,必讲求精研,不穷其极不已。故学问皆有根本,议论皆有实见,卓识沉机,通达大体"③。

第二个层面,则是希望以西方科学技术之长来补中国科技之不足,由此得以扬长补短,超越西方。爱因斯坦在比较中西方科学的特点时曾指出:"西方科学的发展是以两个伟大的成就为基础,那就是:希腊哲学家发明形式逻辑体系(在欧几里得几何学中),以及通过系统的实验发现有可能找出因果关系(在文艺复兴时期)。"④中国科学技术发展有着悠久的历史,但为什么在明清时代仍未形成缜密的科学体系和相应的学科系统,也正是当时如徐光启这样的中国科学家所苦

---

① 徐宗泽编著:《明清间耶稣会士译著提要》,中华书局1989年版,第298页。
② 王重民辑校:《徐光启集》下册,上海古籍出版社1984年版,第454页。
③ 同上书,第560页。
④ 许良英、范岱年编译:《爱因斯坦文集》第一卷,商务印书馆1976年版,第574页。

苦思索的问题。此即后来讨论中国科学发展问题上的所谓"李约瑟难题"。徐光启等人已意识到中国传统科学体系中形式逻辑体系和系统科学实验的缺失,这种经验的积累多而体系的构建少的传统妨碍了中国科学深入、系统的发展。"即有斐然述作者,亦不能推明其所以然之故"①;而没有弄清其"所以然",则会使各个学者独自、反复地"暗中摸索","是""亦无从别白","谬""亦无从辨证",难达其科学之质的飞越和提高。

正是出于上述考虑,徐光启遂致力于西方科学著作的翻译、介绍和相关科技理论知识的撰写、编纂。而在这种翻译中,他采取了与来华传教士有机结合、取长补短的合作方法,其中与利玛窦联合翻译的力度最大,亦最成功。例如,他与利玛窦通力合作,以"利玛窦口授,徐光启笔译"的方式汉译了古希腊数学家欧几里得的《几何原本》等西方科技著作。徐光启对这本书极力推崇,认为"《几何原本》者,度数之宗,所以穷方圆平直之情,尽规矩准绳之用也"。此书"由显入微,从疑得信。盖不用为用,众用所基,真可谓万象之形囿,百家之学海"。他赞成利玛窦所论此书"以当百家之用"的观点,强调"此书未译,则他书俱不可得论"②。徐光启为西方数学体系中的严密逻辑证明所折服,他译利玛窦引论说:"今详味其书,规摹次第,洵为奇矣。题论之首,先标界说;次设公论、题论所据;次乃具题,题有本解,有作法,有推论,先之所徵,必后之所恃。十三卷中,五百余题,一脉贯通,卷与卷、题与题相结倚,一先不可后,一后不可先,累累交承,至终不绝也。初言实理,至易至明,渐次积累。终竟乃发奥微之义。若暂观后来一二题旨,即其所言,人所难测,亦所难信。及以前题为据,层层印

---

① [意]利玛窦:《译几何原本引》,见朱维铮、李天纲主编《徐光启全集》(肆):《几何原本》,上海古籍出版社2010年版,第10页。
② 徐光启:《刻几何原本序》,见朱维铮、李天纲主编《徐光启全集》(肆):《几何原本》,上海古籍出版社2010年版,第4页。

证,重重开发,则义如列眉,往往释然而失笑矣。"①这种严格、缜密的逻辑证明、理论推导正是中国传统科学之所缺,徐光启希望能通过其翻译而取彼之长来补己之短。他以《几何原本》的翻译理解而看到"彼士立论宗旨唯尚理之所据""了无一语可疑",坚信"此书有四不必:不必疑,不必揣,不必试,不必改。有四不可得:欲脱之不可得,欲驳之不可得,欲减之不可得,欲前后更置之不可得。有三至三能:似至晦,实至明,故能以其明明他物之至晦;似至繁,实至简,故能以其简简他物之至繁;似至难,实至易,故能以其易易他物之至难。易生于简,简生于明,综其妙,在明而已"②。在他看来,《几何原本》所传达的西方科学精神旨趣,关键就在于其"心思细密"之处,而"能通几何之学,缜密甚矣";"能精此书者,无一事不可精;好学此书者,无一事不可学";所以他强调学习"此书为益,能令学理者祛其浮气,练其精心;学事者资其定法,发其巧思"③。他领悟到这种西方"实学"学以致用的道理,故急切希望国人能尽早对之研习、掌握。他深感"此书为用至广,在此时尤所急须",而其翻译此书也正是"意皆欲公诸人人,令当世亟习焉";他因此为"习者盖寡"而不安,担心纵令"百年之后,必人人习之",却会"习之晚也"④。

徐光启看到了西方科学中重基础研究和科学推理的重要性,认为"度数之理,本无隐奥",其作用就在于"因既明推其未明",此即"独几何之学,通即全通,蔽即全蔽"的意义所在。⑤但这种"度数之宗"作为科学研究之基础的意义并不为当时一些中国学者所领会,从而不愿意进行深入、复杂的基础理论研究,表现出一种浮躁之气,往往浅尝辄

---

① [意]利玛窦:《译几何原本引》,见朱维铮、李天纲主编《徐光启全集》(肆):《几何原本》,上海古籍出版社 2010 年版,第 9 页。

② 徐光启:《几何原本杂议》,见朱维铮、李天纲主编《徐光启全集》(肆):《几何原本》,上海古籍出版社 2010 年版,第 13 页。

③ 同上书,第 12 页。

④ 同上书,第 13 页。

⑤ 同上书,第 12 页。

止。为此，徐光启曾对那些面对繁复的理论奠定工作"似有畏难之意"的同事耐心解释，讲述其"先难后易"的道理，指出"度数之用，无所不通"，其关系就在于"理不明不能立法，义不辨不能著数，明理辨义，推究颇难，法立数著，遵循甚易"①。而且，他在其《条议历法修正岁差疏》中，还"提出了著名的'度数旁通十事'，即天文气象、水利、音律乐器、军事、财政会计、建筑、机械、测绘、医药和计时，明确系统地阐述了数学与其他科学技术的密切关系，'盖凡物有形有质，莫不资于度数故耳'"②。

抱着促进中国科学体系化、缜密化的这一理想，徐光启在翻译《几何原本》上倾注了许多热情和精力。罗光曾如此描述说："夜深了，光启夹着笔稿归家，街上已是户皆静闭，只听着自己的步履声，心里想着西洋人精于科学，是他们'千百为辈，传习讲求者已三千年，其青于蓝而寒于水者，时时有之；以故言理弥微亦弥著，立法弥详亦弥简'。中国学者，研究科学的人，'越百载一人焉，或二三百载一人焉。此其间何工拙，可较论哉！'"③应该说，《几何原本》的翻译出版取得了很大成功，它乃明末最早译为汉语的西方数学著作，代表着西方数学在近代中国之传入。后人曾评价说："是书盖亦集诸家之成。故自始至终，毫无疵类。加以光启反复推阐，其文句尤为明显。以是弁冕西术，不为过矣。"④

在翻译了《几何原本》之后，徐光启在数学领域还编译了《测量法义》，撰写了《测量异同》《勾股义》等，旨在"明《几何原本》之用""于以通变世用"，体现出其以"实学"来"经世致用"的理念。在天文学上，他参与制定并介绍天文仪器，撰写了《平浑图说》《日晷图说》《夜晷图说》《简平仪说》等，主持了《崇祯历书》的编修。在

---

① 徐光启：《测候月食奉旨回奏疏》，见朱维铮、李天纲主编《徐光启全集》（玖）：《徐光启诗文集》，上海古籍出版社2010年版，第183页。
② 引自许明龙主编《中西文化交流先驱》，东方出版社1993年版，第69页。
③ 罗光：《徐光启传》，台北，传记文学出版社1982年版，第38页。
④ （清）永瑢等撰：《四库全书总目》上册，中华书局1965年版，第907页。

水利、农学上，他与熊三拔合作翻译了《泰西水法》，写有《宜垦令》《北耕录》等书，并最终撰写汇集成了《农政全书》。而在军事科学上，他也力主学习西方先进军事技术，参与购买和仿造西洋大炮，以西方技术建造炮台等。此外，他还向耶稣会传教士学习了一些医学、种植等方面的实用知识。这样，徐光启乃实质性地、积极地参与了"中国17世纪前期的科学革命"。

尽管徐光启持有这种开明的、对西方"实学"的吸纳、学习态度，但他并不是所谓"文化上的迷失者"，也没有食"洋"不化、崇洋媚外。相反，徐光启对学习西方有着清醒的头脑和明确的目的。在其借助西洋历法知识来主持《崇祯历书》的编修时，他就已指明，"欲求超胜，必须会通，会通之前，先须翻译"。其借鉴、吸纳"实学""西学中用"正是为了这种"超胜"。因此，翻译只是其初级阶段，"翻译既有端绪，然后令甄明大统，深知法意者，参详考定，熔彼方之材资，入大统之型模"[1]。由此可见，徐光启的开放与甄别、借鉴与超越都是出于其"中国心"，旨在一种"全球"性与"地方性"的吻合，并希望借助于这种"全球"性而达其"地方"的腾飞、超胜。他曾乐观地想象，"博求道艺之士，虚心扬榷，令彼三千年增修渐进之业，我岁月间拱受其成"[2]。但可惜徐光启当时虽有在缩短中西科技距离上的乐观情绪，却对政治局势的严峻估计不足，故而没能梦想成真。因明末持其远见卓识和开明开放之态的中国有识之士过于稀少，不成气候，中国近代没能学会、掌握西方"实学"之真谛，反而因重陷封闭而落后挨打、丧权辱国，走过了一段令人感到耻辱、抱恨的衰落历史。当我们今天"振兴"中华时，"科学技术是第一生产力""发展是硬道理"等理念，可以说是对徐光启吸纳、发展"实学"之举的积极回应和实质性延续。

---

[1] 王重民辑校：《徐光启集》下册，上海古籍出版社1984年版，第374—375页。

[2] 王重民辑校：《徐光启集》上册，上海古籍出版社1984年版，第73页。

三 徐光启对西方"天学"的吸纳

与科学实用主义和功利主义者不同,徐光启对"西学"有一种整体性审视,而并不加以机械地割裂、分离。在他看来,西方文化体系乃有其整体关联性,是一种有机共构,而不可人为分拆。明清间不少中国思想家并不了解西方思想文化的全貌,因而对之有着不准确、不恰当的点评或议论。例如,方以智就曾认为"西学"不足之处乃在于"详于'质测'而拙于言'通几'。然智士推之,彼之'质测'犹未备也"[①]。"质测"在此指实验科学,"通几"则为哲学。而西方实验科学、自然科学发达的背后,恰恰是与西方哲学乃至宗教神学观念的博弈、辩争、抗拒、互动相关联的。其哲学对科技的究诘、宗教权威对科学家的打压反而刺激了西方科技朝实验更为精准、理论更为完备的方向发展。诚然,中国数千年之久的文化有其优杰之处,我们不能妄自菲薄;但在保持民族气节与自尊、有着中华文化自豪感的同时也不能"夜郎自大",盲目排外。其实,世界各种文明都留下了宝贵的文化遗产,我们亦不能否认西方文化的强盛和优胜之处,其"科学"和"哲学"都有其灿烂辉煌的成就。所以说,只有真正"知彼",才可能对之"超胜"。当我们今天"向西方学习"时,如果仍然只接受其科技知识、沿袭"中学为体、西学为用"的老路而排斥、拒绝其文化体系,忽视其思维逻辑,则可能会使我们的"改革""开放"事倍功半、陷入窘境。当然,对西方文化整个体系的全面研习,并不就是一味模仿、照搬,"全盘西化",而是找出其文化体系的内在规律以及各子系统之间的有机整体联系,从而对之达到一种"通识",由此方可"为我所用",扬长避短,达到"超胜"。从这一意义上,徐光启所选择的对西方"天学"的吸纳和对天主教信仰的皈依,就值得我们高度重视和认真研究。当然,来华传教

---

① 方以智:《物理小识·自序》,引自侯外庐主编《中国思想通史》第四卷下册,人民出版社1960年版(2004年印刷),第1129页。

士带来西方科学的真正目的并不是要传播这些科学知识,而主要是将之作为其传教的工具及手段。对此,徐光启因其历史局限性而并没有真正深刻、透彻地认识到这一点,其皈依天主教信仰也不可避免地影响他从更高的视角来审视西方科学,还可能在某种程度上对其持守中国传统文化体系及其思想观念带来某种妨碍或变化。对此,我们需要比较性研究,以非常冷静的分析为基础来做出客观、中肯的评价。

在徐光启看来,"西学"中"实学"与"天学"乃一有机整体、互相关联,恰如一个硬币的两面。因此,不可能吸纳"实学"而摈弃"天学",囿于器物之论而忽视形上之探。按照徐光启的理解,利玛窦等西方传教士传入的"西学""略有三种":"大者修身事天,小者格物穷理。物理之一端,别为象数,一一皆精实典要,洞无可疑,其分解擘析,亦能使人无疑。"①这里,"修身事天之学"即"神学",从信教者的视域来看,它对人生有着终极意义;"格物穷理之学"即"哲学",对思想者而言,它乃探究宇宙万物之法;而"象数之学"作为"物理之一端"则以"数学"之名而象征着当时人们所理解的"自然科学",但其在当时仍属于"哲学"的范畴。

从这三种学问中,徐光启以"修身事天"之"天学"作为最根本的学问,由此表达了其吸纳并接受西方"天学"的意向和志愿。这一动机使他决心领洗入教,成为天主教徒,并留下了明末中国天主教三大"柱石"之一的广远影响。探究徐光启的信仰转变对于我们研究明清部分中国知识分子的心路历程颇有启迪意义。对于西方信仰价值体系的"天学",徐光启乃有着如此的理解:"其说以昭事上帝为宗本,以保救身灵为切要,以忠孝慈爱为工夫,以迁善改过为入门,以忏悔涤除为进修,以升天真福为作善之荣赏,以地狱永殃为作恶之苦报。一切戒训规条,悉皆天理人情之至。其法能令人为善必真,去恶必尽,盖所言上主生育拯救之恩,赏善罚恶之理,明白真切,足以耸动人心,使其爱信畏

---

① 徐光启:《刻几何原本序》,见朱维铮、李天纲主编《徐光启全集》(肆):《几何原本》,上海古籍出版社 2010 年版,第 5 页。

惧，发于繇衷故也。"①在此，徐光启按其儒家伦理道德体系的认知而对西方"天学"加以诠释，并揭示出西方宗教的修道方法与路径。"'昭示上帝'是终极信仰；'保救身灵'是基本方法；'忠孝慈爱'是修炼功夫；'迁善改过'是受洗入教；'忏悔涤除'是日常修行；'升天真福'是天堂恩典；'地狱永殃'是来世之绝罚。"②其信仰本真乃与儒家精神相似，此即人类信仰精神普世意义上的"心同理同"，而其宗教制度则与中国传统相异，反映出不同社会文化的存在模式。

从"认信"之"求同""认同"，使徐光启进而如推广西方"实学"那样力主"天学"在中国的传播，以便不仅达到中国科技的提高，还能实现中国人心的净化。他认为，天主教信仰"必欲使人尽为善，则诸陪臣所传事天之学，真可以补益王化，左右儒术，救正佛法也者"。所以，他希望明朝皇帝能够支持"天学"在华的传播："若以崇奉佛老者崇奉上主，以容纳僧道者容纳诸陪臣，则兴化致理，必出唐虞、三代上矣"；"数年之后，人心世道，必渐次改观"③。在这种中西宗教思想精神比较中，徐光启基于"中华"却超越其界限，以对中国远古"三代盛世"的历史审视和理解西方文明的世界眼光，来将天主教的"天国"理念解释为中国人易于接受的"大同"世界，以达其对"万民和，国家富"之理想王国的向往憧憬。不过，他的"移情"只能是自己的一厢情愿，而与传教士借传播"天学"而企图使中国人臣服其信仰的真实旨归乃相去甚远。

基于这种对"天学"的吸纳、欣赏、推崇态度，徐光启在出现"南京教案"等排外风波时遂能挺身而出，替耶稣会传教士辩护。不同于政治上在排除异己时的敌意、仇视态度，徐光启表达了文化上对异域之风的亲善、友好意向。一般而言，由于无接触、少接触之疏远而会导

---

① 徐光启：《辨学章疏》，见朱维铮、李天纲主编《徐光启全集》（玖）：《徐光启诗文集》，上海古籍出版社2010年版，第250页。
② 李天纲编注：《明末天主教三柱石笺注》，香港：道风书社2007年版，第63页。
③ 徐光启：《辨学章疏》，见朱维铮、李天纲主编《徐光启全集》（玖）：《徐光启诗文集》，上海古籍出版社2010年版，第251页。

致不解、误解；这种误解完全可能因直接相遇、真诚相待的接触、沟通而漠然冰释。徐光启对西方耶稣会传教士的了解和理解，正是基于他"累年以来，因与讲究考求"，从而"知此诸臣最真最确"。基于其亲身体验和交往经验，徐光启毫不犹豫、毫无畏惧地对当时耶稣会传教士给予了很高评价，认为他们"不止踪迹心事一无可疑，实皆圣贤之徒也。且其道甚正，其守甚严，其学甚博，其识甚精，其心甚真，其见甚定。在彼国中亦皆千人之英，万人之杰"[①]。而传教士的这种品德、操守也完全可以与中国圣贤相比较、相媲美。对其理解故应有人同此心、心同此理之公平、公道。徐光启进而比较说，"所以数万里东来者，盖彼国教人，皆务修身以事上主，闻中国圣贤之教，亦皆修身事天，理相符合，是以辛苦艰难，履危蹈险，来相印证，欲使人人为善，以称上天爱人之意。"[②]由于近距离、零距离的接触，徐光启深深为当时一些耶稣会传教士"耸动人心"的"修身事天"之学及其表率作用和人格魅力所打动，因而在其危难之际亦敢仗义执言、表其肺腑。然而来华传教士群体本身并非铁板一块，其中对中国文化的不同见解和评价，尤其是对中国传统思想观念的排拒正是此后导致"中国礼仪之争"的重要原因之一。对这种信仰层面"夷夏之辨"的本真及实质，徐光启当时也很难有透彻的体悟和跨越时代的洞观。鸦片战争后，西方宗教成为帝国主义的侵华工具，客观上所造成的对中国之"文化侵略"，这都是徐光启根本没有想到或预料的。

以今天的眼光来看，徐光启对"天学"和西方传教士的认知及评价显然有其偏颇、局限、简单，甚至错误之处。但他在当时的立意和表态却也可促发我们从不同角度来评价中西思想文化交流以及参与或卷入这一交流的中外人士。其实，宗教在中西交流中一直是个敏感的领域、敏感的话题。因为西方宗教的传入中国并非纯为信仰的传播，而有着非

---

① 徐光启：《辨学章疏》，见朱维铮、李天纲主编《徐光启全集》（玖）：《徐光启诗文集》，上海古籍出版社 2010 年版，第 250 页。

② 同上。

常明显的政治因素，由此而与近现代中国政治历史密切关联，脱不掉干系，这也正是其真正敏感之处。应该承认，这种敏感除了政治上的原因，还涉及价值观、信仰上的竞争、争夺。在今天"全球化"的开放社会，中西文化的对话和交流仍维系着以往"强""强"相遇的态势，二者之间仍有着猜忌、防范和张力，由此而使相关的宗教相遇、对话及交流仍然保留着其"政治"的痕迹。这仍是需要我们高度警惕和时刻警醒的。在这种处境下，我们需要有徐光启"放眼看世界"的胸怀、境界和智慧，也有必要对其信仰的选择认真反思，仔细推敲，从而以历史的经验教训来观古识今，把握未来，使我们今天的改革开放更为稳健，更加坚实，让当代中国走正确发展之路，真正可持续发展。

（原载徐汇区文化局编《徐光启与〈几何原理〉》，上海交通大学出版社 2011 年版。）

第二编 近代中国基督教史

第十章

马礼逊与中国文化的对话

中西文化的近代交流，常以其"冲突"为主题和主线，尤其是1840年鸦片战争爆发以来给中国人民带来的灾难，已成为悠悠岁月亦难以抚平的历史和精神创伤。在这一大背景下，基督教在华的近代传教遂在中国历史记载中留下了灰暗的色彩，人们谈论这段传教史时多以"政治"话语来论之，而其在中西"文化交流"上的意义则在很大程度上被遮蔽和忽略。对基督教宣教史的反省，不能忘记这一深刻的历史经验教训。由于这一关联，作为第一个来中国内地传教的基督教新教传教士马礼逊（Robert Morrison，1782—1834）亦成为敏感人物，人们对其评价慎之又慎，而对其在华传教的作用和历史定位在学界也多有争议。因此，迄今对马礼逊的研究甚少，已有成果的深度及系统性仍很不够。今天，我们在重新反思近代中西文化对话与交流时，势必回到近代基督教在华传教的历史，研究马礼逊在两百多年前（1807年）进入中国内地传教的活动及其思想精神，因为马礼逊的来华标志着基督教第四次入华传教的开端，也是基督新教首次传入中国内地。随着澳门基金会、北京外国语大学海外汉学研究中心和香港大学图书馆合作出版《马礼逊文集》，为我们今天学术界深入研究马礼逊打下坚实而重要的资料基础，我们可以对之加以系统而深入的历史反思，这对基督教的现实分析和未来前瞻可能亦有重要意义。

其实，马礼逊来华传教时期是在鸦片战争爆发之前，应该说其传教活动是与鸦片战争后受"不平等条约"保护下的基督教传教还是有着性质上的区别的。尽管人们对马礼逊在华的活动有着各种不同的评价，但不能简单将之归入"帝国主义文化侵略"的范围。本来，马礼逊的传教立意和与中国社会文化接触的方式选择乃代表着基督教在中国的一种新开端、新探索。自"中国礼仪之争"以后，明清之际以来华天主教传教士为媒介的中西文化交流与对话已基本中断，悄悄留在中国或"非法"潜入的天主教传教士以基层宣教为主，很少顾及文化对话与沟通。因此，马礼逊以其在英国为来华传教而所做的宗教及文化准备，从主观上讲已在探讨基督教在华的新姿态、新进路和新对话的可能性。应该说，马礼逊的来华乃揭开了中西文化对话历史的新一页，他非常鲜明地表达了其要积极与中国文化对话的意向。而他在中国近三十年的经历，使他在与中国文化对话上实际上也颇有成就，取得了不少实质性进展。反思这段历史，总结中西文化交流之近代历史的得与失，显然有必要将马礼逊作为一个典型人物来加以客观、认真的分析、评价。这里，基于对马礼逊夫人编写的《马礼逊回忆录》之研读和分析，尝试就马礼逊与中国文化的对话体验加以简单勾勒和粗略论述。

一

马礼逊很明确自己的来华使命是传播基督教的"福音"，因此其定位首先是"来华传教士"而不是职业"汉学家"。不过，"传教"所蕴涵的信仰教理要靠语言来表达和转换，因而在"传教"和如何去"传"上必须有着"价值理性"与"工具理性"之有机结合。马礼逊很清楚"教"靠"传"，而"传"则需"语言"载体这一道理，故而下决心研习汉语，掌握其传教所必需的这一语言媒介。为了达到其信仰与其传播方式的便捷结合，马礼逊以学习汉语和准备汉语《圣经》作为其传教和与中国文化对话的最佳切入点。

当然，这种考虑与马礼逊所属的伦敦传教会的决定密切相关。伦敦会的董事会于1804年决定派马礼逊来中国传教，"决议中还指定马礼逊去中国特定的目标是掌握中国语言文字,要把圣经翻译成中文,而传教不是首要任务"①。按照这一决议,了解并掌握中国语言文字乃对中国传教极为关键的途径。"马礼逊获此通知后,他的注意力首先是放在学习中文上,希望有朝一日能将圣经全部翻译成中文。"②当时中国给西方人的印象,一方面是"海禁"甚严,禁止包括"传教"在内的海外人士入华活动;另一方面则展示出博大精深的文化底蕴。为此,马礼逊曾对其好友克罗尼说,"中国人当中有许多博学之士,他们决不低下于我们,而比我们更优秀"③;所以,来华传教这项使命对其而言是十分艰巨的,必须有思想心理和文化语言等知识上的充分准备。

马礼逊自1805年开始向在英国伦敦留学商务的中国广东人容三德学中文。起初,他对学习中文上死记硬背的方法极不适应和反感,其拒绝背诵中文之举曾引起中文老师愤而罢教,只是在马礼逊赔礼道歉后,才真正接受这种以背诵为主的学习中文的方法,从此进步很快,大有收获。经过一段学习,马礼逊就在如何应用中文上跃跃欲试,并萌发了自己要亲自将《圣经》译成中文的念头。不久,他打听到大英博物馆藏有天主教巴黎外方传教会士巴设(Jean Basset,即"白日陞")所翻译的部分《圣经》汉语经文,于是在1806年时借来这一译稿进行学习,以便为自己将来系统汉译《圣经》做准备。该译稿史称汉译《圣经》的"巴设手稿"或"明清本"汉语《圣经》,是巴设在1700年左右根据拉丁文《圣经》而汉译的部分《新约》经卷,称《四史攸编耶稣基利斯督福音之合编》,包括"四福音书""使徒行传"和"保罗书信"。为了便于学习,马礼逊曾按"巴设手稿"抄录了30页,并请其中文老师容三德抄至《希伯来书》之处。这一抄本后被马礼逊带到中国,并成为其汉译《圣经》的蓝本,在行文、表述上多有借鉴和参照。

---

① [英]马礼逊夫人编:《马礼逊回忆录》,顾长声译,广西师范大学出版社2004年版,第18页。
② 同上书,第17页。
③ 同上书,第19页。

他后来在 1810 年曾将该抄本寄给在印度赛兰坡的英国传教士马士曼（Joshua Marshman），二人在汉译《圣经》时都对这一抄本有所模仿和借鉴，在有些词句的翻译上也都采用了巴设的汉译表述，正因为二人翻译时都基于这一共同蓝本，故此才造成后来"二马译本"颇有雷同之处的结果。

二

1807 年 9 月 8 日，马礼逊绕道美国后乘船抵达中国广州，随行带有他抄写的两本中文书稿，即以前天主教传教士翻译的部分《圣经》中文手稿，以及一本《拉丁文—中文字典》。到中国后他把学习中文作为当务之急，在他澳门登岸时认识的朋友史当东的帮助下，他聘请到"一位名叫容阿沛，正式名字应为容关明的中文老师"①，这位老师"来自北京，说的是官话，……还是一个天主教徒，略懂一些教义"②，而且其拉丁文亦很流利。此外，他还在另一位中国天主教徒的帮助下学习广州话，以适应当地社会。恰好，马礼逊在伦敦时的中文老师容三德此间也于 1807 年 10 月回到广州经商，并继续帮助马礼逊学习中文。这样，马礼逊的中文在这一文化氛围中进步很快，收获颇大。他在日记中写道："我现在从这里买到的《康熙字典》，加进了我从英国带来的《拉丁文—中文字典》中没有的新的中文字。那是只有 14 册的字典，是过去在欧洲根据老的《康熙字典》编成的。现在我用的由满洲人所编的新的《康熙字典》，共有 32 册。用这个办法，我可以学到许多新的中文字。"③

在这一期间，马礼逊悄悄学习汉语，并先后聘请多位华人担任老

---

① ［英］马礼逊夫人编：《马礼逊回忆录》，顾长声译，广西师范大学出版社 2004 年版，第 48 页。
② 同上书，第 42 页。
③ 同上书，第 43 页。

师，教其汉语、广东地方语粤语以及中国文史知识。例如，此时回国的容三德曾教他"四书""五经"，提高他的口语会话能力；来自北京的容阿沛曾借助拉丁文教他汉语，而罗谦和另一位称为高先生的满族人则曾教他研讨中国经史之学。通过比较熟练地掌握汉语，马礼逊开始加深其对中国关于"经典"的理解，并在中国文人的帮助下系统学习"四书""五经"，体悟"孔孟之道"。在这种认知中，他发现基督教的《圣经》恰恰是在"经典"之意义上可以与中国古代"经典"相对应，由此则可借助于对"经典"的比较和理解来帮助中国人认识《圣经》的意义。不过，这种比较研究也使马礼逊看到了基督教《圣经》与孔孟《圣经》的不同内容及不同性质。他在1809年10月11日的书信中写道，"我还在继续学习中文。我请了一位家庭教师，他教我学习中国的古典作品。现在我正在学习孔夫子的'四书'，这是一部中华帝国最伟大的圣言书。孔夫子是一位智者和正直的人，他扬弃了当时大部分迷信，他的教训不能称作是宗教。孔夫子曾教导他的弟子们要'敬鬼神而远之'，因此他所有的弟子们都受了孔夫子的影响而鄙视佛教和道教。"[1]显然，马礼逊看到孔子之学即儒学与宗教之信及其神学的区别，孔子让其门徒对信仰神明保持距离的态度，使其学说与一般宗教形成了区别。这样，马礼逊与明末耶稣会传教士利玛窦的观点颇为相似，都认为孔子学说不是宗教。

在看到中西文化的差异性和中国经典与基督教经典的本质区别后，马礼逊曾试图教中国人学习英文，以了解西方文化。但因其接触的中国人很少，而且他们对之兴趣也不大而放弃。但这种想法却启发了他将中国经典介绍给西方的创意，从而刺激了他的中译英尝试。就在1809年12月的信函中，他说自己"已经翻译了相当多的英文公文为中文，也把孔夫子的《大学》《中庸》和《论语》的一部分翻译成英文"[2]。这

---

[1] ［英］马礼逊夫人编：《马礼逊回忆录》，顾长声译，广西师范大学出版社2004年版，第63页。

[2] 同上书，第58页。

种设想和实践说明马礼逊已经意识到中西文化的对话与交流应该是互动的、双向的。在他看来，要想中国人认识并信仰基督教，宣道者本身及其相关的文化社会也必须认识和了解中国文化。因此，研习并翻译"四书""五经"就是这种沟通最便捷、最容易的途径。在这一过程中，马礼逊对于这些"经典"在中国精神文化遗产中的重要地位有了更深刻的认识。同样，《圣经》作为基督教信仰的"经典"，对于中国人真正了解这一信仰及其文化背景亦至关重要。汉译《圣经》和英译"四书""五经"正是这两种文明在"经典"层面及其意义上的直接对话。二者无论在文字表述上还是在意义沟通上都是直接的对话，都表现为文化互渗及融合，有着双向回应和互动。

自1808年开始，马礼逊在陈老宜、李十公等中国人的协助下，以很大精力投入在中国社会处境及其相应文化氛围中的汉译《圣经》工作。他首先从《新约全书》入手，并于1813年基本译完。1813年另一传教士威廉·米怜（William Milne，1785—1822）抵华后，他们二人合作着手翻译《旧约全书》，从1814至1819年经过五年的努力而基本上将《旧约》全部翻译完毕，其中《申命记》《约书亚记》《约伯记》等由米怜译为中文，余下大部分则为马礼逊本人译完。在《圣经》的整个汉译过程中，马礼逊都有着明显的基督教与中国文化对话的意识。他在1819年总结其汉译《圣经》的详细报告中指出，其汉译持守了他认为重要的一些基本原则：其一，其所译《圣经》是忠实于原著的"翻译"而不是"编译"或较为随意的"转写""解读"；对此，他认为以往在华的翻译并不很成功，"佛经的翻译艰涩难读，耶稣会士指导下所出版的科学书籍，没有一本是照原文全译的，只是由中国人根据欧洲人的观念撰写的"[①]。这里，他甚至断言"翻译一事，在中国尚属首次"。这一说法虽然过于武断和极端，却也从一个侧面反映出马礼逊的翻译理念和原则。其二，其所译《圣经》采用了"简明易懂"的语言，即当

---

① ［英］马礼逊夫人编：《马礼逊回忆录》，顾长声译，广西师范大学出版社2004年版，第154页。

时被视为"俗话""普通话"的文言文,而不是只有少数人才能看得懂的古文;他说:"在我进行翻译时,我曾苦心研究如何才可达到忠诚、明白和简洁的境界。我宁愿采用通俗的文字,避免使用深奥罕见的典故,……我倾向于采用中国人看作俚俗的文字,不愿使用令读者无法看懂的文体。"[1]让普通人都能看懂,这是他译经所追求的目的。在他看来,"圣经的中译,如果仅仅为取悦中国文人,用古文以展示译者的国学根底,就无异于埃及的司祭用象形文字所写的教义,只能使他们自己或一小部分创造象形文字的人才懂得其意义",而为了普通民众都能直接读懂《圣经》,那么"圣经的翻译必须简明易懂,使一般的读者都能阅读乃是应当遵循的原则"[2],这样,对于用通俗文字汉译的《圣经》,"每一个中国人,不论贫富贵贱,都可以自由地阅读它了"[3]。在译经文字的选择上,马礼逊显然受到朱熹的影响。马礼逊指出,"中国文人对于用俗语,即普通话写成的书是鄙视的。必须用深奥的、高尚的和典雅的古文写出来的书,才受到知识分子的青睐,因此只有极小一部分中国人才看得懂这种书。正如中世纪黑暗时期那样,凡是有价值的书,都必须用拉丁文写出,而不是用通俗的文字。朱熹在他的理学作品中,突破了这个旧传统,他很好地使用了简明的语体传达了他的新思想"[4]。其三,其所译《圣经》反映出他提出的译者译书所应遵循的两条职责:"一是必须准确理解该书的原意,领会原著的精神;二是必须以诚信、明达和典雅的译文,表达原著的意义与精神";其中"第一职责要比第二职责更为重要"[5]。对这两条职责,马礼逊曾说明其译经时具体坚持的情况:"关于翻译的第一条职责,为了深刻明白圣经的原意,我曾参考圣经的原文,普通英文译文、孟他努译本、通俗拉丁文译本、法文译

---

[1] [英]马礼逊夫人编:《马礼逊回忆录》,顾长声译,广西师范大学出版社2004年版,第154—155页。
[2] 同上书,第154页。
[3] 同上书,第155页。
[4] 同上书,第154页。
[5] 同上。

本、七十子希腊文译本、汤姆生译本等 24 种译本和《圣经诠释》等书。""关于翻译的第二条职责,在翻译中文圣经的过程中,我曾参考了从伦敦带来的《新约全书》中文译稿,即以前一位天主教神父的手稿,又参考了在华天主教传教士的一些零星译文、中文拉丁文字典,并得到了我的中文老师不断的、具体的协助。"①由此可见,马礼逊汉译《圣经》的过程,正是非常深入、系统、认真的中西文化对话的过程;其于 1923 年在广州以《神天圣书》为名出版的汉译《圣经》则正是这一独特对话的结晶。

三

马礼逊展开与中国文化对话的另一大领域,则是结合《圣经》的汉译而进行了相关辞书的编纂工作,尤其是他投入了很大精力来编写英汉字典。1808 年,马礼逊根据《康熙字典》而开始其旷日持久、篇幅巨大的《华英字典》编撰工作。他在 1822 年为其中第三部《英汉字典》所写的"序言"中曾说:"为收集这部字典的词汇,我花费了 13 年时光。"②这部《华英字典》被视为中国历史上的第一部英汉字典,而且它也标志着中国英汉字典系统编纂的开始。

《华英字典》共分为三部,其中各部相互独立,编写体例亦各自不同,但汇总则成为一部完整的工具书。这一工具书的第一部取名为《字典》,是按汉字部首查字法的汉英字典,它按照嘉庆十二年(1807年)刊刻的《艺文备览》来英译,并根据汉字笔画分为 214 个字根来编排,形成部首查字的字典,书后附有字母索引。《字典》第一卷于 1815 年在澳门出版,第二卷于 1822 年出版,第三卷于 1823 年出版。

---

① [英]马礼逊夫人编:《马礼逊回忆录》,顾长声译,广西师范大学出版社 2004 年版,第 155 页。

② 转引自谭树林著《马礼逊与中西文化交流》,中国美术学院出版社 2004 年版,第 57 页。

其在整个《华英字典》中所占篇幅最多，约为其总页数的五分之三。在编译其第一卷时，马礼逊有强烈的文化比较意识，其释义详尽、全面，触及中国文化的诸多内容，因此已远远超出解释文字本义的字典范围。为此，他在中国文化的各个领域有广泛涉猎，吸收大量的中文知识。他在总结1808年的工作时写道，"我编纂的《华英字典》，天天都在增加词汇和诠释"①。在1809年底他还提及其购买中文书籍一事，"现在我已购买了共有1229册，包括中国的经典作品、天文、地理、律例、历史、宗教、解剖学和中医学等"②。甚至其以汉字部首来进行《字典》的排列，亦体现出对中国文献排列方法的比较、借鉴和改进。马礼逊在《字典》第一卷序言中说："这种排列的主要目的是很容易查到需要的字，这是对古代体系的一个改进，尽管被认为不比《六书》《说文》和《玉篇》更达观。"③从整体来看，《字典》几乎就是《康熙字典》的翻版和英文注释，但其编译和注解不仅基于《康熙字典》所引"四书""五经"的例句，而且也有对其他中国文献的参考、借鉴。

《华英字典》的第二部定名为《五车韵府》，为按汉字音序查字法排列的汉英字典，其特点是根据汉字的音标来用英文字母排列，其附录则以拼音顺序列出楷书、行书、草书、隶书、篆书、古文六类汉文书写体，从而使其中英比较又有所深化。该部第一卷于1819年出版，第二卷于1820年出版。在《五车韵府》第一卷的前言中，马礼逊提到其基本框架也是以已有中国著作为底本。这一底本为清朝一位陈先生的遗著，由其学生补充、加注。当《康熙字典》编纂时，其学生交出这部老师留下的遗稿，从而有力帮助了《康熙字典》的编纂。而马礼逊找到这部著作后，即对之加工、调整、编辑、英译，由此构成《五车韵府》的主体。此外，马礼逊"在编撰《五车韵府》时，还参考了《康熙字典》和罗马天主教士按字母排列编著的《字母字典》（*Alphetic Dic-*

---

① 谭树林：《马礼逊与中西文化交流》，中国美术学院出版社2004年版，第51页。
② 同上书，第58页。
③ 转引自谭树林《马礼逊与中西文化交流》，第58页。

tionary)",并进而参阅了《分韵》《佩文韵府》《尔雅》等中国文献①,从而使该字典在内容和编写方法上都体现出中西文化的对照、比较和沟通。

《华英字典》的第三部为《英汉字典》,于1822年在澳门出版。它采用的是英、汉对照体例,内容有单词、词组、成语、格言等,其解释和例句还有汉译。虽然在马礼逊之前已有拉丁文与汉文对照的外文、汉文词典,但编撰英汉词典却是马礼逊的首创,因而难度颇大。马礼逊曾在《英汉字典》的序言中坦言:"自从作者为本字典搜集词汇,已经过去十三年岁月。在此期间,不断对其增补,但是中文与英文相对应的字全部搜集起来,这样的著作对一个人来说太广泛了。即使穷尽一生,要使它完美也是不可能的。"②

《华英字典》的完成和出版,在当时成为中西文化交流和沟通的重要桥梁,其本身亦是涵括许多中西文化知识的百科全书。《华英字典》的内容涉及中国的历史、宗教、哲学、文化、政治、地理、风俗、礼仪等领域,它在词义的解释上触及中国的宗教、神话、哲学、科学、文学、文化、艺术、教育、体制、传统、礼仪和风俗等方面,亦对中国历史上的重要人物有所介绍和评价;例如,他对孔子即有详细的评述,认为:"孔子一生涉猎政治,他的伦理观主要涉及属于政治那一类的社会义务。家即他心中的国家或帝国的原形,其体系的基础……不是建立在独立、平等的基础上,而是建立在依赖和服从的原则上,像孩子对父母、年轻人对年老人等。这些原则一直保存在孔子的著作中,包含在庄严的仪式和平常的礼仪中。可能正是孔子学说的这个特征,使得中国过去几千年和今天的所有朝代都很欣赏他。这些原则和方式很早即被灌输到青年人的头脑中,形成他们的道德观。这些原则的阐明和加强是那些渴望当官或做政治家的儒生们的事。在极大的程度上,很可能正是由于这些原则对国家思想和道德产生的影响,才使中国在世界上拥有最多的

---

① 参见谭树林《马礼逊与中西文化交流》,第61页。
② 同上书,第63页。

人口。在中华帝国的每个县，都有一座庙来奉祭孔子。皇帝、王公、贵族和读书人都向他礼拜——给他一种无神论的崇拜。因为孔子不相信来世，也不相信任何神、天使和神灵，所以对他的礼拜不能称为宗教性礼拜。""孔子的一生没有惊天动地的事迹，他的箴言被历朝帝王奉为'万世真理'，公正、仁慈、社会秩序，这三个术语几乎能理解他的全部教诲。"[1]一方面，《华英字典》的问世代表着当时最高水平的汉文和外文双解词典，"是所有其他欧洲学者难以与之比拟的"[2]——这是法国著名汉学家雷慕沙（Mons Remusat）的评价，他说："马礼逊博士的《华英字典》与其他字典相比，具有无可比拟的优点。"[3]另一方面，它使中西文化交流更为便捷和直接，中西学者和其他相关人士可以通过《华英字典》来展开中西文化诠释及理解，在这种中英语言、字义的对比、对照中，找出中西文化的异同及其可能沟通的途径。

四

除了编辑出版这一具有三部六卷、篇幅近五千页[4]的《华英字典》巨著之外，马礼逊出版的中文著作还包括《神道论救赎救世总说真本》（广州，1811年）、《问答浅注耶稣教法》（广州，1812年）、《古时如氏亚国历代略传》（1815年）、《养心神诗》（1818年）、《年中每日早晚祈祷叙式》（马六甲，1818年）、《神天道碎集传》（马六甲，1818年）、《西游地球闻见略传》（1819年）、《古圣奉神天启示道家训》（马六甲，1823年）、《杂文编》（澳门，1833年）、《祈祷文读神诗》（澳门，1833年）等。由此，他以汉语撰写西方宗教、神学、灵修、历史、

---

[1] 《字典》第一卷，第637—713页；转引自《马礼逊与中西文化交流》，第70页。
[2] 《马礼逊回忆录》，第203页。
[3] 转引自《马礼逊与中西文化交流》，第78页。
[4] 各家对其总页数的统计不同，库寿龄的统计为正页4775页，罗马字母页44页，共4819页；叶再生的统计为正页4830页，卷首页70页，共4900页；汪家熔的统计为总共4836页；参见《马礼逊与中西文化交流》，第58页注2。

语言、文学、地理等著作的方式，在晚清时期重启了"西学东渐"之业，使因"中国礼仪之争"而中止的明末清初由天主教耶稣会士引领的中西文化对话与交流得以延续。

当然，马礼逊所"东渐"的"西学"以基督教信仰及相关历史、神学、礼仪知识为主。作为来华传教士，马礼逊将传播基督教视为自己的根本使命。因此，在用汉语撰写上述神学、教义、祈祷、礼仪、灵修等著作上，他下了很大的功夫，旨在让中国人能很快理解基督教知识，接受基督教信仰。但与此同时，他也以汉语著述介绍了相关的世界知识，为中国人观看外面的世界打开了一扇窗门；这就使他引入的"西学"显然已超出了基督教信仰范围。例如，他用汉语撰写了古代犹太国的历史文化，描述了他游历世界各地的见闻，这客观上也让当时处于封闭状况中的中国人在一定程度上开了眼界，对外来文化有所了解。从这一意义上讲，马礼逊为西学传入近代中国开了先河。

另外，马礼逊撰写和出版中文著作之举，对西方尤其是当时欧洲的学者亦颇有启迪意义。这种由外国人用中文著书立说的方式，明显促进了西方汉学的深层次发展，使其有了成熟腾飞的双翼。在学习语言的听、说、读、写中，能用相关语言来写作应是其所达到的最高境界。为此，与马礼逊同时代的德国汉学家蒙士奇博士在评价马礼逊的这一贡献时曾说："我敢断言，马礼逊博士在过去10年所出版的多种中文书籍，要比过去100年来印行的天主教传教士的著作和文章，对欧洲的学者们要有用得多。"[①]马礼逊用汉语介绍"西学"知识，一方面旨在其"传播"的"西学"容易被中国人所"吸纳"，由此使其"传播"得到积极的回应；另一方面也必然促使"传播者"本身在中国的语言文化处境中有一种"融入"和"重构"的转换。所以说，马礼逊撰写中文著作，实际上反映出"西学东渐"中的"西学"与"中学"之交融互渗，代表着走向积极的双向互动之意向。

---

① 引自《马礼逊回忆录》，第203页。

五

马礼逊在当时中西文化交流的低谷时期不仅致力于"西学东渐",而且还自觉地将中国文化引入西方社会尤其是其知识界和宗教界。他用英文著书立说,先后出版了《中华之晷》(*Horae Sinicae*, London, 1812)、《通用汉言之法》(*A Grammar of the Chinese Language*, Serampore, 1815)、《中文原本翻译注解》(*Translations from the Original Chinese with notes*, Canton, 1815)、《中国语言对话》(*Dialogues and Detached Sentences in the Chinese Language*, Macao, 1816)、《中国大观》(*A View of China, for philological purposes*, Macao, 1817)、《两部将编汉语字典之间的相似》(Urh-Chih-Tsze-Se-Yin-Pe-Keaou, *being A Parallel Drawn Between the Two Intended Chinese Dictionaries*, London, 1817)、《米怜牧师回忆录》(*Memoirs of the Rev William Milne*, D. D., Malacca, 1822)、《关于中国和广州港口的消息》(*Notices Concerning China and Port of Canton*, Malacca, 1823)、《中国,供学校应用的对话》(*China, a dialogue for the use of Schools*, London, 1824)、《中国杂记》(*Chinese Miscellany*, London, 1825)、《临别演讲录》(*A Parting Memorial*, London, 1826)、《广东土话字汇》(*Vocabulary of the Canton Dialect*, Macao, 1828)等。其目的是向西方介绍中国历史、文化、语言、思想、宗教等知识,从而再行始于明清的"中学西传"之努力,好让西方更多地了解、认知中国。

这种"中学西传"实质上代表着西方"汉学"进入了一个新的发展阶段。在这些英文著述中,马礼逊强调了学习中文的重要意义。对于当时英语世界所存在的中国文化知识匮乏的现象,马礼逊非常担心和着急。他在1818年底写给英国友人的信中指出,"中国的语言文字是活的,它是世界上最古老的语文之一,有三分之一的人类在使用它。但在英格兰和苏格兰所有的教派里和党派里,在宗教界和学术界里,对于中国的语言文字竟然完全茫然无知,这是何等的荒谬啊!是否应该有一部分人，抽出时间来学习中国语文呢？因为这是东方五个国家所共同使用的文字，有数以万计的原著都是用中文写的和出版的。"①在他看来，学习中文首先是为了实际应用，以这一语言工具来直接接触并深入中国文化之内，体悟到中国语言文化的意义和优美。不过，要真正了解、掌握中国的语言真谛，则需要广泛的中国文化知识。因此，马礼逊认为中国语言学习和中国文化知识学习是相辅相成的，二者只有在交互学习、刺激和推动下才能共同提高。他在《通用汉言之法》译介中国诗歌及韵律时指出："没有广博的有关中国古代历史、风俗、礼仪的知识，要理解中国的诗文是非常困难的。一个段落的题旨和美妙常常依靠外国人不能觉察到的某些微妙的暗示来体现，而且它的形式简洁，置入一些罕见字。"②在《中国大观》中，马礼逊进而主张，为西方人学习中文所编的汉语字典也应该具有涵括中国文化知识的百科辞典性质，"一本外国语字典，应该附加有关那个国家的历史、地理、宗教、哲学、政治和社会习俗等的内容"，因为"一个人如果对一个国家的历史、地理、政治、宗教习惯以及当地的风俗和观点不甚了解，相应地，他很难理解那个国家的语言。同时在应用那个国家的文字和语法时，就会出现错误"③。这种认知使西方近代汉学从以汉语学习为主扩展为对中国文化知识的综合了解和整体把握，由此西方近代获得了对于中国更为清晰和准确的图像。可以说，马礼逊在 19 世纪初对中国的了解是颇为深入和全面的，而在当时的中国人中则鲜有对世界有如此透彻的理解者。

综上所述，马礼逊与中国文化的对话按照当时的情况相比较已是多层次、全方位的，涵盖许多方面，触及众多领域。其探究不仅给中国带来了基督教新教信仰传统，使中国人开始全面认识西方社会及其思想文化，而且也将中国语言文化知识更系统、更深入地传给了西方世界。欧美学者吉德为此曾指出，"马礼逊与中国有关的文学和圣经著作，不仅

---

① 《马礼逊回忆录》，第 143 页。
② 中译文引自《马礼逊与中西文化交流》，第 88 页。
③ 参见《马礼逊与中西文化交流》，第 90 页。

对英国和欧洲大陆诸国的许多狂热的信徒施加了巨大的宗教影响，而且对文学、科学、商业和宗教各社会公共团体也产生了重要影响。"[1]从历史事实来看，马礼逊在华传教活动并无大的起色和进展，在完成其首要任务上并不是很成功，但他与中国语言、文化、思想对话的意向却为中国近代的发展与改革带来了一些意味深长的启迪，并有着实践上的某种开创。在当时的历史背景下，马礼逊与中国文化的对话既是以往对话的延续，更代表着具有现代气息的探讨和突破。虽然此后的历史发展因鸦片战争而导致了不利于中西对话的另一种方向，基督教在中西对话中的意义和作用亦蒙上了阴影，但我们今天却仍可以通过审视马礼逊的来华经历而为中西文化交流与对话这一艰巨、重要的事业来总结过去，展望未来。当今全球化的时代给思想文化的交流带来了前所未有的便利，而中西方在今天的相互对话中无论是在政治上还是在文化上都已经真正处于彼此平等的地位；从历史的经验教训来看，对话会让不同文化的人们走到一起，而对抗则会使双方两败俱伤。因此，我们相信新形势下的这一中西对话将是积极的、富有成果的，也会为世界的和平、进步做出有意义的贡献。

(原载《世界宗教研究》2010年第3期)

---

[1] 参见《马礼逊与中西文化交流》，第96页。

第十一章

马礼逊汉学研习对基督新教在华发展的影响

一 新教入华之始

马礼逊作为第一个来中国大陆传教的新教传教士，代表着中国基督教发展的一个全新开端。他不仅意味着中国基督新教历史的开始，而且亦象征着基督教在华探求存在及发展的一种新思路、新方法。马礼逊在华近30年的经历中，研习汉学、汉译《圣经》、撰写和出版中西文字典及著作、办学兴教等占了很大比重。这种以汉学研习为切入点的传教方式，对近代中国基督教发展产生了深远影响，尤其是体现出新教在华传播和发展的一些特色。

值得注意的是，马礼逊在华传教时期乃在鸦片战争爆发之前，因而与"鸦片战争"后受不平等条约保护下的传教有着本质区别。马礼逊的传教方法及其在华实践，反映出当时基督教在华的生存空间及其发展的可能性，其结合中国文化并融入中国文化的任务遂显得格外艰巨和重要。马礼逊自己也没有意识到其来华传教实际上是代表着基督教入华历史一个全新时代的开端，而其对《圣经》的整体翻译也是首创之举。因此，其开教的尝试本来乃意味着一种文化对话、翻译交流的路径。然而，鸦片战争的爆发打断了这一进程，使基督教在华获得迅速却畸形的发展，并形成了基督教与中国文化相互理解和沟通上的种种障碍。这种阴影和不利一直延续至今，使基督教的在华定位及意义一直悬而未决。因此，在回顾、总结基督新教在华发展 200 多年的历史之际，对马礼逊始传新教的踪迹重新加以探寻，就有着识古通今，开拓未来的独特意义。

二　预备东方旅程

马礼逊（Robert Morrison，1782—1834）于 1804 年入英国伦敦会，随之在赴非洲或中国传教之选择上选定了中国，开始研习汉学。这种选择使他准备工作的首选就是学习中文和中国文化，他曾经向在英国留学商务的中国广东人容三德求教中文和孔子学说，并萌发了将《圣经》译成中文的念头。为此，他于 1806 年借用大英博物馆所藏天主教巴黎外方传教会士巴设（J. Basset，亦译白日陞）汉译的部分《新约》经文（史称汉译《圣经》之"巴设手稿"或"明清本"）来参考，为其将来系统汉译《圣经》做准备。"巴设手稿"乃其 1700 年左右根据拉丁文《圣经》而汉译的《四史攸编耶稣基利斯督福音之会编》，包括"四福音书""使徒行传"和"保罗书信"。据传马礼逊曾按"巴设手稿"抄录 30 页，又请容三德抄至《希伯来书》。此抄本被马礼逊带到中国后，成为其汉译《圣经》之蓝本和借鉴。

1807 年 1 月 8 日，马礼逊完成其神学院的学业，随之被按立为牧师，并于 1 月 31 日受英国伦敦布道会派遣来华传教，成为基督新教派往中国大陆的第一位牧师。马礼逊先乘坐"汇款号"货船到美国纽约，再于 1807 年 5 月 12 日乘"三叉戟号"船横渡大西洋，经好望角和马六甲海峡，于同年 9 月 4 日到达澳门，9 月 7 日抵广州。由此，澳门成为其入华传教的第一站，并与中国基督新教发展的历史结下不解之缘。

三　翻译工作的贡献

马礼逊来华后住进英美商行，继续悄悄攻读汉学，聘请多位华人教其汉语、粤语和中国文化知识。此间从伦敦返回广州的容三德曾教他"四书""五经"。来自北京的天主教徒殷坤明曾借助拉丁文教其学汉语和试着汉译《圣经》，另一中国人罗谦和称为高先生的满族人亦曾教他研习中国经史之学。以这些汉学知识为基础，马礼逊于1808年即开始在陈老宜、李十公等中国人的协助下汉译《新约全书》，于1819年全部译成。这一译本乃是最早完成的中文《圣经》全译本，在世界翻译史和中国翻译史上都占有独特的地位。同时，这种合作方式既延续了明清耶稣会士与中国文人合作翻译的传统，又开创了中外人士联合翻译《圣经》的合作新类型。该译本后于1823年在马六甲出版，取名《神天新旧遗诏全书》，史称"马礼逊本"或"马礼逊与米怜译本"。

马礼逊汉学研习的另一大领域，即结合《圣经》汉译而开展了英汉字典的编纂工作。1808年，马礼逊根据《康熙字典》而开始编译其工程浩大的《华英字典》。这部工具书于1815年在澳门出版了第一卷，取名《字典》。其特点是采取汉英对照的形式，按嘉庆十二年（1807年）刊刻的《艺文略览》来英译，并以汉字笔划分为214个字根来编排，书后附有字母索引。其第二卷于1819年出版了第一部分，1820年续出第二部分，定名为《五车韵府》。此卷的特点是根据音标而按英文字母排列，其附录则以拼音顺序列出楷书、行书、草书、隶书、篆书、古文六类汉文书写体。马礼逊这一编纂工程的第三卷于1822年出版，取名为《词典》，即一部《英汉词典》，采用英汉对照体例，其解释和例句则有汉译。由马礼逊独立编成的这部大型字典于1823年基本出齐，共有六本4595页[①]，成为当时涉及辞典学、汉学和中西文化比较等领域、引起学术界高度重视的巨著。

马礼逊在华期间，还撰写出版了大量中、英文著作，内容涉及宗教、神学、历史、地理、语言、文学等方面。例如，其出版的中文著作即包括《神道论赎救世总说真本》（广州，1811年）、《问答浅注耶稣教法》（广州，1812年）、《古时如氏亚国历代略传》（1815年）、《养

[①] 不同版本的页数稍有不同，参见前文（本集第十章）相关说明。

第十一章　马礼逊汉学研习对基督新教在华发展的影响　163

心神诗》（1818年）、《年中每日早晚祈祷叙式》（马六甲，1818年）、《神天道碎集传》（马六甲，1818年）、《西游地球闻见略传》（1819年）、《古圣奉神天启示与道家训》（马六甲，1823年）、《杂文编》（澳门，1833年）、《祈祷文读神诗》（澳门，1833年）等。其撰写的英文著作则有《中华之晷人》《汉语语法》《中国一览》《米怜牧师回忆录》《中国杂志》《广东土话字汇》和《英国文语凡例传》等。

四　间接传教法

马礼逊入华后采取的方法乃间接传教法。由于当时清廷严厉禁教，中国普通百姓对基督教知之甚微，而澳门则主要为天主教传教影响之范围，所以马礼逊在华直接传教的难度较大，不易取得成功。于是，研习汉学，翻译出版《圣经》和著书立说乃马礼逊在华主要精力之所在。他于1809年后获得英国东印度公司翻译之职，从而以该公司正式雇员的身份为掩护在澳门、广州等地从事译经、出版和传教活动。他在1813年译完《新约》后，曾在广州刻版印出2000部。帮助马礼逊从事刻版印刷工作的中国广东人亦成为其传教的最初对象。例如，马礼逊于1814年9月9日（农历重阳）在澳门为广东印刷工蔡高施洗，发展了基督新教在中国大陆的第一个教徒。在蔡高信教的影响下，其兄蔡兴、其弟蔡亚三此后亦受洗入教。据说另一广东印刷工梁发也是因印刷出版上的交往而与马礼逊相识，随之对基督教产生好感。梁发最初曾向马礼逊请求受洗未果，后于1816年11月3日在马六甲经米怜施洗入教，成为基督新教的第二个中国大陆人信徒。梁发于1819年回到广东后继续在马礼逊手下当雕版工人，后在1823年底在澳门被马礼逊按立为伦敦会的宣教士，1827年时又被马礼逊特别按立而获讲道职位，从而被视为基督新教实际上的第一个中国籍牧师。在这种小范围的传教活动中，马礼逊于1822年在广州为华人蔡谦施洗，1830年在澳门为梁发的徒弟屈昂施洗。随着这些中国信徒的出现，最早的中国基督新教教会亦悄然诞生。

马礼逊在广州等地印刷出版《圣经》和其他基督教书籍的活动引起了当地清朝官府的注意，参加印刷刻版的中国工人为此而遭捕捉，东印度公司对马礼逊此举亦曾表示不满，一度提出要辞退他。后因马礼逊的好友斯当东（Sir George Thomas Staunton）向该公司董事会力保其担任英国赴华特使阿美士德（Lord William Pitt Amherst）的中文翻译，马礼逊才没被东印度公司撤职。1816年，马礼逊曾作为阿美士德的翻译兼秘书到北京参加谈判活动，但并没有找到其在华公开传教的机遇。

直接或公开传教的困难，促使马礼逊下决心在办学兴教、办刊办报和印刷出版等方面另辟蹊径。为此，马礼逊曾建议伦敦会推行"恒河外方传道"（Ultra Ganges Mission）计划，认为"中国的现状，不容许我们传教事业举办印刷及其他各种事工，甚至个人之居留亦不能确定。是故必须在信奉基督教的欧洲政府治下之地域，另觅一处邻近中国的基地，可于此成立中国传教事业的总部"。这一基地的主要任务在他看来包括"在最短时间，开办免收学费的中文书院一所"；"在马六甲发行一中文月刊"；"举办中文、马来文及英文之印刷业务"；"总部内将常以中国语举行礼拜仪式"等[①]。在马礼逊的倡导和组织策划下，这一计划得以实施。1813年，马礼逊派米怜去南洋马六甲设立传教基地。1815年8月5日，由马礼逊筹办、米怜负责编辑的中国近代第一份中文期刊《察世俗每月统记传》在马六甲问世。1818年，其筹建的英华书院亦在马六甲落成，中国基督新教的早期领袖人物梁发、何福堂等人曾在此就读。此外，马礼逊亦积极参与和支持在中国本土的办报办刊活动。他曾被聘为在华第一份英文日报《广州纪事报》（Canton Register，又称《澳门杂录》）的副编辑。在马礼逊的直接倡议下，来华新教传教士在广州于1832年创办了英文期刊《中国丛报》，1833年创办了中国国内最早的中文期刊《东西洋考每月统记传》。马礼逊直接参与或出面支持的这些办刊办报和出版印刷活动，对中国近代报业和出版事业产生

[①] [英]海恩波：《传教伟人马礼逊》，简又文译，香港基督教辅侨出版社1960年版，第84—85页。

了极为重要的影响。

从马礼逊来华传教的收获来看，经其施洗而入教的中国人并不多。但其宣道传教活动及其结果乃标志着基督新教在华迈出的极为艰难且极为关键的第一步。而马礼逊以研习汉学来作为其传教使命之准备，以认识、了解中国语言文化来探寻其在华宣道之途，则为此后来华新教传教士作出了楷模，并为其比较中西文化、寻求文化交流和沟通的契合点提供了启迪及思路。认识到此点之重要性的来华西方人士曾为澳门之马礼逊墓立碑撰文，称马礼逊为"有万世不朽之言行"的"万世不朽之人"，对之倍加称颂："当其于壮年来中国时，勤学力行，以致中华之言语文字，无不精通。迨学成之日，又以所得于己者作为华英字典等书，使后之习华文汉语者，皆得藉为津梁，力半功倍。故英人仰慕其学不厌、教不倦之心，悉颂为英国贤士。"①

大体而言，马礼逊之汉学研习对基督新教在华发展的影响可包括其汉译《圣经》使基督信仰进入中国文化，以及其研究"四书""五经"使中国文化进入西方社会这两大方面。而马礼逊对中西文化交流上的重要促进，则包括其创办刊物交流文化和创办学校促进教育等方面。

可以说，马礼逊汉译《圣经》之举开创了基督新教在华全译《圣经》的时代，并使《圣经》汉译事业在中国出现质的飞跃。马礼逊和米怜合作翻译完成的《圣经》汉译本是中国第一部汉译《圣经》的全译本。在此之前，入华天主教传教士并不太注重《圣经》的汉译工作。来华耶稣会士利玛窦于1584年出版了一册题为《琦人十规》的汉文教理问答书，内容涉及《圣经》中的"十诫"，阳玛诺亦先后于1636年和1642年出版了汉文《圣经直解》和《天主圣教十诫真诠》，艾儒略也曾出版过《天主降生言行纪略》，但这些大多为《圣经》故事的改写和《圣经》经文的诠释，并非真正的《圣经》汉译。18世纪时，一些天主教入华人士开始以汉语试译《圣经》，如巴设的《新约》部分汉译和曾在清廷任通译官的法国耶稣会士贺清泰之汉译《古新圣经》。但这

---

① 马礼逊墓碑碑文，见《中国丛报》第十五卷，1846年2月，第105—106页。

些译稿并没有真正完成《圣经》的全部汉译工作,而且均未付梓,故在中国社会既无流传,亦无太大影响。所以说,严格意义上的《圣经》汉译史乃始于马礼逊的《圣经》翻译工作。基督新教有"因信称义"的传统,其创始人马丁·路德亦以德译《圣经》之创举而使信徒能直接阅读《圣经》,倾听"圣言",对新教徒的思想解放起了很大的推动作用。因此,基督新教极为强调《圣经》在其信仰中的地位,亦重视《圣经》的翻译工作。马礼逊来华传教时身体力行,即把这一重要传统带入了中国。在马礼逊之后,新教入华传教士将汉译《圣经》作为一项非常重要的任务来对待。随之即有多种新的《圣经》汉译本问世,如参都思、郭士立、裨治文和马礼逊之子马儒翰四人对"马礼逊本"修订重译而于1840年完成出版的"四人小组译本",由麦都思、郭士立、文惠廉、裨治文人审译而于1855年出版的"代表委员会译本"(简称"代表译本"或"委办译本"),以及始于1890年,于1919年完全推出的《圣经》文理、浅文理和国语"和合译本"等。新教传教士汉译《圣经》不仅推动了近现代天主教人士对《圣经》的汉译和中文诠释,而且也促使许多中国学者投身于《圣经》汉译的工作,从而为中国近代翻译事业的发展注入了活力。

五 两种思想形态的相遇

《圣经》汉译本身,乃西方入华传教士学习中国思想文化、寻求语言思维之沟通及理解的过程。若无这种《圣经》汉译之开端,则谈不上今日汉语基督教神学之发展。一般而言,入华传教士大体持有如下两种不同态度或观点:一种认为其来华是要传播基督教的纯正性、超越性和普世性,故不存在所谓"文化认同"或"文化沟通"的问题,其"传"乃是"取代"而不是"融入";另一种则强调基督信仰这种纯正、超越和普世特性亦存有其如何面对现实处境、如何"进入文化"的问题,此即基督信仰之"道成肉身"的问题。颇为有趣和令人深思的是,"进入文化"或称"文化化"(Inculturation,亦译"本色化")

与"道成肉身"(Incarnation)两术语在西文词形上有着惊人的相似之处,二者都存有一种"入"(in-)和"化"(ion)的关系。

现今认信或研究基督教的学者对上述两种态度亦有相应的响应。按其时序性和逻辑性来看,"传"乃关涉"闻道有先后"的问题。然而,倡导汉语基督神学者则认为,"闻道无先后",历史上各类基督神学是一个信仰性的思想发生事件。因此,就汉语基督神学的建构而言,并没有要特别考虑其中国化的问题。提出基督神学的中国化问题,乃基于如下论点:"基督神学是西方的神学"。这一论点虽然长期支配着中国知识界和神学界,在这种"闻道无先后"的观点看来却是一个基本"误识",其认为这种论点基本上只是现代化过程中民族国家的文化语境之产物。

按照上述思想逻辑,对于汉语基督神学的发展,要考虑的问题首先是自身与理想型态的基督神学的垂直关系,即汉语思想之语文经验如何承纳、言述基督事件和反省基督认信,并不需要其横向的文化穿越。因此,汉语基督神学就必须考虑其言述的重新奠基问题:从本色化或中国化的思维框架中走出来,直接面对基督事件。[①]这里,其强调的乃是与"理想型态"之基督神学的"垂直关系",坚持作为"历史型态"的汉语神学与处于同类型的希腊语神学,拉丁语神学,以及英、法、德、西、俄语神学仅具有"历史的基督思想之语文经验的交往关系"。很明显,这种观点忽视了神学发展真实的社会历史存在,将之抽象化为一种并不真实存在的"理想型态"。

不赞成基督教之本色化的论者还从神学等角度指出本色化是"要给神学涂上本地的或本民族的色彩,或者给基督教换上本地的或本民族的面貌。因为中文的'化'这个词,含有使对象变化的意思,所以,'本色化'至少有可能在实践中被解释成民族性或本地性才是目的——

---

① 刘小枫:《现代语境中的汉语基督神学》,《道风汉语神学学刊》1995年第2期,第42页。

要把对象'化'过来，相比之下，普世性或超越性反而不重要了。"[①]其实，没有民族性和本地性，也找不到普世性和超越性，没有抽象的基督神学，而只有在真实社会处境中产生的、接地气的基督神学。所以，这些对神学本色化不以为然的观点或主张使人们不得不对整个基督教的发展史和传播史加以回顾和反省。

六　在文化沃土中扎根

针对上述观点，笔者认为，脱离历史和文化处境的那种"理想型态"之基督神学在实际中并不存在，人们最多也只能从基督信仰之源的耶稣福音和各种神学表述之多元整合的升华中对之加以体会和概括。那么，中西基督教的关系不只是"语文经验的交往关系"，而有着"传播"与"吸纳""进入"与"重构"的复杂关系。信仰之人亦为受文化濡染之人，而近代中国基督教乃由西方传教士传入这一历史事实则表明了各自文化积淀在这种传播与吸收之关系中的存在及作用。基督道成肉身按其神学直解而言即包括体现上帝之道和享有人世经验这两个方面。离开"本土""处境"则很难产生能起实质作用的神学。

因此，这一信仰昭示其观念、理想乃具有具体表征，即人们所说的本地化或本土化、本位化、本色化和处境化方面。若结合中国实际，则存有基督教之中国化的问题。从基督信仰之道成肉身来理解本色化和文化化，"那意味着福音要在某一文化中，从礼仪、社会活动或该文化特有的架构上，作具体的表现。……福音在文化中'扎根'。在文化沃土中，福音不仅能和一些别的树木一样，移植生长，它还是一株带有该文化标记的树"[②]。基督教在其发展过程中曾有过古希伯来、古希腊罗马和近代西方文化披戴，近代传入中国的正是具有这种西方文化表征的基

[①] 何光沪：《"本土神学"管窥》，《道风汉语神学学刊》1995年第2期，第160页。
[②] ［比］钟鸣旦著《本地化，谈福音与文化》，陈宽薇译，台湾：光启出版社1993年版，第51—52页。

督教。仅从文化意义上而言，它就需要"化入"中国。

马礼逊来华之际，清朝严禁天主教为时已久，中国人对基督教亦多有陌生及抵触之感。在这种历史背景中，马礼逊以汉译《圣经》而找到了既能传播基督教原初真谛、又可进入中国文化的最佳切之点。其汉译本身就代表着对中国语言文化的研习，即对中国思维思想的求通、求同之探。鸦片战争之后，不少来华传教士过于强调"中国的基督教化"，从而忽略了"基督教的中国化"，由此扩大了中西宗教文化之间的隔膜和冲突，基督教对不少中国人而言，成为与其思想文化相抵触的"洋教"。

正是基于这一历史事实，中国基督教界的有识之士才为追求基督教的中国化及其神学的本色化或处境化而努力了近一个世纪。基督教在华的希望也只能是通过其文化融入而与中国文化共同重构。这种"传"与"化"乃是双向互动的有机过程，旨在人之信仰及文化的更新和升华。所以说，马礼逊汉译《圣经》之举，既标志着近代基督教文化与中国文化深入交流的开始，也给这一历史进程留下了深刻的启迪和思索。

如果说马礼逊汉译《圣经》是一种西方文化的"输入"，那么另一方面，马礼逊对"四书""五经"的钻研则乃中国文化的"输出"。其对"四书""五经"的探究实际上带动了近现代新教入华传教士将中国经典文化西传，客观上起了传播中国文化的作用。如果说马礼逊汉译《圣经》乃一种信仰意义上的"西学东渐"，那么其所习"四书""五经"等中国古典文献、将中文书籍带往西方之举则代表着"中学西传"在近代的重新开始或意味深长的延续。马礼逊来华前后曾随容三德、罗谦等中国学者研习"四书""五经"等中国经史之学，对历史悠久的中国传统文化有着浓厚的兴趣。1824年，马礼逊乘回英国休假的机会，带回他在中国精心收集的一万余卷汉文图书。这些书籍被全部捐赠给伦敦大学图书馆，成为当时西方研习汉学的珍贵资料。此外，马礼逊在这次休假期间还在英国组织"东方文社"，主办"中国杂志"和"妇女中文研究班"。其在汉学研习上的成就，使他被英国皇家学会吸收为会员。因此，在马礼逊身上，我们亦看到了其身体力行的中西文化文流之双向互动。

受马礼逊的影响，来华新教传教士一是注重与中国学者一道研习中国经典、汉译《圣经》，二是开始将中国经典著作系统地译成西方语言，向西方世界介绍中国文化。例如，传教士汉译的《圣经》"代表译本"曾请中国学者王韬润色，而王韬成为英国伦敦会入华传教士理雅各（James Legge，1815—1897）英译"四书""五经"的得力助手。

理雅各于1839年受遣来华传教，曾任马六甲英华书院院长，1843年随书院一道迁至香港，开始系统研习中国古典文化。他认为，"只有透彻地掌握中国人的经书，亲自考察中国圣贤所建立的道德、社会和政治生活基础的整个思想领域，才能被认为与自己所处的地位和承担的职责相称"[1]。其在华的经历使之深感"如果想引起一个民族的注意，而不试图去了解那个民族，那将是一个悲剧"[2]。这种见解反映了当时入华传教士中许多人希望认识了解中国、亦被中国所认识了解的心态。

为此，理雅各自1841年起英译"四书""五经"等中国经典，于1861年出版其《中国经典》英译本第一卷。此后25年间，他先后译出《论语》《大学》《中庸》《孟子》《春秋》《左传》《礼记》《书经》《孝经》《易经》《诗经》《道德经》《庄子》等著作，共达28卷之多。其《中国经典》英译本共在香港出版了五卷，包括第一卷的《论语》《大学》《中庸》，第二卷的《孟子》，第三卷的《尚书》，第四卷的《诗经》，第五卷的《春秋》和《左传》。此后他还在伦敦出版了《易经》和《礼记》的英译本。理雅各在1876年担任牛津大学首任中国语言文学讲座教授，成为英国汉学的代表人物。他在任教期间又出版了大量关涉中国思想文化的著、译作品，包括《法显行传》《西安府大秦景教流行中国碑考》《孔子——中国的圣贤》《孟子——中国的哲学家》

---

[1] ［英］理雅各：《中国经典》英文版第一卷，第95页，汉语译文引自顾长声著《马礼逊到司徒雷登——来华新教传教士评传》，上海人民出版社1985年版，第126页。

[2] 《景风》第11期，1966年香港出版，第99页。

《中国文学中的爱情故事与小说》《致缪勒函有关中国人称帝与上帝》《中国编年史》《离骚及其作者》《帝国儒学讲稿四篇》《封建的中国》《道德经》《道教论》《中国的诗》《扶桑为何及在何处?》《中国古代文明》《基督教与儒教之比较》《孔子生平及其学说》《孟子生平及其学说》《中国的宗教》等。理雅各系英译和研习中国经典之举有力促进了中国思想文化传入西方社会,为中西文化交流做出了独特贡献。

马礼逊研习中国经典、编纂西汉词典的行为给入华新教传教士树立了楷模,对中国思想文化的热心钻研一时成为风尚。继理雅各之后,德国同善会入华传教士尉礼贤(Richard Wilhelm,1873—1930)亦开始系统德译中国古代经典,成为德国著名汉学家和翻译家。尉礼贤自1899年以来两度来华,在山东和北京广交中国朋友,结识劳乃宣、蔡元培、梁启超、胡适、罗振玉、王国维等中国学者。据说他"笃志中国孔孟之道,讲求经学",甚至把主要精力从传教转向了研习中国古典文化。在劳乃宣等中国学者的帮助下,尉礼贤先后将《论语》《道德经》《列子》《庄子》《孟子》《易经》《吕氏春秋》《礼记》等译成德语出版。他还德译出版了《西游记》《三国演义》、"三言""二拍"《聊斋》《搜神记》《封神演义》和《列国志》中的部分章节,撰写出版了《中国民间童话》《中国诗歌集》《中国文学手册》《中国文化史》《中国之魂》《中国的经济心理》等著作。1924年,他担任法兰克福大学的汉学讲座教授,随之于1925年在法兰克福创建了德国的第一个中国研究所。尉礼贤的汉学研习亦为中国思想文化系统传入西方德语世界奠定了基础。

在马礼逊开创的这种汉学研习风气下,入华新教传教士中卓有成就的中国思想文化研究者或翻译家还包括麦克开拉启、鲍康宁、艾约瑟、李提摩太等人。麦克开拉启属英国圣公会入华传教士,1876年曾首次将《易经》译为英文,并著有《儒家宇宙起源说》和《〈易经〉符号》等。鲍康宁为英国内地会入华传教士,于1904年英译出版《好逑传》,并编有《汉英分解字典》和《华文释义》。艾约瑟是英国伦敦会入华传教士,他除研习《易经》外,亦著有《中国佛教》《中国宗教》和

《中国在语言学上的位置》等。李提摩太则是英国浸礼会入华传教士，他不仅在传教和中国近代史上有广远影响，而且也是著名出版家和翻译家，其英文著作《华夏诸神表》和其英译的《三国演义与圣僧天国之行》亦为研究中国古典文化的成果。

七　创办刊物交流文化

马礼逊倡导的办刊办报之举为入华新教传教士展开中西思想文化比较开辟了园地。在马六甲创办的《察世俗每月统记传》从一开始就注意在形式上和内容上贴近中国文化。该刊外观如线装书，每期扉页上印有《论语》之言："子曰多闻择其善者而从之。"其内容亦多用儒家术语来诠释、注解基督教。甚至采用章回体小说的形式来刊登文章。而马礼逊倡办、德国传教士郭士立具体负责的《东西洋考每月统记传》亦以"四海之内皆兄弟"为口号来力主中西文化的沟通。该刊一方面介绍西方实用科技知识，另一方面也介绍汉赋唐诗等中国人文知识。其主编郭士立撰写的《中国史略》《道光皇帝传》《开放的中国——中华帝国概述》等著作亦起过向西方传播中国文化的作用。

尤值一提的是，在马礼逊支持下，由美国新教传教士裨治文主编的英文《中国丛报》乃成为当时西方研究中国的最重要资料来源。裨治文被尊为美国"中国学"的先驱，而其助手卫三畏1877年返美后亦成为耶鲁大学第一位汉学教授。卫三畏曾在《中国丛报》发表其英译的《三国演义》第一回，郭士立也在该报上最早将《红楼梦》介绍给西方读者。新教传教士在华所办的报刊，不仅为当时中西文化比较创造了气氛，而且也使一批传教士成为精通中西文化的专家学者。如卫三畏编著的《中国总论——中华帝国的地理、政府、教育、社会生活、艺术、宗教及其居民概况》曾被视为西方研究中国的权威著作，一度被西方学术界列为研究中国的必备之书。

这种中西思想文化比较的结果，是在入华新教传教士中加强了认同中西文化的倾向。这些新教传教士颇为推崇明清耶稣会入华传教士

"天儒合一"、以基督教来"补儒""合儒"的主张，希望基督教教义能与孔孟儒学融合在一起。为此，美国新教传教士林乐知甚至率先将"孔子加耶稣"加以系统的理论阐述，通过教会所办报刊来论证基督教教义与儒家思想精神相合的可能性。另一德国新教传教士花之安亦极为赞成"孔子加耶稣"的口号。他因热衷于对中国思想文化及宗教传统的研究而被加拿大入华传教士季理斐誉为"19世纪最高深的汉学家"。可以说，来华新教传教士对中西文化求同之路的探寻，乃从马礼逊以来一脉相承。

八 创办学校培育人才

此外，马礼逊的办学兴教主张还开创了中国基督新教注重教会教育的局面。马礼逊在马六甲创办的英华书院乃在华新教传教士设在南洋的第一所教会学校，它亦标志着其教会教育的开端。马礼逊重视教育的思想被其他来华新教传教士所继承发扬。马礼逊去世后，"马礼逊教育会"自1835年初开始筹办，于1836年9月28日在广州正式成立。受马礼逊教育会的委托，美国新教传教士布朗于1839年11月4日在澳门创办马礼逊学堂，此乃中国近代史上第一所西式学堂。该校学生容闳、黄宽和黄胜于1847年随布朗赴美国留学，成为中国近代史上第一批留学生。

英华书院和马礼逊学堂的开办乃中国现代意义上的教育之肇端。清朝教育制度沿袭明朝科举体制，其学塾或私塾课程单调，教法僵硬，因而西式学堂的引入为中国教育界带来了一阵清新之风，并显示出强大的生命力。此后，教会学校在中国近代教育中占有很大比重，而清政府设立的一些洋学堂如同文馆、京师大学堂中亦聘有传教士任教员或总教习。在中国近代教育发展中，入华新教传教士特别重视高等教育工作。至1918年，中国国立大学约有3所，私立大学为5所，天主教办有1所大学，而新教在华所办教会大学则已达14所之多。这些教会大学的建立对促进中国高等教育的发展有着极为关键的意义。

马礼逊对教育的重视为中国新教教会存在及发展之方式提供了非常重要的思路。入华新教传教士曾就入华传教的方式展开过激烈争论，对究竟应走戴德生式的下层路线还是走李提摩太式的上层路线有不同的见解。但在以办教育来传教兴教上，这两条道路达到了相通，成为入华新教传教士的一种共识。

结　语

综上所述，马礼逊在华的传教实践及其方法为基督新教在华存在及发展的一种雏形，其汉学研习表现了向中国文化求同的意向，并影响到随后来华的许多新教传教士的认知思路和行为实践。就其给我们的启迪而言，基督信仰之"传"并非单向性的征服和取代，而乃基督教文化与中国文化的双向互动和双向契合。基督福音本身在传播过程中就有着在不同文化中"道成肉身"的必要，由此以求同来显异，以融入而达新的整合。这是具有积极意义的变化、体现出更新和升华。

基督教的普世性和超越性正是在这种多元性和文化性中得以彰显。以"化"而达"传"之目的，乃一条极为艰辛的道路，却也因此才显出基督降生、受难和复活之真谛。若无受难，决无复活。基督教在近代中国一百多年的历史中，因鸦片战争后的政治纷乱而被扭曲，其政治冲突之因素凸显，而文化认同之努力则被淡化。在我们纪念马礼逊来华200多年的今天，亦应有重新回到其出发点的勇气，以其争取的更新来看待新形势下基督教在华的重构。基督教的"中国化"用其神学术语来讲乃其福音的又一次"降生"，而对其所经历的过程只有具备"受难"的精神和准备，才有其"复活"之希望。

（原载萧卓芬编《中澳情牵400年》，澳门青贤社，2001年。）

第十二章

在华圣公会历史研究

中华圣公会在中国基督教会历史及整个中国近现代发展史上都有着非常重要的意义。我们讨论圣公会在华发展百年的历史，与其说是"回顾历史"，实际上则是总结历史，并通过这样的总结来参与历史、创造历史，以便探索基督教适应中华社会文化最好的发展路径。为此，反思中华圣公会的一百年历史，就有着特别的意义和作用。

圣公会起源于英国，是16世纪英国宗教改革的产物，为英格兰的国教，故称英国国教会，但后来形成了在全世界的发展，有其自成体系的世界圣公会组织网络，包括40多个教省，600多个主教区，分布在160多个国家和地区。1912年4月27日，中华圣公会在上海成立。当时是由英国、美国和加拿大三国圣公会在华11个教区即江苏、港粤、浙江、华北、四川、湘鄂、山东、福建、桂湘、皖赣、河南教区的代表商议组成，形成了由各教区主教组成的主教院以及由各教区圣品人和平信徒代表组成的代表院，并设有主席主教、常务委员会和相关专门委员会，制定了圣公会宪章规例。1918年，中华圣公会第三届总议会推选出浙江教区的沈载琛为首位华人主教。1956年5月，中华圣公会在上海圣三一堂召开了最后一届总议会会议。1958年随着中国基督教会联合礼拜的形成，其后中华圣公会总议会停止了其教会活动。但其圣公会传统在香港则得以延续。而中华圣公会的主要成员在其后我国基督教"三自"爱国运动的发展中则发挥了非常关键的作用，成为我国基督教爱国教会中的骨干力量。

中华圣公会发展的百年史，正好是中国社会从封建走向革新这一近现代社会转型的百年历史，其生动地反映了中国社会发生的巨变，折射出其曲折复杂。这一百年对中国历史之意义特别值得我们今天思考和反省。前一段时间，中国政界及学界有许多纪念活动，包括辛亥革命一百年纪念、新文化运动一百年纪念等。实际上，这一百年在政治和文化上，对中国社会都是非常关键的一百年，而中华圣公会的产生与发展也正好处在这百年巨变之中，与这段历史几乎同步，非常吻合。我们只要认真思考中华圣公会这一百年在中国历史发展变迁中所扮演的社会角色，就可以清楚地看到中华圣公会在社会、文化、政治等方面是如何参与这百年来中国社会的变迁和前进的。

在文化发展上，中华圣公会的出版与翻译工作，尤其是其白话文《圣经》的汉译，乃直接参与了中国在20世纪初出现的"新文化运动"。新文化运动的一个重要组成部分就是白话文运动，而教会对《圣经》的汉译在当时就有着许多白话文译经的探讨，这实际上也就是当时白话文运动的重要构成之一。中华圣公会积极参与了当时的白话文汉译《圣经》，并且推出了一些经典译本，从而对"新文化运动"的形成及发展有着积极的推动。虽然当时的"新文化运动"曾嬗变出"非基督教运动"，但其在文字表述上、汉语新形式上并没有排斥基督教以白话文对《圣经》的汉译，并且承认这种白话文译经尝试乃是当时"新文化运动"的内在组成部分，与这一文化运动的发展有机关联。

在中国基督教"本色化"进程中，中华圣公会有着积极的探索和独特的贡献。"本色化"是基督教在华存在与发展真正可行且能取得成功之途。但对于这种"本色化"即"中国化"的发展，教会内部仍有分歧，看法各不相同。在多种探讨和寻求中，中华圣公会有一批有识之士独具慧眼，力主走"本色化"的道路，以使中国基督教能够顺利发展，与中国社会文化有机结合。在强调中国基督教"本色化"的神学探究中，其非常重要的领军人物就包括吴雷川和后来归入中华圣公会的著名"本色"神学家赵紫宸。吴雷川于1915年受洗入圣公会，曾于

1926—1929年出任燕京大学副校长，1929—1934年担任燕京大学校长，是燕京大学的首任中国校长，其在基督教与中国文化关系上多有思考，对中国基督教思想亦多有阐述。赵紫宸更是学贯中西、才华横溢，在中国现代教会发展中起着重要作用，有着广远影响。他致力于中国基督教"本色化"的努力，毕生都在积极呼吁和全力推动，而且身体力行，身先士卒，写下了大量的中国神学论著，尤其是结合中华优秀传统文化和社会现实来进行深入思考，展示出其坚持基督教中国化发展的闪光思想。赵紫宸的著述和思想为中国基督教"本色化"的当代进程打下了基础，创造了条件，也使中华圣公会在中国教会"本色化"的奋进中扮演了重要的角色，具有旗帜性意义。

此外，在当代中国基督教会革新发展和文化教育事业中，中华圣公会也具有领先地位，起着引导作用。在今天中国教会"三自"爱国运动的发展中，许多教会领袖人物都是源自中华圣公会传统，如丁光训主教、郑建业主教、沈以藩主教、曹圣洁牧师、赵复三先生等。丁光训主教是"中国神学建设"的倡导者，其"爱的神学"主张形成与中国社会主义社会的积极适应；而郑建业主教在中国改革开放初期为最早推动宗教学研究的专家之一，也曾亲自指导笔者的研究生论文撰写，其渊博的学识给笔者留下了深刻印象。他们在中国教会的当代发展和神学建设上功不可没，有突出贡献。在20世纪中国教会的发展中，这些教会领袖起着筚路蓝缕的开创作用，尤其在20世纪下半叶为中国基督教在新形势下的全新发展有着积极的探讨。赵紫宸等人甚至有着重要的国际影响，他担任过世界基督教联合会的负责人，曾在世界基督教联合会中发出了中国教会的声音。他们在极为复杂的社会政治状况中勇于探索，其神学理论和教会实践基本上奠定了今天中国教会事业的根基，形成了其思想特色和理论框架。中国教会背景的文化教育和神学建设，从20世纪上半叶的圣约翰大学到今天在基督教神学院校起领军作用的金陵协和神学院，我们都可以观察到中华圣公会传统的踪迹和沿线。虽然，今天中国基督教会已经走上了普世合一及"后教派"联合的发展，这种中国教会本体中原有的中华圣公会神学思想及教会统一传统的有力支撑，仍然可以察觉和体悟。

在"全球化"时代中国对外开放的新处境中，中国基督教会正面临着其全新发展的各种挑战和复杂问题，其新的一代需要在回顾和前瞻中找出新的发展路径。所以，我们今天回顾总结中华圣公会的百年经历，把握住其历史的厚重和经验的积淀，或许也能为今天中国教会迎接新挑战、解决新问题提供重要启迪和创新睿智。

（本文为2012年在香港"回溯过去，展望未来：在华圣公会历史及其对香港圣公会的影响"学术研讨会上的发言）

第十三章

土山湾文化的历史意义及当代启迪

上海徐家汇的南端有一处在中国近现代历史上影响独特的神奇之地，其平凡的名称藏匿着深邃的文化蕴涵，此即地名朴实却雅趣盎然的土山湾。土山湾文化是近现代中西方文化交流中留下的一笔独具特色的文化遗产，其中蕴含着浓厚的宗教情趣和深邃的精神境界。它以"拉丁"文化的天主教传承而融入中华大地，孕育了中西合璧的近现代上海文化发展模式之一，对当时整个中国文化的发展亦有一定影响。这种历史意义在今天"全球化"的开放时代特别值得发掘、探究，因为它会给我们当代中外文化更为畅通、更加深刻的交流提供重要启迪。

"土山湾者，浚肇家浜时，堆泥成埠，积在湾处，因此得名"（《徐汇纪略》）。在它方圆80余亩土地范围内，历史上曾有过的突出标志即"在肇嘉浜中段一转湾角嘴湾上，有二丈高，十余丈长之泥墩一座"（《江南育婴堂记》）。1863年，天主教江南耶稣会会长鄂约瑟（R. P. Joseph Gonnet）在此购地建堂，并于1864年建成江南育婴堂南楼。在此后约90年的发展中，这一以"土山湾孤儿院"而闻名的地标性建筑载入了中国近代文化发展的史册。著名画家徐悲鸿赞誉土山湾在"中西文化之沟通"上"曾有极珍贵之贡献"，是"中国西洋画之摇篮"[①]。研究上海历史的当代学者苏智良称土山湾为"近代中国最具规

---

① 徐悲鸿：《新艺术运动之回顾与前瞻》，《时事新报》1943年3月15日。

模与影响的西方文化传播源"①；宗教学及历史学家李天纲亦对徐家汇—土山湾地区的历史文化意义有过系统梳理和精准概括，指出该地区在近代中国科学、文化、教育、慈善事业等发展上出现过上海乃至整个中国的许多"第一"或"最早"，如"中国内地最早的西式中等教育机构"，"中国最早的西式图书馆"，"中国最早建立的现代科学博物院"，"中国最早的现代天文观察机构，气象研究和天气预报服务机构"，"中国近代高等教育的发源地之一"，"中国近代工艺美术的摇篮"，以及"上海最重要的现代印刷工场"，等等。② 虽然旧地已成闹市，时过境迁而原貌难觅，这些对之颇具历史厚重的誉称却使我们情不自禁地产生冲动，想推开土山湾历史上朴实却神秘的大门，进入其内以探测它那独特、不凡的文化底蕴。

土山湾主要是以其孤儿院下设的"土山湾工艺场"而获得了其义化盛誉。这一工艺场分为绘画部、印刷部、成衣制鞋部、木工部和铜器部等几大部分，在文化艺术的创作上取得了巨大成就，曾在中国近代文化艺术发展中起着引领作用，形成了近代上海的"海派"文化风格及特色，并对整个中国的近代文化发展产生了重要影响。而且，这些"工艺"创作又与其文化教育密切关联。土山湾的艺术创作是与其文化教育有机结合、同步发展的，二者相辅相成，铸就了这种新颖奇特的教育和实践并构模式，达到了此段历史发展中的辉煌。土山湾先后设有慈母堂、慈云小学、工艺训练班等教学机构，由此上升到其工艺场的专业训练和创作开拓。在其教学和实际创作的过程中乃名师荟萃、名家迭出，仅在绘画领域就曾出现过徐悲鸿、刘海粟、任伯年、张充仁、张聿光、周湘、徐咏清、杭穉英、丁悚等大家，传为中华画苑佳话。

应该说，土山湾文化现象涵括许多方面，其文化艺术层面与其社会发展层面有机共构、相得益彰。其特点是显示出多元文化的交织、互渗

---

① 苏智良：《土山湾的由来及其演变》，《新民晚报》2008年6月16日。
② 李天纲：《土山湾：上海近代文化的重要渊源》，参见黄树林主编《重拾历史碎片——土山湾研究资料粹编》，中国戏剧出版社2010年版。

和重组,由此展现其令人瞩目的历史突破和文化创新,给人带来思索和启迪。上海作为中国近代发展中的国际大都会,其文化乃异彩纷呈、绚丽多姿,较为超前地体现出"全球化"文化的韵味,给人带来文化史意义上的缅想和精神深层的沉潜。在当时的上海多元文化共在之中,不少文化史学者将土山湾视为"上海拉丁区",称土山湾文化为中国文化图景中典型的"拉丁文化",即一种异国情调、异域风采的"中国化""上海化"。其"拉丁"特色、"西方"风情,主要在于以法国天主教为主导的欧美教会文化在土山湾的植根、融合。"拉丁文化"自古罗马帝国以来已成为西方文化的根基和传统主体,其在基督教会文化尤其是天主教文化中得以传承延续、发扬光大,为人类文明史之中重要的文化类型之一,并已形成其世界性影响。"拉丁文化"在中国的传入已久,且已获得广泛传播,其所取得的相对成功可追溯到明末清初欧洲天主教耶稣会在中国的传教,而其在上海所留下的最重要印痕则是始于徐光启的"徐家汇文化"现象。徐光启是中国近代第一位打开国门以放眼看世界的智者,他和当时中国知识阶层的一批出类拔萃之辈与以利玛窦为代表的西方来华传教士中的有识之士密切结合,在中西文化交流上进行了有益且成功的尝试,留下了给中西交通史增光添彩的一笔。由此可见,宗教文化在世界文化交流中可以起到其特别的作用,它既可成为文化交流的开拓者或探路者,又能为不同文化的沟通起到桥梁和中介作用。在中外交通史中,宗教文化的交流占有很大比重,并已留下深远影响。

当然,到土山湾文化发展时期,国际环境和历史背景已经发生了重大变化。19世纪以来,西方列强靠船坚炮利砸开了中国清王朝闭关锁国的大门,中西文化的交流随之严重变味,其状态从此亦变得复杂、迷离。由于这一历史原因及其导致的政治后果,土山湾文化故而成为一段尘封的历史,长期以来鲜为人知。不过,政治历史固然重要,仍并非整个文化交流史的全部。即使在复杂的政治环境中,为中西双方增益的文化交流还是得以顽强地展开,并且也结出了令人珍惜、颇有价值的硕果。所以,当我们今天重新审视、梳理这段历史时,对待土山湾文化现象及其染有的"拉丁"色彩，也理应穿透迷雾来慧眼识真，能够认真体悟、积极评价其在中西文化交流上的价值、意义及贡献。

尽管中西文化冲突、中西宗教矛盾仍是困扰我们当代发展的敏感问题，我们仍应对明末清初西方天主教耶稣会来华传教时所积极展开的中西文化交流加以客观和中肯的分析、评价。以利玛窦为代表的不少耶稣会士在当时采取了尊重、学习、理解中国文化的态度，在中西文化交流上有着积极、开放性努力，其对中国思想文化的领悟、把握也达到了颇深、颇高的程度，反映出其对中国文化的真诚、钦佩和在学习、吸纳上的虚心、认真。他们在文化交流上所做出的贡献是不应该被轻率否定的。实际上，这种对中国文化积极开放、认真吸纳的"利玛窦路线"，在一定程度上被一些来华耶稣会士、其他传教士和中国天主教、基督教人士所继承、发扬，在1840年之后作为一种文化交汇的"潜流"而仍顽强地存在，由此才可能形成"徐家汇文化""土山湾文化"等成功交流的局面，给我们留下可资借鉴或思考的鲜活案例。随着今天土山湾博物馆的创办和开放，土山湾文化自然会揭开其神秘的面纱，让人们去寻觅这段中西文化交流的踪迹，洞观其深刻的历史及现实意义。在真正进入"全球化"时代的当今社会，中国的真诚开放已使中国再次积极融入了国际社会，也使世界各国各族重新走近或走进中国文化。在促进国际文化交流、避免人类文明冲突的努力中，历史的经验教训乃是我们反思、研讨的重要遗产和宝贵教材。只有基于这种回顾、联想和思考，"前事不忘，后事之师"，我们才能真正做到"以史为鉴，面向未来"，争取人类和谐发展，迎来世界和平共融的美好前景。

中华民族的优秀传统之一就是"海纳百川、有容乃大"，而在我们今天以自强、自信、自豪的姿态走向世界时，更需要这种开放和包容精神。人类思想文化不是封闭的、排外的，而有其混融性、互渗性、相似性、关联性和共通性，故而可以和而不同，求同存异，各美其美，多元共存。从这一意义上来看，在拂去历史的尘封之后，土山湾文化可以说是一面透明的历史之镜，让我们能够生动、真实地"以史为鉴"、洞古观今。此即"老照片"的旧景新意，可让人们从追忆、怀旧而走向展望、创新。今天中西文化交流、发展又已重新面临关键时刻，正期待突破僵局而获得积极进展。故此而论，"土山湾文化"现象就颇值得深入研究。在《影像土山湾》中所搜集的三百多张老照片和实物图片，则正是作为历史之镜而可以再现上海土山湾孤儿工艺院及与之关联的历史，但这种"再现"却有着更令人思考的现实意义，即通过历史的生动写照和现代人的深刻反思而使人们悟出新意，吸取历史的经验教训而产生出有利于人类文化交流的更多遐思和憧憬。因此，关注土山湾，更好地了解这一中西合璧的土山湾文化，不只是让我们更积极、更珍视其价值地来欣赏、体会土山湾的历史文化遗产，留下不再磨灭的文化印象，而更为重要的是以历史之镜、历史之鉴来深刻审视中西交流的过去，客观分析中西关系的当今，并努力争取中西和谐的未来。

（原载宋浩杰主编《影像土山湾》，上海文化出版社 2012 年版。）

第十四章

妇女对中国基督教发展的历史作用

在中国基督教研究中开辟"性别与历史：近代妇女与基督教"这一重要领域很有时代意义和学术价值。在中国妇女解放运动中，有一句耳熟能详的名言："妇女能顶半边天。"实际上，妇女在基督教东传中国的历史上，的确起到了"半边天"的作用，做出了非常重要的贡献。

在解读中国基督教的特征时，不少人认为中国教会与西方教会的最大不同，是重"伦理"（ethics）而不重"论"理（abstract theoretical approach），重"实践"（Praxis）而不重"思辩"（logical or dialectical authentication），重"行"（deeds）而轻"言"（words），强调社会功能和德行。在此，实践价值意义和实践理性意向得以凸显。西方教会在古希腊哲学影响下则有着强大的以"知"求"信"的传统，由此形成其博大、纷繁的系统神学体系及其悠久历史传统。而中国教会对这种"形而上"的进路兴趣不是很大，这种"阳春白雪"只是在少数教会知识精英圈内闪现。而在广大范围的中国教会中，人们则多走上了以"行"达"信"的道路，形成东方"务实"传统的一道独特风景线。尽管这种说法不一定准确，却也反映了中国教会的某些特点或倾向。其实践性信仰特征和宗教生活对中国教会亦确有积极意义。而在形成这些特性时，我们则可察觉妇女传教士和女性基督徒功不可没。虽然人们对中国教会的这种倾向或发展取向有着褒贬臧否、看法不一，却不可否认其乃基督教在中国得以立足和发展的奥秘之一。教会在中国的宣教实践，很大比重为其教育、医疗卫生和慈善事业，而在这些领域中，妇女有着得天独厚的优势，可以发挥其不可替代的作用。

当代中国学者已对妇女在近代中国基督教发展中的作用及影响进行了精彩而引人入胜的个案研究和微观分析，从而得以再现其生动、鲜活的历史。但我们回溯历史不仅仅是要还原历史，而应有着更深的寓意和更远的追求。对于女性在中国教会中的作用及其意义，就值得从更广泛的范围来分析评价。因此，这里想从宏观上对近代妇女与中国基督教的发展加以勾勒，将笔者的不成熟看法暂且用作引玉之砖，故尝试从如下几个方面来对之界说或思考。

首先，女性传教士是支撑基督教在华传教发展的重要力量。在中国基督教历史上，不少传教区域的建立，教会的形成和扩大，都与天主教各个女修会、基督教女差会等密切相关。不少男性传教士在华传教时得到了其夫人的理解和支持，而且在这一过程中，许多传教士的夫人本身也成为传教士，由此出现传教士之家的宣教传统及其感染辐射，带动起在中国及欧美的宣教兴趣和热情。在传教处于低谷或遇到困难时，不少地区往往靠女传教士所表现的女性特有的善良、温柔和母爱而打开了局面，走出了困境，给当地教会带来了柳暗花明的希望和前景。在中国基督教史研究中，对上述女修会、女差会这些女性宣教群体的研究几乎仍为空白，而对各种女性传教士的作用与意义的探讨亦微乎其微。在当今世界上，基督教研究正形成女权主义神学或妇女神学的高潮，人们较多关注妇女教会领袖或思想家的神学意向和理论特色。根据中国的情况，或许谈论一种女权或妇女神学尚为时过早，但探讨一种"妇女教会学""妇女宣教史"的时机则已经成熟。所以，中国教会史也应体现"半边天"的作用与意义。因此，女性宣教团体及个人对中国教会的作用，其贡献和意义，这仍是一个值得我们去发掘、研究的重要领域。

其次，女性传教士和妇女基督徒在中国妇女解放史上扮演过重要角色，起过积极的促进作用。她们在抨击中国传统中歧视妇女、强迫妇女缠足、"不令妇女读书"等陈规陋习上往往站在最前沿，表现得最坚决。应该承认，传教士在中国是"振兴女学，释放女人，以提拔女人平等之地位，造就女人同具之才能"［林乐知（Young John Allen）之语］的最早倡导者和最先实践者，在推动妇女解放中起了积极的引领作用。1844年，来自英国"东方女子教育会"的女传教士阿尔德赛女士（Miss Aldersey）在宁波开设了中国第一所教会女子学校。这比中国官方所办女子教育早了半个多世纪（一般认为较为正式的中国官办女子教育始于1907年《女子师范学堂章程》和《女子小学章程》的颁布）。此外，来华传教士所办大学中至少有三所女子大学，即1905年创办的华北协和女子大学，1913年建立的金陵女子文理学院（1915年正式开学），以及1914年设立的福州华南女子文理学院。女传教士德本康夫人（Mrs. Lawrence Thurston，1875—1958）不仅筹办创设了金陵女子文理学院，而且成为其首任院长。这些举措和实践乃开了中国女子高等教育的先河。同样，在中国女子教育、妇幼保健医疗等方面，一批女性基督徒亦曾发挥过重要作用，有过特别贡献，其佼佼者包括从事妇幼医疗工作的石美玉（1873—1954）、康成（1873—1930），从事妇女教育工作的曾宝荪（1893—1978）等。女性在这些实践中充分表现出其亲和力、感染力、耐心和毅力，因而无论是在社会意义上还是在个我心理意义上，这都能体现女性社会参与和宗教宣道的特点及优势，可以弥补由男性主掌之社会或教会的不足与缺陷。这在重男轻女之儒教传统精神弥漫的中国社会中，尤其显得珍贵和重要。

此外，中国基督教会中涌现出一批女性基督教领袖，直接参与、带动了中国教会的发展，如中国基督教女青年会的早期领导人丁淑静（1888—1936）、中国基督教妇女领袖、曾担任过金陵女子大学第一任中国籍校长和连续两届中华基督教协进会主席的吴贻芳（1893—1985），以及担任过中国基督教协会会长的曹圣洁女士等。吴贻芳于1928年在美国获得生物学博士学位，同年回国后担任金陵女子大学校长，活跃在中国基督教领域，并参加过多次国际基督教会议，还于1945年参加联合国制宪大会；在新中国的建设中，她于1949年9月出席中国人民政治协商会议第一届会议，积极参加中国基督教"三自"爱国运动，历任中国基督教三自爱国运动委员会副主席，积极推动中国基督教爱国爱教的发展，成为中国基督教界的传奇式女性。她们的贡献使中国妇女成为中国教会名副其实的"半边天"，并在整个中国妇女解放运动中起着重要作用，有着广远影响，她们参与了中国近现代史的创建，在中国社会和中国基督教的生动发展中显示出积极有为的女性基督徒之英姿倩影。在长达近两千年的中国封建传统中，妇女的地位甚低，影响甚微，历史上取得成功、有过成就的女性寥若晨星，似凤毛麟角。但在妇女对基督教在华传播与发展的参与过程中，这一状况发生了明显改观，一批女性基督教人才及领袖人物的脱颖而出，既是中国社会之福，更是中国教会之福。

最后，在中国教会中女性比重较大这一现实存在中，女性基督徒有力地促成了中国基督教突出"博爱"的神学思想，注重社会与家庭和谐的伦理主题，以及相关帮助、关心、支持的团契精神。中国社会有着注重家庭的传统，所谓"国家"即表现了"国"与"家"密不可分的关联，家庭是社会的细胞、国家的基础。而在家庭中，女性的地位和作用独特，尤其是母亲这一形象表达出家庭的核心意义及凝聚之力。在基督教信仰中，马利亚的"圣母"和"贞女"形象，亦表达了其教会社团、信仰之家所需要的慈爱、纯洁和真情。宗教之"传"实际上乃意味着其信仰团体对社会团体的感染、影响，其追寻的本真精神在民众中的辐射、扩散。而关爱、理解、善解人意、包容宽恕、对"生命""生活"的独特体悟和关怀这些特点往往会在女性的实践中发挥得淋漓尽致，由此达成一种神圣与世俗之间的连接、沟通。实际上，离开与女性、母亲的关联，"爱"与"善"则无从谈起，人间"真"情亦难以体现。这种真、善、美、爱的追求和实践可使人达到基督教信仰的神圣及崇高境界，支持中国"和合""和睦"及"和谐"社会的构建。从这一意义上讲，女性基督徒乃有力促成了基督教与中国社会及文化的结合，成为沟通中西思想伦理的一架重要桥梁。

当然，女性在中国社会和中国教会中亦不可避免地会有其弱点或弱势，这是我们所不必回避的。但在我们回顾、反思近代以来中国社会及教会这段发展历程时，似更应该看到或发掘女性所表现的积极意义和对中国宗教及社会历史的推动作用。我们应该充分意识到女性基督徒在中国基督教历史上的独特作用和意义实际上已经形成了一种特殊传统，并且已延续下来，有着其现实影响。因此，我们衷心希望这种以女性之善、母亲之爱所表达的信仰真谛和实践理念在当今中国教会中不断得到弘扬、扩大，以彰显基督教作为"爱的宗教"之本真，体现其宽容、宽恕、海纳百川的开阔胸襟和人间关怀、关爱的崇高精神，在当今人们大多仍对基督教感到迷惑、有所保留和观望之际，使中国社会及其民众能够真正感觉、体悟、获得并接受这种"神圣之爱"，对其信仰有着正确和准确的理解或把握。为此，我们应积极倡导、推动对女性与中国基督教之关系深入而系统的研究。

（本文为2005年夏天在上海大学人文学院宗教与和平中心及旧金山大学利玛窦中西文化历史研究所联合主办召开的"性别与历史：近代妇女与基督教学术研讨会"上的发言）

第十五章

基督教与新文化运动

在辛亥革命百年纪念之际，值得对与这一社会革命关联的"新文化运动"加以回顾和思考。在过去一百年中，中国社会发生了天翻地覆的巨变，完成了从古代封建社会到现代共和社会的转型与过渡。在这一社会政治、经济制度发生巨变的同时，中国的思想文化也出现了剧变，其显著标志即 20 世纪初出现的"新文化运动"。不可否认，这一运动至少在表面上来看具有"反对宗教"，尤其是"反对基督教"的性质，因为它曾催发了 20 世纪 20 年代的"非基督教运动"及与它相关联的"非宗教运动"。这样，探究、分析基督教与"新文化运动"的复杂关系，在相距百年之后的今天就既有历史意义，亦有现实意义。

20 世纪初在"反帝反封建"的政治主张引导下，中国社会推翻了封建统治，同时亦否定了长期以来作为封建制度精神支撑的儒家思想体系，如"五四"运动时期就曾出现过"打倒孔家店"的口号。这种对旧思想体系的"破除"表现出摧枯拉朽的痛快，有着毫不留情的彻底。因此，"新文化运动"的"破"使中国传统主流意识形态和核心价值体系荡然无存。但这种文化大地的"干净"，也造成了中国自我文化认知的"空白"，其影响留存至今，自中国政治"走向共和"以来，中国文化就一直处于面对强大的"西化"而能否找回"中华魂"的纠结之中，迄今人们仍未能完全走出这一中国传统文化之识的"真空"地带。所以，我们在回顾这段历史时也有必要反思，在一个有着数千年文明历史的民族中，彻底否定传统、扫除传统文化是否真正明智之举？尽管中华传统文化有其不足之处，甚至有某些缺陷，但毕竟已有五千多年的积淀，有其"海纳百川""厚德载物"的传承，不可简单否定或根本推翻。而且，其延绵不绝也仍在保持着中国人的精神和希望。可以说，在中国文化传承及其弘扬上，20世纪初的"新文化运动"有破无立，至少在"立新"上并没有完成其文化使命，从而在客观上使这一文化传承出现隔断，至少是不甚畅通。这一欠账或许需要我们这一代人来完成。其可行之路则是继往开来，对传统文化持既有批判亦有弘扬的"扬弃"之态。在中国政治"救亡""图存"已基本完成其使命的今天，我们有必要把重点放在文化"启蒙""创新"之上。

在引进外来文化方面，20世纪初的"新文化运动"则有所倾向性选择，其对外来实用文化持欢迎之态，而对宗教文化则持反对、排斥之举。其结果，与排外之"非基督教运动"相并列的，便是反对一切宗教文化，由此扩大到一种"非宗教运动"。而"新文化运动"当时真正欢迎、引进的则是欧美的实用主义、实践哲学，其典型表现即从欧洲引进了作为"实践哲学""行动哲学"的马克思主义，从美国引进了作为实用主义、功利主义的杜威哲学。这也导致了中国现代发展中重功利、重实用、重实效的偏差。这种重物质、重有效、讲究实际的务实哲学在加强中国的唯物主义、注重物质效果的同时，却也带来了中国当代灵性精神的缺失，精神空虚、精神麻木正在侵害着、腐蚀着我们民族的文明基质，使中国人处于文化上、精神上"失魂落魄"的尴尬。今天社会出现的对人的冷漠、麻木，其精神关怀的缺失，信仰追求上的麻木，已经让人惊心动魄、难以置信。因此，对"新文化运动"的反思及重加评价，亦绕不开其与宗教的关联和纠结。在"走向共和"及"新文化运动"的双重变奏中，中国的宗教及其认知遂出现了"异化"和"物化"，甚至今天中国宗教的重新兴盛也在某种程度上呈现为"重物"、"重彩"、重钱财、重奢华的迹象或趋势，宗教在嬗变为一种"载物"的经济体，其兴趣似乎不是要念灵性"真经"，而是想唱"经济"大戏。为此，人们亦深感中国宗教颇有拯救其"灵性"和"德性"的迫切需要。宗教在中国社会脱敏的同时也应回归其清净、高杰、神圣之境。这样，我们探讨基督教与"新文化运动"的关系也是有的放矢，蕴含丰富。

其实，在20世纪初之前后，基督教对当时方兴未艾的中国"新文化运动"本来也有积极的参与，如基督教各派以白话文汉译《圣经》、推出各种白话文版本的努力，就是作为"新文化运动"标志之一的白话文运动之重要构成。此外，20世纪上半叶的中华基督教文学也曾达到一个高潮，其脍炙人口的文学创作亦丰富了"新文化运动"的内涵，给人一种清新、灵修的感觉。就这一层面而言，基督教在语言革新、文学创作等方面实质性地参与了"新文化运动"，在当时全新的文化观之创立、文化事业之推广上发挥了积极作用。所以说，不能认为"新文化运动"就绝对排斥基督教，我们对其复杂交织也必须仔细辨识。可以说，基督教与"新文化运动"的"破"与"立"都有复杂关联，而且其对传统文化及外来文化关系上的选择也非常值得我们对照和思考。甚至"非基督教运动"本身也给中国基督教会带来了深刻的反省及反思，使之重新审视中国教会的定位及在中国社会文化中的处境，在客观上也有利于中国基督教会往本色化、本土化方向发展。因此，"双非"（"非基督教""非宗教"）运动之后给中国教会带来的震动促使其在神学思想、社会适应、文化构建等领域进行改革，形成其更为适应中国社会的新发展。可以说，"新文化运动"直接带来了中国基督教的转型发展，以此为界，近代基督教转入现代基督教的历史发展阶段，与中国社会开始了一种新的结合，尤其在适应现代中国社会变革和革命进程中，基督教也开始有了其多元卷入。而基督教本身则不仅在理论上，而且在实践中都更多地思考和推进其教会的本色化运动，积极地展开其处境化适应。这样，中国基督教借助于"新文化运动"而完成了其近代至现代的历史过渡，亦由主要为外国人主导而逐步转向中国人自己管理教会、思考神学，开始形成中国基督教的中国意识，争取中国信徒对教会的主导和掌管。当然，步入现代中国社会的基督教也面临着不少新的问题，遇到了严峻的挑战。其对这些问题的态度及对这种挑战的应对，在很大程度上乃形成了现代中国基督教的特色，以及教会与中国社会的关系。所以，很有必要回首这段历史，深入思考基督教与"新文化运动"的关系，以及这一文化运动给中国基督教带来的促进和变动。这种探究在我们分析百年基督教、百年中国文化发展、对传统或外来文化的态度等领域都具有启迪或借鉴作用。在中国改革开放全面发展的今天，这些对比会加深我们对什么是中华文化的"厚德载物"及"海纳百川"之本真意义的反思、推敲，以此亦可帮助我们找出"新时代"中华文化发展再出发的精准定位和正确方向。

（本文为在 2011 年"基督宗教与新文化运动"学术研讨会上的发言）

第三编 现代中国基督教史

第十六章

吴雷川论基督教与中国文化

——《基督教与中国文化》读后感

上海古籍出版社重印吴雷川先生的《基督教与中国文化》一书，给了笔者一个"先"睹为快的机会。其实早在几十年前，笔者在德国华裔学志图书馆中就曾借出这部民国时期出版的著作加以拜读。只是因在异国他乡、处境不同，加之忙于功课，没能细细琢磨、慢慢品味，故而没来得及深入思考一些与之相关的问题。回国后因为社会现实和研究的重要，开始更多地触及并思考基督教与中国的关系问题，并注意到吴雷川的探讨和思路。现在借其再版之机来"先"或"再"睹这一名著，对笔者来说已是重温和加深印象之举。然而，时过境迁却问题依旧，这番阅读使笔者感触很多，思绪万千，已颇有身临其境、不能置之度外的体会。出版社"借光"给笔者，是希望笔者能为本书今天的读者写篇如同"导读"的文章。自己才疏学浅，不敢妄言"导读"，亦不能追逐时髦来谈所谓"心得"，因而只是就此说说自己的读后感，反映当下仍然存在的问题意识。

一

基督教与中国文化已有千年之久的接触与交往。二者的相遇和对话乃"双雄"之会，即为两种历史悠久而伟大的文化之遇，其中自然也就有这两种都为强势文化的碰撞与较量。从这一意义上讲，基督教自传入中国以来，一直就处于错综复杂的社会历史背景之中。基督教以其"宣道"、传"福音"的先知感和使命感而试图在中国"昂首阔步"，但中国社会却因其咄咄逼人、居高临下之气势而对之心存戒意、颇为防范，其张力进而使基督教与中国文化之间形成了隔离和隔膜。其结果，二者并没有真正平等、自然地"相遇"，而是磕磕绊绊、若即若离地"遭遇"。可以说，基督教与中国文化虽然多次"相遇"，迄今却仍未真正"相知""相识"，故而并无"心心相印"的"相交"。基督教与中国文化究竟应是何种关系？基督教在中国社会究竟应该如何发展？这已经成为二者之间必须关注的问题，也是双方都希望能尽早加以理想解决的难题。

在历史上，基督教与中国文化有多次交流和对话。起初多为"纯"文化意义上的相会和认识，后来则越来越多地添入了社会政治内容；这种对话因而渐趋复杂，且有着激烈的回应。双方的交往和碰撞，表现为众多的话语形式，反映出深刻的思想文化交锋。其中引人注目、影响颇广的深入对话，包括明清天主教与中国士大夫的对话以及民国时期即20世纪上半叶基督教与中国知识阶层的对话。20世纪20年代在中国发生了"非基督教运动"。中国社会对基督教的这种强大排拒，一方面使中国教会的精神基调罩上了一层"朦胧的色彩"，使其对基督教在中国的前途感到茫然；另一方面也促成一批中国基督教思想家再次深入思考基督教与中国文化的关系问题，为基督教和中国社会发展找寻理想出路。因此，在20世纪上半叶，"基督教与中国文化"就成了热门话题。当时仅以此为标题的文章和著作就包括王治心的论文《基督教与中国文化》（1927年）和专著《中国文化与基督教》（1927年），赵紫宸的论文《基督教与中国文化》（1927年）和专著《从中国文化说到基督教》（1946年），以及范皕海的论文《中国伦理的文化与基督教》（1925年）、宋诚之的论文《基督教与中国文化》（1944年）和郭中一的论文《关于基督教与中国文化之商讨》（1945年）等。也正是在这种时代氛围中，吴雷川的这部著作《基督教与中国文化》才应运而生，于 1936 年得以出版发行。

吴雷川于 1870 年出生在江苏徐州，其祖籍乃浙江杭州府钱塘县。他原名震春，字雷川。吴雷川在其父当时供职的徐州邻近之清江浦度过了其童年和青少年，自 1876 年开始启蒙教育，1886 年在杭州考得秀才，1893 年考得举人，1898 年在北京参加京试与殿试，考得贡士与进士，从而被点为翰林入翰林院。在出翰林院回到清江浦后，他于 1905 至 1909 年任江北高等学堂校长之职，1909 年供职进士馆，1910 年任杭州一中学校长，1911 年辛亥革命后曾短期出任杭州市长，1912 年任浙江高等学堂监督。1912 年至 1925 年，他重返北京任教育部参事等职。在此期间，吴雷川接触到基督教，并于 1915 年受洗入圣公会。自 1922 年起，他在燕京大学任教，1925 年被聘为专职教授，1926 年至 1929 年出任燕京大学副校长，1929 年至 1934 年担任燕京大学校长，因而成为该校首任中国人校长。1934 年后他辞掉校长一职而继续担任燕京大学的教授，直至 1940 年燕大在北平关闭。1944 年，他因病逝世。

在成为基督徒后，吴雷川开始特别关注基督教与中国文化问题。作为一位有进士和翰林头衔的中国"旧士绅分子"，吴雷川没有像当时一批著名的中国神学家那样留学西洋受到正规神学教育，而且也不能直接阅读西文的神学原著，因此其对基督教思想的认知和解读亦与众不同、颇为独特。与此形成鲜明对比的是，吴雷川深受中国传统教育熏陶，有着坚实的国学基础，故而深得中国思想文化之底蕴。基于这种反差和对照，吴雷川更善于以其"中国心"来反省其信仰，主张一种开放性和创新性，并积极提倡"基督教新思潮运动"，曾参与组建"生命社"和"北京证道团"等组织。他后又担任新创办的《生命月刊》的编辑，并与他人合作组建真理社，创办《真理周刊》，以文字著述来表达其思想主张和理论倾向。因其文化和教育背景，吴雷川积极支持当时中国教会兴起的"本色化"运动，提倡中国教会独立自办，力主形成具有中国社会特色和华夏文化风格的基督教，由此在其信仰体悟中流露出强烈的中国文化情结。但在社会变革的处境中，他认为"本色化"不能仅仅限于传统文化的理解，而必须与当时中国社会的现实关照相结合。因此,"文化"在吴雷川的考虑中乃有更多的层面和蕴涵。在其所著《基督教与中国文化》(1936年)、《基督徒的希望》(1939年)、《墨翟与耶稣》(1940年)等书和大量论文中,吴雷川都一直在认真思考和积极讨论如何正确处理好基督教与中国文化关系这一根本性问题。

二

吴雷川撰写《基督教与中国文化》的立意,是要"以本国文化为立场参合时代思潮来论述基督教"。对他而言,基督教与中国文化都乃博大精深、令人高山仰止的重要文化体系。"以具有四千年历史的中国文化,传播世界已经一千多年的基督教,它们的本身都是高明、博厚,而且悠久。"① 于是,对这两种文化体系持何种态度,乃关系到其写这本书的立意和成败。吴雷川为此曾告诫自己写此书"不可抱着狭隘的偏见,高举所信奉的基督教而任意批评中国固有的文化,也不必有意地要将基督教与中国文化对比,解释二者的异同或得失"②,而应"尽可展开胸量,放大眼光,按照我所知所能,将关于基督教的,关于中国文化的,一一叙述出来"③。这样,他在形式上采取了"将基督教与中国文化分别论述"之策,旨在"使它们各自有其园地,公开地任人观览与批评"④。当然,吴雷川写书仍有其明确的目的,而并不是仅保持一种"纯学术"的客观和冷静。其立意"不注重已往和现在而注重将来",而且是"以中国为重心,无论是说明基督教,或是讨论中国文化,无非求有益于中国"⑤。他希望通过"勉力写这本书"而让国人尤其是"现代的青年学生""都能了解耶稣,了解基督教,因而负起复兴中国

---

① 吴雷川:《基督教与中国文化》,上海古籍出版社2008年版,第1页。
② 同上书,第1—2页。
③ 同上书,第1页。
④ 同上书,第2页。
⑤ 同上。

民族，为中国创造新文化的责任"①。在走过以往基督教与中国文化相遇的风风雨雨、沟沟坎坎之后，他认为应用一种"未来"的眼光来看待二者的发展，以面对时代的挑战。"当此世界一切正在大转变之中，基督教与中国文化将有同一的命运，它们必要同受自然规律的约束，同有绝大的演进，同在未来的新中国中有新的结合"②。

不过，这种对未来的展望和预言，在一定程度上仍反映了吴雷川对基督教与中国文化过去发展历程的反思、反省和检讨。从基督教在西方的经历来看，吴雷川一方面充分肯定基督教的贡献和价值，另一方面也指出教会因卷入政治而带来的弊端。"教会因为受着政治的影响，也就有了教皇、主教等等的阶级制度，只重权势而不以精神修养为务，一切专制无理的手段渐渐地在教会中发生。教会与国家式的行政机关无甚区别"，从而"既失去了领导社会的功能，更忘记了自己原有改造社会的使命"③。这种变化随基督教成为"国教"而出现，"基督教之在罗马……正是在成为国教之后才生出种种的弊端"④，"因为成了国教，它就在欧洲的黑暗时代中，演出争取政权、营私舞弊、倡导十字军战争、遏抑科学萌芽种种的丑剧"⑤。

带有这种政治色彩和负担的基督教传入中国后，则也出现了同样的问题。虽然基督教会在中国的"教育事业""医药事业""社会服务事业"和"学生事业"卓有成效，为人公认，却因"受了国内外政治潮流的影响，就自然地感觉到基督教在中国还没有稳固的基础"⑥。

在此，吴雷川指出了基督教在中国的问题中重要的三点：

其一，"宣传宗教而夹带着国际间的势力，就不啻抹煞宗教本身的真义。……基督教来到中国竟是利用外国的武力，在订立不平等的条约

---

① 吴雷川：《基督教与中国文化》，自序，第2页。
② 同上书，第12页。
③ 同上书，第62页。
④ 同上书，第76页。
⑤ 同上书，第62页。
⑥ 同上书，第76页。

中，强迫着中国用政治势力来保护传教，开千古未有之创局"[1]。吴雷川认为这种方式的传教"确乎是铸成大错了"，以致教会纪念其来华"开放"五十年或百年，其实"所庆祝的恰是国家和人民所应当纪念的国耻"[2]。这样，基督教在中国自然会"根基不固"。

其二，"教会固执成见，宗派分歧，反而将本身最大的目的置诸不顾"[3]。总结历史的经验教训，吴雷川指出基督教来华本来曾有成功的范例，却因固执己见而错失良机。"试看明末清初的罗马教士往来于京师各地，既得着帝王的优礼，又有许多士大夫信从，并且他们都具有渊博的学识，高尚的人品，热心传道，能将本教的道理与中国固有的文化沟通，不轻易反对中国的礼俗。又能将各种科学介绍于中国士大夫，自己也为中国政府效力。倘使来者继续不绝，各尽所长，中国士大夫相与研究他们所传的科学，更能自为发明，岂不是中国在三百年前早已可得到科学的利益？同时基督教的真义也必为士大夫所接受，广为传播，岂不是中国与基督教同受其福？乃当时罗马教王既不明中国的大势，又固执着遗传的规制，仅仅因为上帝或天主的名称，和祭祖与拜孔的礼节，严令教士不许通融，就因此断绝了传教的机会"[4]。吴雷川痛惜西方教会"甘心墨守成法而抛弃了可宝贵的事功"，实乃"为小而失大"[5]。如今"各教会都抱着从西方流传过来的成见"，且宗派众多、各自分离，因而在中国难有"根基"。

其三，"中国教徒分子不纯，不能有真正的团契"，从而没有"自养、自治、自传""这样的能力"[6]。吴雷川进而对之从三个层面加以了深入分析：第一，"初时教会到内地来设立，一般人都怀着仇视与疑忌的心理，士大夫既不屑和教会接近，教会就只有向民众宣传……然而传

---

[1] 吴雷川:《基督教与中国文化》,第76—77页。
[2] 同上书,第77页。
[3] 同上。
[4] 同上。
[5] 同上书,第78页。
[6] 同上。

教者的错误，乃在急于得人，就滥用金钱或其他利益以引人入教，遂使吃教的名词成为当时赠与教徒的称号。这类吃教的人，除了只求自己利益不知爱惜教会之外，还要倚仗教会的势力，欺压教外的人民，酿成民教相仇的惨案"[1]。早在其论文"基督教在中国的新途径"中，吴雷川就已探究了传教士与中国知识精英擦肩而过、形成彼此误会的原因："百年以前，基督教借着欧美各国的势力，传来中国，士大夫对于基督教，都抱着一种恶感，最初与传教士接触的，只是一般少有知识的人。遂使传教士既不得窥见中国旧有的文明，方以为中国也和初开辟的澳洲和非洲，同是野蛮的民族，因而预备的传教方法，显然不合于中国的国情。他们毫无理由的将中国的典章文物，一笔抹煞，以为都与惟一的基督教不能相容，而究其实在，他们并没有探得中国文化的渊源，……所以基督教在中国，向来为士大夫所轻蔑，近且激起无谓的仇视，这既不是基督教本身原有缺憾，也未必是中国学者不能接受真光，乃是传教者未得着合宜的方法与工具。"[2] 第二，信教者为私利而来，并无社会责任感可言。"传教者不察中国的国情，不顾中国社会的需要，只知墨守传统的神学向人述说，就很容易养成一般名为奉教的教徒。他们有的是希望在天的永福，在教会中恪遵仪式；有的是因着家庭世代信奉，循例入教，而自己则对之毫无兴趣，亦无任何主张；更有的是在教会兴盛时则依附而来，过时也可以恝然而去。总之他们都是不理会基督教的真谛，因此就只知一己而对于社会绝不发生热情"[3]。这些人的入教虽可给教会带来一时的兴旺，却无助于其"根本的建立"。第三，教会中也有"对于基督教却有新的觉悟，对于国家社会的复兴与改造更具有热诚"的知识分子，但他们乃凤毛麟角，人数稀少，孤掌难鸣，"并且因为他们往往偏于猛进的改革，现教会的人多不愿意与他们合作，甚至有

---

[1] 吴雷川：《基督教与中国文化》，第 78 页。
[2] 《生命月刊》第 5 卷第 8 期，1925 年，第 1—2 页。
[3] 吴雷川：《基督教与中国文化》，第 79 页。

时要防备他们"①。根据上述分析，吴雷川认为基督教尚未将其本真展示给中国人，其在华传播方式上却出了不少问题。"基督教在中国没有立定根基，是由于教会与教徒有许多缺欠，自然就要受教外人的反对"②。

当"领导社会的功能"出现问题，教会则倾向于强调教会的重要。但在吴雷川看来，这些教条因过于死板、机械的界定或掺入教派斗争的因素，则会成为"不可理解或是不可思议"的条文。正因为如此，吴雷川并没有无条件地接受基督教的所有重要神学观念及其教义命题，也没有兴趣在这些教条的理解上有太多的投入或纠缠。他一般对理性难以解释的教义、信条持沉默态度，并承认基督教核心观念中的三位一体，肉身复活、死后永生和童贞女马利亚为耶稣之母等问题"在神学方面始终没有得到使我能够接受的解释"③。由于缺乏与中国思想文化的参照或与中国精神境界的比较，原来试图对信仰内容做出解释、有其界说的教会条文，实际上却将基督教真义与中国人隔开，而一些中国信徒在教义理解上又出现了诸多误解和偏差，结果使中国知识分子误认为基督教不过是"无知和迷信"而已。吴雷川曾感叹说："基督教虽是已经过一千多年历史的宗教，但真的教义，在世界还没有切实的发明，尤其是从前的中国基督徒，对于基督教多有误传、误解、误信之处。"④ 在他看来，基督教如果就教条而论教条，不与中国思想文化关联，不关注和参与中国社会变革，则势必在中国遭冷落、被边缘化。实际上，在当时"新文化运动"所带来的中国社会革新、开放和向外吸收精神动力的有利形势下，基督教却因自身准备不足和传教方式不当而错失了这一难得机遇；本可以为中国社会重建提供重要帮助和精神启迪的基督教却因给人的误解和错觉而被推到了中国社会进步与革新的对立面，被许多中国

---

① 吴雷川：《基督教与中国文化》，第79页。
② 同上。
③ 同上书，第6页。
④ 吴雷川1927年在美华圣经会北京新会所奠基典礼上的演讲。

人尤其是知识分子视为阻碍中国社会复兴与发展的障碍,在信仰上被指责为"反理性及迷信"的因素,在政治上则被斥为"西方帝国主义的工具及走狗"。

其实,这种基督教近代来华与中国社会的不相适应和不能调和,并不是基督教信仰精神本身的问题。吴雷川认为其根本问题乃出在基督教来华传教时所带入的西方传统及西方政治因素,或者说问题就出在"西方基督教的传统"。因此,基督教在中国应该返璞归真,回到其本来的"东方精神"或"东方的"宗教。这里,吴雷川非常欣赏范丽诲在其"东方的基督教"一文中所言,"我们要把基督教还诸东方……我们必须恢复原始的基督教,由我们东方人用东方性质发挥之,广大之";而作为"东方的基督教",它应是"东方的世界主义,不是西方的国家主义","是东方的未来主义,不是西方的现在主义","是东方的和平主义,不是西方的竞争主义","是东方的躬行主义,不是西方的学说主义"[①]。也就是说,基督教在中国必须有一种角色的转变或"东方"式回归。吴雷川希望基督教在中国能承担其双重任务,一是为中国社会革新发展提供新的信仰观念和精神动力,二是在这种变革中协助保存并升华中国传统文化的价值、彰显其意义。这样,基督教在中国没有必要以一种绝对、最终的宗教之姿来君临,而应持一种与中国文化的"朋友""同路人"关系,认识到二者是以不同方式来表达同一真道,因而可以相互辉映、殊途同归。

三

在坚持中国传统思想文化的意义时,吴雷川并不是保守的国粹派,而是对之有着批判性审视。他认为中国传统宗教也有过与成为罗马国教后的基督教之相同问题,即因依附政治势力、凭靠帝工扶植而发生嬗变、异化。"从前中国的儒学以及佛教和道教,都曾凭着帝王的提倡而

[①] 吴雷川:《基督教与中国文化》,第85页。

兴盛一时，其结果则有的是失去了本真，有的是与时俱谢"①；"儒教本不是宗教，但历代对于集儒学大成的孔子，为他建立庙宇，岁时致祭，在形式上看来，他的地位已与宗教的教主无甚差异"②。这种政治势力的卷入或渗透，一方面会改变宗教的本真性质，使宗教出现政治异化，另一方面也会带来宗教的不利社会影响。吴雷川对之评价说："自从汉武帝罢黜百家，尊崇儒术，读书之士，都号称以儒为业，实则借此奔竞于利禄，与孔子的教义大相违反。这些情形岂不是正和基督教在欧洲的情事相似？固然，儒教之在中国，与基督教之在欧洲，都是因为借着政治上的势力才能够推广，然而算起账来，纵使不能说是得不偿失，至少也是利害参半罢！"③

吴雷川进而在《基督教与中国文化》中分析了传统中国文化明显的缺陷或不足。其一，他认为中国文化乃有着王权政治传统而缺乏民主政治意识。"中国自春秋末期以迄于秦并六国，为时约三百年。此三百年间，为学术思想最发达的时代，也正是封建制度崩溃，世无共主，列国纷争的时代。所以生在当时的大思想家，除了避世者流不谈政治，及自然主义如老庄等，无政府派如许行等反对一切制度之外，其他如儒、墨、法三大家发表政论，莫不趋向于统一王权。孔子虽是封建制度的维护者，……也是以王权统一为唯一的企望"④。"中国人对于君主专制的制度，久已认为固定的范畴，等于天经地义，……凡是在君主制度下生存的个人或团体，无论其为学说为宗教，如果要想在当时社会上有所活动，纵使他们明知君权不合公理，也必得对之加以相当的拥护。于是既有许多博辩的学理启导于前，又有历代因仍的法令钳制于后，中国文化就是这样随着君主专制的制度而生长，这是我们不能否认的"⑤。在吴雷川看来，由于传统思想观念的支撑，以往的中国文化对这种专制政体

---

① 吴雷川：《基督教与中国文化》，第76页。
② 同上书，第62页。
③ 同上书，第63页。
④ 同上书，第125页。
⑤ 同上书，第125—126页。

已经"习以为常",认为"天经地义",因而缺乏社会革新、政治民主的内在思想动力。

其二,吴雷川认为中国古代文化曾有唯我独尊、自我夸大的帝王意识。"自秦汉以降,虽然不断地与外族交通,总是抱着传统的观念,不以平等待遇外族,也不愿与外族有往来。直至近百年来,世界交通便利,海禁大开,中国方始明白地承认自己也只是世界各国中之一国。然而回溯已往唯我独尊的成见,已蒙蔽了二千多年了"①。在与汉族之外的各民族交往关系上,中国习惯于"以汉族的文明自诩,高谈同化",而"对于中国以外的民族,就加以含有兽性的蛮夷戎狄等名称,不看作与本民族同等",虽然"曾有东晋至南北朝时匈奴、鲜卑、氐、羌等族的割据,有赵宋时辽金的侵占,更有元清两代的统治中原","但是他们统治中国,多半是因仍汉俗,并且能治事者又多半是汉人,他们终于随着时势的推移,全归消灭";这一方面说明汉文化的强大及其持久的凝聚力,另一方面却又使之"得不着因比较而竞争的益处,当然是进步迟滞"②。中国传统文化以儒、佛、道为主体,有着悠久的历史和广远的涵括,构成以往中国文化的一种基本定式。然而,在近代以来的中西交往中,这种以儒释道为代表的中国文化在与以基督教为代表的西方文化相遇时之强强均势却被打破,至少当时在物质、科技和制度层面上中国乃输给了"船坚炮利"的西方势力。其结果不仅是中国沦为半封建、半殖民地的处境,而且也导致了儒佛道三位一体的传统中国文化之动摇、嬗变、甚至崩塌。例如,以"五四"运动为代表的中国"新文化运动"在思想意向上的批判矛头首指"儒"家思想,使它由此失去了其作为中国文化之"本"的传统地位,迄今仍难以"扶"正、复"本",在中华文化中唤回"儒魂"。而道教在清、民时期急剧衰落,佛教亦被边缘化。当代中国随着解放思想、改革开放而国力重新强盛、文化得以复兴,儒佛道的社会文化地位也明显提高和凸显,然而在以

---

① 吴雷川:《基督教与中国文化》,第126页。
② 同上。

"开放"心态来对待外来民族、外来文化的态度上,我们仍需回味、反思吴雷川的上述警示。

其三,吴雷川深感传统中国文化习以"人治"来代替"法治",往往会从宗教意义的"君权神授"演变为封建意义的"朕即国家"。本来,"在古代,虽然认君权为天赋,同时亦必说明立君所以为民。……后来儒家自孔子以至孟荀,都以爱民为王政的必要条件。……惟有法家的政论,与儒、道、墨各家不同。他乃是专为国家设想,专讲人君如何能使人民为国家所制伏。这在国家立场上说,原也无可非议,但事实上就很容易演成'朕即国家'的强横了。并且自从法家的学说盛行之后,历代的政策虽名为尊儒,实则采用法家的谋略,所谓'阳儒阴法'。于是'民为邦本'之说,仅仅用来装潢门面,实际上的体系,乃是要巩固君位不得不保守国家,要保守国家就不得不顾及民众。而其所谓法治,又只成为人君驾驭臣民的一种工具。幸而人君贤明,则上下同心守法,就可成为治世;不幸而人君昏乱,竟可以任意废置成法,而又随时增订不良之法以毒害人民"[1]。以"人治"为本,则可将"法"玩于指掌之间,即随心所欲,"治天下可运之于掌上"。"所以在君主专制之政体下,所谓'民本'与'法治'往往成为虚说"[2]。在中国传统文化中,这种"君权至上"使"国家"成为"国"与"家"之间的复杂关联。君主以"家"治实行其"国"治,将"国"视为其自"家";民众除其小"家"之外,也只剩以君王象征之"国",而且还必须以牺牲其小"家"来服从、服务于君王之"国"。不过,这种"忠君""报国"的国家观念亦很脆弱,很难让民众真正对之心服口服、忠诚奉献。这样,在古代中国政治中缺少"国"与"家"之间的社会空间,"法"治故而也无真正用武之地。社会中涌现出的某些社会组织,也往往乃"叛逆"之举,多被视为"黑社会"或乱党邪教。反观中国今日留存之"节日",多为"国"之节和"家"之节,"社会"中层共聚之节则

---

[1] 吴雷川:《基督教与中国文化》,第126—127页。
[2] 同上书,第127页。

极为罕见。其结果,现代意识的社会结社、聚会则往往是受外来影响,形成"民间""非政府"与"官方""政府"行为及组织的鲜明对照或尖锐对峙。与传统中国社会结构相比,当代中国"国"与"家"之间的社会空间正不断扩大,且在发生复杂而迅速的变化。

其四,吴雷川觉得中国古代文化多习惯于反观历史、"梦想古初",喜欢发思古之幽情,把远古想象为太平盛世之"黄金时代";这种厚古薄今易于导致"主张复古"而"阻碍进化",甚至让改革者的革新尝试也不得不"援古以证今之非",以恢复"先王之政"来适应人们"则古称先"的心态。已往中国文化多为一种"内涵式"发展,而缺少其"外延式"参照或吸纳。既然认为"没有外族较高的文化可资比较,于是一般热心救世的人们不满意于其时之现象,著书立说,梦想古初,就成为必然的趋势"①。一些改革家如王安石等在主张变法、改革弊政时明知"天变不足畏,祖宗不足未能,人言不足恤",却仍不得不以"方今之法度不合乎先王之政"为理由来推动其革新。吴雷川感叹"以王安石之勇于改革,尚且不能不称颂先王以适合当时人的心理,就可知传统观念的范围人心,真是坚韧而不容易冲破"②。但现代中国发展则出现了一个强烈反差,在与外族文化比较时已经毫不掩饰中国的落后和差距,其"检讨已往的文化"也"感觉到许多地方不合时宜"。吴雷川指出,"试看现时著论或演说的人们,总喜欢提到某种学术在某国是如何演进,或某种制度在某国试验的成绩如何。这在写的或讲的人自然是确有知见,所以毫不怀疑地如此引证,而一经他们如此引证之后,就很能取得多人的信从,以为他们所引证的实为中国所不及"③。由此观之,古代中国与现代中国在这种认知上已迥异不同,相距甚远。中国学者过去在分析西方思想文化发展时,多主张远古西方文化经中古基督教文化的"停滞",甚至"千年黑暗"后出现了跳跃式发展,一跃"千年黑

---

① 吴雷川:《基督教与中国文化》,第 127 页。
② 同上书,第 128 页。
③ 同上书,第 127—128 页。

暗"而到近代以"恢复古典"为口号的文艺复兴，进入近代西方文化的繁荣发展。不过，这种主张虽然今天仍有市场，不少学者却已注意观察并肯定西方文化从远古经中古到近代的"渐进"，承认中古西方文明的成就及为其近代发展奠定的重要基础、创造的良好条件。颇为有趣的是，吴雷川在分析中国文化远古与近代之间的发展时却同意并赞赏冯友兰在其《中国哲学史》中之说，即认为"直至最近，中国无论在何方面，皆尚在中古时代。中国在许多方面不如西洋，盖中国历史缺一近古时代。……近所谓东西文化之不同，在许多点上，实即中古文化与近古文化之差异"。当然，按冯友兰之意，这种"缺少"亦因渐进之由，"已成之思想，若继续能应环境之需要，人亦自然继续持之，即时有新见，亦自然以之附于旧系统之上，盖旧瓶未破，有新酒自当以旧瓶装之。必至环境大变，旧思想不足以应时势之需要，应时势而起的新思想既极多极新，旧瓶不能容，于是旧瓶破而新瓶代兴"[①]。吴雷川认为冯友兰的这番见解乃颇为"平实的论断"，由此可观中国文化的"惯性"渐进之持久。从近现代的视域来看，这种"一以贯之"、延续未断的大一统文化传统既已成为人类远古文明发展中的"仅存硕果"，却又从根本上刺激、导致了中国近现代的剧烈变革。

其五，吴雷川指出中国古代政治在"用人"上有着"政教"殊异的弊病，这一方面乃"政府体系"的"不合时宜"，另一方面也是因为古代科举"教育制度"导致学非所用、学难致用的结果，所谓"学术"或"学官"只是被当作工具来利用而已。由于传统"太学"成为"国家的定制"却"有名无实"，因此"国家对于教育人才这一件事"实际上处于"完全放任"之状。吴雷川借用马端临《文献通考·学校考序》的表述而尖锐批评道："秦汉以来……政与教始殊途……所用非所教，所教非所用。……古人有言曰，吾闻学而后入政，未闻以政学者，后之为吏者，皆以政学者也。自其以政学，则儒者之学术皆筌蹄也，国家之

[①] 吴雷川：《基督教与中国文化》，第129页，其说引自冯友兰《中国哲学史》第495—496页。

学宫皆刍狗也……于是所谓学者,姑视为粉饰太平之一事,而庸人俗吏直认为无益于兴衰理乱之故矣"①。在此,"学"已嬗变为走向"仕"途的工具或手段,其本身意义和价值则不足为道,"学"作为这种"象征"在"学而优则仕""仕而优则学"之表述上得到了极为复杂的体现。与之相关联,吴雷川还列举了古代教育和政府体制的许多弊病,如其"考试"之弊乃"在乎求才之道不足","养士"之弊则在于"历代"制禄,常是使人不"得所养",结果导致"上以盗贼待士,士亦以盗贼自处",而"取士"之弊更是在于除科举之外又网开一面、多出"保荐、门荫、纳赀"等后门;此外,不能"量能授职",使"官职是为人而设,不是为事而设"亦为大弊,吴雷川沿引王安石的话说,古代授职"不问其德之所宜而问其出身之后先,不论其才之称否而论其历任之多少",而且不问专长、滥派滥用,"以文学进者且使之治财,已使之治财矣,又转而使之典狱,已使之典狱矣,已转而使之治礼",这种变为"万金油"似的官吏"是一人之身而责之以百官之所能备,宜其人才之难为也。……责人以其所难为,则人之能为者少矣,人之能为者少,则相率而不为"②,但在应"为"处之"不能",却无法防止其不该"为"之处的"急政暴虐,赋敛不时,朝令而暮改",以及"中饱"多收之赋税等"胡为"。这一切都使中国古代政治离"修己以安百姓"的理想相去甚远。

其六,吴雷川发现中国古代传统礼教既使"家族"统治与"国家"专制有着惊人的相似之处,又导致二者之间失去了密切联系,形成"家"与"国"之观念的根本分离。本来家族的形成"是各民族社会演进的一般程序",但在中国,家族制出现之后,"接着就有一种拥护贵族政治的宗法组织发生,而此宗法组织,又随着封建制度的演进,成了一套极精密的理论"③。这种"宗法组织"的历史意义,甚至也使当今

---

① 吴雷川:《基督教与中国文化》,第130页。
② 同上书,第131页。
③ 同上书,第135页。

中国学界一些不承认中国曾经存在有"儒教"的学者仍坚持古代中国有过"宗法性传统宗教"的存在与发展,"它从未间断地一直延续到清末",其特点是"以天神崇拜和祖先崇拜为核心","敬天法祖、慎终追远","没有单立的教团,而以宗法等级组织兼任种种宗教职能",包括"皇室的代表天子主祭天神,宗族和家族祭祖由族长、家长主祭","这种宗教与封建宗法等级制度及思想体系紧密结合在一起,又直接为巩固宗法制度服务",而儒家"礼学中关于祭礼凶礼的部分,及天命鬼神观,却可以看作是宗法性传统宗教的理论"①。对于中国"家族"的发展,吴雷川在此有着批判性审视:"中国的家族显然有特殊的作用,就是使一家的家长与一国的君主同走上绝对专制的路,重礼法而遏抑天性,保权威而抹煞情感",这种"家庭专制黑暗的情形……在中国实行了几千年,对于国民人格发展上当然有极不良的影响"②。在封建制度中,其"家族"观念还推动了"借父权来陪衬君权"的发展。进而观之,吴雷川又分析了家族在与国家失去直接关联后所导致的人们对国家观念的淡漠,指出家族在宗法组织体系中作为"维持封建制度的基本因素"却因"封建制度崩溃"、中国"渐变而为大一统的国家"而不再适用于新的社会结构,但其"专制集权的办法"得以保留,并嬗变为以家族为中心,其结果"就使后来的一般人都只知有家而不知有国,如何能有健全的国民?所以家族这个单位,先时是对于国家有直接的利益,后来却成了国家与人民间绝大的障碍物。中国民族对于国家观念的薄弱,这岂不是根本的原因?"③从剖析"家族"在中国文化传统中的作用入手,吴雷川由此对中国封建礼教有了一个基本评价,即认为它"既有文饰的作用",亦有"虚假的弊病",其"节人之情……持之太严,不免违反自然",而其"文人之情……又因为过于文饰而斫丧了自

---

① 牟钟鉴:《中国宗教与文化》,巴蜀书社1989年版,第7页。
② 吴雷川:《基督教与中国文化》,第135页。
③ 同上书,第136页。

然，就引人走入诈伪的路"①。

最后，吴雷川还对宗教在中国传统文化中的作用有着批评性评价，他认为宗教"在中国历史上的演变也极其繁复"，但总体来看其本身存在的价值并没有得到承认，而只是被视为达到其他目的的手段与路径。吴雷川为此将宗教在中国社会的作用分为四类情形：一是"贵族利用宗教来取得平民的信服"；二是"一般人因企图福利或求免苦难而信奉宗教或迷信属于宗教的术数"；三是"因哲学思想与宗教思想相结合而研究宗教"，"所以人研究宗教的教义或类似宗教的学理，不必就信仰某种宗教"；四是宗教反映出社会"不满意于政治现象的反动及其与无产阶级的关系"②。按照吴利明对吴雷川这段表述的分析，"宗教往往被统治者用作维护他们政权的借口，但也有被用作反叛的理由。虽然这些做法未必一定是错，但是宗教在中国始终也没有得到它本身存在的理由。换句话说，宗教在中国文化中并没有提供具体的贡献"③。吴雷川的上述分析主要关涉宗教的社会功能及作用，而未触及宗教的本质及本真。在他看来，宗教的意义和价值层面在中国历史上及人们的观念中仍很模糊，而宗教本身在中国历史上的发展则充满变数，民间性、自发性的宗教因政治、经济的变化而走向官方性、控制性，但"官僚化的教会渐无力吸收一般的民众"，于是势必出现机关报的改革或改变，因此"宗教史是一部腐化及改革史"④。评价中国宗教的历史，吴雷川总结说："依理而论，上述四类之中，以利用宗教统治民众为最不合于理。而一般人认宗教为个人得福利的途径也当归于淘汰。惟有发扬哲理，拯救生民，才是宗教真正的义谛。然而在中国已往数千年中，宗教的活动，却是前二者占绝大的势力，而后二者还未得到正常的进展。这正是

---

① 吴雷川：《基督教与中国文化》，第138页。
② 同上书，第139—140页。
③ 吴利明：《基督教与中国社会变迁》，香港：基督教文艺出版社1990年版，第253—254页。
④ 吴雷川：《基督教与中国文化》，第141页。

社会的隐忧！"①吴雷川的这段概括充满警醒和睿智，对我们认识今天中国宗教的现状及发展仍富有意义和启迪。宗教应该回归宗教本真，而不能立足于"政治化""商业化"（功利化）的发展，宗教在中国的真正出路也只应是弘扬其教理中的积极因素，以超然的精神来入世奉献，投身于社会慈善事业，服务于民生。

四

吴雷川坦诚分析基督教与中国文化的弱点，从根本上表达了他对二者的真诚热爱与内心期盼。在教义传统和社会功能层面，他认为批评基督教以往的过失在于其"过分注重来世的福乐"，中国文化以往的过犯在于它"造成一个停滞不前的社会"②，这从历史的事实而言都是正确的。但问题在于，这两种过失之所以发生，乃是因为其历史演变发展曾将二者的真实本质掩埋；其解决的办法故而不是放弃基督教与中国文化，而是努力将其真正的精神彰显、弘扬，使之对中国社会乃至整个人类有利有益。在新形势下对基督教与中国文化的反思乃是"受了世界文化交流之赐"，这尤其可体现为现代"中国民族自觉的起头"，因为"中国文化在已往的期间，……不遇到比较竞争的机会，好像是长期停顿"；不过吴雷川仍坚持"变动"则是绝对的，中国文化过去"由盛而衰，由发荣滋长而至于僵化，也正是在那里变动"③。而到了现在的"世界大通""发生中西文化比较的问题"，这种变动则更有刺激、更加巨大。为此，吴雷川强调中国民族应审时度势，认真反省自己已往的文化，积极推动其未来的文化；而在这一转型时期，既应"认清自己的弱点……对症下药"，也要"常想到利用自己的优点……坚固自己的信

---

① 吴雷川：《基督教与中国文化》，第 142 页。
② 参见吴利明著《基督教与中国社会变迁》，福建教育出版社 2011 年版，第 254 页。
③ 吴雷川：《基督教与中国文化》，第 144 页。

心，增加自己的勇气"①，从而使中国文化像从前的历史关键时期那样再次"得到更生"的机会。这里，吴雷川转而从正面评价中国文化的优杰之处，并认为基督教在中国会有助于这种优秀传统的弘扬。而且，在发扬基督教和中国文化的本真精神上，吴雷川认为二者确实也有着积极的共鸣与呼应。

在《基督教与中国文化》《墨翟与耶稣》等专著以及"基督教经与儒教经""圣诞节的联想——耶稣与孔子"等论文中，吴雷川探讨了基督教与中国文化核心观念之密切关联。从总体来看，吴雷川认为基督教与传统中国思想文化的关系主要体现为基督教与儒家思想的关系。尽管儒家观念及其礼教因与封建专制传统的复杂交织而受到冲击，其在整个中国体系中却仍有着重要的价值意义。在基督教与中国文化的比较中，吴雷川觉得基督教的不少观念都可在儒家思想中得到印证，二者实际上是用不同的方式说明了相同的真理，故而能共通共融。大体来看，吴雷川认为这些相同乃表现在如下一些方面。

第一，在对耶稣基督的理解上，由基督教信仰中的"圣子"联想到中国文化推崇的"圣人"。吴雷川将《圣经》中耶稣的"自述"列为甲组（八条）和乙组（九条）共十七条②，并用中国经典的相关语录与之对应，由此概括出"历史上伟大的人物，其自命必是不凡"③的类似。他指出，其中属于甲组的话多为说明耶稣自己为"人"的目的，即"以人生的意义与价值诏示后人"，而属于乙组的话则要说明耶稣本人"与社会的关系"；而相对应的中国古训乃包括《易经》"天行健，君子以自强不息"，《书经》"天工人其代之""道积于厥躬"，《庄子》"愿天下安宁以活民命，人我之养，毕足而止"，《礼记》"君子动而世为天下道，行而世为天下法，言而世为天下则"等内容④。而从"耶稣

---

① 吴雷川：《基督教与中国文化》，第144页。
② 同上书，第29—30页。
③ 同上书，第28页。
④ 同上书，第30页。

为基督"这一核心观念来论述,吴雷川则认为《圣经》《以赛亚书》"预言基督"与儒经《中庸》"想望至圣"有着不谋而合的蕴涵,旧约时代的先知以赛亚所预言的弥赛亚将降临实与子思关于"将有圣者兴起"的预言乃给人带来极为相同的信息。而且,"犹太人所想望的基督,不只是指着在外表上涂抹膏油,更是指着内心受圣灵的膏沐,正如《书经》上所说'亶聪明作无后',那就是中国所谓'圣天子'了"①。在此,吴雷川将耶稣与孔子直接相比较,指出耶稣为"道成肉身的圣子",而孔子乃"大成至圣的先师",二者都给人一种神秘感和神圣感。这样,吴雷川更愿意以"人性"意义来理解耶稣,从而亦突出了儒家思想中人可以通过内在修养而成就"神圣"性格、达到道德完善的寓意。而更有意义的是,吴雷川借此亦将对耶稣的寄托由天国转入今世、从彼岸回到现实。他总结说:"耶稣人格之所以伟大,纵使有一部分是由于天启;但从人的方面看来,则完全是由其自觉、自择、自决的";而"耶稣所宣传的天国,分明是他理想中的新社会","其主要条件即是物质的平均分配。……可见他为群众着想,决不轻看物质,高谈玄妙";这一新社会还"以平等、自由、博爱为极则"②;由此可见,"耶稣训言中所指示的真理,大部分可以与中国先哲的遗言相印证,……我们研究耶稣的训言,愈足使我们深信真道之合一";此外,"耶稣要将真理彰显于世,不只是用语言来阐发,更要在他自己的行为上表显出来","因此耶稣的为人,是我们应当崇拜而效法的。我们能效法耶稣的舍己,……更效法他的努力服务于社会,世界就可以从此进化,永无穷尽。所以耶稣的人格,是以救人、救世。他的教义是个人的福音,更是社会的福音"③。显而易见,吴雷川以其对耶稣的上述理解而将基督教的"外在超越"与儒家的"内在超越"有机相连,并在其"社会福音"中增添了"内圣外王"的蕴涵。

---

① 吴雷川:《基督教与中国文化》,第47页。
② 同上书,第55页。
③ 同上书,第56页。

第二，在对基督教信仰的"上帝"之认识上，由作为"天主"的超然之神联想到儒家敬仰的"天"。"吴雷川认为基督教和儒家思想最基本的共通点是他们的宇宙观，是他们对于宇宙主宰的本质和意志的体认"①。在此，吴雷川对基督教的"上帝"之认识显然与儒家思想中"天"的观念有着异曲同工之处，二者所反映的都是一种最高原则或超然力量。他说："我以为：上帝就是和真理，大自然，最高的原则相等的一种名称，所谓上帝能治理管辖我们：就如同说：人类必须与大自然适应，不能与真理或最高的原则相违反。"② 按照《圣经》中的表述，吴雷川列举了对"上帝"五个方面的理解，即"上帝为父""上帝是公义的父""上帝是善""上帝作事""上帝是灵"③，由此揭示出"上帝"以"爱""公义"和"全能"来治理宇宙、干预人世、使"宇宙恒久进化"④。进而言之，吴雷川这里并不突出或强调基督教"上帝"的"人格"或"人格化"，而有着"上帝论"对"宇宙论""创世论"的更广涵盖。他指出，"上面所说的上帝为父，上帝公义，上帝是善，上帝作事，都是将上帝人格化的说法，独有说上帝是灵，人拜上帝必须用心灵和诚实，则更是进一步的认识。假如我们深深地思想这句话的意思，因而觉悟到上帝是存在人的心灵和诚实中，那么宇宙就不啻是以人为本了"⑤。在用《中庸》中"天命之谓性"的提法来理解"上帝造人"的蕴涵时，吴雷川对之加以更深入的阐发，说明自然万物的形成及世人智慧和意志的由来乃凭借天命的旨意，归属天命的恩赐；但"上帝"或"天"并不直接参与或干预世界及人之命运，上帝的"爱"和"公义"也不指上帝会以这些原则来直接干预人的作为。所谓"天命"是指人的命运或万象之生在于认同、遵循这种最高原则，顺从天意或依循上帝的旨意来行动、发展。借助朱熹的解释，"性，即理也。天以阴阳五行，化生万物，气以成形，而理亦赋

---

① 吴利明：《基督教与中国社会变迁》，第 246 页。
② 吴雷川：《信仰基督教二十年》，转引自吴利明前揭书，第 247 页。
③ 吴雷川：《基督教与中国文化》，第 31—33 页。
④ 同上书，第 32 页。
⑤ 同上书，第 33 页。

焉，犹命令也。于是人物之生，因各得其所赋之理，以为健顺五常之德，所谓性出"①。而"上帝凡事都能"也恰如《中庸》所谓"故至诚无息，不息则久，久则征，……悠久所以成物"之道理②。在儒家经典中，吴雷川认为，至少可以找到对"天"的四种认识和解说：一是认为"天"有意志，代表宇宙最高权力，可与中国经典表述"获罪于天，无所祷也"和"予所否者，天厌之"相对应；二是认为"天"控制宇宙运转的原则，在认识自然存在和宇宙规律中则能领悟，可与中国古训"天何言哉，四时行焉，百物生焉"相呼应；三是认为"天"无所不在、无所不为，有着"天网恢恢、疏而不漏"之境，其玄奥恰可在中国思想"视之而弗见，听之而弗闻"，"神也者，妙万物而为言者也"之中得以体会；四是认为"天"代表"天德"，即为"真诚无妄"的"绝对命令"，其作为超越性道德律则可在中国经典名言"诚者，天之道也"，"诚者物之终始，不诚无物"中获其印证③。

第三，在对基督教三位一体神学中"圣灵"的领悟上，由作为神人沟通之保惠师的"圣灵"而联想到儒家核心观念的"仁"。吴雷川表示，"基督教所谓圣灵，就是儒教所谓仁。如果将《新约》书里论圣灵的地方，与儒家论仁的地方，比较解释，大概都可证实的。类如基督教说圣灵和天国有关系（太十二 28），儒教也说仁和世界进化有关系（《论语》孔子曰，克己复礼为仁，一日克己复礼天下归仁焉）。基督教说天国在人中间（路十七 21），儒教也说仁为人心（孟子曰仁人心也。又曰仁人之安宅也）。基督教说人所当求的就是圣灵（路十一 5—13），儒教也说人所当求的就是仁（《论语》孔子曰，求仁而得仁。又曰，我欲仁斯仁至矣。孟子曰，仁，人心也。……学问之道无他，求其放心而已矣）。基督教论祈求圣灵。屡次说到饶恕（太六 14，七 7—12），儒教论仁，也常常要说到恕（《论语》孔子曰，己欲立而立人，己欲达而

---

① 吴雷川：《基督教经与儒教经》，《生命月刊》第三卷第六期，1923 年 3 月，第 1—6 页。
② 吴雷川：《基督教与中国文化》，第 32 页。
③ 参见吴利明著《基督教与中国社会变迁》，第 246 页。

第十六章 吴雷川论基督教与中国文化 217

达人,能近取譬,可谓仁之方也已。又仲弓问仁,子曰己所不欲,勿施于人。孟子强恕而行,求仁莫近焉)。基督教以圣灵充满的人,就是道成肉身(路三 22;约一14),儒教也说人与仁合就是道(孟子仁也者,人也,合而言之道也)。这都是很显明的例证"①。在《基督教与中国文化》这部书中,吴雷川再次提到"《新约》书上所说的圣灵就是儒书上所说的仁"②,并作了如下说明:其一,"圣灵可以祈求而得","这正是与儒家教人求仁毫无差异"③;其二,"渎圣灵者罪不得赦","而孔子以为不仁的人不能行礼乐","孟子明说:'苟不志于仁,终身忧辱,以陷于死亡'"④;其三,"论圣灵每说及饶恕","儒教论仁也常要说到恕"⑤;其四,"圣灵与天国的关系。耶稣对尼哥底母说:'人若不是从水和圣灵生的就不能进上帝的国'……原来仁者人也。仁,人心也。仁,人之安宅也。本是儒者对于仁的深识确诂,人类社会中若没有仁,世界将不成为世界,更谈不到进化"⑥;其五,"得圣灵者可以审判人","《大学》篇曾说:'此谓唯仁人能爱人能恶人'。又《论语·里仁》篇记:'子曰,惟仁者能好人能恶人'"⑦;其六,"圣灵与耶稣去世的关系",耶稣说,"我若不去,保惠师(圣灵)就不到你们这里来,我若去;就差他来";吴雷川解释道,"这样难解的谜,我们只有用孔子所说杀身成仁的话来印证,才可以涣然冰释。因为耶稣为人舍命之后,仁的道理就炳在于当世,这正是所谓杀身以成仁"⑧。此外,吴雷川还论及"圣灵可以赶鬼,等于孔子所说'苟志于仁矣,无恶也'——这都

---

① 吴雷川:《基督教经与儒教经》,《生命月刊》第三卷第六期,1923 年 3 月,第 3—6 页。
② 吴雷川:《基督教与中国文化》,第 24、33 页。
③ 同上书,第 33 页。
④ 同上书,第 33—34 页。
⑤ 同上书,第 34 页。
⑥ 同上。
⑦ 同上书,第 35 页。
⑧ 同上。

是心志的作用，并没有什么神秘"①，以及"圣灵为保惠师，圣灵引人进入一切真理，圣灵以一切事指教人，圣灵使人自责"等内容，并认为这一切"都可以用儒家论仁的话来解释"；他由此得出的结论是："总之，圣灵与仁是异名而同实，并且儒家论仁的精义，我们从耶稣论圣灵的话里见到的也很不少，即此一端，已足以证明耶稣的教义多与孔孟相通了"②。在他看来，"圣灵"通行于人间就是儒家所论天下归"仁"，这是人的精神生命和精神生活之所依，"圣灵"充盈即指"仁"的实现这一人世社会的美好境界。

第四，在对基督教"祈祷"意义之把握上，由作为敬神呼求或自语的"祈祷"而联想到儒家的人格"修养"。吴雷川强调，"基督教的基础，是以耶稣的人格为中心，而耶稣人格之所以完成，不但在其能实现建立天国的事工，尤其在对自身有充分的修养，这修养的工夫，就是基督教所说的祷告"③。通过对应中国儒家思想，吴雷川给基督教的祈祷赋予了更多的蕴涵和意义。在此，他认为祈祷并不指与上帝的交通，而乃人对上帝的盟誓和人之内心对真理的默想。这为从下往上的表白，是人发自内心的，而非由上天赐予的。吴雷川指出，"祈祷有公祷与私祷两种。……公祷是含有盟誓或诰诫的性质的。至于私祷，纯是个人修养的工夫。这种修养的工夫，用儒家的话说，大致可分为两段：一是存养，一是省察。所谓存养，就是体认真理；所谓省察，就是检点自己所言所行的是否与所体认的真理相合。基督教所注意的个人私祷，正是用这两段工夫。又如宋儒讲修养有主敬与主静两说，祈祷教人默想真理——或说是对上帝——自然要屏除妄念，恭敬静默，正是备具二者的功用"④。按其分析，祈祷中的赞美、感谢、认罪、祈求"正是将存养省察两段工夫，合而为一"，其中存养就是"体认上帝的旨意"，由此

---

① 吴雷川：《基督教与中国文化》，第24页。
② 同上书，第35页。
③ 吴雷川：《基督教祈祷的意义与中国先哲修养的方法》，《真理与生命》第2卷第6期，1927年，第145页。
④ 吴雷川：《基督教与中国文化》，第36—37页。

有赞美与感谢；而省察则会带来认罪与祈求；因此，祈祷要迫切，不可灰心，亦不可故意教人看见，这样遂"有信则必得"，而以儒家思想来解读，则是教人发愤、有恒、慎独，且如《易经》所说"圣人以此洗心退藏于密"，以及如《中庸》之言"君子之所不可及者其唯人之所不见乎"；这一切都说明"祈祷是人格修养最基本的方法"[①]，即"养成人格唯一的需要品"。于是，吴雷川将"祈祷"与"中国先哲的修养论参互考证"，在"祈祷"中看到"敬神如神在"的严肃认真，又体悟到儒家修养工夫的精深微妙。

第五，在对基督教的"天国"降临之期盼上，由作为世人获得拯救的"上帝之国"（天国）而联想到儒家向往的天下太平之"大同世界"。这里，吴雷川觉得"天国"并不指彼岸世界或超然世界，"天国"的降临，"上帝的国"之实现，应该在人间此世发生。这就是通过世人的努力和社会的改造而实现古代先贤曾描述过的太平盛世，达到人类世界的"大同"。根据这种对比，他相信基督教所追求的"上帝之国"也应该是实现一个能够满足人类需要、有着公正和公义的现实理想社会。他说："天国并不是在这世界之外另有一个世界，更不是像教会所常讲的死后升天堂，乃是将这世界上所有不合仁爱和公义的事全都除去，叫这世界上充满了上帝的仁爱和公义，这就是天国降临。用现在的话来说，就是改造旧社会，成为新社会"[②]。为了实现"天国降临"，他认为按照耶稣的训言应包括如下五个方面："第一，天国先须在各人的心理上建设"，这也是孙中山在其《建国方略》中"心理建设"所论"知难行易"之根据[③]；"第二，天国是人间的至宝"，"惟有发见了至宝而又愿意将这至宝公诸同好的人——就是为全人类谋幸福而要改造社会的人——才是至宝"[④]；"第三，天国中国民应有的资格"，"所以仰望天

---

① 吴雷川：《基督教与中国文化》，第39页。
② 同上书，第37—38页。
③ 同上书，第39—40页。
④ 同上书，第40页。

国的人，必要具备各种品德，而后有从事于建立天国的资格"；换言之，"凡是同情于贫穷的人而想要建立天国的人们，必须有为义受逼迫的最后决心，才能与恶势力奋斗，达到最后的目的"①；"第四，天国必变更旧有的组织"，这就是说必须"在政治组织上有显然的改革"，而"耶稣理想的天国——就是经过改造的新社会——是没有国界和种族的分别的"②；"第五，建立天国以改革经济制度为中心"，这乃指在建立起新社会中"自然是分配平均，人人都能取得，不必再各自谋虑了"，"并且是各尽所能，各得所需"；在此，吴雷川强调"改革经济制度必为改造社会工作的中心"③。在对"天国"的理解和诠释中，吴雷川实际上乃充分表达了其实现社会变革的理想、抱负和期盼。

第六，在对耶稣教训门徒言论的梳理上，由耶稣的劝导箴言而联想到中国儒家贤哲的相应警句。吴雷川认为，耶稣的训言大部分都可与中国贤哲的遗言相印证，形成其精神互动。他列举了十二则耶稣对于其门徒的"谆谆训勉"，并用中国先哲的言论来加以对应和解释。例如，从耶稣所言"爱惜自己生命的就失丧生命，在这世上恨恶自己生命的就要保守生命到永生"中，他悟出了儒家"杀身成仁的真谛"，指出"这里所说自己的生命，就是所谓'小我'，下句中的生命乃是指着'大我'"④，故为"舍小我求大我"的境界；对于"凡有的还要加给他，叫他有余，凡没有的，连他所有的也要夺过来"这一"马太效应"，他用"天助自助者"之论来比较，并说按《中庸》所言"故天之生物，必因其材而笃焉。故栽者培之，倾者覆之"，则"其义自显明了"⑤；关于"凡自高的必降为卑，自卑的必升为高"这种"谦""傲"之比，乃充满张力的对应，富有辩证意义；他认为"这就是《易·谦卦》所

---

① 吴雷川：《基督教与中国文化》，第40—41页。
② 同上书，第41—42页。
③ 同上书，第42—43页。
④ 同上书，第44页。
⑤ 同上。

说'天道恶盈而好谦'"① 之理;至于"掩藏的事,没有不显出来的,隐瞒的事,没有不露出来的"表述,他则指出这不只是中国俗语"若要人不知,除非己莫为"的浅显道理,而更有着《中庸》所言"莫见乎隐,莫显乎微,故君子必慎其独也"之深意②;论及"不敌挡我们的,就是帮助我们的",他宣称此即孔子所说"君子和而不同"的意思③;而"多给谁就向谁多取,多托谁就向谁多要"则正是《论语》"士,不可以不弘毅,任重而道远。仁以为己任,不亦重乎?死而复已,不亦远乎?"所表达的精神④;在论及"义""利"关系时,他声称《圣经》所载"你们不能又事奉上帝,又事奉玛门"就是孔子所说"君子喻于义,小人喻于利"的道理⑤;耶稣所言"你们白白的得来,也要白白的舍去"这一"生时带不来,死时带不走"的常理,在吴雷川看来"乃是正面揭示人生的大义",而从孔子言论"如有周公之才之美,使骄且吝,其余不足观也已"之中,也可窥此微言大义⑥;此外,"你们要人怎样待你们,你们也要怎样待人"在《圣经》中被视为"律法和先知的道理",吴雷川也用儒家"所恶于上无以使下""推己及人为恕"的思想来解释⑦,将之理解为"己所不欲,勿施于人"的"中庸之道";而"我赐给你们一条新命令,乃是叫你们彼此相爱"这一"爱人如己"的诫命⑧,吴雷川亦将之视为儒家"仁者爱人"的真理。

由此,吴雷川以条分缕析、实例说明的方式,试图证实基督教与中国文化乃有着许多内在关联,表达着同一真理。他引用宋儒陆象山的话说,"四海有圣人出,此心同,此理同也;千百世上下有圣人出,此心

---

① 吴雷川:《基督教与中国文化》,第44页。
② 同上。
③ 同上。
④ 同上书,第45页。
⑤ 同上。
⑥ 同上。
⑦ 同上书,第46页。
⑧ 同上。

同,此理同也"①,以"深信真道之合一"来使基督教与中国文化更为贴近、彼此认同。

五

在分析基督教与中国文化的关系上,吴雷川有着极为复杂的心境。正因为他对中国文化有着深厚的研习和认识,所以才表露出其富有自我批判意识的反省和思考。至于对基督教的理解,他则因为对基督教系统神学并不熟悉、知之甚微而有着偏离其正统教义之理解。但是,对于基督教和中国文化,他都表现了自己的倾慕和热爱,因其对二者都寄予厚望故而有爱之愈深、批之愈透的奇特现象。从基督教与中国的交往关系上,他亦有整体的审视和通盘的分析。他指出,"基督教与中国发生关系,若从唐朝的景教说起,到现在恰好已有了一千三百年。然而中间屡经断绝,它所及于中国的影响,远不能与欧美各国相比并,它在中国的价值若何,也就不容轻易评判"②。基督教来到中国传教已经历了四个时期,这段历史究竟有功有过、是否可圈可点,却因复杂的文化、政治原因而让吴雷川颇有一言难尽之感。他曾如此概括说:"假使我们要统计基督在中国所成就的事功,除了唐代的景教是依附于佛教,没有独立的性质,元代的景教与罗马教因为在蒙古族势力之下,与汉族文化少有接触,似乎都不必置论外,明末清初的天主教得着很好的机会,在中国文化方面也有过相当的贡献,然而也已成陈迹。至于现时在中国流行的耶稣天主两教,在这将近百年之中,从外国派来的热心传教士何止万人,从外国运来为教会用的金钱何止万万,各教会的热心布道固不让前人,对于社会上有益的工作且较之以前更为推广。"③ 不过,这种投入和收获并未达到一种理想的平衡,且产生了诸多问题,故而使人颇感困

---

① 吴雷川:《基督教与中国文化》,第56页。
② 同上书,第72页。
③ 同上书,第76页。

第十六章 吴雷川论基督教与中国文化 223

惑、引起深思。"上述基督教在中国的历史及其所成就的事功,起初在教会中人看来,大概以为虽然还没有达到希望的目的,也已经可抱乐观。然而一旦受了国内外政治潮流的影响,就自然地感觉到基督教在中国还没有稳定的基础"①。吴雷川对其中原因进行了分析,亦对基督教在华传教方式提出了批评。面对中国近代以来对基督教的抵制和拒绝,他则有着客观、冷静的评价,并不因此而陷入悲观。在他看来,经过长期的文化交往与碰撞,基督教在中国实际上也已产生了潜移默化,甚至颇为实质性的影响。他说,"至于基督教与中国文化二者的关系,有些信基督教的人们,总还是渴望基督教在中国文化得着相当的地位,仿佛是要求中国文化的承认。但在我看来:此种愿望,似乎是大可不必,并且在现代已不合实际的需要。因为,从过去一方面观察,这多少年来,西方的学说、艺术、制度、礼俗等等,很自然地传播到中国,中国也很自然地接受而仿效,其中有好些是由基督教直接或间接地介绍而来。现时的中国文化,似乎早已含有基督教不少的成分"②。尤其是通过中国基督徒如基督徒学生的最新努力,以往受到抵制基督教人士批评的不少缺欠已不再存在,历史的遗憾正被弥补。"因此我又以为:自从基督教与中国发生关系以来,这个中基学运,也许是一个将来能结最大果实的种子。它现在虽然刚在萌芽,然而我深信——并且也切望:它必要先清理它自己的园地,用工夫培养这刚出现的萌芽,叫他根柢深厚,不急于发荣枝叶,在未来的新中国里,它必要为基督教立定了根基"③。

20世纪上半叶的中国,席卷知识界的"新文化运动"既有着抵制基督教的明确意向,又展示了批评中国自身传统文化的精神。在这一复杂历史背景中,中国基督教出现了"本色化"之探,有着中国教会及其神学"本色化""中国化"的诸种努力。对此,谙熟中国传统文化的吴雷川持有极为谨慎的态度。虽然他对以儒家为代表的中国古典传统颇

---

① 吴雷川:《基督教与中国文化》,第76页。
② 同上书,第12页。
③ 同上书,第88页。

有好感，却认为在当时情况下中国的"本色"神学不能走结合或综合基督教与儒教传统的道路，不可由二者共构某种混合体系来迎接现实挑战。在他看来，如果不顾"新文化运动"的反传统意向及现代中国人要求革新的心态，那种所谓"耶儒"结合就是"自投罗网""自掘坟墓"，出现另一种意义的两败俱伤，不知不觉地掉入复杂"陷阱"和怪圈，因为"现在中国文化的自身正在谋求新的建设，基督教若还要求中国旧有的文化承认，岂不是多费一番周折。将至徒劳无功？"①所以，吴雷川认为在新形势下有必要开展双重的革新，既以基督教与中国传统文化自身的革新来适应、服务于变化中的中国社会，又以当时社会的革新为基督教在华的出发点和基本需求；基督教应设法满足这一需求，争取在中国真正立足，而不能再次游离于中国社会之外。

从文化层面的基督教与中国文化比较和认同，只能作为将基督教引入中国的准备和条件。在社会革新、改造意义上，这种"将基督教与中国文化对比，解释二者的异同或得失"就不再显得特别重要。这里，吴雷川从思想解放、社会改革的角度来重新审视基督教与中国文化的关系。他指出，"基督教的教义，从耶稣的行事和训言中仔细地体认，本是亘古常新。只因它经过长期的进展，有如清泉奔流到平地，不免夹带着泥沙，遂使真义日渐隐晦。到了现代，世局将有重大的变迁，基督教也要像河流改道，所有水里夹杂着的泥沙将有一番淘汰，因而真义重复显明。而在此时期中的中国，旧有文化的价值要重被估定，更要建设新的文化以适应民族复兴的要求"②。所以，基督教在中国的意义首先并不是要进行文化对比或促进双方互补，而应该是关注、参与并服务于社会革新，为社会改造和进步提供精神动力和灵性指导。基督教在当时中国所要彰显的正是其社会变革、改造人心的意义，由此而使中国人对基督教乃至整个宗教能有重新的审视和全新的认知。

这里，吴雷川谈到了宗教的意义及其社会作用，亦注意到中国公共

---

① 吴雷川：《基督教与中国文化》，第12页。
② 同上书，第166页。

舆论中对宗教的印象与看法。按其理解，宗教就如当代宗教学者伊里亚德所称为的"人类学常数"那样体现出人性本质，"人若没有它，人类社会就将如其他动物的一群，失去了意义与价值"；因此宗教"不但不妨碍社会进化，并且是人类改造社会的原动力……所以社会制度无论如何变化，它是不受任何影响的"[1]。鉴于20世纪与"非基督教运动"相关联的"非宗教运动"和中国知识界关于中国有无"宗教"的讨论，吴雷川指出，"在一般人看来，宗教在世界未来的文化中能否有存在的地位，还是待决的问题，至于中国民族复兴与基督教有无关联的问题，当然更谈不到。但我认为：此类问题虽有待于将来事实的证明，然而现时却需要成立一种假定，才可以指示人的趋向，唤起人的努力。因为现时各种宗教还是普遍流行，而同时各宗教的缺失又是显豁呈露，这种矛盾对立的现象，既不应当任其自然，于是有些渴望社会改造的人们，就执着宗教外表的缺失，认为是妨碍社会进化，必须根本铲除，这种改革的热诚，确值得敬佩。但他们如想到人类自有史以来，宗教与人生，总是有着重要而密切的联系。所以在文化史中，宗教这个名词，与哲学、文学、科学、艺术、经济、政治等类的名词，早处于同等的地位。尽管它的内容或是幼稚而蒙昧，或是衰老而腐化，我们尽可以就着它不合理的事项竭力制止，并期望它的蜕化而演进，似乎不能就说它应当完全消灭"[2]。

一提到"宗教"，在中国现代文化气氛中，尤其在中国知识精英圈子里似有一种"另类"之感。学术界在20世纪初关于"宗教"是什么、中国有无"宗教"或应否有"宗教"曾发生过激烈争论。其颇为流行的看法是，中国古代并无"宗教"这种概念及构词；汉语的"宗教"一词在古代乃分用于"宗""教"二字，其中"宗"为"尊祖庙"（《说文》）之意，指对祖先及神祇的尊崇和敬拜，由此发展为"禋于六宗"的活动；而"教"则由"教化"之意引申为上施下效、从学入道，转而指"对神道的信仰"，故而有"神道设教"（《易经》）、"合鬼与神，教之至也"

---

[1] 吴雷川：《基督教与中国文化》，第175页。
[2] 同上书，第166页。

(《礼记》)以及"修道之谓教"(《中庸》)的蕴涵。"宗教"二字合用最早见于佛教术语,如梁朝袁昂(459—540)从佛教立场为有神论辩护时就已论及"仰寻圣典,既显言不无,但应宗教,归依其有"①。隋朝释法经在论其修撰众经之目的时亦表明乃为了"毘赞正经,发明宗教,光辉前绪,开进后学"②。此后,《景德传灯录》有"(佛)灭度后,委付迦叶,展转相承一人者,此亦盖论当代为宗教主,如土无二王,非得度者唯尔数也"等表述。"宗教"在这种古代理解中一般指佛教中崇拜佛陀及其子弟的教诲,"教"乃佛陀之言,"宗"即佛陀弟子之传,从而有了"人生宗旨、社会教化"之意。在中日文化交流历史中,"宗教"术语通过佛教典籍的翻译而为日本学界所用,其佛教界最初将语言难以表达的真理称为"宗",而关于这种真理的教义遂为"教"。在日本近代与西方的交往中,开始了中文术语"宗教"与西文 religion 的挂钩。自 1868 年起,日本明治政府的文书多将西文 religion 译作"宗教",专指西方各国信仰的各种宗教或基督教教派,如 1869 年日本与德国用日、德、英三种文字签署的《修好通商航海条约》以及邺田枢文夫著《西洋闻见录》等都以"宗教"翻译 religion。不久,这种对应或等同于"假道日本而入中国",形成"宗教"在华的现代含义或理解。这种译介和引入一般以黄遵宪(1848—1905)于 1887 年完稿、1895 年出版的《日本国志》(现重印的最新版为上海古籍出版社 2001 年版)为肇始,此书当时被"海内奉为瑰宝"。然而,黄遵宪以"宗教"论西文 religion 之所指在当时并没有被中国学术界所普遍接受,甚至有人干脆反对将 religion 译为"教",而认为其义只能与中文"巫"字等同。例如,1893 年 9 月出席在芝加哥举行的"万国公会"之世界宗教议会的中国代表彭光誉发言(由容揆英译,William Pipe 代读),论述其对中国儒释道三教源流及其与基督教异同之见解,在其随后出版的大会发言稿中文版《说教》一书中,他将英文 religion 音译为"尔厘利景",而反对将之译为"教",强调"尔厘利景"

---

① 《答释法云书难范缜神灭论》,《全梁文》卷48,页11。
② 《上文帝书进呈众经目录》,《全隋文》卷35,页9。

第十六章 吴雷川论基督教与中国文化 227

基于"景教"之意，即"厘定而利于景"，"按西学凡所载景教流行中国碑之景教，系西方古教，已与今教不同，英文名今教曰尔厘利景，此仍用景字译之，取其音同易知"，而"明末欧罗巴人译为华文，曰教者是也。然华文教字之义，虚字"，故乃误译，因为中文"教"字相当于英文动词"题赤"（teach）或名词"音司黜庐克慎"（instruction），故不可等同于英文 religion。根据他对 religion 的分析，"余考英文字书，解尔厘利景为教人顺神拜神爱神，诚心事真神之理也"。因此，"其人能知神事神言"，曰"朴罗肺特"（prophet，先知）；"能祝神及代人致祝者"，曰"朴厘司特"（priest，神甫）、"帕司特尔"（pastor，牧司）或"弥泥司特尔"（minister，教士）。于是，"尔厘利景于华文当称为巫"，其神职人员"诸名于华文当称为祝，而预知未来事者，于华文又当称为谶纬之学"。他认为中文"教"字在中国传统中乃仅指"礼教"："中国'教'即'政'，'政'即'教'。'政''教'皆从天子出。帝教、师教皆礼教也。礼教之外，别无立一教会号召天下者"；此后，严复将 religion 中译为"鲁黎礼整"，取"对野蛮未开施以礼仪而规整"之意；康有为则将之中译为"厘利尽"，"谓凡能树立一义，能倡徒众者之意"，旨在"去利于尽"。此外，对 religion 的相关中译文还包括"教""教宗""教门""法""道"等词汇，中国学者总体来看对 religion 持一种比较贬低的理解，并由此形成这种负面认知的"潜意识"或"潜规则"，影响至今。相比之下，倒是基督教界对"宗教"有着更多正面的认知，中国正式出版的辞书中首次解释"宗教"一词，就是出席芝加哥世界宗教议会的华人基督教牧师颜永京之子颜惠庆，他在 1908 年出版的辞典中把"宗教"解释为对于所崇拜的神圣或上帝的"一种思考、感情和行为模式"[①]。由此可见，从一开始，中国学术界在对应西文 religion 上就遇到了麻烦，分歧甚大、

---

① 参见彭光誉《说教》，光绪二十二（1896）年总理各国事务衙门据阿美利嘉初行本，同文馆重印本校勘，卷1，页3及后；此处参考陈熙远《"宗教"——一个中国近代文化史上的关键词》，台湾《新史学》十三卷四期，2002年12月，第40—41页；以及孙江著《重审中国的"近代"：在思想与社会之间》，社会科学文献出版社2018年版。

争论颇烈，而且迄今仍未达共识，因此直接影响到中国当代对宗教定义的理解和对宗教与中国文化关系的认知。

在众多分歧中，中国知识分子最有争议的问题关涉"教"与"学"、"教"与"政"、"教"是否有"教化之教"与"宗教之教"的区别以及"制度性宗教"与"宗教性"的关系等方面。本来，在20世纪之前，人们对"儒""佛""道"三教之"教"并无细究，在"三教"并论时亦没有专门否认儒教的宗教性质。"戊戌变法"失败后，康有为受基督教在西方国家"国教"地位及其意义的启迪，提出"保国、保种、保教"，主张以"入世"的"孔教"作为中国的"国教"。这一极端之举遂导致干脆否认"儒教"（孔教）为"宗教"的另一种发展。起初，梁启超、蔡元培等人并没有明确否认儒教的宗教性质。严复虽因感"西学"与"西教"二者"绝不相合"而始给"教"与"学"分下定义，指出"'教者'，所以事天神，致民以不可知者也"，"'学者'，所以务民义，明民以所可知者也"①，却仍承认欧洲中世纪时"教"与"学"乃相混合，而"中国教与学之事合而为一"。自1902年起，梁启超撰文反对尊孔教为国教，并干脆提出儒教非教说，认为中国"无宗教"。他指出，"西人所谓宗教者，专指迷信信仰而言，其权力范围乃在躯壳界之外，以魂灵为根据，以礼拜为仪式，以脱离尘世为目的，以涅槃天国为究竟，以来世祸福为法门。……孔子则不然，其所教者，专在世界国家之事，伦理道德之原，无迷信，无礼拜，不禁怀疑，不仇外道"②。为此，他特别强调孔子是"哲学家、经世家、教育家"，但不是"宗教家"。在他看来，中国学术传统重哲学、轻宗教，因为哲学质疑、引导人思考问题，而宗教贵信，则会导致"混浊我脑性""以宗教之末法自缚"的后果。正是得益于这一传统，所以他宣称"吾国有特异于他国者一事，曰无

---

① 严复：《救亡决论》，王栻主编《严复集》第1册，中华书局1986年版，第52页。
② 梁启超：《保教非所以尊孔论》，《新民丛报》2号，1902年2月。

宗教是也"①。此后，蔡元培也于1916年底提出"宗教是宗教，孔子是孔子，国家是国家"，并于1917年发表"以美育代宗教说"的著名演讲。他进而于1921年发表"关于宗教问题的谈话"，认为"中国自来在历史上便与宗教没有什么深切的关系，也未尝感非有宗教不可的必要"②。与蔡元培同时，陈独秀于1916年10月1日发表"驳康有为致总理书"，认为"孔教绝无宗教之实质"，坚持孔教"是教化之教，非宗教之教"。由此，不少中国学者主张将"教化之教"与"宗教之教"截然分开。受这一舆论影响，梁漱溟进而宣称中国人乃是世界上唯一对宗教兴趣不大的民族，即所谓一种"非宗教的民族"。这种思潮和倾向不仅直接为20世纪20年代初的"非基督教运动""非宗教运动"做好了思想舆论准备，而且长期导致了中国民众尤其是知识分子对"宗教"的"冷漠"和"蔑视"，进而将"信仰"与"迷信"混为一谈。为此基督教思想家谢扶雅在其1927年出版的《宗教哲学》一书中曾感叹说，"宗教"在中国文字上的意义"不过一神或多神之崇祀而已"，"既不足以概无神之佛教，及介乎有神无神之间之儒教，亦未能包括宗教的神契经验及伦理行为"；因此，他认为比较贴切的翻译应是以"道"字来译 religion，因为"道兼涵体用两面，Religion 亦具宗旨及方法两面；道可以完全表示个人与宇宙本体之嘘吸关系，同时亦不遗落个人对于社会之活动及适应"③。吴雷川深深感受到当时中国社会舆论压力和"非宗教"与"非基督教"思潮的直接关联，故此提出应对宗教加以客观审视，希望"反对宗教和拥护宗教的人"应避免"许多无谓的争执，平情酌理地公开讨论"，他特意在《基督教与中国文化》中表明，要"采取各派的见解，并提出我个人的看法，先推测宗教的将来，而后说明基督教与中

---

① 梁启超：《论中国学术思想变迁之大势总论》，《新民丛报》3号，1902年3月。
② 《少年中国》，第3卷1期，1921年8月1日。
③ 谢扶雅：《宗教哲学》，青年协会书局1950年版，第250页。

国民族复兴有联属的可能"[①]。其实，在吴雷川之后，上述讨论仍在延续。同时代的基督教思想家王治心于1940年在其《中国宗教思想史大纲》一书中指出，"宗教"在中国多被理解为"有形式的组织"，即"有制度有组织的物质方面"，从而消解了西文religion中本有的"无形式的精神"和人心中的"崇敬"之意。这种"形式"化、"制度"化、"组织"化和"物质"化使religion原本具有的意义"缩小了"，淡化了其本质意义。

这里，中国学者实质上已触及"宗教社会结构"或"宗教体制"与"宗教性"的关系问题。一部分人是以"宗教性"来理解、界说"宗教"，故而内涵小、外延大，强调的是"灵性""精神""观念"层面，如清末民初的历史学家夏曾佑在其《中国古代史》中就将中国古代的各种有神论观念、原始信仰、民间崇拜等都归入了"中国古代的宗教"。而从这一方面来否定宗教者则认为只应保持"信念"而不必持有"信仰"，因为"信念"乃一种平等的理念，而"信仰"则因其"仰"视而产生"盲"信。其实，"高山仰止""仰望星空"恰恰反映出人以"信"来追求超越自我、现实、此在之维，此乃宗教之"真精神"，甚至中国传统中的"举头三尺有神明""敬天法祖"就涵括了"信"中之"仰"，曲折反映出这种超越之维。"仰"在此恰好非常形象地表达了人超越自我的探求及其对精神家园的寻觅。若从这一层面来体悟中国人的宗教需求和精神心理，则可能会对中国有无"宗教"之问作另一番解说。吴雷川认为，"所谓'宗教的原素'它的存在，并不靠赖人有什么维护的方法。它自然含蓄在人的灵性中，又在人的生活底各方面，借着各项的事功，各种不同的方式，将它的功用自由地表显出来"[②]。还有一部分人乃是从"宗教"组织、制度、结构上来界定宗教，体现为内涵大、外延小的社会学解读，故此会将许多中国"传统宗教""民间信仰"排斥在宗教范畴之外。但这种认知迄今仍为中国社会理解

[①] 吴雷川：《基督教与中国文化》，第167页。
[②] 同上书，第175页。

宗教的主流意识。在吴雷川看来，宗教的这种社会建构则会随时代发展而出现演变，因而难以脱离社会政治的影响，对相关社会形态和历史时期有更直接的依附性，由此其相对性亦更为明显。"有组织仪式和信条的宗教……无论它是受外来压力的打击……，或是希望它自身觉悟，自求解放，……总之它的一切的形式终久必得蜕变"[1]。这样，宗教与政治的关系问题遂得以凸显。基督教在西方社会发展中，政教关系极为复杂，经历了"政"亦"教"、"政"非"教"的嬗变，形成"政教合一""政教协约""政教分离"等模式。而在中国社会文化传统中，"教"之内涵不清，故难确认。若从"教化""礼教"层面来看，实则也有"政"即"教"、"教"即"政"的现象。至于从"宗教"之教来分析，则有人提出中国特有的"政教主从"或"政主教从"关系，很难用"政教合一"或"政教分离"原则来判断。但随着基督教的传入，政教密切关联之关系被人瞩目。从适应、改革中国社会的意义而言，吴雷川故而特别关注和强调宗教与政治的联系，并将之视为当前基督教与中国文化发生关系的关键所在。

在吴雷川看来，"宗教是人类社会进化的一种动力"，为此，"它的本身也必与时代一同进化"[2]。宗教的这种与时俱进并不仅仅为了自身的生存发展、洁身自好，而乃"以改造社会为究竟目的"，"宗教的功用在于领导个人以改造社会"；"因此，信仰宗教的人必要直接或间接参加政治上的活动"[3]。这里，他从人为"政治的动物，人要改造社会"这一角度论及了宗教与政治的必然关联，以及他视为正确的政教关系。"倘使宗教只是使人洁身自好，甚至离俗出家，图谋自身的利益，置社会的现象于不顾。这样的宗教，何能有补于社会的改进？所以从宗教一方面说，凡人既信仰宗教，就当奉持他所信的教义，统治他整个的人生，无论从事何种职业，都要在做事上表现宗教的精神。这就是宗教有

---

[1] 吴雷川：《基督教与中国文化》，第175页。
[2] 同上书，第2页。
[3] 同上书，第4—5页。

益于政治。而在政治立场上说，所有宗教中一切遗传的迷信，凡是足以妨害社会进化的都应当禁止，凡是宗教团体所办的事业都要有益于政治上的进行。凡在传教机关内做事的人，无论其为和尚道士或牧师，也都要遵照政府所定的禁令，时常想到国民对于国家的责任，努力改善他们的工作。从前基督教会有政教分离的谬说——那本是因古代教会无理的干政而产生的——现在却是宗教必与政治合作，才能完成改造社会的功用了"①。本来，宗教在现代社会中正出现退隐之势，而吴雷川的这一想法却接近"大隐隐于政"的意蕴了。考虑到宗教的政治意义及社会功能，吴雷川遂更为强调基督教的"社会福音"作用。他指出，"以基督教而论，从前人讲基督教，偏重个人得救，基督教曾被称为个人福音。近代人多讲社会改造，因此基督教又被称为社会福音。其实这二者本是不可偏废的。……但所谓得救，绝不是从前所谓死后永生，乃是生前脱离自私的罪恶，然后能献身于社会。所以个人得救与社会改造本是一件事，正如孔子所说：'修己安人'，道原一贯"②。在这两种福音中他更突出"社会福音"，认为"基督教不只是个人的福音而是社会的福音，只有它的福音可以领导应付世界潮流的转变，在我们面前只有这一条大路，我们只有走上这条路才不至于落伍"③。反思以往对基督教的理解，吴雷川觉得过去对基督教教义的解释过于片面，只是偏重彼岸来世和灵魂拯救，却不太关注今生今世及其社会改革。实际上，更为重要的应是认识到基督教改造社会的使命和义务。"基督教的根本教义，正是专重在人群社会，以改造社会为唯一的主旨"④，"基督教唯一的目的是改造社会，而改造社会也就是寻常所谓革命"。于此，若"要彻底地改造社会，既不是爱与和平所能成功，而真理又不能因此就湮没不彰，于是革命流血的事终究是难于避免"⑤。显然，吴雷川在此由"社会福

---

① 吴雷川：《基督教与中国文化》，第 5 页。
② 同上书，第 4 页。
③ 引自徐宝谦编《宗教经验谈》，上海青年协会书局 1934 年版，第 19 页。
④ 吴雷川：《基督教与中国文化》，第 176 页。
⑤ 同上书，第 178 页。

音神学"的观点进而赞同、主张采取"革命流血"等激进手段,发展为一种"革命神学"的构思和进路。

既然主张社会改造,将基督教所追求的"上帝之国"理解为实现一个能够满足人类需要,有着公正、平等和正义的理想社会,那么吴雷川就在一定程度上认同了社会主义、马克思主义及其唯物论。在他看来,基督教与马克思主义并没有唯心、唯物的截然对立,"基督教从社会改造的目的方面来讲,完全是唯物的,而从个人修养的工夫方面看,又可说是倾向于唯心的"[1]。所谓"唯心"即一种"心态"、一种"理想",并不完全排斥或对立于物质,"基督教之心物一体即是……'唯物与理想的综合'"[2]。既然基督教并不排斥唯物论,那么亦可以按其观念来从事经济改革、社会改革。吴雷川认为社会上的一切组织都与其经济构造密切关联,为此亦承认经济制度乃一切社会制度的基础。所以,"建立天国以改革经济制度为中心。在人类社会间,使人感觉得最不平、最痛苦的事,就是因经济制度的不善以致人的贫富不均,贫富既是不均,而贫者又居多数,世界上有多数人得不着相当的需要,世界不能希望和平,人类也就得不着幸福。所以要改造社会,必要从根本上着手,改善经济的制度,这是无可疑的"[3]。显而易见,吴雷川希望通过社会改造而要建立的"理想社会"乃是"一个社会主义的社会",这种思路说明他认同马克思主义所追求的社会主义、共产主义理想乃经过了深思熟虑,而且体现出他在当时寻求基督教与马克思主义对话的一种创意。但不可否认,这也是当时中国严峻的社会政治环境使然。吴利明对此曾评价说,"当他决定接纳共产主义的时候,他已不是血气方刚的青年,一个长时间在政府机构工作的举人,到了七十岁的高龄,竟然决定共产主义是唯一可以拯救中国的途径。这对当时的环境来说是要比任何言论还要强烈的指控"[4]。

---

[1] 吴雷川:《基督教与中国文化》,第 176 页。
[2] 同上书,第 177 页。
[3] 同上书,第 42 页。
[4] 吴利明著《基督教与中国社会变迁》,第 264 页。

在关注社会改造问题上,吴雷川显然有着"中国情结"。其将基督教的"普世"真理与中国国情相结合,是以"有益于中国"为指归。他指出,"基督教以自由、平等、博爱三者为人类社会最高的境界,这自然是人人所想望的。但耶稣教人要服从真理,而真理又必因时代的需要而变动不居,决不可以执着。……并且所谓人类社会最高的境界,现时还在理想之中,需要我们经过长时期的努力,然后才能实现。我们现时只可对准这最高的境界努力进行,而不可先企图自己当下就享受这种幸福。所以,如果说集体主义或独裁政治是合乎时代性的真理,我们的自由平等观念就当为真理而暂时放弃。这也是基督教的精神"①。在当时的情形中,基督教在中国首当其冲的使命就是要推动其"爱国""救国"的任务。"基督教固然以全人类得救为博爱的目的,但社会进化有一定的程序,不能躐等而已。在这国家种族的界限还没有消灭的世界,尤其是中国正在要求国家独立、民族解放的阶段中,惟有提倡耶稣在当时爱国家民族的精神,使人知所效法。……自立自强,实为基督教的要训,在国家民族的立场上,基督教决不有'宽柔以教,不报天道'的主张,这是可以断言的"②。与基督教在近代中国历史发展相关联,吴雷川认为基督教本身在华的命运就直接取决于其能否对中国社会改造、民族复兴积极参与。"基督教在中国的前途——就是中国民族复兴的前途——不但是有它的地位,更将要发生密切的关系,有它特殊的效用。并且当此国难严重的期间,基督教应该'当仁不让',为国家,为民族,准备着自己所当负的责任"③。要想消除基督教在历史上的一切污点,"说明基督教并不是帝国主义者的先锋队,也不是资本主义者的附属品,……决不是导人迷信使人麻醉",不能靠"无谓的争辩和泛而不切的陈述"来解决,而是必须"能把握着问题的中心"④,以揭示出基

---

① 吴利明:《基督教与中国社会变迁》,第177页。
② 同上。
③ 同上书,第178—179页。
④ 同上书,第180页。

督教对于中华民族复兴所能做出的贡献。他希望基督教在中国的形象得到积极的改变不是靠辩解，而是通过其参与变革中国社会、支持中华民族振兴的实践。

对于在全民族都要求复兴这一形势下基督教信仰之所以仍能存在的价值何在这一问题，吴雷川回答的关键之处，乃在于他提出以体悟、仿效耶稣人格来铸就中国社会的领袖人才。"基督教建立的根基，就是耶稣的人格，而中华民族复兴唯一的需要，乃是造成领导民众的人才"①。"耶稣人格之所以伟大，就个人修养方面说，他是个宗教家；但就社会改造方面说，他又是社会革命家。他所宣传的天国，就是他理想的新社会"②。诚然，"耶稣最高的理想，是为全人类谋幸福"，但基督教的历史发展并不能失去其"时代性"，"耶稣运动的开始，确是要求犹太人民族的解放，对于本国民众先有热烈的同情"③。同理，中国社会改造、民族复兴也正需要体现耶稣这种人格特点的领袖人才。这是因为，若将耶稣与中国先哲相比较则会发现，孔孟等人"所怀抱的志愿……都归向于传统的政治思想，因而自身所垂示的模范，也都免不了是贵族式的。……较之耶稣要改革社会专和平民接近，专做于平民有益的工作，显然是不可同年而语。而现时要复兴中华民族，所需要的领袖人才，当然不能效法孔孟从容大雅的态度，而要效法耶稣的刻苦勤劳，奋身不顾"④。因此，吴雷川将耶稣的人格视为"造成领袖人才惟一的教范"，指明基督教当下能为中国做出的特殊贡献就是培养出能效法耶稣人格的基督徒。"假使基督徒不能效法耶稣以自成其为领袖，基督教在这时的中国，就不能有什么贡献，并且必要为这个时代所淘汰，为这个地域所摈弃"⑤。耶稣的人格魅力最集中、最典型地体现在为拯救人类而牺牲在十字架上，所以效法耶稣的基督徒也应是为正义而准备牺牲自己的人

---

① 吴利明：《基督教与中国社会变迁》，第 180 页。
② 引自徐宝谦编《宗教经验谈》，第 18 页。
③ 吴雷川：《基督教与中国文化》，第 180 页。
④ 同上书，第 181 页。
⑤ 同上书，第 181—182 页。

们。从这一意义上来讲,中国基督徒能否取得改造社会、复兴中华的成功,关键并不在于其信徒数量多少,而乃在于其信徒素质如何,能否承担起"领袖人才"的角色、完成其使命。这里,吴雷川特别寄希望于中国现代的青年学生,对他们有着热烈的期望。在他为《基督教与中国文化》所写的"自序"中,已经非常清楚地表明了这一目的:"我个人之所以勉力写这本书,更是以青年学生为对象,很希望现代的青年学生——无论是基督徒或非基督徒——都能了解耶稣,了解基督教,因而负起复兴中国民族,为中国创造新文化的责任。……倘使一般青年为了觉悟自己所负的责任,就趁着在求学时代,除了求得知识与技能之外,更多方寻求于修养人格有益的途径,慎思、明辨,而后继以笃行,或者这本书也能有些微的贡献。"[1]

回顾 20 世纪中国思想文化走过的历程,反思基督教与中国文化的关系,既有历史意义,更有现实关联。在全球化的当代,基督教与中国文化的对话已多层次、全方位地展开,其规模之广、切入之深亦前所未有。对于基督教在当代中国究竟会是怎样的定位、起到什么社会作用、对中国的未来发展有何种影响,人们仍在猜测、怀疑、观望或期盼。在此,我们愿以 21 世纪的眼光对以往现实中的基督教和中国文化重加审视、衡量和评价,由此希望能够发现或重塑理想境界的基督教,期待会真正涌现出越来越多理想意义上的中国基督徒,并以其关注、参与社会之姿来促使中国当代思想文化弘扬海纳百川、多元通和的精神,达成其理想之境——这或许也是吴雷川这部文化比较及反省的名著今天应带给我们的思考和启迪。

(原载吴雷川著《基督教与中国文化》,上海古籍出版社 2008 年版。)

---

[1] 吴雷川:《基督教与中国文化》,自序,第 2 页。

第十七章

赵紫宸思想研究

　　20世纪以来,如何构建中国教会自己的神学,走具有中华文化特色的基督教思想发展道路,已是中国基督徒所关注和努力以求的重要问题。中国基督教神学的创立,既包括基督教在中国文化氛围中的适应、认同和本色化过程,也不可缺少中华民族对基督教的体认、理解和创新。也就是说,这种神学应在保持其信仰特色和理论基础的前提下与中国文化展开沟通、对话和交流,最终达到二者的融会贯通和有机结合。这一过程是一艰辛、复杂的心路历程,充满着曲折和困难。在基督教入华传教史上,曾有过明清耶稣会传教士因认同中国文化而引起的教会内外之分歧和"礼仪之争"所带来的挫败,有过鸦片战争后基于"不平等条约"保护之传教给中国人民及其基督徒带来的心理负担和政治阴影,亦有过20世纪初"五四"运动和"非基督教"运动所展示的中西文化冲突及对基督教的排斥。中国基督徒在两难之间乃承受着巨大的心理压力,充满对理想之路的渴求。而这种探索迄今尚处于"路漫漫其修远"的过程之中。因此,回顾中国著名基督教神学家赵紫宸(1888—1979)先生一生的心路历程及其灵性创造,认识和领会其在探索中国神学之路、结合中西神学思想上的贡献,对我们今天洞观中国基督教的文化命运、弄清其神学特色,仍有着重要的启迪和教益。

一 生平

赵紫宸（Chao Tzu-chên，西方习称为 T. C. Chao）于 1888 年 2 月 14 日出生在浙江省德清镇，少年时入苏州萃英学院受基督教教育，1904 年就读于东吴大学预备科，1907 年在该校受洗入基督教监理会，1910 年毕业后留校任教，讲授英文、算术、圣经等科目。1914 年夏，赵紫宸代表中国监理会赴美参加美南监理会总会会议；同年秋季，他进入田纳西州纳什维尔城的梵德比尔大学攻读神学，于 1916 年获人文学科硕士学位，1917 年获神学学士学位。1917 年，赵紫宸从美返华，回东吴大学任教，其间获东吴大学文学博士学位，1922 年出任该校文学院院长。

1925 年，赵紫宸应北京燕京大学校长司徒雷登之邀，任燕京神学科教职；赵紫宸于 1926 年举家北迁，任教于燕大，两年后继刘廷芳而出任燕京大学宗教学院院长，直至 1952 年。赵紫宸在担任教授同时亦兼燕大校牧，主持学校宗教活动。在此期间，他曾于 1932 年夏赴英，在牛津大学进修一年，并曾三次参加中国基督教代表团出席 1928 年于耶路撒冷、1938 年于印度马德拉斯、1947 年于加拿大惠特比的国际基督教宣教会议。

1939—1940 年，赵紫宸接受香港圣公会会督何明华（R. Hal）的邀请，偕眷到云南昆明，在其圣公会文林堂传道一年，并曾到昆明西南联大演讲，涉及宗教、神学、社会、文化、政治、经济、文学、艺术等 15 个讲题。1941 年 7 月，赵紫宸在香港由何明华举行坚振礼，加入中华圣公会，并被派立为会吏、按立为会长。1941 年 12 月，日军偷袭珍珠港引发太平洋战争，赵紫宸与燕大诸教授一道被日军逮捕入狱，直至 1942 年 6 月 18 日才被释放。赵紫宸出狱后著有《系狱记》，其中包括在狱中所吟 170 多首诗词，题为《南冠集》。

1947 年，美国普林斯顿大学纪念建校二百周年，赴会的赵紫宸获该校荣誉神学博士学位。1948 年，赵紫宸以筹备委员和咨询委员的资格出席世界基督教协进会在荷兰阿姆斯特丹召开的第一次大会，赵紫宸作为中国代表在会上发表演说，并当选为协进会六位主席之一，代表东亚区的教会。1949 年起，赵紫宸积极参加中国基督教"三自"爱国运动。他于 1950 年 4 月、5 月参加基督教访问团在北京关于基督教在新中国的前途问题的商谈，也是 1950 年 7 月 28 日发表《中国基督教在新中国建设中努力的途径》之宣言的 40 名中国教会知名人士之一。1950 年 7 月，世界基督教协进会中央委员会在加拿大多伦多开会，其公布的文告指责北朝鲜为侵略者，要求联合国支持美国对朝战争。赵紫宸获悉后于 1951 年 4 月 28 日致函世界基督教协进会表示抗议，并辞去协进会主席之职。1952 年后，赵紫宸受到政治运动的冲击，其圣职权利被撤销，其思想亦受到批判，他的处境在"文化大革命"期间更为困难。但赵紫宸没有放弃对中国教会"三自"爱国运动的支持，并坚持《圣经》研究和中西神学思想的对比及结合，寻找中国神学的发展之路。1979 年 11 月 21 日，赵紫宸在北京病逝。

二 思想

赵紫宸的神学思想极为丰富，而且在其神学历程上亦曾出现重大变化。这一变化发生在 20 世纪 30 年代至 40 年代之间。在此之前，赵紫宸的早期神学思想体现出自由主义神学和社会福音传统，他乃以人本主义神学家和基督教唯理主义者的姿态在神学理论界亮相。这一阶段，他接受了自由派神学的批判方法，并主张以这种方法来研究《圣经》和基督教教义，强调耶稣的人性和人格魅力。自 20 世纪 30 年代初，赵紫宸通过巴特等人的著作而接触到新正统派思想，开始转向新正统神学和神本主义。他仔细研读了巴特的《罗马书注释》和《教义学》，并于 1939 年出版《巴德的宗教思想》一书。虽然他不承认自己属巴特派，却深受巴特对启示之诠释的影响。1937 年初，赵紫宸撰文指出自由主义神学在中国已经破产。1938 年 12 月，赵紫宸在印度马德拉斯邻近的坦巴兰国际宣教会议上发表《论启示》一文，公开肯定上帝的超越和启示的意义，指出认识上帝的唯一途径即上帝对人的自我显现。在这种神本主义的启示神学中，赵紫宸重新强调上帝的超越、人的罪性、基督乃道成肉身和通过十字架的受难来实现对人的救赎等神学观念。在他看来，认识的不同进路而形成了三种性质不同的知识，科学知识体现出人的主动和物的被动，人际知识体现出人与人之间的双向互动，而人神知识则体现出神的主动和人之纯然被动。一反其早期神学思想强调耶稣由人而神的圣化进路，赵紫宸在其后期神学思想中对道成肉身有了深刻的体认，他认为，道成肉身乃体现出上帝超越和内在的统一，说明了上帝成就救恩的主动性和绝对性。

在20世纪中国基督教神学发展中曾出现过三种倾向，第一种是激进自由主义的倾向，强调福音与社会的完全吻合，认为基督教乃通过社会革命而达到福音在社会和文化中的完全体现；第二种是基要主义的倾向，强调福音与社会的截然区分，认为基督教并不鼓励世人靠自我努力来实现理想社会，建成人间天国，人因其罪性而在堕落的世界中无能为力，教会亦只能致力于个人灵性的再生和道德的净化；第三种则体现为温和自由主义的倾向，即认为福音与社会相关却不相等，相交却不吻合，二者之间既有关联亦存有张力，因此，基督教的首要任务并非直接去改造社会，却应对社会的发展与进步表示关怀、感到其责任。在这三种倾向中，第一种是将基督教与社会政治相等同，第二种则以基督教来抵制社会政治，而第三种乃试图找出基督教与社会政治之间的辩证关系。赵紫宸的神学思想从总体来看正代表着这第三种倾向。他认为基督教无助于激进的社会革命，却可在渐进的社会改良中发挥其独特作用；基督教可以开展民族心理的再造、通过人格塑造和文化重建来有助于社会改造；这样，基督教虽未直接参与社会政治经济制度的改革，却以其心理、精神和文化的重建而在深层次上和根本上与社会改革相关。正是在这种意义上，赵紫宸开创了一种"相关神学"。

对基督教与中国文化的关系，赵紫宸有着独特的关注。他认为二者之间并不矛盾和冲突，而可达到一种互补和交融。为此，他试图糅合基督教神学精华和中国传统思想文化，找出一条中西思想结合、二者和谐共存的理想道路。在漫长的中国本色教会运动的历程中,赵紫宸孜孜不倦,努力以求中国本色神学思想体系的创立。其所思所论为中国特色的神学之探做出了贡献,提供了重要启迪和思考。

赵紫宸一生著述甚丰,涉及宗教、神学、教育、文学、诗词等方面,被尊为中国著名的基督教神学家、哲学家、教育家、社会活动家和"神学家诗人"。中外学者对赵紫宸的神学思想曾有过深入系统的研究,其代表性著作有德国学者古爱华(Winfried Glüer)所著《中国的基督教神学:赵紫宸 1918—1956》(德文:*Christliche Theologie in China: T. C. Chao 1918—1956*, Gütersloher Verlagshaus 1979,此书已被译成中文,由香港基督教文艺出版社出版),以及香港学者林荣洪所著《曲高和寡——赵紫宸的生平及神学》(中国神学研究院,1994年)和内地学者唐晓峰著《赵紫宸神学思想研究》(宗教文化出版社,2006年)等。此外,吴利明、王神荫、林慈信、梁梦蝉、陈宣明、曾胜基、邓绍光、骆振芳、丁光训、汪维藩、赵天恩、姚西伊以及其他一些港台学者和海外学者亦多有专论。赵紫宸的神学涉及上帝论、基督论、救赎论、圣灵论、人性论、教会论、末世论、道德论等方面,他尤其关注中西神学结合、基督教与中国文化共构、中国本色神学建设等问题。在此,我们就赵紫宸在结合中国思想文化、使西方神学在华本色化上做出的积极探讨和贡献作一些具体梳理和论述。

(一) 现代文化氛围中的中西神学结合

赵紫宸所接触和理解的基督教神学,乃是经历了近现代社会巨大变革和发展的现代神学,而其接触并体认这一神学的时代背景及文化氛围亦充满现代色彩。一方面,他受过中国传统文化的熏陶,对其悠久历史表示由衷的钦佩和尊敬,而对其面临的现代挑战亦有其自我见解和评断;另一方面,他从基督教的入华传播中看到了希望和拯救,而对20世纪20年代在一些中国知识分子中兴起的"非宗教"和"非基督教"运动也有冷静的认识和深刻的反思。他承认对中国传统文化和对外来基督教的冲击曾使一些中国基督徒感到茫然和难以适应:"我们信耶稣的人在今日备尝艰辛,信仰的根基都摇撼了。我们……许多人好像出岫的云,归不得海上的高峰,好像高山的水,归不得谷里的清溪。……我们对今日的中国有什么道可传? 有什么力量可传此道?"①但是,他对这种声势颇大的宗教批评并非直接还击完事,而是以一种更高的境界来分析、评价,并且辩证地指出:"宗教愈受攻评,愈加发达;攻评停止的时候,即是宗教受危险的时候。……况且自来批评宗教的,只批评得它的迷信,打击得它与恶政治恶社会勾引的恶势力,并没有损害它的本质,正如火锻金子,石错美玉,与金子美玉,并无损害。"②面对咄咄逼人的"非基督教"运动,他亦主张"中国教会乘此时期,跃入正轨,作切实光明的贡献"③。在他看来,这种文化冲突并非必然导致文化交流之门的关闭,相反,它乃为其深入接触与沟通提供了动因和契机。他以其对基督教的"理性化"和"中国化"之体认来促使西方神学结合中国文化,从而在教会神学之中国本色化方面走出了自己的独特道路。他本人亦以"基督徒"和"中国人"之有机共存这种亲身体验来打消曾在中国社会流行的"多了一个基督徒,少了一个中国人"之误解。

当然,这种现代社会文化氛围中以中国基督教神学所体现的中西文化之结合,不能只是"形似",而应达到"神似"。赵紫宸强调,这二者之间的关系并非机械的并存,而是一种灵性上的沟通和精神上的契合。在其《基督教与中国文化》一文中,赵紫宸指出,所谓"中国化的基督教",其思想内容乃包括两种根本的承认:其一,"基督徒清澈地承认基督教虽层层包藏于西方教会的仪式教义组织建筑之中而几乎不见其真面目,却有一个永不磨灭的宗教本真";其二,"基督徒干脆地承认中国文化虽于科学方面无所贡献,却有精神生活方面的遗传与指点"④。他认为,这两方面的承认乃为基督教的中国化和中国文化吸收

---

① 赵紫宸:《基督教哲学》,中华基督教文社1926年版,自序。
② 赵紫宸:《基督教进解》,引自林荣洪编《近代华人神学文献》,香港:中国神学研究院1986年版,第40页。
③ 赵紫宸:《风潮中奋起的中国教会》。
④ 赵紫宸:《基督教与中国文化》,引自林荣洪编《近代华人神学文献》,第423页。

基督教提供了可能。"从这两种知见,中国基督徒乃觉悟基督教本真与中国文化的精神遗传有融会贯通打成一片的必要。基督教的宗教活力可以侵入中国文化之内而为其新血液新生命;中国文化的精神遗传可以将表显宗教的方式贡献于基督教。基督教诚能脱下西方的重重茧缚,穿上中国的阐发,必能受国人的了解与接纳。"①显而易见,赵紫宸强调基督教与中国文化之结合不能离开"中国"的阐发、解释。他说:"我所信的基督教虽以西方传来,由英美人讲授,也还因为我自己的需要,自己的解释,不必全赖西方的思想。老实说,西方人还等待着我东方的阐解,作新颖透辟的贡献。"②只有出自中国人内心的灵悟、沟通,基督教的中国化才具灵气,才有活力。赵紫宸承认,中国传统文化缺少基督教本真中系统而明确的拯救精神、超然追求和终极关切,但与之相通的潜在意念、思想火花或忘我境界在中国人的精神追求中却不难发现,从而说明中国文化具有吸收这些基督教精华的需求和可能,有希望摆脱其在现实却有限之"现象世界"中的局限。所以说,赵紫宸结合中西神学的努力,着眼于中国文化精神的重建与升华,旨在"开拓此文化使得与世界文化融洽而继增"③。

(二) 中西神学结合中的互补与趋同

在结合中西神学上,赵紫宸采用了一种整体的审视方法。他基于中国之实存来展开基督教神学思考,同时又以基督教之理想审视来关注中华民族的社会政治和思想文化命运。他虽以中国文化为根,却广泛吸收外来的营养。他深受西方各种哲学和神学流派的影响,同时以其独特的体认和整体的把握来有所取舍,充分理解并包容这些神学发展的新动向、新思潮。20世纪初期,陷于危机之中的中国社会曾涌现和输入了各种理论思潮和救国运动。"五四"运动更使许多人把中国获救的希望

---

① 赵紫宸:《基督教与中国文化》,引自林荣洪编《近代华人神学文献》,第423页。
② 赵紫宸:《系狱记》,青年协会书局1948年版,第11页。
③ 赵紫宸:《基督教与中国文化》,引自林荣洪编《近代华人神学文献》,第427页。

放在西方科学技术和民主制度上,"赛"先生和"德"先生一时成为大众倾慕的明星。在人们把文化精神作为保守传统而与之彻底决裂或加以摈弃的时风下,赵紫宸独具慧眼,认为至关紧要的乃是精神价值的保存和人心的重建。在他看来,掌握科学技术、学会西方物质文明和引进西方制度体系并不困难,认为"我们不必忧虑将来没有科学,没有组织得精致邃密的文明;我们应该思考的是如何可以保持我国文化的精神"①,是如何为国民树立起一种新人格、新心灵。"人民若不革面洗心,国家也不能达到政治统一,社会安宁的地步。中国现在,须治标治本,双管齐下方有救药,而治本为尤要。""重奠国家,必须要有一个统一全体人格的根基","需要能牺牲,能全力爱人的人格";而"这种人格只有极热烈的宗教信仰能够产生和维持"②。因此,他相信在这种混乱和动荡的局势中,基督教可以救中国,可以作为中国社会重建的基础。这种对精神文化及信仰力量之"先知般"的呼唤和追寻,在当时社会上给人带来一种感受全新的警醒和另辟蹊径的思索。

不可否认,基督教的拯救本为一种外来的文化和影响。但赵紫宸强调其在拯救中华文化中不仅有输血功能,更有造血功能。他把耶稣基督的"崇高的牺牲精神""伟大的宽恕精神"和"平等博爱精神"作为重建中华民族精神之根基,希望其融入中华文化而使之获根本新生。他认为,不仅这些最基本的信仰原则,而且其现代诠释与运用都可以与中华文化达到某种互补,走向趋同。为此,他对基督教亦采取了"理性化"和"中国化"的处理,即突出那些与哲学思辨和中国文化相吻合或相协调的内容,而有意回避那些不合乎理性精神和中国国情的部分。对那些可通过对话而达到契合的外来神学因素,他亦加以积极引入和推广。

在其早期思想发展中,赵紫宸比较欣赏自由主义神学所勾勒的基督人格精神,以把耶稣看作完全的人、真正的人,把其神性看作人性之延

---

① 赵紫宸:《基督教与中国文化》,引自林荣洪编《近代华人神学文献》,第427页。
② 赵紫宸:《邦国之基——上帝是永远的磐石》。

伸来缩短神人之间的距离，求得神人之间的灵通与归一。在这种理解中，上帝不再作为"绝对的另一体"，而是全然之内在。赵紫宸以这种方法找到了在人格重塑方面中西神学的契合点，即以耶稣为榜样、模范的观念来与中国文化中崇尚圣人、争为尧舜的心态相吻合。他说："人与耶稣的灵相感通，他必要成一个清洁、诚实、谦卑、喜乐、忘却了自己，遗弃了恐怖，勇敢地服事人服事社会的人。我们中国就是需要这样的人，这样的人才能合作，才能团结，才能改造社会，不怕强权，不屈不挠，百折不回，因为他们的生命是存于宇宙的永久真实中的。"[①]这种"舍小我"而"为大我"的追求，亦使赵紫宸不愿局限于"独善其身"之个人福音，而推崇那种与"兼善天下"相似的基督教社会福音思想。此外，自由主义神学注重个人灵修和内在神秘体验，赵紫宸认为这在中国文化精神中亦能获得共鸣。他曾引证霍金（William E. Hocking）对现代社会的批评说："我看我们不能有好生活，除非我们生活中有足以使我们得获绝对的离立与幽独的东西……若在我们这时代，社会性增长，人皆浸没在繁多的生活里，了无神秘的可言；这时代估计幽独价值的能力与由是而有的自我意识的精深，也真没有发展：我们这时代如何平泛浅薄之故是因为这时代如何丢失了神秘的本能。"[②]赵紫宸指出，基督教的独特吸引力，乃是其"在解释方面最重伦理的方式；在奥妙方面最重灵修的幽潜"。而这种"外重道德的行为，内重潜养的幽独，正是对于中国有伟大的贡献"[③]。不过，赵紫宸在20世纪30年代后亦对自由主义神学走向世俗化和现代化的极端提出了批评，认为其融合一切文化因素而要建立一种世界文化的企图使之忘记了自身在世界中传教的使命，放弃了基督教的独特与优杰，而其对神性内在之偏爱亦使之流落为一种纯人道主义的观念，缺乏超然与超越，结果亦使之失去其神圣救

---

① 赵紫宸：《现代信仰的学说与实践》，《真理与生命》，1934年第9卷，第2期。
② Hocking: The Meaning of God in Human Experience, 引自林荣洪编《近代华人神学文献》，第426页。
③ 赵紫宸：《基督教与中国文化》，引自林荣洪编《近代华人神学文献》，第425—426页。

赎意义。

深受美国自由主义神学影响的赵紫宸于1928年在耶路撒冷会议上结识了欧陆神学家，此后于20世纪30年代在牛津进修时对欧洲神学又有深入了解。他对巴特（Karl Barth）等人的辩证神学亦持不同看法。他承认巴特神学解释了自由主义神学崩溃的原因，但对其体系中神学人类学内容的匮乏则深表遗憾。他认为对福音的道德化解释乃是基督教解答中国现实问题的独有贡献。直到1941年北京被日本人占领、赵紫宸自己亦被捕入狱后，他才真正开始其神学上的巨变，即体会到欧陆危机神学的真谛，认识到人的软弱无能和上帝在超然之中的拯救及恩典，由此体会"冥奠之中有一个永远的指引"。所以说，赵紫宸对西方神学思潮的接受或批评，都离不开其在中国文化土壤和社会氛围中的体认与经验。

赵紫宸强调，中西神学的沟通与结合不能靠机械的对号入座来实现，而应以"灵明接近"来"求通贯"，达到"心情忽启，神与天游"之境。为此，他在其论及灵性修养的《学仁》中力主"少用西方材料，并用中国名言"。诚然，基督教经文与中国思想名言往往会貌似而神离、形同而质异，但他觉得这种对比正是引发深思和创新之端，从而达到互为完善、相得益彰的结局。所以他坚持作为中国重建之基础的基督教也应该从中国文化中汲取养分、获得动力。赵紫宸深感，没有中国化的基督教，不可能达到中国之基督化，从而也就使中国失去了希望。正是基于这一考虑，他才主张"用独到的眼光，脱西洋的窠臼"，创立一种中国特色鲜明的基督教神学。

在赵紫宸看来，中西神学之贯通关键在于基督教神学精髓与中国思想精华的有机交融、共构一体。为此，他主张以基督教福音来充实中国文化传统，认为只有基督教本身所具有的宗教力量才能促进中国文化的生命力、更新中华民族的精神面貌。所以说，基督教之传入绝非要摧毁中华文明，而是要使之得以充实、复兴和完善。赵紫宸相信中国文化传统实质上体现在孔子思想即儒家传统上。于是，中西神学结合的重要任务之一，即对耶稣与孔子加以认真比较，弄清基督精神与孔子精神的本真与异同。他指出，中国人应细心体察耶稣之"神人结合""道成肉身"与孔子所倡导的"天人合一""天人之贯"二者之间的区别和沟通。基督教根据人在本质上具有"上帝形象"的认识来看待世人通过基督而认主识神、与上帝沟通；同样，儒家亦认为具有灵性的人类因获得源自宇宙天地的"浩然之气"而能够与天相通、与神相识。儒家所讲人之"善端"和"良知"，亦成为赵紫宸相信中国人通过修身、潜修而能达到基督教之人格重塑的认识依据，他在此看到了中国人分有上帝"人格"或"上帝意识"的可能和希望。所以，赵紫宸乃以一种理想化的儒家体认和基督教信仰来尝试其神学新探，即以儒家与基督教思想之结合来建立其"中国"特色的基督教神学。正是这种努力，使赵紫宸看到基督教在中国的使命并不仅仅是文化适应而更多的是文化融入。这种融入包括体验中国人的宗教生活、参与中国社会的变迁、加强其现实关切和促进教会改革等方面。而且，这种融入也非常自然地使中国人将爱教与爱国有机结合、构成其使命与职责，因为中国基督徒之人格模型乃耶稣，其信仰精神亦体现在耶稣的博爱、服务与牺牲精神上。在他看来，一旦中国人有了耶稣之信仰，就获得了耶稣之精神，从而也就会自觉地投身于救国、爱国之中，使中国获得了拯救与重建之希望。

这种立足于中国文化土壤上的中西神学之结合，在本质上决定了不能"囫囵吞枣"或"不问可否"地接受西方的基督教。赵紫宸强调，"我们所要的是基督教的精华，耶稣的宗教经验、信仰与行为"[①]。因此，这种吸收和结合一定要注意中国文化的特色和思想前提。也就是说，应该用中国文化来解释基督教，同时亦使中国文化通过基督教而发扬光大、达到升华。理想之境的中西合璧，乃是在胡适等人之"西方情结"和梁漱溟等人的"东方之恋"这两种极端之间找出一条创新且正确之途。对此，赵紫宸提出了基督教在融入中国文化过程中应注意的四个方面。

一为中国文化传统中"天人一贯"的根本思想。"中国人对于自然

---

① 赵紫宸：《基督教与中国文化》，引自林荣洪编《近代华人神学文献》，第427页。

有特殊的态度。在中国的思想史上，自然与人两个观念，非常融和，人与万物同为一道的行为。……人在自然里见人道，在人生里见天道；人最高的生活就是法自然。"①在他看来，中国人把"天人通一""合内外之道"看作"做人最高深最广大浩然的经验"；然而"中国人的伟大在此，中国的衰弱亦在此"②。基督教在其知识方法上虽与之有相似之处，而其信仰本真与中国人在法自然中所致之"绝圣弃智，至公无我"却根本不同。赵紫宸由此而希望，基督教中"教人乃以人信仰中所组织所见示的至高上帝——人格——为高点"的思想能使中国文化境界发生变化，使其"达到高深悠远的程度"③。

二为中国文化中的伦理倾向。赵紫宸说，"胡适谓中国的宗教为'孝的宗教'，我谓中国的伦理是孝的伦理；伦理之极致，便成了宗教。"④他认为，这种中国伦理精神"虽不免于守旧，却不失为出于人性的至意，足以做社会的巩固的基础"⑤。而且，这种伦理可以顺利通达基督教伦理，形成二者的自然融合。他相信基督教在中国文化环境中不仅能与这样的伦理发生关系，并可做出重要贡献："耶稣所深入的经验是自己觉为上帝之子，所重要的教训是上帝是人的父亲，最伟大的行为是爱人而牺牲，死在十字架上。这个生命与中国的孝理孝教，颇相一致，从今以后若基督教对于中国文化要有贡献，基督徒必须一方面推广孝义，使人仰见天父上帝，在深邃的宗教经验中奠巩固的伦理基础，一方面解放个人使得为上帝的子女，……保持民族性的精神，而同时恢复新社会中平等的弟兄主义。"⑥

三为中国文化中的艺术及其美感。中国艺术所表达的神情、灵感及其陶醉和快意充满了"不可言传、只能意会"之意，它超越了理性思

---

① 赵紫宸：《基督教与中国文化》，引自林荣洪编《近代华人神学文献》，第428页。
② 同上书，第429—430页。
③ 同上书，第431页。
④ 同上书，第432页。
⑤ 同上。
⑥ 同上。

维和理论表述之限。如中国画之淡墨山水，或"雄浑""悠远"，或"清淡""沉著"，主要靠心之体会和品味，而不靠理之疏通和勾勒。赵紫宸深感："我们中国的美术从中国人对于自然的经验里发出来，最能表发心灵中所觉到的意味。"①同样，他认为宗教体验与艺术美感大有互为沟通之处。"宗教是生命、弥漫融洽的生命，绝非言词所能尽述，亦绝非任何方式可以尽达。"②艺术与宗教二者之间的神似或共鸣，促使赵紫宸认识到"假使基督教要在中国人心血里流通，她必要在美艺上有贡献"③，即在中国文化环境中创立一种合适的美术。

四为中国文化中的神秘经验。赵紫宸从中国人之务实的功利倾向中亦窥见其不务实和反功利的方面，深刻点出中国人也有"神秘的经验"。而且，"这种经验在字面上浮着，几乎遍地皆是。所谓'幽'，所谓'玄'，所谓'妙'，所谓'几'，所谓'微'，所谓'潜'，所谓'虚'，所谓'无'，所谓'极'，所谓'如'"④，等等，均表达了这种神秘之感。尽管"神秘的经验起于少数人个人幽独旷暇的自觉，……然而'潜虽伏矣，亦孔之昭'，其影响于社会国家也……足以使塞者通，止者流矣"⑤。所以，赵紫宸认为基督教将来若能在中国根深蒂固，也要靠其在神秘的宗教经验上有"深邃的得获"。

以基督教精神补充中国文化精神，在中国社会与人生环境中达到对基督教信仰真理之认同，这就是赵紫宸结合中西神学的情之所系，亦反映出其创建中国基督教神学的心路历程。

（三）中西神学之结合需要中国基督教思想家来实现

赵紫宸特别强调造就新一代中国基督教思想家之必要。尽管有不少西方传教士和神学家致力于中国文化的研究，并努力在华引入基督教信

---

① 赵紫宸：《基督教与中国文化》，引自林荣洪编《近代华人神学文献》，第433页。
② 同上。
③ 同上书，第434页。
④ 同上。
⑤ 同上书，第435页。

仰，然而这种外部的驱动力尚不足引起中国教会之根本性变革和飞跃。因此，赵紫宸深感其历史使命的重大，表示要竭尽全力帮助中国教会，"使教会自立自养自传自理，成为中国本色的、不靠外人的教会。"①所谓"本色教会"或"中国化的基督教"，绝非"洋教"或"洋教士"在中国来一层中国式的服饰或外包装，也不是中国信徒重复、译解入华传教士的布道说教或西方神学家的诸多理论。为此，赵紫宸坚决反对"西人的把持"，并批评来华传教士中有人"不肯识拔人才使他们达到超过自己的程度"，不肯"去物色极少数的才智之士，让他们去受高深的栽培而成为教会的神学思想家"②等狭隘之举。早在20世纪20年代，他就叹惜当时"中国教会里不但没有发现所谓'本色教会'，'国化基督教'，而且无形中减少了信徒的宗教热诚"③，为其"消极的状态"和无"积极的创举"而担忧。到了20世纪50年代初，他还曾满怀希望、充满激情地呼唤道："神学是要与教会有深切相关的思想家，由上帝的恩佑，由心血里吐出来的。中国教会的革利免、奥里勤、都得林、奥古斯丁等人，将要在教会的苦难里锻炼出来。"④

神学理论的完善和神学体系的建立，是人们理解基督教、接受其信仰之关键所在。赵紫宸深感基督教与中国文化结合的成功乃在于其"神似"，而这种"神似"则要靠其神学思想来促成。他为此曾尖锐指出，"中国基督教最弱的部分是教会本身，教会最弱的部分是教义神学。"⑤过去基督教在华之传播主要注重其"教育、医药、文字、救济等等事业"，这种努力虽造成一定声势、达到某种外在的成功和"形似"，然而其"过分的铺张"却把中国教会"弄得身体太大，心脑太小，几

---

① 赵紫宸：《系狱记》，第67页。
② 赵紫宸：《今后四十年中国基督教教义神学可能的发展》，《金陵神学志·四十周年纪念刊》，1950年。
③ 赵紫宸：《基督教与中国文化》，引自林荣洪编《近代华人神学文献》，第423—424页。
④ 赵紫宸：《今后四十年中国基督教教义神学可能的发展》，《金陵神学志·四十周年纪念刊》，1950年。
⑤ 同上。

乎把基督教的中心作用忘记了"①。为了克服这种失衡和偏颇，赵紫宸认为中国基督教成功的前提在于中国神学的奠立及其杰出神学家的涌现。他强调说："教会在许多方面缺乏中国领袖，而需要最急切的却有两种人：一是本色的牧师，一是本色的著作家。"② 在一种理想精神的驱使和支持下，赵紫宸曾为改变这种状况而身体力行，在实践中积极投身于中国基督教"三自"爱国运动，在理论上孜孜以求中国神学体系的创建，毕其一生而矢志不移，历经磨难而毫不后悔，使人感受到一种悲剧般的深沉和凝重。赵紫宸曾如此说过："我深信我国人应有耶稣那样的生活与信仰；我深信倘使我国人中有少数人，在经验里有基督教的精华，与中国文化的精华，虽然他们不去勉强造作本色的基督教或是保存中国文化，他们必定能够从他们的生活里表显出基督教对中国文化的贡献来。倘使我们中国基督徒尽力做现代的人，吸取现代世界的精华，……他们的生命里必要发出中国的基督教来，而他们所发见的基督教，就是中国文化的保存，就是他们对于中国文化的贡献。"③毫无疑问，赵紫宸本人就是这种榜样，其探索求真的一生即做出了这样的贡献。

综上所述，赵紫宸在中西神学之结合上走了一条较为艰难但充满成功希望的道路。基督教在中国社会中的生存与发展，既不能靠照搬照套的"拿来主义"来争取，也不能靠放弃其信仰本真而在中国传统文化中完全消融来实现。赵紫宸强调基督教在中国文化中的"融入"而不是其"消失"，因为他以一种现代批判眼光来承认"中国文化，与世界文化都在崩溃，唯有基督教已蕴着一个真际，可以救崩溃的文化中的优良，而为人类立一个安心立命的根本"④，即把基督教看作救渡现代世界与人类文化的唯一希望。诚然，这种观点值得商榷和推敲，因为现代

---

① 赵紫宸：《今后四十年中国基督教教义神学可能的发展》，《金陵神学志·四十周年纪念刊》，1950。
② 赵紫宸：《本色教会的商榷》，《青年进步》第67册，1924年10月。
③ 赵紫宸：《基督教与中国文化》，引自林荣洪编《近代华人神学文献》，第427页。
④ 赵紫宸：《基督教伦理》，青年协会书局1948年版，第3页。

基督教本身亦面临着其发展的危机和社会思想多元化的挑战。不过，他坚持中国基督教包括"中国特色"和"基督教本质"这两个重要方面，而中国基督教神学即体现这二者之有机结合，却是深刻、正确的。回顾历史发展，中国教会在构建具有中国特色的神学体系上已颇有心得和收获，如采取信、知、行三者结合的神学探究方法，奠定"直探基督"、效法基督"为仆人""为祭司"的基督论神学中心，以及提出在历史发展过程中展示"上帝之创造"的神学主题等。但赵紫宸等老一辈中国神学家所开创的结合中西神学之事业并没有结束，其建立中国基督教神学体系的任务亦没有完成。中国教会的现代发展仅处于开端，具有新思想、新视野的教会新一代尚在成长。因此，中国教会及其神学家的"中国化"事业仍然任重而道远。在今日中国改革开放、面向世界的现代氛围中，我们回顾和研究赵紫宸的人生抉择及其神学历程，无疑会为构建中国当代神学增添勇气、信心和希望。

（原载《基督宗教研究》，社会科学文献出版社1999年版。）

第十八章

赵紫宸与中西思想交流

　　湖州是赵紫宸先生的家乡，这儿是我们寻踪、追思赵紫宸先生的重要之地，我们今天也正是为了纪念、研究赵紫宸先生而会聚湖州，在太湖之畔结缘。太湖是当代中国经济和社会文化发展的一个亮点，现在正在逐渐形成太湖文化圈。目前吸引世人瞩目的已有扬州、苏州、常州和无锡。扬州是鉴真和星云两位大和尚的故乡，其鉴真图书馆及佛学院将会因其佛教藏书和佛学研究而独树一帜，设在该图书馆的讲坛正成为中央电视台《百家讲坛》的翻版，其作为学术论坛也正成为江南一景。苏州是历史名城，文化留存众多，宗教古迹遍及各处，让人流连忘返，苏州的创意乃涵括政治、文化等方面。常州的佛塔也颇有特色，体现出现代与传统的交相辉映，其佛教艺术品的创作和收藏已形成较大规模。无锡以灵山为标志而发展出新的佛教文化圣地，其灵山大佛和佛诞景观吸引了众多的善男信女及四方游客，最近在无锡举行了多次世界佛教论坛，近两千人的大会声势浩大，影响广远，"和谐世界，众缘和合"的盛会尤其使灵山梵宫扬名世界，其建筑的气势、规模的宏大和艺术精品的琳琅满目让人叹为观止，并使人联想到罗马梵蒂冈的圣彼得大教堂。其实，在太湖边还会形成的一个热点地区就是湖州，湖州师范学院有赵紫宸、赵萝蕤父女纪念馆，对赵紫宸的关注和研究，也可以在基督教文化、中西文化思想交流方面形成一个新的亮点。这五个城市正成为太湖之畔的耀眼明珠，将来太湖文化圈形成以后，来自世界各地的友人在太湖进行文化之旅时，从而也会到湖州来看一看、走一走。因此，我们不要忘了湖州对太湖文化的贡献，以及湖州在太湖地区所具有的非常重要的地位。

刚才很多人都谈到了湖州有水，这使笔者想起了老子所说的"上善若水"。人们常说，"仁者乐山，智者乐水"，笔者虽不是"智者"，却因来自山区而很喜欢"水"，对湖水、海水的浩渺、大气有一种特别的感情。大家还谈到了湖笔、湖丝，都是这里的特产、特色。但是我们今天更多是为了"湖人"而来，湖州涌现了众多知名学者，这些"湖人"有着广远的国际影响。当然，这里不是指驰骋在美国篮球场上的"湖人队"，而是指中国江南湖州的杰出人才，我们正是因为湖州地灵人杰、因为湖州人才辈出而来。

历史上湖州有不少名流，而现今湖州也出了许多当代的优杰人士，如有很多著名的科学家、文学家、政治家等，这些专家、学者乃出类拔萃之辈，我们对之是抱着高山仰止的崇敬心情，但无缘真正近距离地接触他们。不过，笔者也的确近距离地接触过在我们这一研究领域中湖州的不少才俊，他们是哲学、宗教研究领域的长者、前辈，甚至还直接或间接的是笔者的老师，与笔者有着某种特殊关系或密切联系。这些杰出的"湖人"代表即包括我们今天纪念的赵紫宸先生，还有这次专程来湖州参加我们的研讨会、就坐在我们之中的章开沅老师，而笔者当研究生时给我们上过课的北大教授朱德生老师也是湖州人。这些老师都是本研究领域的佼佼者，是中国当代的思想家、哲学家，其学术造诣和影响非同一般。所以，我们来湖州也是想多采"灵气"，向"湖人"学习如何做人。我们今天重点要学习的则是赵紫宸先生，赵紫宸先生是20世纪中国基督教会最为突出的思想家之一，在基督教的"本色化""中国化"尝试中做出过重大贡献，为中国基督教知识分子以及整个中国知识界所仰慕，有着独特的人格魅力。这一"赵紫宸与中西思想交流"主题的研讨因此也就有着非常独特的意义。我们通过追溯赵紫宸先生的历史轨迹，通过领略他在近现代历史上尤其是中国教会发展史上的风采、梳理其闪光的思想，来总结这段历史的经验教训，来规划我们今后社会文化的可持续发展。

谈到历史，一般来讲，人类历史主要是由人物、事件来构成。一些历史的偶然事件往往会揭示出历史的必然发展，其中的历史人物则会使整个历史鲜活起来。我们在走近、了解赵紫宸先生时，更有兴趣、更多关注的是他个人的人生特色，他自己求学、信仰和卷入社会巨变及政治风浪的经历，以及他对其家人和学生们的影响。我们从赵紫宸先生这一人物特色上能够看出当今时代大变动、社会大变迁。在中国现代历史发展的分水岭，在历史变革的重要关头，他的这种人格、人性的自然表现，使我们深深感到敬佩、仰慕。其实，我们每个人都是历史舞台上的演员，也都在自觉或不自觉、有意识或无意识地扮演着自己的角色。而我们这些历史中的演员究竟应该怎样来表演，其角色究竟会起到什么作用，赵紫宸先生的一生实际上已经给我们做出了非常好的回答。

我们今天纪念、研究赵紫宸先生，下面两点应该作为重中之重。

一是赵紫宸先生乃学贯中西、沟通中西的大家，这样的出类拔萃之辈在中国历史上，尤其在近现代历史上实乃凤毛麟角。在基督教研究中，中国近代天主教出了一个徐光启，他是在当时明朝能够放眼看世界的杰出人物；在中国现代基督教历史上，积极沟通中西方的则是赵紫宸先生。他们一位属天主教，一位属基督教，都是中国历史上尤其是中国教会史上的优杰人物，都值得我们加以重点研究。放眼看世界要做到知己知彼，也就是以彼之长补己之短，以虚怀若谷的态度面向世界，同时也不自卑，也以己之优杰来昭示天下，贡献于人类。在赵紫宸先生的一生中体现出开放性、包容性，在海纳百川的同时亦给世界带来新的充盈。我们谈佛教时会说到其核心观念是"圆融"，论儒教时则感到其核心观念是"和谐"。赵紫宸先生贯通中西的思想就有这样一种境界，首先是"和而不同"，以便使大家能平安共在，和平共处；其次走向"求同存异"，获得对彼此的一种深层次理解，找到共同点，容忍并尊重不同点；最后力争超越自我的世界大同、宇宙大同，不断往前发展和深化，体现出一种理想追求和超然之态。这一点非常值得我们研究和学习。我们在研读赵紫宸先生的著述中就会发现，他的视野非常开阔，思想极为深邃，文化底蕴也很厚重，对不少问题都看得很透、很深，有其独到见解。现在中国改革开放，面向世界，我们向世界学什么，能为世界贡献什么，这在对赵紫宸先生的研究中或许能得到一些答案，找到一些启迪。

二是我们要特别研究、学习赵紫宸先生爱国爱教的执着本色。从爱国来讲，赵紫宸先生的一生在世界基督教的发展上，尤其是在现代世界基督教普世运动中，体现了中国教会的声音，表现出中国人的尊严。赵紫宸先生是世界基督教联合会首届大会六主席之一，在抗美援朝战争爆发后，由于西方势力对中国的指责和世界基督教联合会对此的某种卷入，赵紫宸先生毅然决然地辞去了主席职务；如果再往前推溯，抗日战争时期，赵紫宸先生反对日本侵华，不畏强暴，不怕坐牢，在狱中写下了反映其不屈不挠精神的《系狱记》；而往后追寻，我们则可看到，在新中国刚建立的时候，赵紫宸先生义无反顾地坚决拥护共产党、拥护新中国，他不仅自己身体力行，而且让儿女、学生们克服重重困难回国，为祖国效劳。笔者和赵紫宸先生的大儿子多有接触，了解到他当年就是听从他父亲的教诲而毅然回到祖国，甚至没能与他当时的恋人见上一面，从此相隔几十年，改变了各自的命运。从他那儿我还听到他的姐姐赵萝蕤、姐夫陈梦家的许多感人故事。因为对音乐的喜好，我还结识了赵紫宸先生的学生蔡咏春先生的女儿蔡良玉教授，从她那儿得知中华人民共和国成立时赵紫宸先生要她的父亲回国服务，当时他们全家已在美国生活，她的姐姐在美学习钢琴，她本人则在学习小提琴，而她父亲听到赵紫宸先生的召唤后义无反顾地带着全家克服重重困难回到祖国，在途经菲律宾时朝鲜战争爆发，蔡先生的全家仍然毫不动摇、坚持回国。赵紫宸先生及其家人、学生的事迹可歌可泣，是动人小说、感人电影的素材。笔者一直提倡应该有人写赵紫宸传，并把其传记拍成电影、电视剧，让大家都能接近、了解这位感人的爱国者、深邃的思想家。有一次笔者在西安开会遇到著名演员、曾扮演弘一法师的濮存昕先生，笔者就曾和他说过这一想法，还说到濮存昕先生是笔者心目中扮演赵紫宸先生的最佳人选。我们研究所有一位石博士，他曾写过《电影与人生》一书，吸引了大众的关注和好评。赵紫宸先生本人和其家人、学生的经历就是非常好的"电影与人生"的素材,具有"感动中国"的效果。所以,笔者非常希望看到《赵紫宸传》的出版,尤其是期待赵紫宸先生的家乡人能够在这方面有所突破,呼唤这样的文艺创作、传记、影视作品能早日问世。

从爱教来看,赵紫宸先生体现了他"信主"的忠诚、真诚和坚贞,有着"耶稣门徒"的精神。他强调基督教要走"中国化"的道路,在华夏获得其新的生命。他的一生为中国基督教走"本色化"道路付出了艰辛的努力,做出了突破性贡献。赵紫宸先生在本色神学上思想深邃、见解独到,在思辨中体现出诗意,于冷静处蕴含着激情。所以,在赵紫宸先生的神学研究中,既体现出这种爱国情怀,同时又表达了他的"爱教"立场。在中西文化的沟通、结合中,他所争取的是"双赢",而不是毁损、亏欠任何一方。我们看到,他所做出的点点努力,终于汇聚成一股往前发展的时代潮流,形成了人们的共识和共同行动。

总之,赵紫宸先生在学术理论上、神学教义上、信仰追求上、社会实践上、教会事工上的生命体现和精神追求,都凸显了基督教的"中国化"进程,呈现出中国当代基督教全新发展的鲜活生命和勃勃生机。中国社会文化与基督教的相遇是个"未结束的相遇",历经坎坷和曲折,但今天终于又迎来新的机遇。中国教会怎样发展,中国人如何对待世界与自我,中国社会应该采取什么态度来正确对待宗教,中国人尤其是基督徒如何把世界文明的精华与中国文化的优良传统结合起来,这都是我们重新遇到的现实问题,有待于其理想解决。而赵紫宸先生在过去对此就已经有过颇为成功的探讨,其思想、经验都值得我们认真学习和好好借鉴。我们今天纪念、研究赵紫宸先生,就是要鼓励、号召、鞭策后人,尤其是中国当今教会的基督徒们弘扬这种爱国爱教精神,用新的探索和优良传统的延续,力争达到一种成功的辉煌,使赵紫宸先生这一历史上的榜样成为我们今天的丰碑!为了这样一个理念,为了这样一种实践,我们今天走到一起,共同研讨,共同努力。

(本文是在湖州"赵紫宸与中西思想交流"研讨会上的发言,为未刊稿。)

第十九章

融贯神学：一种结合基督教与中国文化的尝试

基督教与中国文化作为两种强势文化，迄今仍处于一种"磨合"的关系之中。二者均有强烈的"自我主体"意识，等待着对方的让步和认同，由此形成了长时期的僵持和对峙。这种局面的形成和延续自有其政治上的原因及其历史的发展演变。但除此之外，文化和思想方面的因素亦极为重要。进入现代以来，中国基督教会出现了新一代的神学家和思想家。他们以中国知识分子和基督徒这双重身份，更深刻地体认到这两种文化求同共存的必要和重要。其求同共存乃是其可能之"共构"和"共融"的前提与基础，由此才会发展出真正的中国基督教及其神学，才会创建出一种有着基督教思想文化精神积极参与的现代中国文化体系。应该说，朝着这一方向努力，正是现代中国基督教思想发展的主流。

为了化掉基督教与中国文化相遇时出现的抗争和张力，开辟一条能使二者顺利接触、良性发展的坦途，双方"求同"的现代努力涉及其兼容意义上的对比和整合意义上的融贯。如果说历史上耶稣会传教士在中国古代文化中的"索隐"（Figurist approach）只能达到一种浅层次的"文化披戴"（acculturation）或彼此"形似"，那么这种进一步的探索则旨在完成一种深层次的"文化融入"（inculturation）或相互"神似"。通过对比、鉴别，基督教希望其信仰所认为的普世真理应能真正"进入"中国文化，由此产生的中国基督教会要成为"文化融入"的教

第十九章　融贯神学：一种结合基督教与中国文化的尝试　259

会，而相应兴起的中国神学也应是能够沟通东西方的"融贯神学"。在此，基督教与中国儒家思想的对比与共构尤为明显。"融贯神学"作为一种结合基督教与中国文化的尝试，其较为系统的理论乃由何世明先生所提出。何世明（Ho Sai Ming，1911—1996）为广东顺德人，早年获国立中山大学文学学士学位，历任香港圣路加堂主任牧师，中华基督教青年会中学校长，基督教文艺出版社社长，浸会学院讲师，香港圣公会法政牧师和基督教文化学会会长。他先后出版了这一主题的系列著作《基督教与儒学对谈》《基督教儒学四讲》《从基督教看中国孝道》《融贯神学与儒家思想》《中华基督教融贯神学刍议》等。其基本思路是，中国神学家应推动基督教信仰去吸收儒家学说中的优秀营养，同样重要的是，他们也应该通过引入基督教信仰来改造中国传统文化中的弊端。这样，具有张力的这两大文化体系可以通过"互补"而达到"双赢"。当然，何世明先生提出的这种"融贯神学"实际上表达了中国基督教思想界在其漫长的探索之路上逐渐达到的"共识"。

在基督教与中国文化的对比中，这种"求同"意向的对比在中西经典对比上往往将《圣经·旧约》与中国古代"五经"（《周易》《尚书》《诗经》《礼记》《春秋》）的意义相类比，而将《圣经·新约》与儒家"四书"（《论语》《大学》《中庸》《孟子》）相类比。而在其思想因素上，则有"天人关系"与"神人关系"的对比，包括"天生人"与"神造人"、"天爱民"与"神爱人"、"天人感应"与"神人沟通"、"祭天"与"敬神"、"行天之罚"与"末日审判"、"天人合一"与"神人合一"等对比；有儒家之"仁"与基督教之"爱"的对比，儒家"五伦"（父子有亲、君臣有义、夫妇有别、长幼有序、朋友有信）、忠孝与基督教伦理道德的对比，以及儒家中庸、恕道和恻隐之心与基督教谦卑、宽容和自我牺牲精神的对比等。这些对比乃涵盖创生与造化、智慧与道路、鉴照与诫命、修身与成圣等内容。[1]当然，在此对

---

[1] 参见怀仁编著《天道古说：华夏先贤与圣经先哲如是说》，中国文史出版社1999年版。

比中，人们在找寻其"共同"之处时亦察觉其不同，从而为"存异"埋下了伏笔。例如，陈慰中牧师在对比《圣经》与"四书""五经"后提出，"从四书五经为主的中国文化来说，其神学和上帝的概念比较圣经难懂。……但是隐藏在四书五经的上帝与圣经的上帝是同一位的，从内容可以证明出来"。他进而分析比较了二者的微妙差异或不同，认为中国经典里的上帝概念是"中和性的，即天人地之道"，"中国经典里的上帝不是孤独的，不是抽象的，而是和日常生活有密切关系的"。而"圣经里的上帝比较直接而容易了解"，但正是"因为这个直接和容易，西方的神学家们很容易把上帝直接化了。现在的西方基督教神学家们，不是把上帝直接孤立成一位属天属灵的上帝，就是把上帝孤立成一位属地专为地上福利服务的上帝。更有很多人把上帝专利为个人主义的上帝。这些都失去了中和性的天人地概念"[1]。为了保持并彰显"天人地中和性的上帝概念"，突出中国文化理解之"中和"观念，陈牧师亦曾构设过一种"中庸系统神学"，这也是一种与西方系统神学对比鲜明、中国文化味尤其是儒家色彩极浓的基督教神学。[2]

沿着这一思路，基督教在中国文化中的发展亦有过在对比中求"中和"的经历，这在与中国各大宗教"求同"的关系中尤为明显。它有过明清"儒教基督徒"或"基督教儒士"的成功尝试，近代中国在基督教"本色化"之风气中亦出现过"儒化基督教"或"佛化基督教"走向。前者如聂云台等人曾推行的基督教之儒教化，以及传教士花之安（Ernst Faber）等人对"孔子加耶稣"的推崇，后者如张纯一主张的"基督教佛教化"，上海宝光路教会采用的点香燃烛、跪诵经文和祷文等佛教礼拜方式，而传教士艾香德（Karl L. Reichelt）早年在南京首创"景风山"，提倡的基督教与佛教对话，更是留下了今天香港道风山基督教丛林之独特景观。甚至在当代，这一思路亦不时浮现。2002

---

[1] 以上引文见陈慰中《共同的上帝》，加拿大维多利亚中华学院出版社1994年版，第86页。

[2] 参见陈慰中《中庸系统神学》，中国基督教协会2000年版。

年初，中国大陆关于潘岳论宗教之文章的讨论，其潜台词即涵摄中国主流意识形态与基督教精神之可能"中和""共构"的考虑。这一现象既有在理论深层上展开讨论的意义，亦是中国社会现实的一种曲折反映。

通过对比基督教与中国文化，人们开始为中国基督教定位。如在中国教会学者中，吴雷川、王治心、赵紫宸、谢扶雅、吴经熊等人就倾注了很大精力，以厘清二者的关系。吴雷川认为，基督教应该真正成为华夏的宗教，它作为一种"东方的基督教"而与其西方传统对比。也就是说，它是"东方的世界主义"而不是"西方的国家主义"，是"东方的未来主义"而不是"西方的现在主义"，是"东方的和平主义"而不是"西方的竞争主义"，是"东方的躬行主义"而不是"西方的学说主义"。在他看来，这种东方特色的基督教可以融入中国文化，在东方精神和思想中达到返璞归真。王治心则强调沟通基督教与中国文化应走"调和"与"认同"之路，因为思想接触、互相调和，就可使不同的渐趋于同。这种"调和"包括"生活上的调和""道德上的调和"及"精神上的调和"这三种层次或境界，从"调和"可以窥见"中国文化与基督教融化可能中的一点"。由此观之，"调和"乃"认同"的前提，"认同"则为"调和"的必然结局。以往在政治斗争中，"调和"乃贬义之词，而现今在不同文化交往中，"调和"却已成为可以另辟蹊径、获取成功而意义深远的积极之词。赵紫宸乃是在沟通基督教与中国文化关系上最有影响的学者之一。他主张二者应通过"丽泽之交"[①]来"求通贯"，从而构建"中国化的基督教"。二者之共构一体会突出其两大特征，一是根本承认基督教中"永不磨灭的宗教本真"，二是根本承认中国文化在"精神生活方面的遗传与指点"。他进而认为，中国化的基督教一要"借重中国的言词来创造宗教的术语"，二要对"中国的哲理伦理作一个去取对照的整理"，三要以对中国"阴—阳—治—乱"的历史之批评来挥写一种基督教的历史哲学。而且，这一宗教体系乃开放性

---

① 指"深入的交流"，见《周易·丽泽》："丽泽，兑，君子以朋友讲习。疏：正义曰丽泽兑者，丽犹连也，两泽相连，润说之盛，……"

的、吸纳性的,它在文理上"要取雅达的成词",吸取儒道佛典籍的精华;在哲理上要以"超世入世,超自然超历史的理论"来补充中国"天人一贯宇宙自然的道统";在伦理上则要在中国"天下为公四海兄弟"、忠孝、正名等纲常、礼制中"加入人神的关系"。此即赵紫宸所希望的"基督教本色化的蓝图"。谢扶雅对基督教与中国文化的关系也有非常冷静的分析,他坦言二者尚未达"融为一片"之境,其现状乃相遇而未能相识,相隔而不相融,因此误会不断、冲突频频。其结果是中国文化未能真正领悟基督教的本真和精华,而基督教对中国文化亦影响不大、效果甚微。为此,他强调二者之间应该立足于"求同",以营造一种相互了解的气氛,使基督教有可能与中国文化结合。但他指出,这种"结合"是"合一",而不必强求"统一"或"划一"。他承认基督教内部确有地域、文化之别。与西方基督教不同,"中华基督教"具有"批判的包容性""动力的中庸性"和"密契的实践性",因为"包容""中庸"和"实践"乃中国思想文化所特有。基督教与中国文化只有相互"包容",才能彼此"交融"。吴经熊在东西文化对比中则把基督教视为一个无所不包的"宝库"。他认为从基督教传统中可以找到东方传统,从基督教智慧中亦能发现华夏智慧,基督教在东西方对话中乃能打通、贯穿双方,起到"结合"并"超越"东西方的作用。

这种"交融"和"贯穿"的"求同"思想,为一种中国式的"融贯神学"奠定了基础。何世明在其基督教与儒家思想对谈的系列著作中指出,中国文化的真正根源既非政治层面的"忠君"、亦非伦理层面的"孝亲",而乃宗教层面的对"主宰之天"的信仰。正是在此信仰层面,基督教与中国文化可以达到一种"融贯",认同基督教既可实现对中国传统文化的"修正与改造",达其补偏救弊,亦可使儒家思想中的优秀成分得以弘扬,让华夏文化在基督教信仰体系中获得积极参与。在此,他认为基督教信仰在这种"融贯"中无疑是为主的,起着主导和决定作用,它与中国文化之间并非绝对的平衡或平等。何世明指出,"要使基督教信仰与中国文化相互融会而又以基督之道一以贯之,原有两大途径可行。其一是使中国文化进入基督教之信仰中,作为阐释基督教信仰之工具,我们乃称之为国学化的神学。其二是使基督教信仰进入中国文化中,予以修正,加以改造,我们便又称之为神学化的国学。而不论国学化之神学或神学化之国学,都必须以基督之道一以贯之,这便是我们所提倡的融贯之学。"①这种表述明显是以基督教信仰为主导的认知,表达出其信仰立场。在他看来,基督教信仰与以儒家思想为主的中国文化之间的差异,乃在于前者以神为主,后者以人为主;前者超越,后者内在;前者"知生""知死",有着此岸与彼岸的双维,而后者则只求"知生",回避"死"及彼岸诸问题。正因为如此,他强调基督教对所有文化的"进入"和"超越",对中国文化亦不例外。所谓"中华基督教融贯神学","便是使中国传统文化意识,融会于基督教信仰中,而又以基督之道一以贯之的神学。基督教信仰之本身,既可以超越于一切文化之上,但亦可以进入一切文化之中"②。而这种"进入"和"融贯"正是"求同""求通"之实践。当然,对于中国一些教外的人文学者和新儒家的学者而言,基督教的"超越性"与"普世性"则会给人一种高屋建瓴、咄咄逼人之感,从而失去了"对话"和"求同"的平等性及互渗性。这也给二者在现实中的真正"对话"和"融贯"带来了一定障碍或困难。所以,无论是宗教层面的对话,还是政治层面的认知,对于如何正确、准确地理解中华优秀传统文化及其客观、科学定位,都必须是中国社会、中华民族高度重视和认真解决的文化自知、自觉问题,若不能稳妥解决好这一问题,则很难真有我们的文化自信。

基督教与中国文化的求同,从历史的经验教训来看,乃二者相遇后走向相识和理解的第一步。在其相遇的开端或初期阶段,"求同"是达到不同文化沟通和交流的重要或者说唯一途径。没有"同"则没有共同话语,没有对话的切入点和交流的媒介。尽管"求同"有可能陷入历史的荒诞和认知的误解之中,它却促成了陌生的双方共处并对话,从而迈出了真正理解和真正认同的关键性第一步。一般情况下,以"求

---

① 何世明:《融贯神学与儒家思想》,宗教文化出版社1999年版,第145页。
② 何世明:《中华基督教融贯神学刍议》,宗教文化出版社2002年版,第11页。

异"为开端或手段的文化交流通常都会碰壁或失败。这种强调其独特性和排他性的"存异""求异"之举往往会遭到其相遇对方的坚决反对和抵制，我们在回顾基督教在华历史时对之亦深有体会。当然，从文化传播学和宗教宣道学意义上来看，"求同"往往只是手段并非最终目的，它只是对话、沟通和理解的前期，是其识"新"见"异"的条件准备和气氛营造。因此，"求同"作为一门"理解的艺术"虽能赢得人们对之"善解人意"的好感，却只拉开了文化对话和沟通的序幕，人类精神理解的历史戏剧由此才刚刚开始。

实际上，从"求同"而达到"融贯"，这中间仍有漫长的一段路要走。在这种基督教与中国文化相结合的努力中，似有许多问题尚待解决。此前论及的中国基督教思想家所谈到的"融贯"，更多的乃中国"传统文化"与基督教信仰的"融会"，其中儒家思想为主、佛道观念辅之，多方共立于一个同在的信仰平台。但更为重要、更加迫切的是，基督教信仰如何可能与当代正在形成的中国全新文化体系达到一种"融贯"，在其构建中有更积极、更主动的参与。在这方面，中国教会更年轻的一代神学家们在其教会框架内正在致力于一种现代"中国神学"的创建，在上帝观、基督论、信仰学说等方面均作了有益的尝试、探讨。而就其"融贯"之蕴涵，中国学术界的思想家们亦正形成一种意味深长的"学术神学"或"基督教学术"之思。当然，就总体来看，这种可能根本解决基督教与中国文化之关系的"融贯神学"迄今仍为一种"理想"而不是"现实"，仍处于一种"尝试"而未达"成熟"。由此而论，我们仍在其处境之中、在其进程之中。我们如何举足迈步，将决定其未来。

（本文为2003年8月在芬兰召开的中国基督教研究国际学术会议上的发言）

第二十章

基督教青年会与现代中国

中国基督教青年会的历史与过去一百多年来中国现代历史发展变迁有着密切的关系,其演变、发展既卷入、参与了中国现代进程这一历史发展的有机构建,也反映、折射出中国社会的百年巨变。最初,中国基督教青年会是随海外基督教入华传教的历史潮流而兴起,受到世界基督教青年会全球发展的影响,但其社会经历则更多地与中国近现代社会进程中的巨大变革交织在一起,由此而构成自己跌宕起伏、曲折复杂的历史演变,其信仰文化、精神理念、社会介入等,都有着与中国历史嬗变的关联,亦与中国近现代革命接触频仍,而且在中国宗教界发挥服务社会、关爱民众的作用中亦贡献突出,其成就可圈可点。从一定意义上可以说,在中国宗教独立自办、摆脱西方帝国主义、殖民主义影响上,中国基督教青年会在此历史进程中曾走在前列,起过带头作用。而在中国社会主义革命及建设中,中国基督教青年会在坚持我国宗教中国化方向、积极与社会主义社会相适应上亦与时俱进、有着新的突破和发展。因此,回顾并研究中国基督教青年会的历史,是对中国百年巨变的反思,是对过往经验教训的总结,也是对其历史地位及社会作用的客观评价和科学探究,是对老一辈爱国宗教界人士爱国爱教、造福社会的肯定和赞赏,更是对新一代宗教信众爱国爱教、服务社会的鞭策和鼓励。

尽管各种研究基督教青年会的文章浩如烟海,让人目不暇接,但真正探究中国基督教青年会的专著并不很多,故此研究仍需加强。就笔者所接触的资料而言，20 世纪中叶以来出版的这些专著中颇值一提的包括江文汉（Wen-han Kiang）著《中国学生运动》（*The Chinese Student Movement*, New York: King's Crown Press, 1949），霍普金斯（Charles Howard Hopkins）著《北美基督教青年会史》（*History of the YMCA in North America*, New York: Association Press, 1951），赖德烈（Kenneth Scott Latourette）著《世界服务——北美基督教青年会外国事业和世界服务的历史》（*World Service — A History of the Foreign Work and World Service of the YMCA of USA and Canada*, New York: Association Press, 1957），甘利特（Shirley S. Garrett）著《都市中国的社会改革者——中国基督教青年会 1895—1926》（*Social Reformers in Urban China——The Chinese YMCA 1895-1926*, Cambridge: Harvard University Press, 1970），博依德（Nancy Boyd）著《使者：美国基督教青年会海外服务，1895—1970》（*Emissaries: The Overseas Work of the American YMCA, 1895-1970*, New York: The Woman's Press, 1986），陈秀萍编著《沉浮录：中国青运与基督教男女青年会》（同济大学出版社 1989 年版），瑞斯多夫（Kimberly Ann Risedorph）著《改革者、运动员和学生：中国基督教青年会》（*Reformers, Athletes and Students: the YMCA in China, 1895-1935*, Washington University Press, 1994），邢军（Jun Xing）著《革命之火的洗礼——美国社会福音和中国基督教青年会 1919—1937》（*Baptized in the Fire of Revolution——the American Social Gospel and the YMCA in China 1919-1937*, Bethelehem: Lehigh University Press, 1996；赵晓阳中译本，上海古籍出版社 2006 年版），傅浩坚著《基督教青年会对中国近代体育发展的影响》（香港浸会大学，2000 年），左芙蓉著《社会福音、社会服务与社会改造：北京基督教青年会历史研究（1906—1949）》（宗教文化出版社 2005 年版），以及赵晓阳著《基督教青年会在中国：本土和现代的探索》（社会科学文献出版社 2008 年版）等。

回溯世界基督教青年会及其在华传播的发展历程，可以寻踪到最初基督教青年会于 1844 年在英国伦敦创立，随之于 1851 年先后在加拿大蒙特利尔和美国波士顿出现；1854年，基督教青年会北美协会成立。在1855年法国巴黎召开基督教青年会第一次世界会议时已有来自英国、美国、加拿大、法国、德国、比利时、荷兰和瑞士等国的代表参加，由此建立起基督教青年会世界协会。1878年，其总部在瑞士日内瓦设立。1885年，基督教青年会通过"巴黎本旨"，将其会定性为宗教性服务团体。

而从基督教青年会在华历史来看，则可追溯到1876年。这一年美国基督教青年会始来中国，曾在汉口等地设立为来华外国人服务的青年会，但规模不大。1885年被视为青年会传入中国之始，先后在福州英华书院、北京通州潞河书院成立了学校青年会；1886年，杭州育英书院（后为之江大学）亦出现学校青年会。1895年基督教青年会北美协会派来会理入华，为中国基督教青年会首位专职干事。同年底，天津基督教青年会成立，时称"学塾基督幼徒会"，为中国第一个城市青年会。1896年，青年会北美协会总干事及世界基督教学生同盟总干事穆德首次来华，参加天津青年会会所奠基礼；同年6月，出现中国青年会最早刊物《学塾月报》，后改为《学生青年报》；烟台青年会亦在此年成立。1896年11月初，上海组成"学塾青年会"，时称"中国学塾基督幼徒会"，为建立中华基督教青年会全国大会之最初尝试。1897年，天津青年会建成中国青年会第一处会所；青年会第二次全国会议在上海召开；陈敏望首次作为中国青年会的代表出席在美国诺思菲尔德及在他国召开的世界青年会会议。1900年上海青年会创办，是为商界及职业界青年设立的第一个城市青年会。1901年，香港青年会建立。广州基督教青年会发端于1904年，1907年开始叙会，1909年正式建立。1902年，《学塾月报》更名为《青年会报》；1905年，保定青年会和福州青年会成立。1906年，《青年会报》改名为《青年》，中华基督教留日青年会成立；1908年，南京基督教青年会筹建，青岛青年会成立；1909年，北京基督教青年会和太原青年会创立，同年留美学生青年会亦成立。1910年，成都青年会和郑州青年会成立，青年会的全国协会亦创办月刊《进步》；1911年9月，《进步》杂志第1版正式出版，由范丽海担任主编；1911年，汉口青年会、昆明青年会、台山青年会、南京青年会和厦门青年会成立。1912年，经呈请而获准在上海正式成立中华基督教青年会全国协会，会名改称"中华基督教青年会全国组合"；而1910年成立的学生立志证道团组织亦于1912年加入青年会；同年成立的还有长沙青年会、杭州青年会、吉林青年会和沈阳青年会。1913年，济南青年会、南昌青年会和武昌青年会成立。1914年，西安青年会成立。1915年，在青年会第七次全国大会上，"中华基督教青年会全国协会"被定为其正式名称。安东青年会1916年成立。1917年3月，《青年》与《进步》合并为《青年进步》，作为青年会全国协会的机关杂志，旨在推动"德智体群四育并进"，由范皕海担任主编；此后，锦州青年会和宁波青年会1918年成立，大连青年会和青州青年会1919年成立，苏州青年会1920年成立，汕头青年会和芜湖青年会1921年成立，重庆青年会1922年成立，汾阳青年会和旅顺青年会1923年成立，开封青年会1925年成立，哈尔滨青年会1926年成立，威海卫青年会1928年成立，大同青年会和胶州青年会1935年成立，贵州青年会1938年成立，宝鸡青年会和兰州青年会1939年成立。

在中国基督教青年会的早期发展中，受到了当时中国社会变迁的影响，1904年日俄战争在中国境内的呈现，1905年中国教育对科举制度的废除，以及1911年辛亥革命的爆发，都对基督教青年会的发展有直接影响。这一时期基督教青年会的发展也曾与中国革命有一定关联，如其与孙中山先生就有着直接的关系。孙中山曾写有"勉中国基督教青年"之文，认为"继教会而兴者，则有青年会。其仪式制度比教会为宽，其普及招徕比教会尤捷，青年会以德育、智育、体育为职务，吸收青年有志之士以陶冶之，而造成其完全之人格。此本基督救世之苦心，行孔子自立立人、自达达人之美意，如是青年会者，乃以团体而服务于个人者也。是会之设于中国，至今二十有五年，推行几遍全国，发达之速、收效之大、志愿之宏、结合之坚，洵为中国独一无二之团体也。""统观中国今日社会之团体，其结合之坚、遍布之广、发达之速、志愿之宏、孰有过于中国基督教青年会乎？是欲求一团体而当约西亚之任，以领带中国人民至加南乳蜜之地者，舍中国基督教青年会其谁乎？予既有望于青年会之深，而不禁勉青年诸君之切也。诸君既置身于此高尚坚强宏大之团体，而适中国此时有倒悬待救之人民，岂不当发其宏愿，以此青年之团体而担负约西亚之责任，以救此四万万人民出水火之中，而登之衽席之上乎？中国基督教青年其勉旃，毋负国人之望。"[1]显然，孙中山对基督教青年会寄予厚望，他还在1923年中华基督教青年会第九次全国大会上发表演说，指出："青年会的宗旨，注重体育、智育、德育三项，改良人类来救国，是全国所欢迎的。国家是人类凑合而成，人人都有机会，可以造成一个好国家。我们要造成一个好国家，便先要人人都有好人格。中国的团体中有好人格的，就是青年会！所以青年会是造成好国家的好团体！"孙中山于此还以国民党领袖的身份说，"就你们青年会说，可以被人欢迎之点极多，不是一言可以说得尽的。专拿青年会的宗旨讲，是用体育、智育、德育三项标题来救国，就是这一件，便应该被人欢迎。所以青年会是我们想救国的党人，所应该欢迎的！"孙中山还说自己早就与中国基督教青年会有了交往，交了不少青年会的朋友；"中国青年会，是美国人介绍过来的。现在各省很发达，中国会员有七八万人，团结起来，已经成了一个很坚固的团体。兄弟在二三十年前，便和这个团体来往，这个团体中的朋友也很多。"[2]

青年会不仅与孙中山先生发起的民主主义革命有所联系，特别是还与中国共产党的早期领导人周恩来、恽代英等人有过直接交往。恽代英于1918年在中国基督教青年会刊物《青年进步》期刊上连续发表了《不用书教育法之研究》《学问与职业一贯论》《一国善势力之养成》《理想之儿童俱乐部》《力行救国论》等文章[3]，宣传其进步和革命的主张。周恩来总理在1950年《关于基督教问题的四次谈话》中就曾特

---

[1] 该文原件收藏在德国基督教青年会全国协会，此处引自广州基督教青年会编《中国基督教青年会史料汇编》第一辑《中国基督教青年会原理与历史沿革》，卓新平主编，宗教文化出版社2019年版，第7—8页。

[2] 同上书，第9—10、12页。

[3] 见《青年进步》1918年第9、10、11、16期。

别指出:"自五四运动以来,基督教里面有进步分子,在中国革命的过程中,他们是同情中国革命的。比如大革命时期,基督教青年会以及其他宗教团体中的进步民主人士,曾掩护过一些从事职工运动的革命分子和共产党员。在抗日战争时期,基督教青年会等宗教团体也起了很好的作用。在解放战争时期,也有很多基督教进步人士同情并参加了反蒋、反美斗争,反对独裁,反对内战,因而受到国民党反动政权的迫害。"[1] 1913年至1917年,周恩来就读于南开学校,曾参加南开学校学生团体敬业乐群会、义塾服务团和基督教青年会的社会活动。周恩来于1915年担任南开学校《校风》周刊成员,1916年又任《校风》文苑部部长,此间曾与南开青年会有直接来往。南开校长张伯苓是天津基督教青年会董事和会长,他非常赏识、关怀周恩来,曾免去周恩来的学费、宿费,后在1919年还准予周恩来免试进入新成立的南开大学文科学习。在周恩来代表共产党成功解决"西安事变"后,张伯苓还专门为此在南开大学召开了庆祝大会,赞赏南开校友周恩来"起了很大作用,立了大功"。周恩来与张伯苓友好交往四十年,传为南开历史上意义深远的佳话。周恩来在1917年至1919年旅日期间,也与中国留日学生青年会有着密切接触,共同关注着祖国的命运。周恩来在1919年"五四"运动爆发前回到天津投身爱国运动,也曾得到基督教青年会的支持。当时天津青年会知名人士马千里、王厚斋、张伯苓、宋则久等人也都积极参加天津各界爱国运动。其青年会会所当时成为爱国青年的重要活动场所,周恩来、邓颖超等觉悟社重要成员就在那里组织、开展了大量革命宣传工作。在抗日战争期间,周恩来还特别支持和鼓励基督教青年会骨干刘良模等人推广抗日救国歌曲的工作。这些经历也使周恩来对基督教青年会有客观的认识和积极的评价,对中国基督教在推动社会进步方面的重要作用也表示了相应的认可。

1920年北京等地"非基督教运动"的爆发,也给基督教青年会很大的刺激。对于基督教在中国社会面临的巨大挑战,青年会深感基督教

---

[1] 《周恩来统一战线文选》,人民出版社1984年版,第180页及后。

会与中国社会之间的裂痕和张力，由此使之关注社会发展，在一定程度上也同情社会革命。在美国社会福音神学的影响下，基督教青年会亦以推动社会福音运动的方式来开展社会服务工作。青年会希望通过平民教育、乡村建设、社会服务来达到社会改革的目的，为此对"新文化运动"持肯定的态度，尝试以文化教育、社会服务及改良等方式来实现中国社会的变化和进步。这一定位使之对中国革命有着同情和支持，并且在后来更是积极地投身于抗日爱国运动之中。不过，其基于西方社会福音思想而推动的中国社会改革显然有其历史局限性，因而使之在整个中国革命运动中没能形成更大影响。

在20世纪50年代基督教"三自"爱国运动、推动基督教中国化的发展中，基督教青年会也发挥了巨大作用。担任过青年会全国协会董事及其校会部和出版部主任干事的吴耀宗就在周恩来总理的启发和支持下带头发起了基督教"三自"爱国运动，联合中国基督教界爱国人士发表《中国基督教在新中国建设中努力的途径》即《三自宣言》，而全国各地的青年会亦积极参与，这些地方青年会的干事乃首批"三自宣言"的签名者，对这一极为重要的爱国爱教、独立自办运动起到了号召及引领的关键作用。自中国改革开放以来，中国基督教青年会也积极投身这一中华民族伟大复兴活动的发展，在社会服务等方面做出了非常积极的贡献。从1980年起，随着青年会全国协会恢复工作，中国基督教青年会的发展翻开了全新的篇章。

中国基督教青年会遵循基督"非以役人，乃役于人，为人赎价"的精神而努力在世界上"为盐为光"，为其信仰作见证，因此，其社会关怀及现实意识非常强烈，形成与当代中国社会注重实践、注重行为的普遍共识之积极呼应，有其"以行体信"之效。中国基督教青年会成立以来就主张"发扬基督精神，团结青年同志，养成完全人格，建设完美社会"，其基本宗旨即"德智体群"全面发展，以社会服务为指归，而且其跨教派、超宗教的性质亦使之更易融入社会，也更方便与各宗教、各教派对话，因而为中国的社会服务工作注入了一股清新、活跃、开放的现代气息。在其当代发展中，笔者自己就曾直接接触过基督教青年会的社会服务工作,例如,笔者在去德国留学之前,曾短期参加过北京基督教青年会组织的德语培训班,了解到其为年轻人学外语而提供的学习便利条件。笔者亦曾与北京基督教青年会的朋友进行过非正式、朋友之间形式的友好座谈,了解到他们各自的正式工作及其对社会服务工作的参与。笔者还与浙江杭州等地基督教青年会的朋友有所接触。最近一些年来更是与广州基督教青年会的朋友有着更多的直接接触,对其社会服务的热忱留下了深刻印象。当前社会流行多讲宗教消极社会作用之风,使宗教界颇有压抑感。其实,如果爱国爱教的宗教界能积极、主动地彰显其社会服务的正能量,或许能够有效地改变这一局面,使其积极社会作用能够"光照人间"。

此外,中国基督教青年会在中国神学建设、文化发展、学术研究等领域也做出了积极贡献。在笔者自己的研究中,就至少接触到徐宝谦、谢扶雅、吴耀宗、阎宝航、江文汉等曾任基督教青年会干事的重要人物的思想。其中谢扶雅关于"基督教与文化""科学与宗教""宗教哲学"的研究给笔者留下了深刻印象,尤其是他主张以中国思想文化的典型表述"道"来翻译西文 Religion,更是寓意深刻、构思奇特、站位高远,为宗教"中国化"发展的思想发掘留下了重要伏笔。吴耀宗是 20 世纪 50 年代"三自"爱国运动的主要发起人,开启了基督教在中国与社会主义、共产主义的对话,从而有力推动了基督教在新中国的存在和发展,焕发出积极适应中国社会主义社会的新的活力,吴耀宗曾专门研究过马克思主义经典作家对于宗教的相关论述,对历史唯物主义和辩证唯物主义亦有探讨,故而是基督教政治层面"中国化"的最关键人物。阎宝航则见证了中国革命的发展,为共产党做了许多重要工作,成为中国共产党的重要朋友。江文汉是研究宗教史的著名专家,在中国基督教、犹太教等历史研究上著作等身,也曾专门研究过中国青年运动。笔者在 20 世纪 80 年代初曾去上海社会科学院多次拜访江文汉先生,他亲切待人、和蔼低调、热情关心后学的精神给笔者留下深刻印象。正是这样一批中国基督教青年会的知识精英、社会名流,促进了我国现代宗教学术研究等发展的繁荣。而知识精英是一个民族的希望所在,因而也衷心希望今天的中国基督教青年会能够长江后浪推前浪，谱写新的学术篇章，为中华文化的复兴繁荣做出积极贡献。在这一新的发展中，中国基督教青年会也将会有光辉的前景。

（2019年11月2日，为纪念广州基督教青年会成立110周年，召开了"基督教中国化进程中的基督教青年会研讨会"，此文为在此研讨会上的主旨发言。）

第二十一章

《圣经》中译本及其教内外审视

  《圣经》中译本在中国教会目前已基本固定在基督教新教所用"和合本"《圣经》和天主教所用"思高本"《圣经》，教会人士将之视为具有权威性的经典汉译本。尽管汉语语言的发展在语言意义上已经超越了这一阶段，相关《圣经》翻译及研究机构和有些个人亦根据现代汉语有过重新翻译《圣经》的努力，这些新译本却并没有获得教会的普遍承认，而只是在教界和学界之间的边缘领域闪现其存在。目前重新翻译《圣经》的呼声很高，但以什么版本翻译、如何组织相关翻译却没有获得统一共识，故其进程的难度估计也很大。这一现象非常值得研究。一方面，这种《圣经》中译本的使用状况反映出中国教会的基本状况，意味着其经典及理论的认知尚未出现根本性突破，教会的基本面貌亦沉于传统而鲜有革新。"和合本"《圣经》的翻译问世曾被视为20世纪初对"新文化运动"的重要参与，在现代汉语的白话文运动中留下过颇有意义的一笔。这种《圣经》汉语语言翻译的革新在一定程度上反映着教会的革新及其对社会文化革新的参与，其曾经有过的"与时俱进"值得我们今天反思和总结。中国教会持守传统固然重要，但更重要的是应该积极参与社会的发展变革和思想文化的精进，所以教会仅从汉译《圣经》这个层面就应看到其发展滞后的一面，由此应有奋起直追的意向和准备。教会的现代语言尤其是其宣道讲经所必需的圣经语言应跟上时代。这是从《圣经》汉译上对中国教会的呼唤和激励。

另一方面，中国现代学术界在基督教研究上已经进入系统释经的时代，其基于圣经希伯来语言和圣经古希腊语言的圣经新旧约释经正在全面开展，其圣经释经学亦与现代解释学有着密切结合，尤其在方法论上有着明显的提高。在此基础上，诠释经典已经远远走在了重新汉译《圣经》的前面。然而，如果没有全新的现代汉语翻译的《圣经》版本，那么这种过于超前的释经学就会显得空洞和矫情，言之无物。为此，在教会传统之外的学界似乎可以大胆尝试，推出学术版的全新《圣经》中译本。其质量之度的把握则在于既信守圣经原典的语言真义和思想精神，也要有现代语言的鲜活和当代解读的新意。教外学界的圣经研究及相关汉译则会促进中国社会对圣经文化传统的了解，同时亦鼓励并推动中国教会的本色化即"中国化"和其适应当今中国社会的时代化。

一 《圣经》的中译及其文化传播意义

《圣经》是人类历史上发行量最大，翻译的语种最多的一部宗教经典。据有关统计，目前《圣经》的"新旧约全书"已被译为363种语言，使用这些语言者占全世界人口的76%。此外，《新约圣经》已被译为905种语言，而《圣经》部分经卷则被用930多种语言翻译出版。从总体来看，《圣经》全书或部分片段已被用约2200种语言翻译出版。就其发行而言，仅中国改革开放以来南京金陵爱德印刷有限公司印出的和合本中文《圣经》目前已达到上亿册。《圣经》的中文译本可以追溯到唐朝的"景教文献"，虽然景教碑文中载有"经留廿七部"之说，则仅为断断续续的翻译。而且，其汉译《圣经》并不系统，且多为散译，甚至因以佛、道术语移译而与佛道经典相混。不过，这种半通不通的汉译却也开了以本土宗教经典及其术语理解、诠释《圣经》作为其汉译方式或定格的先河。在元朝，天主教来华传教士孟高维诺也曾有少量的蒙文译经，但不曾有其汉译的记载。而相关历史文献及典籍仍留下了《圣经》及基督教汉语表述的蛛丝马迹。明末清初耶稣会士来华，则正式有了系统汉译《圣经》的记载。诚然，利玛窦等传教士并没有专门成体系地汉译《圣经》,但他们的著述中已经留下了大量《圣经》内容的中文表述,例如,在利玛窦所编《琦人十规》,阳玛诺编译的《圣经直解》和《天主圣教十诫真诠》等著作中,圣经术语的中文表达已清楚可见。其实,他们并非无师自通的预言天才,其中文翻译上那些比较地道、贴切的遣词造句实际上得到了不少中国文人学者的帮助、润色,是中外文人共同努力汉译的结晶。这种中西合璧亦形成了此后外国传教士汉译《圣经》的一种传统,虽以著名传教士之名来标示出译者,实则有一大批中国学者成为这种汉译背后的"无名英雄"。此外,这一时期的《圣经》汉译只是部分翻译,而且基本上都没有正式出版,多以手稿或简单刻印的方式面世,其中较为著名的包括天主教传教士巴设所翻译的圣经四福音合参《四史攸编耶稣基利斯督福音之会编》,以及贺清泰汉译的《古新圣经》等。新教来华传教士马礼逊正是在大英博物馆得以抄写巴设的汉译《圣经》手稿,从而自己萌生了要全文汉译《圣经》的想法,并有了这种汉译工作的条件及可能。

真正将全部《圣经》汉译出版的历史始于基督新教传教士马士曼、马礼逊等人。英国浸礼会传教士马士曼在懂中文的阿美利亚人拉沙帮助下汉译成了全部《圣经》,其中汉译《新约》于1816年出版,而1822年在印度出版的汉译《旧约》加《新约》则成了全世界首部汉译全本《圣经》;这一汉译本《圣经》即《马士曼译本》不是在中国而乃在印度出版曾使马礼逊颇为难受,两人也曾为在各自汉译中是否有抄袭而闹过别扭,但最终没有形成所谓抄袭公案。据记载,马士曼的汉译也首先是拉沙先说出中文表达,然后由马士曼来加以语言、文辞上的润色而成。在中国出版的首部汉译《圣经》全本即《马礼逊译本》,称《神天圣书》,由英国伦敦会传教士马礼逊和米怜译成,1814年在广州出版马礼逊独自译完的《新约》,1823年在马六甲出版了两人合译的《旧约》及全本中文《圣经》,此本因较《马士曼译本》晚一年出版而屈居第二。而且甚至有人认为《马士曼译本》的中文表述更为自然。在这两部开创之作的引领下,各种中文全译的《圣经》相继问世,其中比较突出的包括《四人小组译本》《委办译本》《裨治文译本》《高德译本》《郭实腊译本》《怜为仁译本》《胡德迈译本》《北京官话译本》（即《北京官话新约全书》）、《施约瑟译本》《杨格非译本》以及《和合译本》（简称《和合本》），其中最为流行且仍被广泛使用的则是《官话和合译本》（亦称《国语和合译本》），1919年出版，并于1988年由联合圣经公会再版《新标点和合本圣经》，而由南京爱德印刷有限公司出版的简化字与现代标点符号《和合本》至今已经印刷上亿册。近百年之久，这一版本仍为中国基督教新教的权威版本，在中国教会通行。

上述《圣经》的中译过程，也正是中国社会出现改朝换代的社会变革和文化破旧立新的时代，在一定意义上，《圣经》汉译见证并参与了这一中华文化的更新，即在当时的"新文化运动""白话文运动"中留下了其印痕、踪迹。所以说，《圣经》中译活动不只是宗教经典的翻译活动，而也是一项文化传播和交流活动。围绕着《圣经》的汉译，中国文化界出现了圣经文学，并进而发展到一种体现中国本土文化的基督教文学之崛起。《圣经》中译参与并在某种程度上带动了中国现代语言和文学的革新发展，为现代中国语言文学注入了新鲜血液，甚至也在一定范围内影响到中国现代知识分子的语言表述和文学思维，促进了中国现代语言文学的开放性和包容性。所以，我们不能忽视《圣经》中译在近现代中国文化传播上的独特意义。

二　中国现代基督教会对《圣经》中译的谨慎态度

自《和合本圣经》出版之后，中国学者亦开始积极参与汉译《圣经》的活动，由此终止了由西方传教士独占汉译《圣经》领域的局面。早在1908年，严复就曾有过自己单独汉译《圣经》的尝试，其所译《马可福音》（即《马可所传福音》）的前4章当时在上海得以出版。在基督新教汉译《圣经》的进展中，1929年由朱宝惠与美国新教传教士赛兆祥合译的《新约全书》出版，此后朱宝惠又独立重译，于1936年出版其新约修订本；1931年许地山曾汉译《雅歌》出版；1933年王宣忱所译《新约全书》在青岛出版；1939年，郑寿麟与陆亨理合译的

《国语新旧库译本新约全书》在北平出版；1946 年，吕振中在北平出版所译《新约译本》，习称"吕振中译本"，1952 年其《新约新译修稿》在香港出版，1970 年其汉译《旧约》出版；1964 年，萧铁笛所译《新译新约全书》在香港出版；1974 年由汉译《活泼真道》而成的《当代福音》新约出版，1979 年其旧约译成后名为《当代圣经》出版；1975 年，许牧世、周联华、骆维仁合译的《现代中文译本圣经》新约出版，其新旧约全书则于 1979 年出版；1987 年，《新约圣经恢复本》出版；而由 1972 年组成的"中文圣经新译委员会"汉译的《圣经新译本》则于 1976 年出版新约，1992 年出版旧约。此后，《国际中文译本》以及基督新教与天主教合作的《合一圣经译本》亦在翻译出版中。尽管有这些新的汉译《圣经》问世，中国基督教新教教会对这些新译本却持谨慎态度，宁愿保留有着 20 世纪初汉语言典型特色的《和合本圣经》，也没有采用反映现代汉语发展的这些新译本作为教会权威版本。究其原因，一方面在于这些新译本多为 1949 年之后在中国内地以外地区出版，从而有着政治层面的敏感；另一方面则在于其汉译《圣经》是否具有权威性并不为内地教会所认可，因此亦很难为内地教会所普遍接受。未曾想到，这一拖就会百年之久，当人们在仍然享受《和合本圣经》汉语古色古香的感觉时，也明显意识到其语言表达方式已与今日汉语有很大的脱节，颇有"换了人间"之感，尤其对年轻的信徒而言就有着相当的阅读及理解困难。

在当代中国内地，现代语言的汉译《圣经》尚未取得突破性进展。在 1979 年时，丁光训主教曾组织王神荫、陈泽民、骆振芳等人修订、重译《和合本》，并先后完成"诗篇""四福音""使徒行传"和"保罗书信"的重新汉译，但这一工作尚未完成。此外，中国天主教自 1985 年在金鲁贤主教的组织下也曾根据《耶路撒冷圣经》英译本汉译出版了新约部分经卷，但这一汉译也仍没有完成。

在天主教汉译《圣经》方面，德雅的《四史圣经译注》于 1892 年问世；李问渔的《新约全书》于 1897 年出版；马相伯的《福音合参》1948 年出版；吴经熊所译《圣咏译义》1946 年出版，其《新经全集》

1949年出版；李山甫、申自天、狄守仁、萧舜华合译的《新经全集》于1949年在天津出版；1954年，耶稣会徐汇总修院所译《新译福音初稿》在香港出版；1955年，狄守仁编译的《简易圣经读本》在香港出版；1956年，萧静山所译《新经全集》在台湾出版。在天主教汉译《圣经》中最有影响的译本乃是由意大利方济各会传教士雷永明组织翻译的《思高圣经译本》，其新约译本于1962年在香港出版，新旧约全书于1968年出版，现已成为中国天主教使用的权威中文译本，并于1992年获准在中国内地印刷出版。此外，当代天主教汉译《圣经》还包括1999年出版的附有灵修注释的《牧灵圣经》等。由于天主教会全球性的一体关联，香港出版的《思高圣经译本》则较容易成为中国天主教会所采用的权威版本。

毋庸讳言，这种《圣经》中译本的使用状况从一个重要侧面反映出了中国教会的基本状况，它意味着其经典及理论的认知尚未出现根本性突破，而教会的教义理论之基本面貌亦沉于传统而鲜有革新。《和合本圣经》的翻译问世曾被视为20世纪初对"新文化运动"的重要参与，在现代汉语的白话文运动中留下过颇有意义的一笔，其在当时乃典型的"与时俱进"，紧跟了时代发展的步伐。在此意义上，这种《圣经》汉语语言翻译的革新在一定程度上反映着教会的革新及其对社会文化革新的参与，其曾经有过的"与时俱进"则值得我们今天反思和总结。中国教会持守传统固然重要，但更重要的是应该积极参与社会的发展变革和思想文化的精进，所以教会仅从汉译《圣经》这个层面就应看到其在经典翻译方面发展滞后的一面，由此应有奋起直追的意向和准备。教会的现代语言尤其是其宣道讲经所必需的圣经语言应跟上时代。所以说，以现代汉语来重译《圣经》，有着现实必要和文化深意，这也是从《圣经》汉译上对中国教会的呼唤和激励。

三 汉语《圣经》理解及诠释的现代努力

当前，对《圣经》的译解既已经成为基督教神学中的基本构成，亦已发展为人类翻译史中的一大组成部分。从其最初汉译《圣经》所涉及的"信、达、雅"之内涵式翻译理解，已经发展到外延式的注解、诠释，且直接促成了其经典理解上语言解释学、文献解释学以及神学和哲学解释学的诞生及发展。翻译乃解释的一种基本形式，而其"译"和"释"均展示出一种"理解的艺术"，成为"沟通的桥梁"，因而在现代学术领域乃异军突起、成绩斐然，也引起了社会文化界的普遍关注。

在诠释《圣经》上，较为引人注目的有"剑桥圣经新注解"丛书，这是世界著名高校英国剑桥大学出版社在21世纪初为英语世界推出的一套最新《圣经》注解丛书。这套丛书基于圣经学的学科视域，以当代圣经学者研究的最新成果为其学术内容，并采用科学严谨的学院派研究方法，尝试从更为宽泛的历史文化背景中来理解《圣经》文本、诠释其经文内容；其特点是系统性强、研究深入，而且特别注重细节，形成了宏观整体把握与微观重点探究的有机结合，使人们得以清晰地认识《圣经》的脉络神髓和重要内容，并获得当前国际上"圣经"学术研究中的最新理论观点和重要问题意识。从这一意义上讲，"剑桥圣经注解"丛书乃以其独立的学术立场、缜密的历史考证、必要的背景材料、丰富的文献内容而超越了以往教会释经、圣经神学的视野，有着更新颖的理论见解和更扎实的学术内容。目前，华东师范大学出版社正组织这套丛书的汉译出版。这样，在现代汉译《圣经》陷于僵局之际，中国学术界对《圣经》注解成果的汉译出版可谓柳暗花明、另辟蹊径。

其实，随着《圣经》多种语言译本的增加，世界各地的圣经学者开始了对《圣经》的注释、解说工作，并逐渐推出了这类具有研究性、学术性的《圣经》注解本。早在20世纪60年代，著名的《牛津新注解本圣经》问世，就受到了欢迎和好评。至20世纪末，美国学者托马斯·奥登亦组织了题为"古代基督信仰圣经注释丛书"的多卷本、多语种的《圣经》原典注释工作，现已出版十余卷，涉及英、德、法、俄、西班牙、阿拉伯和汉语等语种。这是世界基督教研究领域的一项重大成果，有力地推动了学术界对古代基督教会及其《圣经》诠释的研究。这套古代《圣经》注释丛书多达 29 册，收集了自基督教会创立至公元 8 世纪中叶这一漫长时期最具代表性的古代教父对《圣经》的注释、解说文献，具有重要的史料价值和研究价值。

在黄锡木先生的主编下，《古代基督信仰圣经注释丛书》中文版也先后在中国港澳台等地问世。这不仅是一项极有意义的宗教学术经典汉译工程，而且也是对中国学术界古代教父学和圣经学研究的重大推动。在许多年前，托马斯·奥登教授就为这套丛书的编辑出版和多语种翻译四处奔波、呕心沥血。他为此也曾专门来过我们中国社会科学院世界宗教研究所与笔者交谈，向笔者描述了他想将这套丛书译为英文、法文、德文、俄文、意大利文、西班牙文、阿拉伯文和中文的宏大计划，笔者也向他推荐了在中国天主教会和南京等地教界、学界可能的翻译人选。值得一提的是，奥登教授那次中国之行也颇费周折。由于他助手的疏忽，在办理来华签证时因他的护照过期而换了新护照，奥登教授误以为同时也办好了签证，遂带着这本没有中国签证的新护照飞到了北京首都国际机场，当时中国还没有实施落地签，结果他不能入境而改飞邻近的第三国补办加急签证。他再次来到北京已为凌晨时分，故而一大清早就带着行李直接来到了我们研究所的办公室。笔者为其敬业精神深深感动，也很遗憾自己在其丛书汉译工作上没能参与。所以，笔者对黄锡木先生及其编委会专家学者在此丛书中译本出版上的努力及其贡献，深表敬意和谢意。

《古代基督信仰圣经注释丛书》所辑录的文献真实反映了基督教创立其教会、形成其教义思想的原初面貌，再现了古代教会的经文辨析和释经传统。正如奥登教授所言，这套丛书是"第一次为现代读者提供新旧约《圣经》最早的基督教注释和反思"，因而弥足珍贵。可以说，这套丛书突出的是其文献价值，体现的是返本溯源的精神。其对古代文献搜罗宏富，既有原典经文，又有多位教父的注释，而且这些注释"来自那些最能反映古代基督信仰思想共识的作者"，故而展示了古代基督教思想的真实图景。

对于西方教会的释经传统和学术界的经文研究，人们一般习惯于关注 16 世纪宗教改革运动之后，尤其是 17 世纪启蒙运动以来的学术进展和研究成果。这种近代意义的学术研究始于对《摩西五经》的文本考证和经文辨析，如马丁·路德的同事卡尔斯塔特和 17 世纪荷兰哲学家斯宾诺莎都曾分析、研究过《摩西五经》，对其经文加以解读，并有着种种释疑辨难的探讨。此后，18 世纪的欧洲学者特别关注《旧约》中的"神名"问题，如德国学者莱马路斯、莱辛、艾希霍恩和法国医生亚斯突等人都曾深入解析《旧约》经文，尝试对其"神名"的多种形式加以说明，由此形成了解读《摩西五经》成书及其结构的"残篇说""补充说""结晶说""底本说"等理论。其中 19 世纪下半叶树立起的"格拉夫－魏尔豪森的四底本说"曾经风靡一时。在《新约》研究上，则以 19 世纪德国杜宾根学派的"圣经评断学"最为著名。这一学派的主要代表鲍尔、希尔根费尔特、施维格雷尔、施特劳斯等人以现代知识体系和研究方法来对《新约》卷册及文句加以考证，提出了所谓体现为"章句评断"或"复原评断"的"低级评断"，以及体现为"史学评断"或"寻源评断"的"高级评断"等"评断方法"。在此基础上，鲍威尔等人进一步拓展，对《新约》"福音书"进行了深入研究，从而形成了关于"福音"来源的"口传说""互凭说""文献说"等理论。直到 20 世纪初施韦泽发表《耶稣生平研究史》，"圣经评断学"的使命才宣告结束。这些研究及其成果虽然有其历史功绩和重要价值，却仍暴露出其缺陷和不足。奥登教授因此指出，"近代的学术研究过分注重启蒙运动后的历史和文学研究的方法，以致严重忽视人们对历代教父解经宝藏的渴求"。这曾经造成"大部分的古代注释都被遗忘"的局面，并且使近现代基督教会基本上"丧失了早期教父们富有影响力的灵感"。

为此，这套《古代基督信仰圣经注释丛书》的基本立意，就是要"尽力摆脱只专注在没完没了的现代释经方法的诱惑"，在认识基督信仰的原初观点上返璞归真，并能直接了解"早期解经家的真知灼见"。此外，这套丛书还为读者提供了更加深入、广泛的阅读可能，即在"附录：本书引用的早期基督教作家和引用的文献"部分提供了"希腊文文库"（TLG）和"拉丁文文库"（CETEDOC）等电子文库。19 世纪的法国著名学者米涅（J.‑P. Migne）曾编辑出版过在学术界颇有影响的《教父全集》，包括《希腊教父全集》161卷和《拉丁教父全集》221卷，为学者研究基督教的希腊、拉丁文献提供过很大的便利。而当代基督教希腊文、拉丁文文献电子文库的面世，则将更为有力地推动这一领域的研究进入全新的发展。

这样，丛书编者遂想为"今天的读者"尽量提供一些"现成的文本研究资源"，并且强调丛书所录的这些文献乃是"早期普世基督信仰传统中多文化、多语言，以及跨时代的资源"。诚然，这些文献是基督教的传统文献，属于圣经研究的基本范围，但在今天"全球化"时代人们"文化对话""文化比较"及"文化求同"的发展趋势下，它们实际上也给我们的宗教经典比较研究、不同文本的经文辨析提供了一个很好的范本。在中国当今"文化寻根""文化自觉""文化认同"的氛围中，社会上出现了一股"读经热"，市场上也办起了不少"读经班"，但经文究竟应该如何去读，其读经的意义究竟何在，上述"读经"却往往语焉不详，或众说纷纭。所以，这套圣经注释丛书在中国内地的翻译出版，或许也能给我们的"读经""习典"提供有益借鉴和重要启迪。

值得注意的是，中国现代学术界在基督教研究上已经进入系统释经的时代，其基于圣经希伯来语言和圣经古希腊语言的圣经新旧约释经正在全面开展，其圣经释经学亦与现代解释学有着密切结合，尤其在方法论上有着明显的提高。在此基础上，诠释经典已经远远走在了重新汉译《圣经》的前面。例如，中国教外学术界已有一批青年学者专攻圣经学，而且有着在旧约研究和新约研究上的专业分工，推出了不少汉译释经著作和他们自己的研究新作。此外，圣经文学研究也如异军突起，活跃在当今中国学术界。而国际学术界流行的"经文辨析"亦在中国学术界兴起，并有着与国际学术界的积极对话。为此，"经文辨析"的倡导者之一，英国剑桥大学神学教授大卫·福特在其最近来华访问时就对这种研究在当代中国学术界的突飞猛进感到惊讶和兴奋。对于中国汉译和解释《圣经》的历史与现状，国际学术界也高度重视，并且有着深入研究。前几年由德国圣奥古斯丁华裔学志丛书推出的三卷本《圣经在中国》，就是其关注及研究的极好见证。

然而，如果没有全新的现代汉语翻译的圣经版本，那么这种过于超前的释经学就会显得空洞和矫情，言之无物。为此，在教会传统之外的学界似乎可以大胆尝试，推出学术版的全新《圣经》中译本。其质量之度的把握则在于既信守《圣经》原典的语言真义和思想精神，也要有现代语言的鲜活和当代解读的新意。这种努力正在悄然进行，例如，中国人民大学的学者曾尝试对《和合本圣经》加以现代汉语的修订和润色，而著名哲学家冯契之子冯象亦以一人之力在从事着重新汉译和注释《圣经》的工作。冯象在读完北京大学英美文学专业硕士后又到美国哈佛大学攻读中古文学博士学位，随之开始重新汉译并解读《圣经》，于2004年在江苏人民出版社出版《创世记：传说与译注》，2007年在生活·读书·新知三联书店出版《宽容信箱与出埃及记》，并在香港牛津大学出版社先后于2006年出版《摩西五经》、2008年出版《智慧书》、2010年出版《新约》等。毫无疑问，中国教外学界的圣经研究及相关汉译《圣经》因为其所用版本及选用术语等原因，虽然暂时不会得到教界没有保留的肯定或吸纳，其翻译和注释却显然已经在促进中国社会对圣经文化传统的了解，而其影响的扩大则势必鼓励并推动中国教会的本色化即"中国化"和其适应当今中国社会的时代化，同时也会激励中国教会更为认真、稳妥地重新思考怎样能够及时科学且符合教会传统地用现代汉语来翻译《圣经》的问题。

四 结语：一点感想

经典传承文化，文化精神亦会浓缩、聚焦于经典之内。人类不少发展出伟大文明的民族都是拥有其经典的民族，而且具有重要文明意义的宗教一般亦有其经典传承。《圣经》是基督教的经典，亦是犹太民族及其古代地中海地区相关民族的重要经典，现在《圣经》已经成为在全世界影响最广、翻译文本最多、印刷量最大的宗教经典。中国在近几十年的发展中，已经成为中文《圣经》的最大印刷国，并且也已经将大量中文《圣经》发行到海外以供海外华人及汉语读者之需。因此，对于《圣经》的中文研读、现代汉译及解释，自然有其现实意义、社会意义和国际意义。三十多年前，圣经学在中国内地学术界曾是一门险学，与之关联的圣经文学也颇为敏感。一些高校教师在开设圣经课程作为通识教育课程时曾遇到不少阻力，他们中曾有人通过电话或信函希望笔者出面向其学校的领导解释、说明，以便能够顺利开设圣经课程，增强其文学课、翻译课的学术含量。而今天圣经研究在我国学术界已经颇具规模，呈现硕果累累的喜人局面。三十年来的确今非昔比，对照鲜明。今天我们以一种开放性、包容性姿态展开基于圣经研究的文化对话、文化交流，应该说对于中国基督教界、学术界以及社会上对宗教、文化和经典等探究都有着重大意义，并会加深我们对文化"软实力""巧实力"的理解。

就《圣经》本身而言，其翻译过程虽然就是一个"注解"的过程，却不能将这种"注"与"解"加以过度的展开和发挥，而只能忠实依附于《圣经》经文来论说。此即基督教会所坚守的"信"之原则，亦是其汉译中"达""雅"之展开的前提。因此，我们学术界要尊重教界对其经典的信守及其内涵式原则。但学术界对《圣经》的系统、详尽"注解"则可以在这种初步"翻译"的基础上得以深究和完善，走其外延式发展的道路。这种学界"注释"既应有历史的考辨，亦需有哲学的思索，其学术性、研究性由此而凸显。所以，我们的研讨应定位为开放性学术平台，在重视《圣经》"注解"之细节研究、微观探讨的同时，也要有更广阔的视域、更开放的探讨、更深邃的思考。这种学无涯、思不禁的境界会使我们更为客观、更加理性、更能基于历史真实地来认识并理解《圣经》，同时也能让我们把这种研究与今天的中华文化复兴、中国梦的实现自然且密切地结合起来。

[原载《中国外语研究》（年刊）2014 年卷，中国海洋大学出版社 2014 年版。]

第二十二章

中国文化处境中的《圣经》理解

对于中国文化处境中的《圣经》理解，可以包括多个层面。当然，其中语言的理解是最重要的，因为语言是思想的载体，交流的工具，以此而可扩展到其他层面的理解。与汉语语境相关联，基督教经典尤其是《圣经》在华的翻译、译介（译解）和理解经历了漫长的过程。根据现有文献，这种译解至少可以回溯到唐朝的"景教文献"。虽然已找不到景教碑文所言之"经留廿七部"，这种译经、释经的蛛丝马迹依然可以发现，只是不够系统、全面而已。中外景教徒根据对《圣经》中上帝"创世"工程的理解，曾试图从伟大、神奇的"工匠"来说明这一神迹，故有对神名的"匠帝"（《宣元至本经》）之译，引起今人的种种猜测和评议。由此可见，这种经典的翻译或介绍，可以被理解为对原典的某种"偏离"，有时却也不失为某种"创新"。文化沟通与更新的意义在此遂得以体现。《圣经》中译史与中西思想文化的相互理解密切交织，这种经典解读与诠释于此乃相关理解不断调整、不断深化的过程，从而促进了不同语言、不同思想体系的彼此接近、相互认知，并达到一定程度的"会通"和"融合"。回顾《圣经》在华的理解及诠释史，我想从以下三个方面加以简单概述。

一 "索隐派"圣经观在中国的"形象化"理解

17至18世纪前后，在华耶稣会传教士为了使其宗教经典获得中国传统文化的支撑，希望在以"经"论"经"上得到突破，故而开始从中国古籍中找寻《圣经》记载的踪迹，即以中国古代传说、中国古籍"经"书来解读、诠释《圣经》，由此来证实基督信仰有一种"原始启示"，其早于基督教而乃为具有普遍意义的"预先出现"。这些传教士以白晋（J. Bouvet）、傅圣泽（J. F. Foucquet）、马若瑟（J. H. - M. de Prémare）和郭中传（J. - A. de Gollet）等为代表，史称"索隐派"（Figurism）。

例如，白晋就写有《古今敬天鉴》等著作，在研习中国的多种经典之后认为，《圣经》的基本主旨和内容，如"圣子降生、救世主的生与死及其圣行等主要秘密，都以预言方式保存在这些珍贵的中国典籍中"；按此推理，《圣经》的关键思想精神"都包含在中国的古籍经典中"。白晋还重点将《圣经》与《易经》相比较，他受中国皇帝委托而撰《易经稿》，将其书奥义"与西土秘学古传相考"。他曾有一些较为具体的类比，企图找出它们之间的相似性，如"伏羲"与"以诺"（Henoch，亚当长子该隐的后代，见《创世纪》4∶17），"姜嫄"（《诗经》）与圣母"马利亚"，"后稷"与"耶稣"等；他还认为"大洪水"乃远古时代全人类的洪灾，故此而在《圣经》和中国经典中都有记载。

此外，傅圣泽曾将《圣经》与《易经》《道德经》《列子》《荀子》《汉书》等加以比较；马若瑟也比较过《圣经》与《易经》《春秋》和《道德经》等。其"比较"几乎快接近"比附"，主要注意力都集中在二者的"相似性"，甚至"相同性"上。在他们看来，宗教与宗教是可以相比、相通的，之所以重视古籍经典，就是因为"中国的宗教全部存在于'经'之中"。

概而论之，"索隐"的意义在汉语语境中的经典诠释至少有如下三点：其一，"索隐"（Figur）基于"形象""象征"，是从一种"象形思维"出发；这就抓住了汉语"象形"的特色。在他们看来，汉语的

"字形"意义要远大于"字音"的意义,这是与拼音文字的本质区别;汉字的"象形"容易使人产生联想,由此找到沟通不同语言及文化的便捷桥梁。其二,在这种"索隐"中,人们可以从中西文化的"遮蔽"走向"解蔽"(aletheia);正如《旧约》之"隐""谜"在《新约》中达到"显""明"那样,"索隐"可以通过表层的"象征""隐喻"而发掘、揭示出深层的"意义""真理",让人的理解进入"澄明之境"。其三,"索隐"在理解的初级阶段应该是一种"合理的误读""合法的偏见",其立意在于求同,其方法则是相似类比,即以"形似"来"求同",把"求同"作为交流的方便之门、可行之途。事实上,在不同文化开展交流的早期,很难马上找到深层次的"同";既然无"神似"之通,则应该回避"存异"之论,有时"差距""差异"很容易就转化为"矛盾""冲突";这就是我们从后来传教士因过于强调自己与中国思想文化之"异"、从而导致"中国礼仪之争"这样的文化冲突、交流失败之历史悲剧中所应吸取的经验教训。

"索隐"对中国学者的《圣经》理解与诠释也形成了深远影响。不少人由此也将中国古代先贤的言论与《圣经》的说教相比较,形成"天道古说"的经典对照与呼应。由此涉及的中国古籍经典包括《尚书》《周易》《诗经》《论语》《孟子》《大学》《中庸》《老子》《庄子》《墨子》《荀子》等内容;而且,人们还进一步找出了更具体的对比、对照,如以"五经"来对照《旧约》,以"四书"来对比《新约》,并且用《论语》来比较《圣经》或用《道德经》来比较《圣经》;在内容上也有"孔子的生平"与"耶稣的生平"、"道"与"上帝"、"夷、希、微"与"雅赫威"之比等。虽然有其牵强和浅薄,文化交流却得以展开,语言对照会进而深化,初遇时的差异和矛盾则得以回避或淡化。

二 《圣经》汉语翻译带来的语言变化和意义革命

以汉语再现《圣经》的内容和精神,这在语境上是一种"深入"

第二十二章 中国文化处境中的《圣经》理解

和"深化"。所谓"汉语圣经",就是对基督教核心经典在汉语语境和中国文化处境中的"解释"及"再创造"。同样,中国语言文化在诠释"他者"的过程中也不断得以丰富,更新"自我"。

《圣经》汉译始于来华传教士,但汉译本身就有这些传教士与中国知识分子、中国语言的深层次交流。经文译文上的流畅、顺达,实际上遮盖了鲜为人知的磨合、切磋、协商,不少中国知识优杰成了"无名英雄"。但他们的机敏、智慧仍透过《圣经》翻译史的长河而流露出来,给后人以提醒、借鉴。

根据现有史料的记载,《圣经》的中文译本或其介绍解释可以追溯到唐朝的"景教文献",景教碑文所载"经留廿七部"之说揭示出《圣经》最初传入中国的相关信息。不过,当时的"汉译"《圣经》并不是严格意义的翻译,所留下的译文没有系统性,多为散译,而且因唐时佛、道盛行,景教士"入乡随俗",基本上是以佛、道术语移译,故此表意不是很准确,往往会让人误以为是佛教经卷。但值得注意的是,由于一些景教士也"参与"或不自觉地"卷入"了当时的佛经翻译,因而对佛经在华汉译时的一些技巧、某些原则也有一定程度的了解和运用。这对比较两种宗教经典在华汉译的异同和各自特色颇有意义。在元朝,据传天主教来华传教士孟高维诺也曾蒙文译经,但仅译成个别经卷和章节;其翻译虽没有流传下来,却反映出传教士对用本土语言翻译其宗教经典的重视。明末清初耶稣会士来华,真正开始了汉译《圣经》的工作,不过也不系统,并没有留下较为全面的译经成果。在利玛窦等传教士的著译中,留下了大量涉及《圣经》内容的中文表述,如其所编的《琦人十规》,以及阳玛诺编译的《圣经直解》和《天主圣教十诫真诠》等。由于中西语言文化的差异,他们在中文译经的意义解释、遣词造句上显然得到中国文人学者的帮助、润色,这亦形成了此后外国传教士汉译《圣经》的一种传统,即由来华传教士对原意加以把关,而中国信徒则帮助选择恰当的汉语表述,于是一批批中国学者成为这些汉译《圣经》背后的"无名英雄"。不过,这一时期并没能出现整部《圣经》汉译,而只是部分章节的翻译或为诠释神学的需要而相应地选译，且基本上没有出版，如突出的有天主教传教士巴设所翻译的圣经四福音合参《四史攸编耶稣基利斯督福音之会编》，以及贺清泰汉译的《古新圣经》等。其汉译经文只在小范围流传，被传教士带回欧洲后则收藏在其修会档案馆或相关博物馆中，但鲜有人问津。新教来华传教士马礼逊曾在大英博物馆抄写巴设的汉译《圣经》手稿，并与当时旅欧华人有所合作，从而为他自己后来的汉译《圣经》工作创造了条件，打下了基础。

系统将全部《圣经》汉译，始于基督新教传教士马士曼、马礼逊等人。这些《圣经》汉译本包括《马士曼译本》和《马礼逊译本》；此后由新教传教士麦都思、马儒汉、郭实腊、裨治文修订马礼逊的译本而完成《四人小组译本》，并形成多人合作或由一个专门的群体来共同译经的传统，如《委办译本》由新教传教士麦都思、施敦力、美魏荣、裨治文、金亚德等译完新约，分为"神"字和"上帝"字两种版本，旧约由新教传教士理雅各与中国学者王韬合作译成，《裨治文译本》则由新教传教士裨治文、克陛存、文惠廉、基顺、白汉理译成，此外还有《高德译本》，由新教传教士高德、罗尔梯、秦贞等修订《马士曼译本》而完成，凡此种种。在进一步的汉译《圣经》过程中，既有对原有版本的修订，亦有传教士的新译，如《郭实腊译本》《怜为仁译本》《胡德迈译本》等。从对汉语语言形式的选择上，传教士汉译《圣经》的历史时期正值汉语从其古代形式到现代形式的转型，由此《圣经》的汉译本也体现出这一时期汉语语言转型的特色，如相关译本有《北京官话译本》（即《北京官话新约全书》），由新教传教士丁韪良、艾约瑟、施约瑟、包约翰、白汉理合译；《施约瑟译本》，由美国传教士施约瑟所译，包括《旧约官话译本》和《浅文理译本》（亦称《二指版》）；《杨格非译本》，由英国新教传教士杨格非所译，包括《浅文理译本》和《官话译本》以及《和合译本》（简称《和合本》），包括湛约翰、艾约瑟、惠志道、谢卫楼、沙伯、皮尧士、庐壹合译的《深文理和合译本》，以及包约翰、白汉理、纪好弼、汲约翰、叶道胜、潘慎文、戴维思合译的《浅文理和合译本》，二者合并包括汉译旧约的《文理和合译本》；而最为流行且仍被广泛使用的则是狄考文、倪维思、白汉理、富善、文书田、海格思、布蓝菲、鲍康宁、鹿依士、克拉克合译的《官话和合译本》（亦称《国语和合译本》），1919年出版，今年恰逢其出版九十年纪念，该译本于1988年由联合圣经公会再版《新标点和合本圣经》，而由南京爱德印刷公司出版的简化字与现代标点符号《和合本》已经印刷达上亿册，创下中国出版汉译《圣经》的纪录。

随着《和合本》的出版，西方传教士个人和群体汉译《圣经》的历史大致告一段落，这种形式虽有各种程度的延续，却不再具有典型意义。之后，中国学者也开始积极参与独立地汉译《圣经》的活动。其中最早的有严复所汉译的《马可福音》（即《马可所传福音》）前4章。随之朱宝惠与美国新教传教士赛兆祥合译《新约全书》出版，此后朱宝惠又独立重译，出版其新约修订本，此间出版的还有许地山汉译《雅歌》，王宣忱所译《新约全书》，郑寿麟与陆亨理合译的《国语新旧库译本新约全书》，以及吕振中所译《新约译本》，习称"吕振中译本"。1949年之后，汉译《圣经》多转到香港、台湾等地出版，如吕振中的《新约新译修稿》、汉译《旧约》，萧铁笛所译《新译新约全书》等。自20世纪70年代以来，具有现代汉语特色的《圣经》译本陆续出版，如1974年由汉译《活泼真道》而成的《当代福音》新约出版，1979年其旧约译成后名为《当代圣经》出版；1975年，许牧世、周联华、骆维仁合译的《现代中文译本圣经》新约出版，其新旧约全书则于1979年出版；1987年，《新约圣经恢复本》出版；而由1972年组成的"中文圣经新译委员会"汉译的《圣经新译本》则于1976年出版新约，1992年出版旧约，2001年由环球圣经公会出版新旧约的合编本；2008年，亚洲圣经协会出版中文标准译本、现代标点和合本《新约圣经》；此外，《国际中文译本》以及基督新教与天主教合作的《合一圣经译本》亦在翻译出版中。现代汉语《圣经》译本因而已出现多元发展态势。

天主教汉译《圣经》在近现代也有了明显突破，如19世纪后期有德雅的《四史圣经译注》和李问渔的《新约全书》出版；20世纪上半叶有马相伯的《福音合参》，吴经熊所译《圣咏译义初稿》和《新经全集》，以及李山甫、申自天、狄守仁、萧舜华合译的《新经全集》出版。而自 20 世纪下半叶以来，天主教汉译《圣经》的出版也进入繁荣时期，如 50 年代出版的耶稣会徐汇总修院所译《新译福音初稿》，狄守仁编译的《简易圣经读本》，萧静山所译《新经全集》等。天主教汉译《圣经》最有影响、使用最广的译本则是由意大利方济各会传教士雷永明组织翻译的《思高圣经译本》，其新约译本于 1962 年出版，新旧约全书于 1968 年出版，现已成为中国天主教使用的权威中文译本，并于 1992 年获准在中国大陆印刷出版。这一译本的特点是有较为详细的诠释、注释，属具有研究类型的译本，从而为出版《圣经》汉译的同时亦推出汉语诠释及研究开创了新路。此外，当代天主教汉译《圣经》还包括 1999 年出版的附有灵修注释的《牧灵圣经》等，将经文阅读与信徒灵修结合起来。

　　在当代中国大陆，汉译《圣经》尚未取得突破性进展。在 1979 年时，丁光训主教曾组织王神荫、陈泽民、骆振芳等人修订、重译《和合本》，并先后完成"诗篇""四福音""使徒行传"和"保罗书信"的重新汉译，但这一工作尚未完成。中国内地高等院校的学者亦尝试将《和合本》加以现代汉语的修改和润色，也未取得实质性进展。此外，中国天主教自 1985 年在金鲁贤主教的组织下也曾根据《耶路撒冷圣经》英译本汉译出版了新约部分经卷，不过这一汉译也仍在进行之中。虽然中国大陆学者在直接汉译《圣经》经文上显得慎重，甚至滞后，没有新的汉译《圣经》全文问世，但在汉译《圣经》注释、解经著作上却异军突起、颇有成就。特别是进入 21 世纪以来，这类译著出版颇多，如"当代西方圣经研究译丛"中的《摩西五经导论：从伊甸园到应许之地》《圣经正典》《新约文献与历史导论》《新约正典的起源、发展和意义》以及"剑桥圣经注疏集"中的《〈出埃及记〉释义》《〈士师记〉〈路得记〉释义》《〈哥林多前后书〉释义》《〈雅各书〉〈犹大书〉释义》《〈启示录〉释义》《〈创世记〉释义》《〈约翰福音〉释义》等。

显然，《圣经》的翻译过程本身就是一个注疏、诠释和创新的过程，它不仅使《圣经》获得了一种新语言的表达，而且这种"新表达"还是"一种语言"的"多种表达"，展示了中国语言丰富的表达力。此外，《圣经》的翻译进而推动、刺激了汉语的发展和改革。我们从汉译《圣经》中看到了古色古香之译、通俗、大众之译，理解性"意译"、保真性"音译"，从"形式对等"的"直译"，经"语意对等"或"功能对等"的"意译"，一直找寻"最佳对等"的"信、达、雅"的"绝妙之译"！一部《圣经》多种汉译，我们一方面看到了翻译《圣经》本文、翻译《圣经》诠释的不断努力、不断开放、不断延伸，看到这种追求语言、意义、精神完美的锲而不舍、永无止境；另一方面也体验到中国语言的发展、变迁，汉译《圣经》从古汉语、经深文理、浅文理、到官话（白话）和现代话语的发展，也从一个重要侧面见证并参与了中国语言近现代的变革，尤其是对白话文运动的积极参与；而在当代汉语的最新发展中，仍可察觉其活跃的身影。

三　汉语表述的全方位《圣经》研究

《圣经》研究是当代中国学术的一大亮点，尤其在宗教研究，特别是基督教研究中乃异军突起、蔚为大观。这种研究使汉语语境得到开拓，由此体现出《圣经》研究的国际性、跨学科性、超时代性。综合而言，中国当代的《圣经》研究至少在如下一些方面特别活跃、成就突出。

一是历史性研究。这种研究包括《圣经》文本揭示的历史，即其社会史；《圣经》形成的历史，即其文献史；以及《圣经》信仰、象征的历史，即其神圣史、宗教史。这种研究的跨学科性表现在考古史、社会史、神学史、文献史诸方面，掀开了绚丽多姿的《圣经》历史文化画卷。这种历史研究是中国学界的基础研究，有着悠久的学术传统和特殊的历史语言之表述。目前《圣经》历史研究已深化到"旧约历史"和"新约历史"，直接与希伯来考古学、埃及学、亚述学、犹太学、中东学、古希腊罗马文明史研究等相关联。

二是语言性研究。这种研究在近三十年的中国内地乃突飞猛进、成果不断。以前主要关注近现代西方语言的圣经版本，但现在不少学者，尤其是一批青年学者已经能通过原典语言来从希伯来语、希腊语、拉丁语直接研究圣经的语言和版本，使我们在古卷研究、典籍版本研究上得以填补空白，后来居上。尤其在圣经希伯来语的学习研究上，通过与香港中文大学的密切合作，以及海外留学人才的回归，目前中国内地许多大学和研究机构已有一批能直接阅读希伯来文，开展圣经语言比较研究的青年学者。

三是哲理性研究。在对《圣经》进行当代跨学科理解的比较研究中，方法论、意义学的关注也得以突显。从传统的圣经解经学到现代解释学的发展，成为中国学者密切关注的一个重要方面。汉语语境的圣经语感既有现象学意义上的扩大，更有哲学解释学上的深化，从哲学方法的哲理性、逻辑性，已经扩展到各种方法的运用，如历史批评方法、社会史解释、历史心理学、新考古学、语言结构方法、符号象征解读等，都已被中国学界关注和研究，形成了方法上和视阈上的多元与丰富。

四是文学性研究。圣经文学研究在中国学界是传统最久、影响面最大、成果最多，受到关注最广的圣经研究，如河南大学最近召开的系列"圣经文学研讨会"，出版的《圣经文学研究》等，使这一领域的研究得以扩大和深化。在此，圣经文学架起了沟通经典文学与通俗文学的桥梁，圣经理解也成为文学理解、人生理解、社会理解、人性理解，甚至是部分中国知识分子心路历程的理解。在这一研究上，不少脍炙人口的作品也进而使汉语语境在境界上、精神上、心灵上达到升华和纯化。

五是文化性研究。即从《圣经》本身研究扩展到对"圣经文化"的研究。圣经文化是世界文化的一个重要组成部分，是一种独特的宗教文化和经典文化。它与犹太教文化和基督教文化有着叠合，由此涉及东西方文化的诸多因素。《圣经》迄今仍是世界译文和译本最多、印刷量最大、影响面最宽的著作，起着古代文明百科和现代思想智库的作用，代表着一种独特精神的载体。以往对《圣经》本身的研究大致有两种趋势：一为"内涵式"研究，即传统《圣经》"解经学"，着重对《圣经》本身章节及其内容和寓意的疏理、解释，以章句考证、训诂和批注为特色，即对其内在结构、经文意义分析、研究和阐释。二为"外延式"研究，即从其产生、演变的大文化背景来辨析、研讨，更加关注其作者、时代、历史背景和其内容的演化、涵括和象征，故被称为"解经原理"，以这些"原则"来正确解释《圣经》的基本内容，扩大观察、解读《圣经》的视域。这两种基本研究方法最终发展出西方学术界语言文化及哲学思辨等领域的现代解释学。与《圣经》本身研究所不同的圣经文化研究则视野更为开阔，涉及面更为广泛，更加体现出其文化的普遍性、普及性，可以雅俗共赏，具有大众意义。

除了专业研究之外，中国许多著名的思想家、文学家和翻译家都曾强调，学习和研究语言文学，尤其是西方语言文学的中国人应该把《圣经》作为必要的"泛读"文本，了解其基本内容和其扩展、辐射出的精神文化蕴涵。而对于大学外国语言、思想文化专业的学生而言，熟悉《圣经》则应该是一种"基本功"，因为在西方文史哲作品中有着无数《圣经》格言、典故，述说、演绎着众多的《圣经》故事、寓言。有了对《圣经》的了解，则会非常有助于对这些作品的阅读、理解，并进而增加自己的领悟、想象。对于现代知识人来说，阅读和了解《圣经》也是有用的"杂学"知识，是对西方文化之"通识"的必要接触和把握，故能扩大自己的为学眼界，激活自己的认识思路。钱学森等具有世界眼光的大学问家都主张学问要广、知识要博，这也是我们现在大学所提倡的"通识教育"中"阅读中外经典，通识人类文化"的意义之具体体现。因此，汉语表述的《圣经》研究形成博大精深的发展局面，是我们走向世界、与全人类和谐共处的必要知识积淀和学术准备。

（本文为 2009 年 12 月在四川大学"汉语语境中的基督教经典与诠释"国际研讨会上的发言）

第二十三章

圣经文学在现代中国文学中的意义

圣经文学在中国现代文学发展中有着非常独特的意义，尤其是在20世纪初的"新文化运动"和20世纪末"中国新时期"文学发展中有其参与和贡献。圣经文学在中国社会转型时期及其文化发展高潮时的这种积极亮相，引起了人们的关注和询问。为此，有必要深入探究圣经文学在20世纪来临和终结这两大关键时期在中国的存在、影响及其思想文化意义，分析其在中国文学发展高潮时的作用和定位。通过中国圣经文学的发展及影响，我们也可找出中国当代文学与世界文学的关系及关联。

在当代中国，汉译《圣经》的印刷已超过1亿册，并且发行到其他国家和地区，形成源自中国的《圣经》版本的世界性流动，甚至在中美贸易战时美国也有人抗议特朗普对中国的制裁抬高了汉译《圣经》进口美国的价格，指责特朗普这是破坏美国的宗教自由！这与改革开放初期海外向中国偷运《圣经》形成鲜明对照。这种对比令人感叹、发人深省。与之相关联"中国教会圣经事工展"在欧美等地成功举办，引起了多次轰动。这也把人们探究圣经的眼光引向了中国。《圣经》在中国的处境、命运究竟如何？中国人究竟怎样看《圣经》、用《圣经》？这都成为人们颇为好奇的问题。应该说，绝大多数中国人不只是将《圣经》视为基督教经典及其教义基础，而更多地将之作为世界文化经典及文学名著来欣赏、体悟、研读。这样，我们就触及圣经文学在中国的独特意义。从当前中国社会氛围和大多数人们的选择态度来看，可以说，鉴赏圣经文学在中国的圣经理解中占有最大的影响面，也反映出人们对《圣经》最感兴趣、最愿意阅读的求知意向之所在。以此为基础，对《圣经》的理解在深化，对《圣经》的应用在扩大。而圣经文学在中国的形成与发展，则直接推动了中外文学的交流，尤其是中西文化的沟通与理解。为此，这里尝试对圣经文学与 20 世纪初的"新文化运动"及 20 世纪末的"中国新时期"文学之关系加以初步探讨和评说。

一 圣经文学与"新文化运动"

如果说，佛经的汉语翻译和佛教文学在中国的流传曾推动了一个中国古典文化盛世的形成，在中国古典语言文学中留下了深深的烙印，那么，《圣经》的白话文翻译及《和合本》等汉译《圣经》自 20 世纪以来在中国大众中的流行，则直接参与了中国近现代之交的"新文化运动"及其所带来的变革。这一运动开一代新风，体现出思想的先锋性、文化的大众性和语言表述的通俗性，在多层面都给人新颖、创造之感。"新文化运动"在破旧立新上突出展示了其对中国固有之传统文化的批判、改造和扬弃，以及对外来文化的开放、引进和吸纳。而在这两个方面，也都有圣经文学在该文化领域的参与和显现。

在 20 世纪拉开序幕的前后时光中，中国语言文化完成了其从古典到现代的发展过程。当时兴起的"新文化运动"在语言表述上即突破了传统的文言文，以白话文这一创新方式而促成了其民众文化的发展。《圣经》的白话文翻译在这一文化运动中则成为其重要组成部分，并且有着广远的社会影响。《圣经》的白话文翻译，亦有力推动了圣经文学在中国从古典性到大众性的转型，白话文《圣经》作为这种通俗易懂的文学范本成为 20 世纪初民众乐于接受的精神食粮和文化享受之一，得到普遍流传。因此，"新文化运动"时期的圣经文学成为经典文学与通俗文学得以互通的桥梁，反映了其古典表述到现代表述的过渡，而圣经文学的相关作品亦脍炙人口，有着广泛的群众影响。在"新文化运动"出现的新思想、新风尚、新的文学表述之诗歌、散文、小说、故事等创作中，圣经文学起到了推波助澜、普及扩展的重要作用。

除了以《圣经》为文本的圣经文学创作之外，"新文化运动"所催生的中国现代文学发展中也明显增加了圣经文学及与之相关的文学内容。如果说圣经文学直接体现在《圣经》经文、诗歌的翻译和耶稣生平的描述、其传记文学的重构之上，如许地山、李荣芳、赵紫宸、吴经熊、朱维之等人的译作和创作，那么，这种圣经文学也间接地在中国现代文学作品中留下了醒目的印痕，如茅盾的小说、冰心的散文、艾青的诗歌，甚至改革开放以来舒婷等文学新秀的作品等，都可以明显地感受到其《圣经》题材的运用和《圣经》意蕴的表露。笔者在读研究生期间曾非常喜欢阅读艾青的诗歌，其感受正如许正林所言，"无论在艾青的诗中还是在他的人格中，都能看到《圣经》——基督教的深刻影响。"[①]对圣经文学的积极结合，展示出中国现代文学的开放、包容和吸纳姿态，同时也为之注入了一种精神意趣、灵性感染力。这一时期的不少中国青年作家往往是通过圣经题材的创作而走入文学、初展才华的。

不可否认，"新文化运动"因其"世俗化"定位及其社会政治意向而有着对中外宗教的批判和排拒态度，曾导致了从"反孔"到"非耶"、从抵制基督教到全盘否定宗教的政治发展和文化倾向。这在其后的"非基督教运动"和"非宗教运动"中得到了典型体现。从表层来看，"新文化运动"在"工具理性"意义上接受、采纳了《圣经》白话文翻译等所促进的现代通俗语言表达形式，将这种全新的语言文学表述作为其"载道"的"工具"，但在深层次的"价值理性"上，"新文化运动"则以其政治意念来反对宗教意向，以其"世俗"定位而与"宗教"追求分道扬镳。"这场运动的人文主义内涵使之与欧洲历史上的文艺复兴以及18世纪以来的启蒙运动一样，在本质上是一场世俗化的运动。它宣传科学，当然不可能承认宗教的创世之说；它主张民主，当然不可能将从基督教教义衍生出来的等级森严的教会制度视为天经地

[①] 许正林：《中国现代文学与基督教》，上海大学出版社2003年版，第148页。

义;它否定中国自己的'孔教',当然没有理由把19世纪以来经西方人文主义思想家严厉批判已经开始失去灵光的基督教看作神圣不可侵犯。尽管新文化运动思想家的视线主要集中在国内,集中在清除传统文化的'罪孽'和为建筑近代文明所做的各种努力之上,但新文化运动的人文主义本质必然会启迪近代趋新国人对基督教'神'文化做一番较深层次的思考认识,这是新文化运动发展的必然逻辑。"①其核心理念"科学""民主""救亡""启蒙"的基本政治定位,使这一运动因更多关注"救亡"而走向"政治运动",而在"文化创新"上开花虽多,结果却少。可以说,"新文化运动"奠定了中国现代百年发展的"世俗"性特色和对"宗教"的淡化,其在取得巨大政治成功和进展的同时,亦为我们在对待自我文化传统和外来文化因素上留下了许多值得反省和沉思之处。由于"非基"和"非宗"运动带来的世俗化倾向和对这一倾向的反对,中国现代文学出现了走向社会政治或回归内在自我的分化嬗变,同样亦增加了其现代发展的多样性。我们可以看到"革命文学"的主流和"灵修文学"的暗涌,二者虽少有交织却各有其影响,而圣经文学在其灵修文学、宗教文学的发展中仍保持住其顽强的生命力和相关地位,在其长达几十年的生存中并没有任凭岁月蹉跎而一无作为。

一方面,"新文化运动"的"非基"批判引发了中国教会内部的文化反思和"本土化"发展,推动了"中国化"的圣经文学发展。对此朱维之先生在其《基督教与文学》② 一书中有系统描写和精彩阐述。另一方面,在中国现代政治的跌宕起伏中一部分知识分子更加关注人的内心世界和情感交流,从对社会政治性的犀利观察追溯到对人性人格的深刻考量。这样,也有不少人像那一时期的作家周作人一样"虽不是基督徒,也在身边带着一册新、旧约全书"③。随着"新文化运动"的深

---

① 杨天宏:《基督教与民国知识分子》,人民出版社2005年版,第42页。
② 参见朱维之《基督教与文学》,上海书店1992年版。
③ 参见《周作人回忆录》,湖南人民出版社1982年版,第371—374页。

人和对这一运动本身的再反思,应该说,在20世纪上半叶的中国现代文坛中也活跃着受基督教文学熏染的庞大作家群体,如鲁迅、茅盾、周作人、闻一多、胡适、林语堂、冰心、苏雪林、许地山、庐隐、郭沫若、郁达夫、张资平、老舍、曹禺、巴金、萧乾、徐计、徐志摩、陈梦家、艾青等人,他们的作品也或多或少地以圣经文学及其引申来体现。对于这些作家的心路历程及其作品的灵性探究,杨剑龙在其著作《旷野的呼声——中国现代作家与基督教文化》①中有着生动勾勒。

圣经文学在"新文化运动"中以其语言革新和文学创新而有着积极的参与和独到的贡献。圣经文学给20世纪上半叶的中国文坛至少吹入了两股清风:一是对《圣经》内蕴的希伯来精神加以了"中国化"的解读和诠释,并以圣经文学的鲜活形象使国人耳濡目染、耳熟能详,从而丰富了中国现代文学的文化内容和精神蕴涵。鲁迅就曾在其《摩罗诗力说》对这一传统积极评价道:"希伯来,虽多涉信仰教诫,而文章以幽邃庄严胜,教宗文术,此其源泉,灌溉人心,迄今兹未艾。"②二是对《圣经》社会文化背景的了解扩大了人们认识中国文学背景的视域,由此使圣经文学得以与中国社会文化状况积极挂钩,从而增强了宗教文学的文化活力和社会适应性,并给中国现代社会提供了社会观察及批判的新视域、新境界,不少作品以其警醒、遐思、洞见而拉近了圣经文学与中国社会生活需求之间的距离,《圣经》所表达的愤世嫉俗演变成中国社会中的"呐喊",由此扩大了中国现代文学的实践性、开放性和理想追求。而在"新文化运动"的"非基"批判风潮中,中国的圣经文学亦步入其自我反思、社会适应的"中国化"发展历程。显而易见,虽然"新文化运动"有拒斥基督教的意向和表态,当时的中国圣经文学却仍然实实在在地参与了这一运动,并在其中发挥过重要作用。

---

① 参见杨剑龙《旷野的呼声——中国现代作家与基督教文化》,上海教育出版社1998年版。

② 《鲁迅全集》第1卷,人民文学出版社1981年版,第6页。

二 圣经文学与"中国新时期"文学

自 1978 年中国改革开放以来，中国文学进入了其繁荣发展的"新时期"。这种"繁荣"以文学的多元化、多流派为特色，有着"百花齐放"之盛景。而在这种"百花"争艳中，在中国大陆曾经久违的圣经文学亦悄然回返，并且迎来了其繁花似锦、春光无限的极佳发展时期。

在新时期文学的初期，文学作品的主旨多体现为对"文革"往事的回忆和反思，由此一度风行"伤痕文学"和"反思文学"，以非常尖锐、生动感人，而且相对直观的文学语言来述说中国过去十年究竟"怎样了"，并追问这是"为什么"！在抚慰心灵的伤痛和触及灵魂的思索中，体现基督教思想意趣的"救赎文学"与"忏悔文学"得以登场亮相，从而使新时期初期的中国文学与久违的宗教精神相互关联，曾被视为禁忌的宗教灵性终于有了"在位"的表现，在中国现代文学中顽强地亮出其身姿。

20 世纪初的"新文化运动"曾把中国引向了社会"救亡"之途，而在其下半叶最后二十多年的新时期文学之崛起中，却有着人们在经历了"文革"长达十年的"文化劫难"之后对精神"救赎"的找寻，这种情感颇为强烈，而且有着一定的普遍性。其实，这一期间"救赎文学"和"忏悔文学"的风行，使中国当代文学的复兴中也有着基督教意识的隐现。在中国社会开始重新调整其对宗教的认知时，文学实际上走在了前列，其中圣经文学就有很大的比重。这种文学感悟和感慨反映出其文学构思之深沉和深刻，也揭示出人们曾深藏心底的宗教意识和情感。而这种被大众所认可的"救赎文学"和"忏悔文学"实际上叩开了当代中国"灵修文学"之门。以这些文学思潮为基础，中国当代基督教文学遂雏形初具。

在中国大陆，当代基督教文学的创作和推广实际上乃由"基督徒作家"和"非基督徒作家"所共同完成，其作家身份则可分为职业作家、非职业作家和网络作家这三类。①他们形成了庞大的作家群体，包括程乃珊、北村、舒婷、丹羽、鲁西西、沙光、于贞志、杜商、庞清明、黄礼孩、谭延桐、老酷、江登兴、傅翔、朱必圣、萧潇、施玮、宁子、汪维藩、齐宏伟、吴尔芬、林鹿、空夏、那岛、范学德、叶子、天婴、姚张心洁、樊松坪、史铁生、海子、苇岸、海啸等人，并有一批活跃在网络上的新派作者。②其创作的作品在中国社会基层、民间有着广泛的流传，形成人们关注圣经文学的巨大"气场"。

当然，基督教文学涵盖更广，而圣经文学只是其中一个构成部分，但乃其极为重要且具有核心地位的构成。综合来看，新时期的中国圣经文学大致具有如下特点：一为基于《圣经》素材和术语的应用及发挥，我们在上述作者及其他一些颇有影响的作家作品中可以发现很多这样的创意和灵感；二为以演绎《圣经》作为创作方式，以自我心得来重新解读《圣经》文本，赋予其时代新意；三为《圣经》精神形象的文学表达，其中创作最多的为耶稣形象，随之亦有圣母形象、圣徒形象等；四为《圣经》核心主题的扩展描述，如"创世"与"末世"、"犯罪"与"救赎"、"堕落"与"忏悔"、"天国"与"人世"、"被逐"与"复归"等。这样就基本形成了对《圣经》素材和宗教精神的"汉语书写"和"文学表达"。虽然严格意义上的中国圣经文学仍处于方兴未艾之状，并无明显潮涌，而中国新时期文学中对《圣经》主题的极大关注却有目共睹，不言而喻。

在当代中国社会转型过程中，现代中国人的思想观念、文化意识也发生了重大变化。在此，关涉"神圣"与"世俗"对比的理解出现了颇为复杂的变化。圣经文学正是以一种宗教文学的方式而把信仰的意义、灵性的感染力这一主题重新带入公共话语之中，引起了一石激起千层浪的波动。过去，人们只是从政治的层面来谈论信仰的力量、宗教的

---

① 参见季玢《野地里的百合花：论新时期以来的中国基督教文学》，中国社会科学出版社 2010 年版，第 21 页。

② 同上书，第 21—61 页。

作用，而今天则多以文学的形式来更深刻地思考信仰价值、宗教意义，以及在当代中国社会应如何重新认识、积极对待它们的问题。这里，圣经文学的寓言、典故、比喻、象征已不只是一种基督教信仰的还原，而是有着作者本人的认知态度和精神情感，并且会感染、影响到其读者，产生更大的共鸣。与哲学的深刻相对应，文学对于宗教更为敏感，圣经文学的现代生命力正是其对当代人的心灵震撼和精神呼召。因此，在新时期中国文学发展中，圣经文学不只是对《圣经》文本及其文学创作本身的研究叙说，而是有当代中国作家群创新意义上的中国圣经文学实践，形成了中国当代文学的特色之一和独特影响。当然，中国社会对之有不同评说。

中国圣经文学在新时期文学发展中的一个重要贡献，就是突破禁区重新引进《圣经》素材，来反映中国社会现实关注及精神诉求。这样，在当代中国七十年的发展中，圣经题材得到了前所未有的运用及发挥。以圣经思想的深刻蕴涵和引申意义，中国当代作家表达了其对社会、人生、人际、信仰、真理、良知、生死、责任、使命等具有根本性意义诸问题的思考与回答，反映出中国现代知识分子对自我意识、自我良心、自我定位等触及灵魂的内观和反省，并触及和探索了对现代社会怎么看、怎么办、自我怎样与社会发生关系等必须正视的敏感问题。这些作者尝试以《圣经》的智慧来解疑答难，考虑在一个世俗的现代社会中如何洁身自好、从善如流、宠辱不惊、超然恬静，既能保持自己的人格尊严、信仰追求，又能服务社会、顺应潮流、为大众谋福利、做贡献。这种圣经文学实际上勾勒出有宗教情怀或灵性境界的中国当代文化人的心路历程及思想轨迹，有着鲜活的中国特色，同时也使现代中国文学展示出其灵性层面新的高度和深度，呈现了另一种景观和美感。正是圣经文学的这种积极参与，新时期中国文学才得以尽善尽美地表达其丰富和繁盛。

此外，新时期文学中圣经文学的参与及活跃，也从一个侧面反映出中国当代文学的开放性、开明性。文学的繁荣必须基于其文化论坛海纳百川之态，这会使中国文学既属于世界文学，又影响世界文学。其实，圣经文学正是中西文化沟通、东方文化扩展最好的桥梁和渠道之一。不同民族、文化背景的人们在共同的圣经语言、符号、象征中找到了对话途径，产生了共识，形成了共鸣。在网络文学、影视文学风行的今天，通俗文化占有当代文化发展的上风，其大众性、时髦感很容易让文学失去其严肃、真诚和深沉。当社会异化到物欲横流、其媚俗的"粉丝"随波逐流时，人的危机也就发生了。在力挽狂澜的文学努力中，圣经文学以其严肃文学、深沉文学的身份参与了对现代社会救渡的呼吁、呐喊，为迷失或迷惘的人群提供了清醒剂，开出了其预防、弥补的处方。在全球化的时代氛围中，当代中国圣经文学不仅在中国文坛异军突起，而且也如当前汉译《圣经》那样走出了国门、影响到世界。由于中国圣经文学作者在当代海内外文学发展中的参与和创作，其作品及影响正以汉语圣经文学的亮相而在缩小、模糊中国圣经文学与国外圣经文学的区别。这样，圣经文学在新时期中国文学发展中的"在场"和越来越大的影响，势必也会扩大、增强中国当代文学的国际性、世界性。可以说，圣经文学正在发展成为中国新时期文学百花苑中一朵绚丽的奇葩，正以积极有为之态随中国当代文学一道走向世界，迎接未来。

（原载梁工主编《圣经文学研究》第五辑，人民文学出版社 2011 年版。）

第二十四章

"剑桥圣经注疏集"的汉译

基督教在其发展与传播中,《圣经》的翻译及诠释起着重要作用。《圣经》译解既已成为基督教神学中的基本构成,亦已成为西方和中国翻译史中的重要一环,注解、诠释更直接促成了经典理解上语言解释学、文献解释学以及神学和哲学解释学的诞生及发展。翻译乃解释的一种基本形式,而其"译"和"释"均展示出一种"理解的艺术"、成为一座"沟通的桥梁",因而在人类文明交流、各种文化沟通中举足轻重,本身就非常值得我们关注和重视。

由中国社会科学院世界宗教研究所组织翻译,华东师范大学出版社出版的"剑桥圣经注疏集"(The New Cambridge Bible Commentary),是著名的英国剑桥大学出版社在21世纪初为英语世界推出的一套最新、最权威的圣经注疏集。这套丛书基于圣经学的学科视域,以当代圣经学者的最新研究成果为基础,采用科学严谨的学院派研究方法,尝试从更为宽泛的历史文化背景来理解《圣经》文本、诠释经文内容,其特点是系统性强、研究深入、特别注重细节,形成了宏观整体把握与微观重点探究的有机结合,使人们得以清晰地认识《圣经》的脉络神髓和重要内容,提供了当前国际上圣经学术研究中的最新理论观点和重要问题意识。从这一意义上讲,"剑桥圣经注疏集"以其独立的学术立场、缜密的历史考证、必要的背景材料、丰富的文献内容而超越了以往教会释经、圣经神学的视野,有更新颖的理论见解和更扎实的学术内容。

《圣经》翻译历史悠久，亦折射出其探究、解释上的艰辛与风险。从《圣经》的各种版本来看，其翻译历史大致经历了由古典语言的翻译到近现代语言的新译这一过程。重要的古典翻译及相关版本很多，包括公元前3世纪用希腊文所译希伯来文《圣经》（即史称《旧约》部分）而完成的《七十士译本》，公元5世纪哲罗姆译成的《通俗拉丁文译本》，8世纪英国人比德的古英文译本，14世纪英国学者威克里夫所译英文本《旧约》，17世纪牛津大学迈尔斯·史密斯主持完成的英文《钦定本圣经》（亦称《詹姆斯王本》），19世纪的《钦定本修订版》（即1885年出版的《英文修订译本》，为此后中文《和合本》所参考的英文译本），以及12世纪的法译本《圣经》、19世纪的拉丁文、法文对照的《卡里埃译本》和16世纪马丁·路德的德译本《圣经》等。20世纪以来，较为著名的现代西文《圣经》翻译则有英译本1901年版《标准本圣经》、1952年版《标准本修订版圣经》、1945年版《增订本圣经》、1966年版《当代福音圣经》、1970年版《新英语圣经》和《新美国圣经》、1971年版《新美国标准本圣经》、1971年版《当代圣经》（即《活泼真道》）、1976年版《今日英语圣经》、1979年版《福音圣经》、1986年编订的《综合圣经》，以及法译本1955年版《耶路撒冷圣经》和德译本1980年版《统一译本圣经》等。

如果说《圣经》古典译本乃基本上由教会或国家权威所统摄、规定，那么我们则会看到，近现代译本实与学术创新、独立思考和思想解放相关联。这种翻译努力不仅使《圣经》走入了广大普通读者之中，还成为西方一些国家近代民族语言的诞生或完善的重要标志。例如，14世纪的威克里夫最先尝试将《圣经》从古典拉丁文翻译为近代通俗英语，但其创新努力也导致他付出了生命的代价。16世纪的德国学者马丁·路德在其宗教改革的实践中亦把《圣经》译成了德文，其译文实际上代表或标志着近代德文的最早亮相。

据相关学者不完全统计，目前《圣经》的"新旧约全书"已被译为363种语言，使用这些语言者占全世界人口的76%。此外，《新约圣经》已被译为905种语言，而《圣经》部分经卷则被用多达930种语言翻译出版。从总体来看，《圣经》全书或部分片段已被用约2200种语言翻译出版。尤其是《圣经》的英译有着广远的影响，自19世纪以来推出的各种《圣经》英译本，在许多国家中获得广泛应用，在中国也非常流行。其著名版本包括《新英语圣经》、圣经的《新国际译本》《福音圣经》《活泼真道》等。随着《圣经》英译本的增多，英语世界的圣经学者开始重视《圣经》注释、解说，逐渐推出了这类具有研究性、学术性的《圣经》注解本。在20世纪60年代，著名的《牛津新注解本圣经》问世，受到了欢迎和好评。至20世纪末，美国学者托马斯·奥登组织了题为"古代基督信仰圣经注释丛书"的多卷本、多语种的《圣经》原典注释工作，现已出版十余卷，涉及英、德、法、俄、西班牙、阿拉伯和汉语等语种。正是这些注解和研究工作，为当代"剑桥圣经注疏集"的研究和出版做好了准备、提供了条件。

  《圣经》的中文译本可以追溯到唐朝的"景教文献"，其根据是景教碑文中载有"经留廿七部"之说。当然，这一最初的汉译《圣经》并非系统之作，而是参照佛、道经卷而选译，并无清晰明确的基督信仰痕迹，故此表意亦不是很准确，其译者可能也参与佛教经典的汉译，而其所译经卷多混杂在佛教、道教经卷之中而长期不被人所关注，直到现代学界景教研究的全面展开才被清理出其真实来源。在元朝，据传天主教来华传教士孟高维诺也曾蒙文译经，但仅译成个别经卷和章节，也没有流传下来，至于是否亦有汉文译经则是未解之谜。明末清初耶稣会士来华，开始了比较正规的汉译《圣经》的工作。如在利玛窦等传教士的著译中，就留下了大量《圣经》内容的中文表述，其中较为集中的有利玛窦所编《畸人十规》，阳玛诺编译的《圣经直解》和《天主圣教十诫真诠》等，但这些也并非专门的汉译《圣经》，而乃他们当时宣传、讲解天主教教义之需。此外，他们在中文翻译上的遣词造句则得到了不少中国文人学者的帮助、润色，故让人感到比较典雅、到位，而且这亦形成了此后外国传教士汉译《圣经》邀请中国学者参与的一种传统，一批批中国学者成为这些汉译《圣经》背后的"无名英雄"。不过，这一时期的《圣经》汉译只是部分翻译，且基本上没有出版，其中较为著名的包括天主教传教士巴设所翻译的圣经四福音合参《四史攸编耶稣基利斯督福音之会编》，以及贺清泰汉译的《古新圣经》等。这些译稿为后天译经提供了思想启迪和汉译模本，如新教来华传教士马礼逊曾在大英博物馆抄写巴设的汉译《圣经》手稿，从而为他自己及其他传教士后来最早的汉译《圣经》全书工作创造了条件。

较为整全的《圣经》汉译本始于基督新教传教士马士曼、马礼逊等人。这些《圣经》汉译本包括《马士曼译本》，由英国浸礼会传教士马士曼在懂中文的阿美利亚人拉沙帮助下译成，1816年出版新约，1822年在印度出版旧约。《马礼逊译本》称《神天圣书》，由英国伦敦会传教士马礼逊和米怜译成，1814年在广州出版马礼逊独自译完的新约，1823年在马六甲出版两人合译的旧约，上述两部汉译《圣经》都曾参考巴设的汉译《圣经》手稿。此后有《四人小组译本》，由新教传教士麦都思、马儒汉、郭实腊、裨治文修订马礼逊的《神天圣书》而完成，1837年在巴达维亚出版新约，定名《新遗诏书》，亦称《麦都思译本》，1840年出版包括旧约的《神天新旧遗诏圣书》。《委办译本》，由新教传教士麦都思、施敦力、美魏荣、裨治文、金亚德等译完新约，1852年出版，分为"神"字和"上帝"字两种版本，旧约则由新教传教士理雅各与中国学者王韬合作译成，1854年出版，其新旧约合并本1867年出版。《裨治文译本》，由新教传教士裨治文、克陛存、文惠廉、基顺、白汉理译成，1859年出版新约，1862年出版旧约。《高德译本》，由新教传教士高德、罗尔梯、秦贞等修订《马士曼译本》而完成，1853年在宁波出版新约，定名《圣经新遗诏全书》，1868年出版包括旧约的《圣经新旧遗诏全书》，1883年又在上海出版其附加有参考资料的全译本。《郭实腊译本》，为新教传教士郭实腊根据《麦都思译本》而订正的新约译本，定名《救世主耶稣新遗诏书》，1836年后在新加坡出版。《怜为仁译本》，为美国新教传教士怜为仁汉译的部分圣经书卷，1849年后陆续在广州、香港出版。《胡德迈译本》，为英国新教传教士胡德迈所译部分圣经书卷，自1850年在宁波陆续出版。《北京官话译本》（即《北京官话新约全书》），由新教传教士丁韪良、艾约瑟、施约瑟、包约翰、白汉理合译，1866年出版，包括"天主""神""上帝"这三种译名的版本。《施约瑟译本》，由美国传教士施约瑟所译，其《旧约官话译本》于1874年在北京出版，《浅文理译本》（亦称《二指版》，为其两个手指敲打字机完成的，故名）于1902年在日本出版。《杨格非译本》，由英国新教传教士杨格非所译，包括《浅文理译本》和《官话译本》，其中《浅文理新约译本》1885年出版，旧约"雅歌"1905年出版，《官话译本》1889年出版，1893年出版其附有注解的"福音书"。以及《和合译本》（简称《和合本》），包括湛约翰、艾约瑟、惠志道、谢卫楼、沙伯、皮尧士、庐壹合译的《深文理和合本》，1906年出版新约，包约翰、白汉理、纪好弼、汲约翰、叶道胜、潘慎文、戴维思合译的《浅文理和合译本》，1904年出版新约，二者合并包括汉译旧约的《文理和合译本》于1919年出版。而最为流行且仍被广泛使用的则是狄考文、倪维思、白汉理、富善、文书田、海格思、布蓝菲、鲍康宁、鹿依士、克拉克合译的《官话和合译本》（亦称《国语和合译本》），1919年出版，并于1988年由联合圣经公会再版《新标点和合本圣经》。由南京爱德印刷公司出版的简化字与现代标点符号《和合本》目前已经印刷出版了上亿册。

自《和合本》出版之后，中国学者开始积极参与汉译《圣经》的活动。如1908年严复汉译的《马可福音》（即《马可所传福音》）前4章，1929年由朱宝惠与美国新教传教士赛兆祥合译的《新约全书》（后来朱宝惠独立重译了新约修订本，于1936年出版），1931年许地山汉译的《雅歌》，1933年王宣忱汉译的《新约全书》，1939年郑寿麟与陆亨理合译的《国语新旧库译本新约全书》，1946年吕振中汉译的《新约译本》（习称"吕振中译本"，1952年《新约新译修稿》出版，1970年《旧约》出版），1964年萧铁笛汉译的《新译新约全书》，1974年汉译的《当代福音》（1979年补充旧约汉译为《当代圣经》），1975年许牧世等人合译的《现代中文译本圣经》新约

(1979年完成新旧约全书)，1987年的《新约圣经恢复本》，1976年"中文圣经新译委员会"汉译的《圣经新译本》新约（1992年出版旧约），2001年环球圣经公会的新旧约合编本，2008年亚洲圣经协会的现代标点和合本《新约圣经》等。

天主教汉译圣经则包括1892年德雅的《四史圣经译注》，1897年李问渔的《新约全书》，1948年马相伯的《福音合参》，1946年吴经熊的《圣咏译义》（1949年出版《新经全集》），1949年李山甫等人的《新经全集》，1954年耶稣会徐汇总修院的《新译福音初稿》，1955年狄守仁编译的《简易圣经读本》，1956年萧静山的《新经全集》，1962年雷永明组织翻译的《思高圣经译本》新约译本（新旧约全书于1968年出版），现已成为中国天主教使用的权威中文译本，以及1999年附有灵修注释的《牧灵圣经》等。

虽然，《圣经》的翻译过程本身就是一个"注疏"的过程，但长期以来学界尚不能将这种"注"与"疏"加以展开和深入，而只能仅仅依附于《圣经》经文来论说。因此，对《圣经》的系统、详尽"注疏"就在这种初步"翻译"的基础上得以深究和完善。这种"注释"既有历史的考辨，亦有哲学的思索，其学术性、研究性由此而凸显。这套由剑桥大学出版社系统出版的"圣经注疏集"，说明具有学术研究意义的现代《圣经》文本"注疏"已进入细节，开始重视微观探讨。其成果自然会使我们更为客观、更加理性、更能基于历史真实地来认识并理解《圣经》，同时也让我们由此而感受到当代《圣经》研究的学术脉搏之跳动，对之有着一种近距离的追踪。特别值得一提的是，这套注解丛书的英文版刚问世不久，其汉语译本就得以推出，译者都是学有专长、英文娴熟的中青年学者，体现出一股朝气与活力。他们的学术努力和精心推出的译作，显然会弥补我们当前在汉译《圣经》上的滞后，开辟出一条了解、研究《圣经》的新径。这样，在我们总结、审视《圣经》汉译历史、考虑《圣经》在当代中国应如何得以重新翻译之际，"剑桥圣经注疏集"汉译本会给我们今后的汉译《圣经》带来希望和启迪，也使我们感受到一种曲径通幽、柳暗花明的喜悦；更有价值的是,《圣经》的翻译、注疏及理解,对于汉语思想界理解西方的思想传统也是不可或缺的。

(本文为"剑桥圣经注疏集"出版前言,原载米耶斯著《〈出埃及记〉释义》,田海华译,华东师范大学出版社2009年版。)

第二十五章

展开对中国东正教的研究

　　展开对"中国的东正教及东正教群体研究",标志着我国东正教研究开始进入系统化发展阶段。通过这一研讨,国内的东正教研究学者获得了较为全面的交流平台,建立起相关的学术联系,从而也坚定了我们加强东正教学术研究的信心,认识到这一研究的重要性及必要性。这里,笔者就中国的东正教研究及其可能的发展方向谈谈自己的相关学术思考。

　　首先,中国的东正教研究应该密切关注东正教的历史研究。

　　东正教是世界基督教三大派别之一。从基督教教徒总体人数分布来看,东正教人数是最少的,但是这并不意味着东正教在世界历史发展中的作用就是微乎其微的。本来,东正教与天主教同属最为古老的基督教会,但由于历史上多种原因综合作用的结果,基督教逐渐分化成以希腊语地区为中心的东派教会和以拉丁语地区为中心的西派教会。至1054年,在一连串教会冲突事件之后,基督教东西两派正式分裂,形成以君士坦丁堡为中心的、包括大部分东派教会的体系,自称"正教",意为保有正统教义的正宗教会。因为君士坦丁堡与西欧相比而言地处东方,故又称"东正教",还因为其宗教仪式使用希腊语,故又称"希腊正教"。而以拉丁语为主的西方基督教则称之为"天主教会"。这一重大历史事件奠定了东西教会各自独立发展的历史传统。很显然,东西教会的分裂是一个西方社会发展中的历时性事件,直接促成东西教会的分道扬镳，并最终形成了各具特色的教会传统。这些传统又与相关的东西方社会发展紧密联系在一起，给这些社会留下了深刻的宗教烙印。正是基于东正教与东西方社会的这种复杂历史关系，我们当前中国的东正教研究也应该加强对东正教整体历史的研究。这既是我们对东西方社会加深理解的重要途径，也是对相关东西方民族加深认识的重要方式。与此同时，我们在加强对东正教历史发展的认识的基础上，还应该发掘出东正教对西方社会的历史、文化、思想以及政教关系之发展所具有的重要意义。这里，我们尤其要关注俄罗斯东正教研究，因为中国东正教主要是从俄罗斯传过来的，与之有着复杂的渊源关系。当然，这种研究有其系统性，故此我们不仅要研究俄罗斯东正教的历史文化、文学艺术，也要研究俄罗斯东正教神学。

其次，中国的东正教研究应该关注东正教与中国关系的研究。

在中国内地，东正教教徒主要分布在哈尔滨、内蒙古和新疆等地，但是我们也应该注意到中国香港地区也有少量东正教教徒存在，不过香港的东正教与中国内地的东正教有着明显不同的历史传承。第一，我认为我们必须注意要积极推动中国东正教与中国社会相互关系发展的专门研究。作为一种外来宗教，东正教与中国社会的互动发展带来了俄罗斯文化与中国文化的交流与互动，从而必然能够给中国文化发展带来某些启迪，中国应该充分吸收和认真对待这种外来文化对中国的借鉴作用，这是我们今后加强中国的东正教研究的重要立足点。第二，我们应该注意东正教在华传播的历史研究，其前期历史与后期历史有着明显的不同，从而也有着与中国政治关系的不同侧重。探讨东正教在华传播的研究不能离开中俄关系发展的历史脉络研究，其中就包括中俄外交关系史、俄罗斯汉学史等内容。第三，应该深入展开中国东正教的历史发展研究以及东正教在中国具体语境中的进一步发展研究，这里所探究的重点即东正教的"中国化"进程及其结果。

再次，中国的东正教研究应该关注东正教的现状研究。

马克思主义认为，宗教是人类社会发展到一定阶段出现的历史文化现象。一切宗教文化的形成发展必然有着总体的历史规律性，同时也有独特的个别规定性。对宗教文化历史状况的现实把握是我们认识宗教文化之社会意义的重要基础。我们研究历史乃为了洞古观今，获得其现实认识的历史发展线索，了解其复杂嬗变。我们在加强对中国东正教现状研究的同时也应该加强对整个世界东正教现状的研究。我们认为，随着全球化格局的形成及不同文化交往的深入展开，宗教逐步成为国家间交往的重要纽带，成为民族间互信的友好桥梁，因为这个世界的大多数人们仍然保留着其相应的宗教信仰。而强化对世界东正教现状的研究，就是对世界信奉东正教民众的了解，这还可以促进我们对人类社会普遍发展规律的深入认识。因此，对中国东正教现状的研究不只是认真研究中国东正教分布特点、其发展规律等，从其整体关联则还应该加强对世界东正教现状的认识和把握。一方面，中国的东正教发展是在中国这一具体的历史语境中实现的，这是其特殊性之所在；另一方面，中国东正教自然也有着世界东正教发展之历史规律的体现，这是其普遍性的反映。在立足中国东正教展开学术研究的同时，我们学者应该加强对俄罗斯东正教发展的历史梳理，特别是对苏联时期东正教要有相关研究。具体而言，可以就这样一些领域来展开：（1）对苏联东正教的研究；（2）对苏联境外基督教的发展及其对苏联的影响之研究，因为"十月革命"后有一部分东正教流亡海外，形成了海外俄罗斯东正教的发展，一度还影响颇大；（3）对苏联时期政教关系的研究；（4）对苏东解体时期东正教的研究。当代俄罗斯东正教研究也很重要，可以研究的课题有：（1）欧洲基督教三大文化圈，其中包括以东正教为核心的斯拉夫文化圈；（2）俄罗斯民族核心价值与俄罗斯东正教的关联；（3）对外关系中的俄罗斯东正教；（4）对俄罗斯当今政教关系、党教关系的研究，目前俄罗斯共产党员中有三分之一是东正教徒，约有5万人，这就值得我们认真研究分析，找出其根本原因；（5）俄罗斯东正教与其他宗教的关系，俄罗斯的宗教立法起到什么作用；（6）东正教对中国未来的可能影响，随着中俄战略伙伴关系的建立，这是我们预测未来发展所必须加以研究的。

最后，中国的东正教研究应该关注东正教与中国和俄罗斯等东正教国家间战略关系的相关性研究。

东正教正成为欧亚传统意义上的东正教国家间战略关系的重要影响因素，我们站在中国历史发展的基础上来审视中国的东正教研究，则必然要看到其在推动东正教在当今国际交往中的深刻作用。中国的东正教从根本上来讲不可能完全孤立地发展，它势必会涉及当前和未来中国跟俄罗斯、希腊等传统意义上的东正教国家间的关系，有着彼此如何互动发展的问题。中国在实施全面深化改革、全面崛起的国际战略中，必然要依靠一切可以动用的力量和资源，而关注中国的东正教在国家关系中的重要作用，不可能回避其国际关联及影响问题，如在中俄关系中东正教的影响力就正在扩大。作为对这种现状的回应，我们在研究中也应该着力推动中国东正教自身的历史传播以及中国东正教的进一步中国化。我们认为，要尊重历史，有必要正视和关注吸收外来文化与发展本土文化的有机结合问题，看到外来文化与中国具体实践相结合有利于中国文化的内涵式发展这一历史事实，并充分认识到外来文化中国化的必要性及其重要历史意义。就中国当前国际关系而言，东正教可以成为国家间关系的重要联系纽带，从而也可以成为中外民族间友好互信的重要通道。中俄战略伙伴关系的建立，已使我们很难再回避或忽视东正教的问题，中俄关系中必将触及东正教，这是我们最近已直接观察到的。而且，中国的东正教研究不能仅仅关注中国的东正教本身，还必须将这种关注东正教现状的战略眼光放到其他东正教国家，如东欧、中亚的一些东正教国家，其历史回溯也必然触及对苏联东正教状况、对希腊东正教等自主东正教及其国家现状的关注。若处理不当则可能在这些关系中导致负面因素的产生。这样，我们需要对世界东正教的发展有着总体和宏观的全局性认识。

总之，当前中国的东正教研究恰逢其时，应该全面拓展。我们应该结合中国发展的历史实际，密切关注东正教在国际关系发展中的重要作用和意义，而其重点则是对现状、现实问题的深入思考，由此形成对其未来走向、世界影响的前瞻，准备好处理相关问题的预案。目前所呈现的研究现状已为我国东正教研究学者提供了一个较为广阔的学术交流平台，同时也为中国的东正教研究走向系统、得以深化提供了一个极好的契机。

（本文为 2015 年在首届"中国的东正教研究及东正教群体"学术研讨会上的发言）

第二十六章

当代中国基督教神学发展趋势

当代中国基督宗教神学自20世纪80年代以来进入一个新的发展阶段，引起普世关注。本文将从"中国神学""汉语神学"和"学术神学"这三个层面来对之分析研究。"中国神学"指中国教会的"神学建设"，其特点是突出"爱的神学"，强调与当代中国社会文化的适应。"汉语神学"指在教会与学术界之间的一种新的神学思潮，其意向更多从"教会神学"转向"人文神学"，并从"母语神学"的视角来重新梳理"汉语"神学的创作及发展。"学术神学"则指一种"信仰中立"的神学之探，旨在中国大陆社会文化氛围中探寻神学研究的一种新可能。这三种神学思潮都处于流动、变化之中，其发展将会影响中国文化及汉语处境中的神学理解。

引　论

当代中国基督教神学研究正在重呈一种活跃之态，它乃在世界全球化和中国对外开放并融入国际社会这一全新形势下对基督教思想的再一次认知、研习、反思、评断和构建。其探讨问题的处境乃中国当代社会及其思想文化发展，从而有着与中国国情的对应及其自我文化意识的找寻，由此形成中国基督教神学发展的新动向或新趋势。这种神学反思和构思不仅包括对基督教在华复杂漫长且跌宕起伏之历史的追溯和审省，而且还是在当代社会文化氛围中对这一思想体系的辨析、深究和领悟,从而对其在华的现代意义、作用和定位重新加以评估、考量及前瞻。基督教与中国价值精神乃两种"强势"文化,在经历千年之久后其共在仍是一种"尚未结束的相遇"①,二者的对抗与对话、接触与碰撞、了解与交流、分殊与共融仍在继续。因此,当代中国与基督教、中国思想与基督教神学、中国文化意识与基督教信仰之间究竟是一种什么样的关系,其现状与发展乃有着不定,充满着变数。而对其双向互动来说,则既有机遇,亦有风险,双方也都有相应的主动权和自由的选择。当然,其主动和选择亦将会决定二者未来关系如何之命运。其间既可能反映因双方历史积淀而构成的惯性之驱使,也兴许会因观念的转变而出现柳暗花明的新径,因为历史本身就乃必然性和偶然性的交织,有时并无"充分的理由",却会有某种"既成的事实"。正是在这种时代背景及其带来的多元变幻中,当代中国的基督教研究得以展开,其神学思想亦显露出新的特色。与这一形势相关联,对上述研究的评价及其学术影响的看法故而变动不居,多有波折,其作为一门新兴学科在中国大陆学术界仍界乎"险学"与"显学"之间。而与其相对应的中国当代神学发展亦处于动态,尚无体系或流派之基本定型,给人以方兴未艾之感。

与社会多元发展相关联,当代中国基督教神学构思正呈现出其多元性态势,与之相应的中国基督教研究亦发展为非常多元的研究,有着极为不同的动因、意向、态度和目的,这种"百家争鸣""百花齐放"也以其丰富的选择和不同的趋向而构成异彩纷呈的景观。究其重要原因,其中一个较为关键的因素乃基督教及其神学研究主体和其研究态度发生了重大变化。当代中国基督教领域的研究人员已体现出多元共构的特色,形成其学术队伍的"和而不同"。20世纪初中国学术界"在教言教""教外批教"的对立局面得以彻底改观。在"市场经济"这一大气候的影响下,当代中国宗教经历了20世纪末至21世纪初的时代转换,其发展亦已形成多元"市场",并且有着激烈的"信仰竞争"。同理,

---

① 参见 Bob Whyte, *Unfinished Encounter: China and Christianity*, Collins, Glasgow, 1988.

中国的基督教也逐渐显露出其多元的存在方式和不同的发展趋向，自然会展示出"市场选择"那样的复杂与多样。与之相呼应，其神学构思和阐述乃有着不同意向和侧重，正孕育着不同的流派和体系。而对之密切观察、深入探究的当代中国基督教学术领域同样也就有了多种选择、多种方向、多种学派和多种思潮，从而开始了"市场现象"必有的挑选和舍取，亦达成了其丰饶与繁荣。例如，当代中国基督教研究已分成了"哲学"侧重和"历史"侧重这两大走向，二者之间多有交锋、切磋和对话，前者重"思辨"，多为"宏观叙述"，强调"意义"之彰显；后者则重"考证"，多为"微观探究"，主张"史实"之鲜活。双方虽尚无达成观点上的"共识"，彼此之间却已有多种方法上的"交流"。此外，基督教研究的"文化学""社会学"和"人类学"等走向也正相继在中国学术舞台上亮相。

在当代社会处境和学术视域中，上述研究的"中国性"显然仅有相对意义，因为"全球化"及其"信息网络"可使任何"讨论"都能成为"国际性"讨论或世界性关注。不过，中国学者仍以其独特的"问题意识"来顽强地表达或表现其"中国"身份及其特色，强调一种在"开放性"前提下的自我文化自知、自省和自觉。由此，当代中国的基督教研究相对保持了其地方性和本土文化意识，有其自我"话语"侧重和选择，而此时兴起的相关"神学"也更显其"中国"和"汉语"特色。在其关注中，既有涉及民族兴亡和文化盛衰的"宏大话语"，也有考虑个人得救和精神渴求的"微言心声"。正是在这种问题意识和灵性关注中，基督教的价值和社会体制及其重要的核心观念得到讨论和评议，其神学构建及其历史传承和文化更新亦多有询问与深思。在这些讨论和评议中，其学术意义、社会意义和政治意义可以说乃平分秋色，各有其空间和影响。当然，在不同取向的人们中，会有着明显不同的侧重或偏爱。

基于上述分析，并结合当代中国基督教研究的现状，笔者认为当代中国大陆基督教神学发展乃呈现出三大趋势，由此即形成三种形态均尚未达完备的思潮。其中一为中国教会学者的"中国神学"建设，二为大陆学者对"汉语神学"的思考和评论,三为大陆社会科学研究及人文学术领域中对一种"学术神学"进路的定位和探讨。这三种思潮均处于发展、变化的动态之中,虽能大体捕捉,却难准确描述,加之"神学"表述本身的理解亦各有不同,使之更趋复杂。因此,笔者尝试对这三种思潮加以初步的、概略的和宏观的描述,以其典型案例来分析在当代中国社会开放和革新氛围中以及在中国自我意识凸显的汉语语境中对基督教及其核心观念的理解、诠释和评价。①

一 "中国神学"的构建及其远景

"中国神学"（Chinese Theology）在此指当代中国基督教会所推行的"中国神学思想建设",其突出的重点或核心立场乃"神学是教会在思考"②。其基本观点即认为神学乃反映了教会的思想活动,"中国神学"亦以此为基调和起点,从而展示了其"教会神学"的身份认同。这里,"中国神学思想建设"的倡导者和代表人物丁光训主教论述了"中国神学"的两大特色:一为"中国的",二为"教会的",因而实为一种"内涵式"的神学发展。他指出,现阶段中国的神学虽然仍会受到历史的、普世的教会制约,"但它不是模仿,它是中国基督徒针对中国教会自己的问题的思考"③。既然"中国神学"乃关涉"中国教会自己的问题",那么其从事神学研究的主体则就是"中国神学家"和"中国基督徒",而不是颇有神学造诣和悠久研究历史的海外神学家。"海外神学家的旁听和指教我们当然是欢迎和感谢的,但他们不再是是非的标准,而中国基督徒则既是神学要提高其信仰素质的对象,同时又越来越从旁听和消极接受地位转而为对话的积极参与者。"④在这一意义上,"中国神学"应是一种

---

① 以下论述参见拙著《当代亚非拉美神学》的部分章节,上海三联书店2007年版,第125—131、190—196页。
② 《丁光训文集》,译林出版社1998年版,第270页。
③ 《丁光训文集》,"前言",第5页。
④ 《丁光训文集》,第270页。

"本色化"或"处境化"的神学,其特点一是要促成基督教在中国文化处境中的适应、认同,以实现其本色化;二是要让中国基督徒基于其中国思想文化积淀来对基督教加以体认、理解、改革和创新。因此,"中国神学"在"教会神学"之框架内也必须实现基督教信仰与中国思想文化的融会贯通和有机结合,以达成其"中国"意识和基本定位。

作为"中国神学",则还需与中国当代社会相适应、相协调。这样,与西方神学的"思辨"及"系统"化倾向不同,"中国神学"在其当代构建中更强调其伦理侧重,有着"伦理神学"或"道德神学"之倾向。显然,伦理道德乃与教会的社会存在及其实践密切关联,"中国神学"在此故而应为一种"实践神学"。其"实践"意义乃高于其"思辨"意义,所更多关注的是形而上之"道"应该成为"肉身",进入人生、达到基层,由此促成广大信众达到升华,"肉身"成"道"。所以说,"中国神学"在此会集中体现为一种社会关怀和现实关切,不仅要反映其关注中国文化的"文化神学"之意趣,而更应有代表底层信徒的"大众神学"之质朴。"我们的神学家应该能真正成为中国教会身边的儿女,这是我们最大的光荣。我们的写作,首先是为了供应国内信徒,那就是,为了中国基督徒的营养和建立。……神学思想是在变迁中,但这些变迁不是去适应其他国家少数专业人口的胃口,而是反映并推进(即使较慢)广大中国信徒灵性和知识上的发展。神学家和一般信徒需要保持一个互相给取、互相学习、互相培养的对话关系。同文化的对话、同自然科学和社会科学的对话、同哲学的对话和同神学家国际群体的对话要有价值,必须最后有助于建立基层广大信徒。神学家能抛弃他们的个人英雄主义,能谦虚地而不自觉高人一等地同他们周围普通基督徒保持密切联系,能诚恳地聆听他们的话语,向他们学习,总结他们所看见的亮光,能帮助他们对上帝的启示的接受达到新的高度,这样的神学家的工作我们认为才是真正有价值的。"[1]神学从基层做起,并面向基层,这也促使"中国神学"向一种"求实"神学的方向发展。

---

[1] 《丁光训文集》,译林出版社1998年版,第224页。

从实践、基层和伦理的层面入手，"中国神学"展示了其重视宗教伦理道德作用的基本神学观，强调当前的中国神学建设也主要应为"实践的""大众的"和"应用的"。这种神学以"上帝是爱"的上帝论和"宇宙的基督"之基督论为基调，由此以构筑一种"爱的神学"。按其本质而言，基督信仰的最高伦理之维乃是"爱"，"爱上帝"和"爱邻人"这两大诫命使其"爱"上为"神圣之爱"、下则"博爱众人"，既有其"至高"性，亦有其"普世"性。而且，这种"爱"已不仅仅是一种神学的言述，更是一种社会的实践。"爱"要靠践行、靠体现、靠落实，从而让人真正感受到"爱"的光照、充盈和抚慰。"爱的神学"可以使中国教会充分发挥其在中国当代社会中的仆人精神、谦卑精神和服务精神，表现出一种宽宏大量、慈悲为怀、同情容忍、海纳百川。当然，这种神学的构建在中国教会传统中也并非一帆风顺。因从"爱的神学"中读出"因爱称义"的蕴涵而担心对路德宗改革传统所强调的"因信称义"之淡化或误解，由此曾造成教会思想上的波动。其实，"爱"与"信"并不矛盾，"爱"是"信"之根本，"信"乃"爱"之表达。而"称义"则并非人的"自我称义"，在基督教信仰中，人乃通过"上帝"而得以"称义"，却不是人因为自己的存在以及人认为自己有了信仰之存在而应该被称义，"称义"亦为一种赐予、一种恩典，故应以上帝称义之姿态来展开，这样才可真正脱离人的"罪恶"状况、达至人之本真形象的中心。因此，作为"中国神学"建设的核心观念"爱"乃展示出崇高的境界和广阔的天地，但"爱"必须立足于其实践和实现，以使其"爱到底的爱"在现实生活中真正成为人们道德指导意义上的"绝对命令"。其实，神学关照及追求有着多种层面，如学理上的求"真"、生活中的求"善"以及社会关系之间的求"义"等，由此分别构成哲理神学、道德神学和政治神学等不同发展。"爱的神学"作为求实求善的实践神学则要求中国教会应走出其自我构建亦可能自我封闭的信仰"暖巢"和教会之圈，在当代中国火热的社会中作见证，起作用，成为其"盐"和"光"。基于中国处境的"中国神学"应在其道德神学和政治神学的立意之间向一种"社会神学"拓展，因为其"爱"的神召不只是让教会做政治活动家而更是要其担当起社会慈善家的角色，体现其"非以役人、乃役于人"的服务和仆人精神，并在市场经济变幻莫测的"大海"中成为起着"救渡"作用之"船"，给人们带来一种平安的"慈航"。为实现"中国神学"发展的这一远景，其所实践的"无限大爱"也应该让其神学体系成为开放性、对话式的，不仅是引领普通信众的"灵修神学"，也应是与求"真"究"善"的神学价值追求沟通、交流的"对话神学"，从而得以"赞天地之化育"，真正完成"中国神学思想建设"之伟业。

二 "汉语神学"的兴起及其归属

"汉语神学"是 20 世纪 90 年代以来在中国内地和香港兴起的一种新的神学思潮。尽管"汉语神学"的倡导者强调"汉语神学"古已有之，可以追溯到明末清初，但实际上它的正式亮相乃 1994 年在香港复刊的《道风》学刊，因其正式加上了"汉语神学学刊"的副刊名。不过，"汉语神学"虽英译为 Chinese Theology 或 Sino-Theology 及 Sino-Christian Theology，亦有 Chinese Christian Theology 之译称，却与以往人们习称的"华人神学"或"中国神学"明显不同，其强调的并不是"华人"或"中国"之身份认同，而乃以"汉语"作为"母语"的神学创作或研究。这样，"汉语神学"不是要回归其"民族性"或"本土性"，其所希望的仍是要体现基督教的"普世性"或"超越性"，即"圣而公"之特征。这样，"汉语神学"在亮相之后仍在摸索其进路、寻找其感觉。恰如其最早倡导者刘小枫的自问："当我走进早已存在、且仍在发展的汉语神学时，我在的言述位置在哪里？既然西方和中国思想的前人已经就基督认信说了那么多，我究竟还可以，而且应该说些什么？"[①] 而香港汉语基督教文化研究所创始人杨熙楠亦表示："从开始我

[①] 刘小枫：《汉语神学与历史哲学》，香港：汉语基督教文化研究所 2000 年版，第 5 页。

们就一直在思考'汉语神学'的议题,这些议题都是开放的,没有预设,没有隐藏的答案,我们一直在'思考'和期待'创造'。"①

这种处境及心态中出现的"汉语神学"既有其新颖而令人兴奋之处,却也让人有着疑惑和担忧。由此可见,我们正处于观察"汉语神学"从崛起到成熟的发展过程之中。作为一种当代中国处境之中或因以"汉语"作为"母语"表述而与中国语言文化相关联的神学思潮,"汉语神学"应有其较确切的内涵和较明确的目标,由此而找到其定位和归属、推进其任务和使命。对此,我们可以从"汉语神学"的"自称"及其"应该"这两个层面来分析。

从"汉语神学"倡导者对这一神学的自我认知和自我宣称来看,大体涵括如下几个方面。

第一,"汉语神学"介乎"认信基督"和"信仰中立"两种态度之间,其对"信仰中立"有相对的认可,但更强调"认信基督","直接面对基督事件",从而仍为一种"信仰神学"或"认信神学",在此只表示了其向一种"信仰中立"的"人文神学"开放之可能性,为其未来发展留下了伏笔或空间。在这一构思上,刘小枫有着如下表述:"对汉语神学的可能性而言,根本问题是汉语思想自身与理想形态的基督神学的垂直关系,即汉语思想语文经验如何承纳、言述基督事件和认信基督。汉语基督神学在经过数百年延误之后必须考虑其言述的重新奠基:从本色化或中国化的思维框架中走出来,直接面对基督事件。"②这里,"汉语神学"的"认信"立场已有清楚的说明。

第二,"汉语神学"不同于"教会神学",而有着更多的"人文神学"之倾向,也正是在这种倾向中,一种"信仰中立"或"没有信仰的基督教学术"得以提及和考虑。刘小枫说:"人文旨趣的汉语基督神学的基础不受教派或宗派传统的教义规约,是教派或宗派中立(甚至

---

① 杨熙楠编:《汉语神学刍议》,香港:汉语基督教文化研究所2000年版,第 ix 页。
② 刘小枫:《汉语神学与历史哲学》,香港:汉语基督教文化研究所2000年版,第90页。

可能信仰中立）的神学，决定其神学样式的，是人文—社会思想的学术语境。"①在他看来，由于基督教在现代语境中的生存需求，传统的神学现在实际上已分化为人文神学和教会神学。尽管"汉语神学"需要这两种不同维度的神学，却更多地以"人文神学"作为"汉语学界的一个学术目标"。这种"汉语人文神学"有自己的思想意向和学术定位，而并不考虑如何协调与教会神学的关系。与之相比较，"教会神学服务于教会，通过神学院建制为教会培养牧职界层，维持和扩展教会的生存能力。教会是社会中的一个特殊分化的信仰群体，既在社会之中，就有社会参与的诉求，种种与特定的社会—政治处境相关的教会神学言述是教会生活的生命体现。"②

第三，"汉语神学"是"母语神学"的一种，却反对神学的"本色化"趋向或表述。"母语神学"这一用语是何光沪相对于"本色神学"或"神学本色化"而提出来的，其目的也是要主张"以'汉语神学'一词取代'本色神学'一词"③。在他看来，"所谓'汉语神学'，不过是正如英语神学、德语神学、法语神学、西班牙语神学一样，乃是'母语神学'大家庭中的一员"。而"母语神学"之定义，则是"以神学家自身的母语或主要语文为载体，以这种语文所表达的生存经验和文化资源为材料，主要为这种语文的使用者服务的神学"④。尽管相关学者在术语上反对"本色化"之表述，但其"母语神学"之蕴涵实在已有"本色化"的内容和意向。所谓"本色化"本来就涵括有"语言文化的本土特色"之意，"母语"之论对之更增添贴近、亲切之感。不过，"母语神学"在此之界定和运用仍有其局限性。例如，作为"汉语神学"之开端的明末清初天主教神学中既有中国士大夫的"汉语神学"——自然为"母语"创作，却也有西方来华传教士的"汉语神

---

① 刘小枫：《汉语神学与历史哲学》，第59页。
② 同上书，第62页。
③ 杨熙楠编：《汉语神学刍议》，第26、37页。
④ 同上书，第26—27页。

学"——并非为其"母语",二者当时就有融为一体之状,能将后者排斥在"汉语神学"之外吗?但它肯定不是其创作者的"母语神学"。此外,包括台湾等地的一些"乡土"神学家却多用"英语"写作,但其关注的问题仍是"本土"或与"汉文化"相关联的内容,故而显然不能用"汉语神学"来界定。因此,"汉语神学"应意识其自我主体的"开放性",而不能仅仅注意是否为"母语"。

第四,"汉语神学"是在中国早已有之的神学,并有着与"儒家"传统的复杂关联及未尽对话。刘小枫指出,"汉语神学发端于中国文化与欧洲文化在明末清初的相遇。那个时候,欧洲的基督教东传教士……与当时的士林要人……交往,培育出了第一批士大夫基督徒……,在汉语思想的织体中承纳基督信理,与儒、佛思想展开思想辩难,……东传教士甚至试着用汉语写作,这一写作传统一直持续到今天"[1]。尽管刘小枫不承认这一"发端"还可以追溯到唐朝景教,按其逻辑却仍可从唐朝景教士汉语释经的努力来寻找、辨认。其"景教碑文尽管提供了汉语的基督认信经验,主要印证的是基督教信众的群体生活,而不是汉语基督神学的发端"[2]这一断言显然过于武断,因为不仅景教碑文,而且敦煌等景教文献已揭示出这种"汉语神学"之努力乃端倪渐显。当然,刘小枫在此强调了"汉语神学"自古以来的一个重要意识:"汉语人文神学的基本问题仍然在于与中国传统文化——尤其儒家思想传统的关系。汉语神学从士大夫基督徒起就一厢情愿地想要调合儒教与基督教,迄今汉语神学家们依然沉浸在这一'补儒'传统中。"[3]其实,对这些士大夫神学家来说,与"儒家"为代表的中国思想文化"求同"乃其安身立命之本。然而,这一进程并不理想,受到来自西方一些传教士和国内一些儒佛"高士"的两面攻击。"礼仪之争"的阴影由此难以散开,西方"正统"神学"低看"中国儒家体系,而中国"儒家"主流

---

[1] 刘小枫:《汉语神学与历史哲学》,第7—8页。
[2] 同上书,第7页。
[3] 同上书,第63页。

则"笑看汉语神学没有像样的学术力量"与之抗衡"鼎立"。这一历史伤痛使刘小枫痛定思痛,进而提出"汉语人文神学首先应该考虑的就是,是否应该与自己的'补儒'传统决裂"①。或许这正是刘小枫主张"汉语神学"从"本色化"或"中国化"之思维框架中走出来的初衷。显然,"汉语神学"仅停留在"发思古之幽情"的层面上不会令人满意,这种对历史的"开放性"、对传统的"延续性"肯定会使"汉语神学"在现实中的"新颖性"、其对当代的"临界性"大打折扣。正因为如此,人们才对"汉语神学"的历史"反思"和当代"重构"翘首以盼。

第五,"汉语神学"与由"基督事件"而致的"基督神学的理想形态"保持着"垂直关系",而无穿越其他"历史形态"的"纵横关系"或相应的"延续""传承"关系。"汉语神学"的持守者认为"汉语神学"乃与其他"母语"或"语言"神学同样独立、独秀",而无与之有任何思想上的关联和影响。尽管"汉语神学"的产生,相比较于"希腊语神学""拉丁语神学"以及近代"欧洲各民族语文的神学"要晚一些,但"闻道无先后",仅是它们之间"述道有先后"的区别。这一观点坚持"汉语神学"的可能性乃在于"汉语思想自身与理想形态的基督神学的垂直关系","并没有所谓中国化问题"②。也就是说,"汉语神学"与"西方"的基督神学毫无关系,丝毫也不受其影响。这显然是对神学超越时空的一种抽象化表达,但其有无历史真实性存在则令人质疑。然而,中国历史上却明显有着"闻道有先后"的事实,自明末清初以来,"汉语神学"所最先接触且不断接受的基督神学乃"西方的神学",在经历或穿越这段历史中的确与之有着"纵横关系"、借鉴和吸纳关系。即便今天,"汉语神学"与西方神学仍有着复杂关联,否则其倡导者就不可能意识到,而且极为强调当代"汉语人文神学的当务首先是负担起系统翻译基督教历代思想文献这一汉语学界数百年以来

---

① 刘小枫:《汉语神学与历史哲学》,第63页。
② 同上书,第89—90页。

一再被耽误的重大历史任务"①。这种翻译本身就已有对以往其他神学的吸收、解释和传承,不离其语境及处境。实际上,"汉语神学"既应有深厚的中国文化资源,也必须获得基督神学"历史形态"的积累和积淀,否则,它就会成为无源之水、无本之木。

第六,"汉语神学"乃"个我性""个人性"之"生存经验"与"上帝之言"的相遇,"而非与民族性思想体系相遇的结果。"②刘小枫对此有着"个人主义""自由主义"的解读,认为汉语基督神学应是"生存释义性的",其"建构基础不是基督事件与既有诸民族性'大理'……或现代种种'主义'或'大理'的融糅,而是与处自于民族语文织体中的个体性原初生存经验的相遇。"③其构设"汉语神学"的出发点是"首先想为自己的神学言述找到一个可能的历史感觉,其历史——现实语境的反思首先指涉我自己……我究竟还可以,而且应该说些什么?"因此,对"汉语神学"的叙述,"不可避免是一种个人性解释"④。这种认知尽管"主体"意识强烈、"个我"性鲜明,却仍不应该将"个人性"与"民族性"截然分开。任何"语言"尤其是"汉语神学"所突出的"母语"本是"民族性思想的语文经验之共同织体",而其神学亦不离相应的"民族性语文表达"⑤。正因为考虑到"汉语神学"所强调的"语言"特性和"母语"特点,才有必要指出"语言"关系乃"言者"与"听者"之关系,"母语"乃有其"群体"或"族群"背景,否则"默思""独白"既不能成立,亦毫无意义。对上述的二分、脱节之批判,其核心即在于要说明:"个体的原初性生存体验在其生成过程中,作为其生存环境要素之一的群体意识的作用亦十分明显,完全脱离群体生存经验的个人的生存体验不仅没有可能存在,也不

---

① 刘小枫:《汉语神学与历史哲学》,第65—66页。
② 同上书,第94页。
③ 同上书,第95页。
④ 同上书,第5页。
⑤ 同上书,第93页。

能对他人产生作用。"①理解生存体验和言说基督事件之个体，不可能摆脱或否认其民族性，也不可能根本脱离或无视其民族性思想体系，"因为民族性思想体系会或多或少反映，甚至影响该民族的某些人的个体生存经验"②。而在"汉语神学"对基督教与中国文化之关系的理解上，尽管"肯定中国文化之价值及与基督教共融之可能"这种"基调"③或许会"颇成问题"，但调整、改进并完善这种"理解"仍是大有作为的。如果仅"从本己的理解出发，致力改变思想界的理解"，那么其"作为"也还会存有局限。

综上所述，"汉语神学"虽"曙光初露"，却尚未定型。而其最初倡导者所给出的界定及宣称也是草创的，仍有值得商榷和深思熟虑之余地。特别是其原本倡导者从其自己的创设中基本退出本身亦耐人寻味。而且，其神学之"汉语"界定本身就已使之进入民族、社会、文化之"语境"，无法根本超脱，不可能是抽象或纯个我的，而只能是社会的、历史的、人际关系的。若从"汉语神学"作为一种"新思潮""新神学"的积极含义和理想追求来看，则似乎还"应该"关注并强调如下一些因素。

首先，"汉语神学"作为一种与"中华文化"或"汉语世界"紧密相关的神学理论体系，必须要有"中国"问题意识，而不可能脱离"基督教与中国之关系"。否则，将"汉语"与其象征的思想文化相脱节，则可能使"汉语神学"成为失去其根基和意义的"空谈"。"汉语神学"有义务，也应该体现其语言所反映的文化底蕴和精神气度，使基督神学获得其当代意义的"汉文化"表达及发展。因此，"汉语神学"在其构建和完善自我的过程中必须参与和融入中国文化精神的重塑及创新，成为一种"中国"或"文化中国"（汉语世界）之思潮。

其次，"汉语神学"应该运用博大精深的汉语文化资源来阐释、发

---

① 杨熙楠编：《汉语神学刍议》，第142页。
② 同上书，第14页。
③ 同上书，第20页。

展基督神学，既以这种独特语言来在中华文化语境中表述、重构"神学"，又持一种"开放"心态来吸纳、消化其他语言之"神学"的精髓，使之在"汉语"表达中重放光彩、获得新意。在这种"汉语神学"的意向中，它不一定局限于"母语"神学，而可以一方面将"汉语神学"之心得译成其他语言，参与"普世性"神学讨论，另一方面主动翻译其他语言的神学思想，并欢迎其他文化背景的、没有"汉语"作为"母语"的神学家关注"汉语神学"，用"汉语"或其他语言参与神学写作及讨论。"汉语神学"的可持续性发展，将取决于其内外开放，古今会通，中西融合的姿态及努力。扩大"汉语神学"的话语圈子，对其自身体系的构建、特色的形成，显然会大有好处。

再次，"汉语神学"有必要突出中国文化"重理性、重人伦、重文化"的特征，对传统思想和当代思潮持"对话"态度，使之不仅为"叙述神学"，亦为"对话神学"。"汉语神学"的重要任务之一是在"汉语"所涵括的多文化、多宗教氛围中展开跨教派、跨宗教、跨文化对话，发挥其思想沟通的现代"桥梁"作用。这种"对话"和"沟通"并不一定非坚持会失去自我本真的"补儒""同儒"或其他"依附"态度不可，而可以自我思想独立的态度来了解"对话"伙伴，开展双向互动，达到"求同存异"或"和而不同"，保留思想的多元、活跃态势。

最后，"汉语神学"须努力发展并形成其"人文性""学理性"的神学思想体系，真正成为当代"普世神学"百花园中的"一枝独秀"，不仅有自己独立的"汉语"语言载体，更应有自己独特的"汉语"话语体系、思想蕴涵，而这一切都不离其社会历史处境的，有其特定的文化氛围。这样，当"汉语的丰富思想资源与基督宗教这外来思想体系"在这一千载难遇的全方位对话、交流时刻来临当代时，真正抓住机遇，以能"承载、转化或创造新的思想"[①]，在"汉语神学"上体现出"汉语自身思想资源"和"基督宗教神学"的双赢，达成其双重"丰富"。

---

① 杨熙楠编：《汉语神学刍议》，第 viii 页。

三 "学术神学"的努力及其发展

"学术神学"（Academic Theology）亦可解释为"学问神学""学者神学"或"学院神学"，突出其"学术性""研究性"和"求真"意识，从而与强调"认信"的"教会神学"以及"文化基督徒"信仰与学问并重之"汉语神学"有明显不同。在此，"学术神学"表达了一种"信仰中立"的"基督神学"之学术构思，是一种"学院派"纯"认知"性的神学努力。应该承认，"学术神学"提法本身就会引来争议，因为基督教传统一般会将西方的"系统神学"归入"学术神学"之类，而这些系统神学的信仰前提和潜在的教会依属乃不言而喻的。所谓当代中国内地的"学术神学"由此与西方传统的"学术神学"形成区别，它在此不是"教会"的神学，也不是"基督徒"的神学，并不以"认信"为前提，而乃"俗世的神学"或"俗人的神学"。若用传统表述，这一"学术神学"不是具有信仰取向的"神学家"的神学，而乃持信仰中立立场的"哲学家"的神学。尽管作为新教神学家的蒂利希（Paul Tillich）在回应帕斯卡尔（Blaise Pascal）的断言时曾宣称"亚伯拉罕、以撒和雅各的上帝与哲学家的上帝是同一个上帝"①，我们仍必须承认，对于"学术神学"而言，"哲学家和学者所探究、理解的上帝，并不能完全等同于亚伯拉罕、以撒和雅各的上帝"。

如果将"神学"仅仅理解为"是教会在思考"，那么神学自然是教会的"专利"，可以宣称"教会之外无神学"。如果将"神学"仅仅看作是"基督徒在询问"，那么神学自然是基督徒"信者"的"私语"，可以认为"信仰之外无神学"。然而，"神学"按其本意却是哲学家或哲学意义上的表述。早在基督教会诞生之前，古希腊精神中就已有了"神学"（theologia）这一术语，而且体现出学术上"究问终极"的"求真"意蕴。"神学"之原初理解乃对"神"（theos）之"言说"

---

① ［美］蒂利希：《哲学与神学》，见《蒂利希文集》德文版，第5卷，第184页。

(logos)，即对"绝对本体""终极真实"或"形上之在"的思想理解和逻辑推断。

柏拉图是第一个使用"神学"一词的哲学家，他想用"神学"这一术语来诗意般地描述神，神话式地谈论神，并在其理论上较为系统地阐述了神的"完善"和"不变"这两个基本特性，由此体现出古希腊"哲学"（philosophia）"智慧之爱"和"趋向智慧的努力"之蕴涵。而且，柏拉图开创了"学院"（Academy）这一研习、教学形式，从而率先将"神学"与"学术"及"学院"相关联。此后，亚里士多德把"对终极实体的沉思"称为"神学"，更增添了"神学"的学理性、思辨性。从这一意义上来讲，"神学"本来就应该是"学术神学""学理神学"或"学院神学"，这一传统在基督教的"哲理神学"中得以继承和发扬，并形成其此后的系统神学体系。

正因为"神学"最初乃"关于神的言论"，而不是"信仰神的论证"，早期基督教会的理论家（教父们）一般都避免使用"神学"这一术语，而习惯用"知识"（gnosis）、"智慧"（sophia）、"默观"（theoria）等语词来表达现今流行的"神学"观念。同理，"西方的拉丁教父也极少采用'神学'这名称，奥古斯丁用'基督教义'（doctrina Christiana）一词表示基督宗教对于上帝的认识和理解。其他拉丁教父及中世纪神学家，除了用'基督教义'外，也使用以下名称：'神圣教义'（Sacra doctrina），'圣经'（Sacra Scriptura），'圣典'（Sacra Pagina）等。"由此可见，"神学"这一术语及其意蕴并非自古以来就是基督教的"专利"，相反，早期教会理论家对"神学"一词之用还曾持谨慎、回避态度。这一状况只是到了欧洲中世纪才发生根本改观，"十二世纪初亚培拉首先以'神学'（theologia）一词表示对全部基督教义作逻辑性及辩证式的探讨，开创了日后士林神学的新路向"[①]。

在基督教传统中，教会思想家以古希腊精神和古希伯来传统的结合而达成"两希文明"的汇总，并使知、信、行（爱）达成整合。从此，

[①] 参见杨熙楠编《汉语神学刍议》，第296页。

认知求真就不再是"神学"的单纯任务,"神学"的表述乃涵括认知、信仰和修行,并衍生出"哲理神学"(士林哲学或士林神学,即所谓"经院哲学",保持了与"学院""学校"之"学术"关联)、"教义神学""灵修神学""道德神学"等分支。对此,刘小枫曾指出,"'神学'(theo-logia)源于古希腊,而非基督教——尼采倒是想用这种神学颠覆柏拉图主义的基督教,当今的布鲁门贝格则想恢复这种西方本源意义上的神学。据海德格尔说,这种希腊神话学——尼采意义上的神学的本己使命是理解存在的本原和本质意义、追问存在的根据,不幸的是却在欧洲思想的历史中蜕变成了理性形而上学。"[1]从西方思想史上的回溯,则可发现"神学"这一术语更广泛地涵括更多的用途。从其语源及思想层面上来说,如果追根究底,回归到这一"神学"的本初解释和丰富运用,那么,"俗世的""学者的""现实的""学术神学"也就有了可能。这里,与传统认信神学"立意为""信仰神的学问"本质不同,"学术神学"乃旨在"研究神的学问",即表现出其在学术追求上的"终极关切",对于"终极性""本真性""归一性""永恒性""至高性""绝对性""规律性"和"真理性"这类根本问题有着非常浓厚的兴趣,而且矢志于对之深刻思考、无穷究诘、寻根问底。

很明显,不带"信仰"前提或预设的"神学"研究不仅可能,而且在中国学术界已成现实,此即当代"学术神学"的悄然诞生。尽管"汉语神学"的倡导者坚持认为"基督教研究不等于基督神学",却也承认这样一种"不信"之"神学"的存在。刘小枫指出,"现在的问题是,没有个体性认信关系和教会传统,是否也可以从事基督教神学研究。基督教研究并不等于基督神学,首先不在于研究者是否有个体认信和置身某种教会传统,而在于其学理基础是宗教学而不是传统基督神学。个人的认信旨趣和教会传统与学术思想的论题及其学理基础并不是一回事,学问是否为纯粹的基督神学乃在于其论题和学理基础是否属于已经成为传统的基督神学论题,而不是人文学(哲学、历史学、语文

---

[1] 刘小枫:《汉语神学与历史哲学》,第19页。

学)、社会学、人类学的论题。不带基督认信的学问同样可能基于各种思想旨趣进入纯粹的神学论题,尽管这些论题从历史来看原本是由置身教会传统的认信者发展出来的。确如罗特(Rothe)所言,哲学思辨源于'我思'之'我',神学思辨源于'我信'之'我'。但这是就传统的基督神学形态而言的,如今,不能从认信旨趣来区分神学与哲学和宗教学,神学思辨也可能源于'不信'之'我'乃至疑信之'我'。"[1]不过,"汉语神学"强调"宗教学不是神学",认为"宗教学旨趣的基督教学术研究……与汉语神学无关"[2]。这里,其理解的"神学"乃是"信仰性"的,而且其信仰立场会导致一种排他性、独我性。针对当代基督教学界和宗教学领域出现的构建"宗教的神学"之趋向,"汉语神学"的一些代表人物提出了否定性的批评,恰如刘小枫所言:"当代西方基督教学界中的某些神学家想把各现存宗教关于神或终极之在的学说汇入一门学科之中,提出所谓诸宗教的神学,……可是,基督教神学即便与犹太神学、伊斯兰教神学也不能达成所谓'宗教神学'的共识,……汉语基督神学如果在现代多元宗教处境中首先想成为'宗教神学'——可能任何传统宗教的学说都不需要的一种一厢情愿和稀泥的神学,就忘记了本己的任务——基督神学谈论的上帝是耶稣基督的上帝,而非任何别的上帝、神或终极之在,也忘记了一个人类生活和信仰中的基本实情,宗教之间的冲突是恒在的、不可调和的。"[3]如果是这种情形,那么"学术神学"则与上述"汉语神学"形成了区别:第一,"学术神学"讨论传统的基督神学诸论题,但是出于宗教学的视域,同时亦有与人文学、社会学、人类学等的结合。第二,"学术神学"的研究基于宗教学的立场、观点、方法和研究成果,但更专注于基督神学的基本命题,不排拒系统神学的框架结构。因此,"学术神学"乃以宗教学为基础和条件。第三,"学术神学"肯定"宗教神学"对诸宗教之神

---

[1] 刘小枫:《汉语神学与历史哲学》,第58页。
[2] 同上书,第59页。
[3] 同上书,第63—65页。

学理论的整合努力，这种"共识"并非"和稀泥"，而乃比较、对话、交流。各宗教之间不是互相排斥，而是彼此寻求了解和理解。宗教之间虽有冲突，却仍可能有合作、有和谐。宗教共在共存的图景并非暗淡的，而仍有光明之希望。这样，"学术神学"亦是研究宗教之间比较对话、理解的神学，而不是"惟我独尊"的排他性神学。运用比较"宗教学"来推动、构建"神学"，此乃"学术神学"的独特之处，从而与"封闭式"的"汉语神学"迥异。

综上所述，"学术神学"在中国内地高校、研究院建制内已基本成形，并努力争取在学术目标、研究方法、问题意识等方面不断发展，获得突破。这种"学术神学"在普世神学及宗教学领域中亦是独特的，全新的。概言之，"学术神学"至少有如下一些方面的新颖之处。

其一，"学术神学"研究的主体是中国内地高校、研究机构的学者，其学科以宗教学为主，兼及其他人文或社会科学领域。这些人没有"基督信仰"之前提，其研究领域及论题却与海外大学神学系或神学院的探究相关联或相吻合，因而有研究"主体"之异、研究"客体"之同，研究"意蕴"之异，研究"框架"之同，形成"学问神学"与"认信神学"之对照。

其二，"学术神学"的"神论"乃学问式、哲学式的究诘。与西方天主教神学家孔汉思（Hans Küng）"神存在吗？"的提问不同，"学术神学"讨论不同人们关于"神"这一概念或术语的理解、言说，由此形成"神明"问题意识及讨论。在西方"宗教神学"或宗教对话领域，约翰·希克（John Hick）曾认为对"神"的"言述"在世界宗教中乃构成如下图景：各种宗教的"上帝"观念、"神明"思想或形象乃这些宗教所关联的文化对"终极实在"的解释、界说，其中自然糅有其文化感悟及相关内容。其实，"汉语神学家"刘小枫亦看到了这个问题。在回答德国神学家认为"在中国、在汉语中，找不到一个词来表达神的神学概念"时，他已看到"神"有许多"名称"即多种文化解释："神性的终极之在可以有不同的名称，佛教的'空'、道家的'道'，乃至儒教神秘主义的'天道'，都指涉'终极实在'。"从西方的神学理解来看,"神学是关于基督上帝的理性化言说,'上帝''神'或终极之在是神学的主词,但并非任何关于'神'的言说都可称为神学。关于'神'的言说只有在形成一套理性化的知识系统时才成其为神学,即理性之言说与神话(或者关于神的想象)的结合。"①这里,神学乃充满哲学的意蕴,以理性思维为首选。尽管这种"神论"理解从"宗教学"或"宗教神学"的审视来看就已经比较偏狭,但按此推理,仍可认定"学术神学"在"神论"上的问题意识更近于"神学"或"宗教哲学",而不同于哲学之命题。

其三,"学术神学"不以"圣经神学"为基础、为前提,而"圣经"思想及其研习、解释乃一切"教会神学"之根基。但"学术神学"仍强调对"圣经"加以历史学、考古学、古语学、语源学、人类学等系统而综合的研究,并会关注和探究"历史上的耶稣""信仰中的基督"、"启示"与"历史"、"基督事件"、"创世"与"终末"、"绝对"与"相对"、"神"与"人"之"中介"等出于"圣经"的基本问题。

其四,"学术神学"将对"系统神学"的相关命题如"上帝论""基督论""圣灵论""原罪论""人论""救赎论""创世论""末世论""宇宙论""教会论""圣事论"等展开"学理性"探讨,以其理性逻辑来贯穿其神学推论,并由此形成其独自、独特的阐述和解读体系。

其五,"学术神学"还会基于对"基督神学"的研习来展开不同宗教、不同神学、不同思想文化的比较研究,它是一种"开放性""比较式"的"神学",而不设任何宗教、教派式信仰之前提来规定或限定其研究,即对各种宗教教义理论的比较性学术探讨。

实际上,"学术神学"在中国内地当代宗教学研究中已成为一个学者瞩目的专门领域,其使命是沟通宗教学与基督神学,展开跨宗教、跨文化研究。这种发展及其成就将使"神学"这一古老而悠久的表述既返璞归真,又重放异彩。由此,中国学术界乃至整个中国社会可能会对

---

① 刘小枫:《汉语神学与历史哲学》,第86—87页。

基督教有全新的认识，亦对整个宗教有更新的理解。

总之，当代中国基督教的神学理论及其研究已形成多元之势，但其共同特点是基于当代中国内地社会文化处境，反映其思想理论发展。学术神学在研究对象上乃专论（专以基督教为研究对象），而宗教学则为泛指（包括研究所有宗教）。而所有的神学之探都不离其赖以生存的社会，不可回避其弥漫充盈的文化氛围。因此，任何神学的构建及突破都会反映其全球化态势中的中国社会背景及其思想文化内容。正是在这种意义上，可以说这些神学既是"内在的"，又是"超越的"，既是"自知的"，又是"开放的"。

（原载卓新平主编《当代中国宗教研究精选丛书·基督教卷》，民族出版社2008年版。）

第四编　基督教中国化发展

第二十七章

关于基督教"中国化"的再思考

"基督教中国化"这一概念自 2012 年 3 月由学术界明确提出以来，关于这一主题的讨论正在走向深入，而且也正被中国社会、中国政府及中国教会各界所关注和认可。但在如何探索基督教在中国社会中的存在及其发展的"中华之道"上，形势还不是很明朗，相关的思路也不是很清晰。为此，笔者尝试在这里回顾"基督教中国化"的缘起，厘清人们对"基督教中国化"这一问题的理解，同时从对中国政治的认同、对中国社会的适应以及对中国文化的表达这三个层面探讨"基督教中国化"研究应该面对的三个关键问题，即"基督教中国化"的"三要素"。

一 关于基督教"中国化"的缘起

2012 年 3 月，首届"基督教中国化研究"专家座谈会召开，其场景可以说是群贤聚集，大家积极建言献策，有着非常好的讨论氛围。如上所述，当时学者关于基督教"中国化"的思考和建议尚没有被真正接受，也没有成为政府及基督教界的"共识"而被积极推动。人们有着各种疑问，提出了许多需要讨论和商榷的问题，当时在如何探索宗教存在及发展的"中华之道"上并没有清晰的思路，对直接用基督教"中国化"的表述而不是以往人们常用的"在地化"或"本土化""本色化""处境化"等也有着各种各样的担心或质疑。对此，我们曾努力加以解答和说明，并有着冷静的分析和务实的推究。

由于基督教在华发展的复杂性和曲折性，人们一直对基督教究竟仍是外来"洋教"还是已经化为中国"本教"存在争议，对基督教本身究竟应该保持其所谓"普世性质"还是形成"中国特色"分歧很大，甚至这种争论还涉及中国究竟需不需要基督教以及是否要在中国社会政治文化范围中排拒基督教的问题。经过一段时间的商讨和实践，人们普遍认识到中国当今社会没有必要也更不可能排拒基督教，但不少人仍认为基督教本身则必须改革，在中国应有适应中国当今社会主义社会的全新面貌，即理应与西方教会或国外教会有所不同。20 世纪 50 年代中国基督教"三自"爱国运动主要是在政治层面考虑并实践了其"中国化"的道路，而在今天的形势下则必须往前走，从政治和文化两个层面来考虑基督教在当代中国的存在及发展问题，为此则需要新的构思和新的举措，真正体现出其"与时俱进"。这一关涉基督教当下在华命运及前景的讨论，就目前而言应该说是有了很好的成果。中国政府相关部门终于理解并接受了这种由学术界率先所强调的、旗帜鲜明的"中国化"表述，而中国的基督教界现在也开始积极响应。大家看到并明确意识到基督教"中国化"这条道路应该说是中国基督教未来发展的金光大道，有着广远的前景。随之在中国基督教全国"两会"举办的中国基督教三自爱国运动委员会成立六十周年纪念大会上，国家宗教事务局王作安局长在会上作了报告，对基督教的发展和"中国化"这样一个前进方向给予了充分的肯定。因此，大家表示要继续努力，把"基督教中国化"引向深入发展。

二 关于基督教"中国化"的理解

"基督教中国化"这一概念提出之初，学者们讨论的问题主要是如何有效推动基督教的"中国化"，因为在当时的情况下，无论是政界还是教界都还有些疑问，对"基督教中国化"这种提法有质疑，当时人们也列举有很多替代性的说法,比如"处境化""在地化""本色化"或"本土化",等等。而我们在推动基督教"中国化"这样一种思想发展的时候就已经强调,无论是说"处境化"还是说"在地化",在中国这个社会中的相关推动就是"中国化",而且也只可能是走"中国化"道路,所以应该旗帜鲜明地把"中国化"这个表述亮出来,凸显其"中国"意义,而社会各界则应该对推动这一发展加以大力支持。必须承认,我们的第一次"基督教中国化"专家座谈会得到了方方面面的真诚支持,而我们在第一次会议之后也更加积极地推动了与"中国化"直接关联的系列研究活动,出版了一系列的相关研究著作及论文,使其实践探讨有着坚实的理论支撑。如今在中央统战部和国家宗教事务局的大力支持下,这个"中国化"的口号得以明确,方向得以确定,中国教会更是有着积极的回应和参与,不少地方教会还有着非常实质性和具体化的思考及探索。所以,到了2014年,无论是在我们的政界还是教界,基本上已经普遍接受了"基督教中国化"这种表述。

在"基督教中国化"这一概念得到普遍接受的情况下,我们需再次集思广益的目的是什么?也就是说,当我们找寻的方向明确以后,则必须考虑我们要怎么走的问题。基督教中国化体现的是中国特色,那么这一"中国化"的具体内涵是什么,这就涉及对基督教"中国化"的理解问题。我们要怎么推动和实现"基督教中国化",这是我们要具体思考的,也是我们在建言献策时应该有效解决的一个问题。如何使"基督教中国化"在今后的发展中目标明确、相关举措具有可操作性,是我们在提出"基督教中国化"之后必须面对和理性回答的问题。当然,基督教的"中国化"具体要看中国教会的神学思考和教牧实践,外界不能越俎代庖,但学术界作为旁观者和研究者,仍可以分析和探究其应该怎么走,从历史回溯来总结历史上的经验教训,以有助于我们目前做清楚而正确的选择,学术界对此至少可以提供一些参考,提供一些思路,带来一些启迪和对比。所以,学术界探讨这一主题的目的就定位在这个方面。就我们对"基督教中国化"的认知及期盼而言,所触及的展望、呼吁绝不会是空的、虚的,而是有着明确、实在的理解,可以提出具体的路径及构设。现在有人总感到"中国化"可能语焉不详，给人模糊茫然的印象。其实，这已经涉及中国人的自我意识、自我认识、自我定位的问题。什么是我们的文化自知、自觉和自信，坚持"中国化"就是明确的回答。在当今世界的多元文化交织之中，基督教在中国寻求"中国化"，实质上是要解决中国基督徒的身份认同问题，即中国基督徒理应做中国人，走中国道路的问题。

三 关于基督教"中国化"的要素

"基督教中国化"的核心要素非常简单，其要解决的基本问题就是其对中国政治的认同、对中国社会的适应以及对中国文化的表达问题。此即基督教中国化的三要素，如果能根本解决这三大问题，则一切都能迎刃而解。但这看似简单却实则不然，基督教在华前后一千多年的历史，经历了风风雨雨，走过了沟沟坎坎，而这三个问题并没有得到彻底解决，基督教在此陷入的博弈及纠结也清楚可见，这种道路的如何选择具有深意，不少人对之同样非常明白，在深层次触及时亦能心照不宣。

首先，"基督教中国化"是对在华基督教的一种政治定位，即要根本解决基督教对当今中国政治的认同问题。宗教作为一种社会存在，其实也是一股政治力量，有其政治选择和定位。当我们看佛教的中国化历程时，它是经历了两个非常关键的阶段，第一个阶段是其在政治上的中国化，第二个阶段则是其在文化上的中国化。佛教刚从印度传入中国的前几百年，是强调佛法大于王法，沙门不敬王者，印度色彩浓厚，这实际强调的就是它对中国政治的一种抗衡，表达出对之不妥协、不合作的意向或态度。其结果，佛教在华的前几百年发展基本上步履维艰，给人留下的是外来宗教的印象，很难融入中国社会。后来，佛教的有识之士最先在政治层面上认识到了中国化的必要，看到了"不依国主，则法事难立"这一政治现实，体认到中国政主教从的政教关系，由此走了服从中国政治的路线，基本上理顺了与中国政治的关系。当然，理顺这一关系除了其内在适应的原因之外，其外因还在于佛教在其发源地的逐渐衰落，因而已不可能对佛教的境外传教提供相应的政治支撑和可靠后援，这在一定程度上也使佛教基本上无路可退，只能在外迎难而上，不断自我适应和调整，找寻其发展的全新机遇，尤其是其新的政治、社会依托。应该说，佛教抓住了这一机遇，使之在适应中国政治文化中获得华丽转身，成为真正的中国宗教。这在一定程度上可以说明或解释佛教在华政治适应颇为彻底的实际原因及历史背景。对比之下，基督教却并没有遭遇这种其原有国度的政治失势或缺乏后援的窘境，世界基督教的势力雄厚、影响广远，特别是西方强国对中国坚持其咄咄逼人之态，因此基督教在华传播中更多强调和坚持其母土的政治利益，得到了后者的强大支持，这种资本使之很难根本放弃其文化相遇时的政治博弈，故而与中国有着更多的较量和对峙，其张力迄今尚未根本消解，中国与西方大国的关系并没有真正理顺，双方仍然处于紧张对立之中。

对于在华基督教而言，第一个层面即政治层面的中国化是不是已经发展，值得我们具体分析。如果从中国基督教"三自"爱国运动来讲，应该说在20世纪50年代从其发展方向上而论这个目的已经基本达到。虽然经过周恩来总理的积极劝导和及时引导而使教会的"三自"爱国运动有了这一政治定向，但是我们必须看到，当时教会的发展并不顺畅，关于"合一"运动有不同的想法和选择，其联合礼拜等"后教派发展"也难以掩饰当时其信众减少、教会萎缩这一基本事实，而极"左"思潮则想促使基督教的尽早消亡，故其政治认同并没有完全实现或被真正接受。在政治定位上，基督教还是有着种种的波折和反复，而且在一定范围内来说也出现了其内部的分裂。所谓"地下教会""家庭教会"即不与政府合作的选择其实在改革开放之前，甚至在"文化大革命"之前就已经存在。尤其在今天全球化的形势下，基督教在中国化意义上的政治定位还没有彻底解决。比如说，我们今天谈抵制境外敌对势力利用宗教对中国进行渗透时，其中很大一个部分之所指，就是西方的敌对势力利用基督教在今天的新形势下对我们社会政治体制的抗衡，所要推行的是西方的政治理念和文化价值。可以说，在社会上存在的宗教，没有可以超脱政治、不问政治、不在政治上定位的。在20世纪50年代，中国教会在组织建构上摆脱了西方差会的影响，"三自"爱国就是以自治、自传、自养的方式来独立自办，表达对社会主义中国的拥护和爱戴。所以说，这一运动本身就是从政治意义上出发来推行的，而我们坚持"三自"爱国运动，就在于其对基督教来说首先是一个政治运动，并不完全是一个教会自身的、自发的、内在的宗教运动。这是一种政治上的定位和表态，这个定位和表态当时就得到了中国广大基督徒的响应和支持。但是由于基督教会跟西方有着千丝万缕的联系，这个问题并没有得到彻底解决，尤其是改革开放以来，随着中国打开国门，融入全球化的发展之中，与国外尤其是西方社会有了更直接、更频繁的联系，在政治观念、价值取向上没有解决的问题重新浮现。作为海纳百川的中华文化对世界文明乃持开放之态，从根本而言也并不排拒西方文明及其宗教。然而留存至今之中西政治抗衡的现实、西方政治观念及其价值体系对当下中国政治思想及体制的否定和敌视，则使形势变得错综复杂，而夹在二者之间的中国基督教则无法回避其政治表态及政治定位的问题。这个问题值得我们思考，也使我们不得不有这种对基督教的政治审视。今天中国作为一个开放的社会，我们思考这个问题也有着更多更广泛的背景。例如，在香港出现的"占中"事件，香港的基督教有很多人参与或支持这种"占中"，其本身就是这种政治定位和表态，所谓"占中"就是希望搞西方那一套政治体制，而不是按照中国的现行政治体制来走，从而采取了对抗中国人大决议，跟我们的中央政府不一样的政治定位和表态。而其中反映出的西方势力的参与及支持则更使这一问题趋于复杂化，让人隐约感觉到中西对抗、中西冷战的存在及延续。但必须看到，这次香港也有不少基督徒及其教会公开表态反对"占中"之举，说明香港基督教在政治层面并非一边倒向西方，仍有着对中国现行政治的认同或服从，坚持香港"一国两制"的发展。从这个意义上，我们今天"基督教中国化"首先从政治上还是应该坚持，不可脱离其政治考量。如果在政治上出现抗争，至少会导致两败俱伤，破坏社会的和谐发展。基督徒在政治中的不同参与及其不同态度，正好说明"基督教中国化"在政治上乃任重而道远。所以我们希望基督徒

第二十七章　关于基督教"中国化"的再思考　347

在此要立场坚定，态度明确，要稳妥解决这个问题。如果不能解决这个问题，基督教在历史上的"洋教"帽子则很难彻底脱掉。这是要明确提出的，要对我们广大的基督教徒和其教会强调这一点。中国基督教在政治上要强调中国化，要认同我们的基本政治制度及其相关政策。当然，与之相呼应，我们的政治也应该包容、认可、吸纳基督教的在华存在，视其为自己力量和内在构建，取消对基督教的排拒和敌视之态，为基督教认同当下中国政治创造有利条件、铺平其必由之路。总之，我并不觉得基督教在中国的政治认同这个问题已经彻底解决了，相反，我们在深层次上解决这个问题则还有很多工作要做，有很多问题要解决。

其次，基督教必须积极适应当今中国社会，这是教会在社会建设方面的"中国化"。基督教有自己一个比较完备的建构体系，但是这个建构体系基本上是在西方形成的。特别是基督教自宗教改革以来所形成的新教多元发展，已经是近代以来新教教会所公认的模式。这种松散性、多元性的教会结构不一定能有效适应中国社会的基本建构，因而已经出现了一些矛盾或冲突。中国基督教会自1949年以后在发展走向，尤其是在其后教派时期的发展上形成了一种联合礼拜、统一教会的模式，但是这个模式应该说还很模糊，并不成熟，而在当今中国社会的开放发展中则已遇到明显挑战。笔者曾经描述说，在今天的教外有教、教内有派的新发展中，我们的教会体制还有不完善的地方，其一需要对社会外在的适应，其二则需要调整教会内部结构以适应时代的发展。所以，基督教社会层面中国化的思考，就必须积极适应中国现行社会体制、法治管理、社区结构、社团形式。整个教会体制对中国社会体制的适应，乃包括适应中国的社会建设、社会建构，中国基督教会应作为中国社会大系统中的子系统，而教会的这种系统构建也理应被我们的社会所认可，即中国社会要把基督教社团视为其整个社团体系中的有机构成、合法存在，承认其是"自己"而非"异己"，要让其"同化"而防止其"异化"。基督教在中国社会则必须把自己视为该社会的"同在"而不是"异在"，基督教的真实社会存在不是在中国的"飞地"，更不能被边缘化为"隔都"。中国基督教对这个问题已经有积极的探索，但是还没有根本解决其理想的社会存在问题。因此,"基督教中国化"在社会层面的尝试亦势在必行。

再次,基督教需要中国文化的表达方式,这就是文化方面的"基督教中国化"。这个问题应该说佛教得到了很好的解决,可以为基督教提供借鉴或参考。佛教的"中国化"在文化层面是通过禅宗等中国佛教教派的建立而完成的,这些中国佛教宗派跟印度的佛教明显不一样,体现出典型的中国佛教的特点,从而代表着其自我意识、文化自觉上的重要转型或根本转变。佛教传入中国时输入的基本上是印度文化特色,而禅宗等中国佛教教派走出去时输出的已经基本上是中国文化特色。今天中国佛教从它的文化思想描述上来看已经是典型的"中国化"文化,虽然它仍有一些印度文化的印痕留在里面,但是总体来说已是"中国化"的表述。而基督教对其外来元素的持守则较为坚决,不肯轻易让步。其实,基督教的母体文化本来属于东方的犹太文化,其作为西方文化的载体或代表也是经历了深刻的文化革命和文明转型。因此,其传入中国的文化模式并非绝对的、不能改变的。基督教本有文化适应、入乡随俗的灵活传统,所以基督教在中国文化意义的重建上可以说潜力巨大。我们今天思考中国基督教在文化方面的状况,应该说其在中国化的努力已经取得很大进展,其前辈已经开拓了一些路径,有了重要思考,但面对今天的形势则还有很大的空间需要我们去调整去发掘。比如说,基督教会推进了神学思想建设,但中国的神学究竟是什么样的神学思想建设,至今还是很模糊。丁光训主教生前曾提出"爱的神学",以适应中国社会主义的核心价值,但是教会内部保守势力对之有很多的抵触,甚至以"因爱称义"与"因信称义"的新教传统相悖来发难,这方面的思想发展因而不是很多,尚未形成具有中国文化特色的神学体系。而社会上则有极"左"思潮坚决反对任何神学,将神学作为否定、反动的因素来对待,认为除了对神学加以彻底批判完全摈弃之外则别无选择。但这实际上断绝了基督教思想向我们的主体思想、核心精神靠拢之路,客观上则是挑起基督教与我主流思想的意识形态对立,公开表明基督教的核心思想与我们的社会主义核心价值完全对立、水火不容,从而会把基督教推到我们的对立面，迫使其走向与我对抗、和我分裂之路。将基督教以排除异己之态推向我们的对立之面，与西方敌对势力试图把基督教拉向敌方实质上乃异曲同工、效果一样，会形成一股对我极为不利的合力。这其实对基督教和中国社会将都会是一场灾难，所以我们应该坚决避免这种现象的发生，对基督教也只能是积极引导，而不可拒之门外，推向敌方。所以，在如何理解推动神学建设与坚决批判神学上乃充满张力，其不同立意也充满玄机，颇值我们深思和对比。就基督教本身而言，在中国面向全球化改革开放这样一个时代背景下，教会凭什么可以发掘相应的思想资源来构建其中国特色的理论体系，只能是用中国的思想文化传统来结合基督教信仰的一些基本要素，构建出自己的神学话语体系，这种创建不是简单重复引进西方的神学话语体系，局限和满足于对之解读、诠释。但如果只能用彻底批判神学来对待基督教思想革新和与中国思想相适应，那么其神学建设则尚未开始就会夭折，而没有基督教思想理论层面与中国思想文化的适应，其余任何"中国化"也只能是空谈、虚言。因此，对基督教神学思想的根本否定，对于基督教整个文化适应及其"中国化"无疑是釜底抽薪，断其根本。而对于中国文化"走出去"而言，如果能有一种代表中国教会的文化色彩则是对世界基督教发展的丰富和完善，中国教会要更多地体现出中国的文化色彩，用中国的思想文化来表述，这里亦需要一个思想对话、融通的平台。我们不是说中国基督教在各个方面都不要西方的这些原有形态，而是让其化入中国文化，中国文化的开放性也本来可以使之中西合璧，时代更新。中国文化不可"全盘西化"，但也绝不可完全排外，因为我们今天所坚持的指导思想马克思主义本身就是外来的，而且还恰恰就是从西方传来的。我们今天提倡马克思主义的"中国化"，同时也强调必须坚持马克思主义。外来思想文化在华"入乡随俗"的历史悠久，就是在 1949 年之前，中国教会的学者在其"中国化"的探索中应该说也已经早有了一定的经验。但是自改革开放以来，教会因与西方的重新接触故在这个方面反而有一点反弹，这要引起我们的重视和反思。有些教会人士跟笔者说，过去地方政府要求他们建哥特式的教堂，要不就认为他们不是基督教。这一方面反映出中国社会以西方的意识来观察基督教者还大有人在，另一方面也说明不少人对基督教中国化的战略意义根本不懂，而且在中国基督教历史认知上显得无知。中国教会必须要有"中国化"的色彩，必须探索我们自己的发展之路。今天中国社会在文化发展上的确出现了一些具有病态的西化趋向，但已经走上"中国化"探讨的中国教会决不能流俗，在其对外开放和对中国文化的弘扬上找到适当之度。必须强调的是，基督教在文化层面的中国化是一个春风化雨、润物无声的漫长过程，不可以短、平、快的方式来拔苗助长，否则会导致欲速则不达的相反结果。所以说，基督教的文化中国化是需要时日的，应该让其水到渠成。

中国教会在它的日常生活中，在它的社会参与中，如何形成自己跟今天中国改革开放的同步，在其深层意义上实际乃文化问题。中国今天的城镇化建设，必须与中国的文化建设相融洽、同步进行。而中国教会传统习俗与中国基层社会文化习俗的结合，也要有文化革新、文化创新的姿态。早在20世纪20年代初，以及其后的30年代，基督教在中国的传统文化上如何适应和重建等方面都有过一些探讨，因为"基督教中国化"不是纯理论的抽象思考，而必须接地气，体现在教会的日常生活、宗教礼仪之中。比如说在教堂的礼拜唱诗等活动中，这种改革就是鲜活的、不断的。天主教在西欧的发展形成了其拉丁文化特色，而宗教改革的时候则有新教的民族教会趋向，表现在其语言、文化的变革之中。现代西方的天主教会已经适应了他们的民族社会，20世纪60年代"梵二"会议后民族语言的弥撒等礼仪得到普及。但改革开放初期西方人到中国来了以后，却发现我们天主教还是举行拉丁语的弥撒，这种怀旧使他们很感动，但也觉得不可思议。这在另外一方面则说明我们在礼仪上的变革反而比西方还缓慢，没有及时跟上时代发展的步伐。西方基督教会在适应现代社会变化的时候都会积极跟进，主动变革，我们中国教会是不是可以适应今天中国社会方方面面发生的变化，有着思想文化上的"跟上时代"？这是令人激动的时代挑战，我们当然应与时俱进。像我们中国教会的唱诗，我们一些教会活动的基本表达,都可以体现出新时代中国文化的特色。在教会参与中国社会基层建设,投入慈善活动等领域,都可以有一些中国特色的创新。当代佛教在其"人间"或"人生"佛教的革新中,实际上借用了许多基督教的表述,但其在现实实践中很是成功。既然中国佛教在"中国化"上已经摸索出各种成功经验,那么中国的教会在这些方面是不是可以比较佛教的经验教训来慢慢尝试,稳步前进。我们应该以长期的探索磨合来形成中国特色的基督教生活,也就是说要把"中国化"融入基督徒的生活之中,使"中国化"体现为中国基督徒的生活及生命特质。

　　本文从这几个层面粗略地对"基督教中国化"做了一些重新思考,并感到我们在这些方面还大有潜力可挖。我们虽然是观察者,不应干涉中国教会的内部事务及其自我发展。然而"国家兴亡,匹夫有责",况且中国知识分子有以"天下"为己任的"士"之传统,当基督教的发展与中国的未来命运联系在一起时,这种关注则已经是我们的分内之事。我们完全可以跟广大的基督徒有很好的对话,为其"中国化"之探提出相应的建议,并共同商议做出一些可具操作性的方案。我们应和中国教会的朋友展开对话,给他们提供一些合理的思考和能够加以实践的举措,或者敞开我们的一些基本观点,带来相关启发或借鉴,有一些必要的分析和前瞻。这就是我们想要达到的一个初步目的。这里仅仅是个开端,它既是对我们以往在推动"基督教中国化"方面所做工作的回顾和总结,也是往前展望的一些探讨或预见。我们衷心希望能够使中国基督教在中国走上正常发展的轨道,在社会定位上脱离"西方"模式而归入中华大道,在思想价值上不再有"异己""异化"的敏感而成为中华文化的有机共建。我们如果能为"基督教中国化"这样的发展做出我们的微薄贡献,则不辱我们的时代使命,尽了我们中华"有识之士"的职责。

　　〔本文根据 2014 年 10 月 26 日在北京大学宗教文化研究院和中国社会科学院基督教研究中心于北京集贤山庄共同召开的"第二届基督教

中国化学术座谈会"上的发言改写,其中部分内容发表于《中国民族报》2015年3月17日。原载邱永辉主编《中国宗教报告（2015）》,社会科学文献出版社2016年版。]

第二十八章

中国神学建设的沉思

——《丁光训文集》读后感

基督教在中国的发展，中国基督教神学的创建，以及宗教与中国当代社会的关系，这些问题受到中国基督教界、宗教界和知识界的普遍关注。丁光训主教这部文集的出版，对我们深入探究这些问题和找寻理想的解答提供了重要启迪和思路。我们从事宗教研究尤其是基督教研究的学者，对这本文集的出版感到非常高兴，对能够系统读到丁主教的真知灼见也感到格外兴奋。

从学术探究的角度来看，基督教因其在华传播上的特殊经历而使其"中国化"之路走得极为艰辛。从基督教在中国到中国基督教的发展，标志着基督教的普世性与地方性即本土性的有机结合，这也是中国教会所追求的"本色化"及其"处境化神学"所要形成的中国特色。为了这一目标，中国教会的有识之士做出了巨大的努力；为了创建中国教会自己的神学，中国教会已经历了好几代人的摸索、探讨和追求。今天，我们读到丁主教这部文集所收集的重要文章及其闪光思想，确能看清中国教会及其神学发展的"轨迹"，体会构建中国神学之必需，且已有了基本框架，并感悟到中国教会的重大发展和中国神学思考上关键性突破的即将来临。所以说，丁主教的文集在中国当代教会和神学发展上具有里程碑的意义。丁主教以其精辟的分析总结了中国教会以往的发展，以其深远的洞见展望了中国教会及其神学的未来必由之路。

按照丁主教的理解，神学反映了教会的思想活动，它充分说明了理论思考的重要性和必要性。神学在很大程度上展示了教会的精神境界和思想高度，因而在教会生活中起着核心和灵魂作用。丁主教对古今中外的基督教神学有广博的知识和系统的探讨，对具有中国特色之神学的构建及发展有深刻的思考和独特的见解。其"上帝是爱"的上帝观、"宇宙的基督"之基督论和积极、开放、包容、能动的"创造"论及人性论，已为中国神学体系的建立打下了坚实的基础，指明了正确的方向。

宗教及其神学作为人的信仰，人的思索和追求，不脱离人所生存的现实社会和外在世界。因此，宗教与社会的适应，与时代的协调就显得特别重要。今天中国基督教的首要任务就是如何积极适应中国当代社会主义社会。同理，神学并非空洞的玄思，而是有着丰富的社会内容和时代特色，中国神学建设也必须贴近中国社会，反映和回应中国当代社会之思，在教会理论深层次上积极适应社会主义思想文化。由此而论，神学在当今社会亦有其与时俱进和理论突破，反映出神学持续不断的发展变化。宗教虽有超然的追求，其价值、境界和精神却必然体现在现实存在之中。宗教的终极关切只有与现实关切结合起来，才可能落在实处，有其分量。所以说，没有纯抽象的宗教存在或神学理论存在，宗教及其神学势必与社会关联，反映其社会存在。从这一意义上来看，宗教的正常存在和发展应该是关心现实的而不应遁世消隐，应是开放的而不应自我封闭，应是对话的而不应自我独白，应是宽容的而不应唯我独尊，应是充满爱心的而不应抱有怨恨。这在当代中国社会尤其如此，宗教界必须不断调整，找准其与社会的关系，积极适应我们今天的社会主义社会。在这些方面，丁主教为我们做出了表率。他强调宗教在现实社会及人生中的不断完善和提高，倡导宗教以其爱心、道德伦理和服务精神为世界做出贡献，促进人类的理解、沟通、团结及和平，鼓励宗教的宽容、对话和开放，从而使宗教既能达到升华和超越之境，又能为社会的发展、人类的进步做出积极贡献。宗教的这种取向和进路，也必然使全社会对宗教有更正确、更深入和更全面的了解。

丁主教这部文集的出版，充分说明了当今中国神学建设的重要和必要，这种神学建设是促进基督教中国化最为关键、最为核心的构成。中国教会要与时俱进、积极转型，就需要抓好这一神学建设，及时推出符合中国现代社会、当今时代需要的神学思想理论，凸显中国神学的特色，从而积极促进基督教的中国化发展，与整个时代潮流相协调，与中国当代发展同步。此外，丁主教的这些神学思考，对中国知识界、理论界和学术界的宗教研究也提供了新的对话机会和研究课题，尤其会推动中国学者对中国基督教及其神学发展的关注和研究。我们将抓住这一契机，认真研习，积极对话，鼓励并支持丁主教所倡导的中国神学建设和基督教中国化发展，以学术繁荣、知识创新来迎接中国宗教在社会主义社会的积极适应及和谐发展。

（原载《中国宗教》1999 年 1 期）

第二十九章

中国社会与中国神学

　　基督教神学从其当代发展和社会影响来看，基本上为一种"处境神学"，即有其鲜明的社会存在特色，反映出一定的思想文化背景。因此，中国神学的建设亦不离中国社会现实，尤其是当代中国神学体系的构建乃与当代中国之现实处境密切相关，这种构建及其发展正是基督教神学在中国思想文化背景和其社会现实需求中的"本色之探"。《丁光训文集》的出版之所以有着广远的影响和重要的意义，就在于它反映了基督教当代神学建设中"中国特色"的探讨，说明了中国神学与中国社会的密切关联和互动作用。正如丁主教所指出的，现阶段中国的神学虽然仍应受历史的、普世的教会制约，"但它不是模仿，它是中国基督徒针对中国教会自己的问题的思考"[①]。阅读丁主教的这部文集，笔者深深体会到这种思考不是封闭的而是开放性的，不是独白的而是对话性的，不是排他的而是包容性的，不是权宜的而是高瞻远瞩的。这里，笔者想从中国神学建设的必要性、中国神学建设的伦理侧重以及中国神学建设的开放体系这三个方面来谈谈《丁光训文集》对笔者的启迪。

[①] 《丁光训文集》，译林出版社1998年版，前言，第5页。

一 中国神学建设的必要性

丁主教指出，"神学是教会在思考。"[①]神学反映了基督教会的思想活动及其进程，不展开思考的教会势必走向教条和僵化，导致对信徒思想和灵性的禁锢。一种宗教若不思考问题，不进行神学研究，就会扑灭其宗教的精神火花，扼杀其灵性生命，从而使之永远陷于一种"低级和原始的"状况中难以自拔，不可能获得提高和升华。这充分说明了教会理论思考的重要和必要。神学作为教会的理论思考和精神探索，在很大程度上体现出教会的思想深度和精神境界，神学的反思乃代表着教会存在之魂。然而，对于中国有没有自己的神学，需不需要创立中国自己的神学，在宗教界和学术界都有一些不同的看法。有人认为中国古今其实并没有自己的神学，中国人按其语言和固有思维方式目前并不必要而且也不可能有自己独创的神学，因为神学只是适宜于用西方语言思考的东西，反映出西方追求智慧和爱智的精神传统。按照这种观点，中国人完全可以采取"拿来主义"的态度而接受吸取西方神学，以改善中国语言和思维能力。至于创建中国自己的神学，则似无必要或并不那么急迫。这种认知显然是有问题的。应该承认，基督教神学的奠立及其系统化确实是在近两千年的西方思想文化史中完成的，基督教神学体系有着典型的西方色彩或印痕。不过，在当代西方社会，其神学的所思所述已更多地反映了其特定的历史时期和社会处境，而对其理论是否具有传统神学意义上的那种"普世性"或"永恒性"吁求则不再显得那样理直气壮。现代西方神学的发展，已使教会思想史上曾宣扬过的那种神学的"永恒性"让位给对流变之"处境"的捕捉和反思。正是在这一意义上，中国神学的创建及其发展就显得很有必要。

考虑到基督教会这种"普世性"和"本土性"的相互关系以及神学之思所面临的"处境"变化，丁主教主张中国教会应该有自己的神

[①] 《丁光训文集》，第270页。

学，认为中国基督徒面对现代中国社会所提出的各种挑战及问题应有自己所独到的回应及解答。因此，中国神学应该且有必要独树一帜，体现自己的特色，而不要抄袭或模仿西方传统神学，更不要随便套用现代西方神学。丁主教在其《文集》中收集了许多其论述中国神学建设的重要性及应如何建设的文章，使我们捕捉到中国神学跳动的"脉搏"，看清了其发展变迁的"轨迹"，并体会出中国神学体系之构建所必要的"框架"。

论及建设中国神学的必要及其与西方神学的关系，丁主教指出，中国的神学工作"是中国基督徒针对中国教会自己的问题的思考。海外神学家的旁听和指教我们当然是欢迎和感谢的，但他们不再是是非的标准，而中国基督徒则既是神学要提高其信仰素质的对象，同时又越来越从旁听和消极接受地位转而为对话的积极参与者"[1]。中国神学并不超出基督教神学的构建范围，其与普世神学的关系乃"相互交流，相互弥补和互相丰富"。西方神学给中国神学的建设提供了参照。而中国神学的真正创立则需要认清其得以生存和发展的思想文化"处境"，这一神学即一种"本色化"或"处境化"的神学，体现出中国特色。"我们中国，基督徒力求使教会和神学植根于中国的土壤，在罪的问题上既要防止乐观主义者简单化的抹煞，也要防止以正统为标榜，过分地加以普遍化。如果说，欧洲不少神学是在帮助信徒接受和容忍饥馑的事实，而解放神学的伟大之处正是动员信徒去参与克服饥馑的斗争，那么，教会在新中国是在向那些已经开始从饥馑的威胁中解脱出来的人们宣告人活着不是单靠面包，也要靠上帝口里出来的话语。"[2]中国神学的创建既靠与基督教思想文化的结合，也靠与中国思想文化的结合，它是一种双向结合及中西合璧。这意味着，中国教会的神学思考及其体系构建不能缺少这两个方面，一为基督教在中国文化处境中的适应、认同和本色化过程，二为中华民族以其思想文化积淀来对基督教加以体认、理解和创

---

[1] 《丁光训文集》，第270页。

[2] 同上书，第30—31页。

新。中国神学即代表着基督教信仰与中国思想文化通过融会贯通和有机结合而应有的神学表述。其成功需要信守基督教的启示，保持其教会传统，弘扬中西思想文化精神，勇于社会实践并获得社会生存及创新的经验。中国教会构建自己神学理论，试图创立其思想体系的时期，恰逢中国社会出现革命、改革、转型的剧变过程，因此，中国教会体验到一段极为曲折、困难、复杂、艰辛的神学发展经历。为了中国教会自己的神学思考与建树，赵紫宸、诚静怡、贾玉铭、吴雷川、谢扶雅、吴耀宗等"多具本国风格的学养与德操"的"基督徒君子"曾付出毕生精力来摸索、探讨和追求，他们成为普遍受到人们敬重、有志于"出新意于法度之中"的中国神学探求者。然而，这种探索迄今仍处于"路漫漫其修远"的过程之中，要达其成功并非易事。在20世纪50年代初，赵紫宸曾感叹"中国基督教最弱的部分是教会本身，教会最弱的部分是教义神学"[①]，他希望中国教会能产生"在经验里有基督教的精华与中国文化的精华"，像奥利金、奥古斯丁等人那样著名的神学大家。今天，我们阅读到丁主教有关中国神学建设的真知灼见，深感到这种探究和努力仍在继续，并且看到了其能够取得成功的希望。正如陈泽民先生指出的，"丁主教就一些带根本性的神学问题提出很宝贵的具有创造性、突破性的观点，也有选择地参考和吸收某些西方现代神学的理论，加以发挥，为我所用。这些都可作为今后搞中国神学的指导"[②]。丁主教在这部《文集》中展示的许多新意和亮光，势必为中国教会面向21世纪的建设性神学思想和研究带来启迪和动力。

二 中国神学建设的伦理侧重

如前所述，中国神学建设目前尚处于初创阶段，中国教会"现在

[①] 赵紫宸：《今后四十年中国基督教教义神学可能的发展》，《金陵神学志四十周年纪念刊》，1950年。

[②] 《丁光训文集》，前言，第6页。

还来不及构建和提出比较系统、全面的神学理论",而只能从其现实处境即当今中国社会改革开放及其带来的急剧变化出发,"试图把基督教信仰和中国传统文化以及民族特点结合起来"①,由此形成中国神学的特色。这就是说,目前中国神学的"实践"意义应高于其"思辨"意义,应面向广大群众,体现出一种社会关怀和现实关切。丁主教所提倡的神学思考是如何把基督教的信仰和生活的现实结合起来,成为既合乎理性又具有超越能力的理论。"它既不是经院式的玄而又玄的臆想,也不是被关在书斋里的'专业神学家'所垄断的。"②中国神学的建设应面向中国国情,面向中国信教群众,它的目前形成不应是学究味过浓的"玄学",而必须成为植根于中国社会、充分表达广大信徒的思想感情的"显学"。为此,丁主教曾深刻指出:"神学不但应同其社会文化环境保持节奏,它也应反映教会怀抱中的广大信徒的思想感情。如果一个处境化的神学只能被远处的一些具有社会意识的知识分子所欣赏,而自己的教会本身的信徒却认之为陌生的异物,那总是一个不正常的现象。我们在精神、物质上都受我们自己祖国和祖国基督徒的喂养,我们依附他们,离不开他们。我们的神学家应该能真正成为中国教会身边的儿女,这是我们最大的光荣。我们的写作,首先是为了供应国内信徒,那就是,为了中国基督徒的营养和建立。我们到他们所在的地方通过他们能接受的方式,去同他们相会,而不把他们接受不了的东西强加给他们。神学思想是在变迁中,但这些变迁不是去适应其他国家少数专业人员的胃口,而是反映并推进(即使较慢)广大中国信徒灵性和知识上的发展。神学家和一般信徒需要保持一个互相给取、互相学习、互相培养的对话关系。同文化的对话、同自然科学和社会科学的对话、同哲学的对话和同神学家国际群体的对话要有价值,必须最后有助于建立基层广大信徒。神学家能抛弃他们的个人英雄主义,能谦虚地而不自觉高人一等地同他们周围普通基督徒保持密切联系,能诚恳地聆听他们的话

---

① 《丁光训文集》,第5页。
② 同上。

语,向他们学习,总结他们所看见的亮光,能帮助他们对上帝的启示的接受达到新的高度,这样的神学家的工作我们认为才是真正有价值的。"①这里,丁主教提出了初级阶段中国神学建设的定向问题。目前中国信徒所需要的不是那种具有"思辨"意义、囿于专业神学家之象牙宝塔孤芳自赏、孤独自表的神学,因此,中国神学工作者必须要"谦卑自己,与中国信徒相认同,相交流,以他们的问题为自己的问题,以能帮助他们从原有水平不勉强地提高为喜乐,脱离信徒的惊人之言宁愿不说"②。

在这种情况下,中国神学建设当前主要应为"实践的""大众的""应用的"。丁主教提出的重视宗教伦理道德作用的神学观在此就显得格外重要和贴切。本来,神学从其系统之意义而言乃与伦理学有别,其关心和指向原不属同一层面。然而,若将神学从思辨转向实践,从系统转向应用,二者则可达成共识,获得共同的指归及意向。此即当代应用神学、实践神学的意义之所在。将神学应用于实践且为广大信徒所接受的最好切入点则是神学伦理学或道德神学。因此,中国神学建设以伦理为侧重正是中国社会及其时代需求所使然。丁主教曾引用爱因斯坦的话说,"从惧怕的宗教发展而为道德的宗教是宗教演化史上前进的重要的一步。"③他认为中国宗教的现代使命就是要从恐惧鬼神地狱发展到推崇道德伦理,指出道德型、服务型才是宗教在社会主义中国中应该具有的中国特色。在宗教向道德型发展中,基督教作为一种具有伦理意向的宗教即"爱的宗教"则可发挥其表率作用。丁主教在其《文集》中阐述的"上帝是爱"的上帝观、"宇宙的基督"之基督论以及积极、开放、包容、能动的创造论和人性论既突出了中国神学的伦理性,又为这一伦理侧重提供了基督教的信仰依据。

洞观当今社会发展,这个世界仍然充满了恨与怨,充满了误解、邪

---

① 《丁光训文集》,第224页。
② 同上书,第271页。
③ 同上书,第287页。

恶和凶残。"爱的关怀""爱的奉献"和"爱的世界"迄今仍是一种理想而未成为现实。群体之间的敌意使国际社会未得安宁，个我的自私及其道德感觉的随意性正对道德伦理的"群体意识"形成严重冲击。在当代社会转型过程中，许多人突然发现"德性"不见了。在这一严峻时刻，丁主教开始从宗教的伦理道德作用上，从基督教倡导的"爱到底的爱"之意义上来进行中国教会的神学建设，因而起到了拨乱反正的重要作用。这种"爱"的思想或主题既体现了中国基督教神学建设的伦理侧重，也是与中华民族崇尚道德的传统文化相吻合，相一致，因而体现了中国社会的需求，反映出其应该具有的中国特色。

在其"上帝是爱"的神学思想中，丁主教认为"基督所彰显的上帝是一位爱的上帝。在上帝其他一切属性之上和之先，是他的爱的属性。"丁主教曾多次指出，"上帝是爱，这是宇宙中一切事实中最主要的事实。"[1]"我们的出发点是上帝的爱，或是爱的上帝。在一切创造的背后是爱。爱是揭开全部存在的奥秘的钥匙。上帝这个爱催促着他要进行创造，进行教育，进行宽恕，进行救赎，进行圣化使越来越多的人找到这爱的能源。神的最后目标就是塑造出爱的宇宙，一个爱的世界，在里面有一个以自愿相爱为原则的人类共同体。……上帝的意志是爱的意志，是团契的意志。上帝正在按自己的形象塑造人。三位一体本身就告诉我们，上帝自己就是一个爱的共同体。"[2]由此可见，丁主教乃把上帝之爱作为中国教会在新时期神学思考的全新出发点及其理论核心，并以这种爱来理解和论述"道成肉身"的耶稣基督，提出了"宇宙的基督"这一重要思想。丁主教说，"对于中国基督徒来说，认识基督的宇宙性，至关重要。其基本意义在于帮助他们至少明确两个问题：（一）基督的主宰、关怀和爱护普及整个宇宙；（二）基督普及到整个宇宙的主宰以爱为其本质。……我们在耶稣基督身上感受到，这种爱是上帝的最高属性，是上帝创造宇宙、推动宇宙的第一因，在爱的光照中，我们得

---

[1] 《丁光训文集》，第57页。
[2] 同上书，第182页。

以洞察人世沧桑。"①在丁主教看来，基督对世人那种"爱到底的爱"给人以深刻的印象和道德指导上的"绝对命令"，它充分说明"爱是宇宙的第一因素，是创造的第一推动力。一个爱的宇宙正在被创造。爱将充满宇宙"。而中国基督徒则势必"被这位基督非以役人，乃役于人，为人赎价的博大而无上的爱心所带动，去进入世界，发挥光和盐的作用，以造福人群"②。"宇宙的基督"所体现的爱之精神不仅为基督教信仰的本真，而且亦可与中国思想文化传统中赞美宇宙和谐统一的"天人合一"观、主张以"仁爱"为本治国安邦的社会秩序观以及"厚德载物"和"兼爱""至诚"的精神展开积极的对话和沟通。丁主教呼吁说，"我们愿意更多的人发现爱，发现爱的宝贵，不但在人间发现人的爱，而且更在基督身上发现上帝的爱，并且进而发现，爱实在是这整个宇宙、整个现实、整个存在背后的最后最高的动因，最后最高的原则，……基督所启示的上帝的最高属性……是他的爱。……发现这个爱，认识这个爱，被这个爱所抓住，向这个爱投诚，我们才能彻底同'人不为己天诛地灭，论一刀两断。'"③以这种"爱"的胸襟来进行"爱"的呼唤，以"爱"之普世情怀来取代个我多愁善感、随遇而发的生命感觉及情绪，基督徒在中国社会发展和中国文化重建中无疑可大有作为。从这种"爱"的伦理出发来建设中国神学必将使其发展获得坚实基础和无限潜能。"爱"所突显的中国神学建设之伦理侧重，可以使真善美、信望爱得以弘扬，可以使中国教会充分发挥其在中国当代社会中的仆人精神、谦卑精神和服务精神，从而得到社会公众的理解、承认和推崇。这种"爱"可以使我们坦诚相待、相互理解和取得共识，这种"爱"可以为我们确立忠、诚、仁、信、善的美好人生，这种"爱"可以助我们达到社会共融、和谐共存及世界大同。因此，丁主教所倡导的"爱"之伦理不仅可使中国教会的神学建设取得重大突破，而且也

---

① 《丁光训文集》，第 93 页。
② 同上书，第 273 页。
③ 同上书，第 176—177 页。

是可为中华民族发展带来光明前途的"希望工程"。

三　中国神学建设的开放体系

迎着改革开放的春风，中国社会进入了其开放社会的发展时代。这一进程与世界"全球化"的趋势相吻合，人们的相互关系不断贴近，世界在变"小"，故有"地球村"之称。面对这一时代潮流，丁主教强调中国神学的建设一定要视域开阔、高瞻远瞩。中国神学只有形成一种开放体系，有着海纳百川的气度，才可能真正成就"大器"，令世人所瞩目。由于历史的原因，中国基督教在其认识上曾形成一种信与不信的分野，从而在一定程度上导致教会活动的自我封闭性和神学探究的独白性。在当今中国神学的建设中，丁主教深感这种"信与不信"的分野妨碍了基督教神学所倡导的博爱和包容，从而使"上帝之爱"的"普世性"关怀受到误解，使这种"爱到底的爱"之精神难以贯彻和实现。针对这种分野，丁主教有过如下分析和表态："信就是好，今世可以享受种种福分，死后可以上天堂；不信就是不好，不管为人民作出多大的贡献和牺牲，还得下地狱。这决不是基督的爱的上帝观，这是阎罗式的上帝观。"[①]在现代基督教的"普世主义"发展中，基督教实际上已进入了一种开放、对话的时代，它不仅展开了与教内各派的对话，而且也展开了与教会之外各种宗教、各种思想和认知的广泛对话。今天，人们已把对话视为"共在之智慧"，这种对话亦已成为基督教神学建设的重要内容。丁主教高扬了这种求对话、达沟通的时代精神，强调中国神学建设的开放性和对话性，因而不去突出信与不信的争议，并努力在"创造""生生不已""自强不息"等思想上找到基督教神学与中国思想文化对话、交流的契合点，这就使中国教会的现代神学思考焕然一新，获得了无限生机。

丁主教关于教会之外存在真善美的神学思想，亦充分体现出中国当

[①] 《丁光训文集》，第290页。

代神学建设的开放精神。在传统基督教教义中曾有"教会之外无拯救"的说法,强调基督教信仰的排他性和绝对性,这对教内外的交流和沟通形成了阻碍。这种强调救恩的教会属性之理解在现代教会发展和神学革新中已被扬弃。丁主教在总结这一历史进程时指出,"在六十年代,梵蒂冈召开了第二次大公会议,这会议引起了天主教很大的改革。在神学方面也有很大的改革,其中很重要的一点,就是'梵二'承认,在教会的外面并不是一切只有沉沦,只有毁灭。""'梵二'整个思想发展的方向促使天主教德国神学家拉纳提出一个命题:把一些人当作不称为基督徒的'基督徒',他的意思就是,教会外面也有许多基督徒,他们自己不称自己为基督徒,他们也许从来没有接触过基督教,'基督教'三个字也许听都没有听到过,但是他们的行为品德很好,他们可能从其他宗教也得到了不少有价值的启示,因此可以承认他们为不带名号的基督徒。"①拉纳认为神恩的普遍存在或是以公开明显的方式,或是以隐蔽压抑的方式而体现在所有宗教之中,因此非基督教亦可成为"拯救之途""人类沿此而迎向上帝及其基督"②。丁主教除了从教会传统以及奥古斯丁、查斯丁等神学名家的论述来解释拉纳的观点之外,还从更高层面和境界上提出其"宇宙的基督观"。这一基督观"能够照顾到更多的面,使我们一方面肯定《新约》里面的基督,……另一方面,对于世界上的真善美,还可抱一个开放的态度"③。这里,丁主教以极为开放和包容的胸怀论述说,"基督拯救的工作并不受教会的限制,这个工作涉及到整个宇宙。看到救恩的宇宙性是当今神学思潮的一个特点。正如'梵二'所说,在教会轴心结构之外,可以找到很多有关真理和成圣的因素,对那些愿意遵照自己良心指使的人来说,蒙救的帮助是到处存在的。"④承认教会之外真善美的存在,亦使中国教会与中国当代社会的适

---

① 《丁光训文集》,第252页。
② [德]卡尔·拉纳:《神学论集》第13卷,第350页,德文版,1978年。
③ 《丁光训文集》,第253页。
④ 同上书,第252页。

应及共融更加容易，更为自然。

丁主教在中国神学建设中所持的开放态度，亦表现在对教会之外知识分子研究基督教及其神学理论的包容、关怀和理解。这一点尤其使我们这些教外学者深受感动。在中国改革开放以来，中国学术界涌现出一批研究宗教尤其是基督教的学者，出版了大量研究论著。对于这一知识群体，丁主教充满了支持、理解和爱护之情，对他们的研究亦有积极的评价："在对宗教和《圣经》的态度上，这批作者能摆脱简单化和反教传统的框框。他们欣赏一种文化型、道德型、服务型的，反映人类终极关怀的宗教。他们象征着地平线上新一代知识分子的出现。能够同这一群将为提高我国人民的文化素质作出贡献的青年学者在一起探讨和合作，在我是一件特别高兴的事。"①

鉴于中国的历史和国情，不少中国人对于基督教及其思想有着种种误解或不解。这一状况使教外学者从历史、哲学、文化等角度所展开的基督教及其神学研究在中国有着独特的意义。中国学界对基督教的这种研究、同情和理解，在古今中外历史上都是罕见的，它构成了一种极为特殊的思想文化现象。因为在其他国家或是清一色的教会内部理论，或是宗教冲突中反对基督教的言述，而从宗教之外的观察视角客观科学评述基督教的声音则极其微弱。有的基督徒亦好心地将之称为上帝在冥冥之中的一种独特安排。但这种研究也引起了教内朋友们的一些困惑、不解，甚至批评。记得笔者在访问德国时一位教内朋友曾疑惑地问我："你们研究的目的是否要搞一种非教会运动？"国内教会亦曾有人认为神学研究是教会的内部事务，用不着教外人士来插手或代劳。其实，教外学界的研究与教会的研究在目的、方法和读者对象上都有着一些明显的不同，因此，二者的关系不是代替或取代，而乃互补和沟通。当前教外学界的研究从主流上来看，其目的不是旨在一种"非教会"或"非基督教"运动，而是试图以其尽量客观的研究来展示基督教的本真，尽可能消除或减少中国社会及其民众

---

① 《丁光训文集》，第461页。

对基督教的不解或误解；其方法不是神学或信仰的方法，而是运用现代宗教学的方法，并结合其他社会科学和人文学科的研究方法及手段；其研究成果之读者对象首先并非教内信徒，而为教会之外的广大知识阶层及社会科学界等相关领域的专业研究者。至于教外学者的神学研究也主要是分析、介绍、叙述古今中外的基督教神学之探及其概况，以一种学术视野来对之研究、剖析，旨在为中国学界提供必要的知识和信息，为中国教会的神学发展及突破展示一些背景材料，创造一种良好氛围，增强公众的关注和理解。教义理论上中国神学的建设和创新则绝非教外学界的任务，而乃中国教会本身义不容辞的使命。教外学界只可能去帮助大家了解和理解神学，而不会去创立或发展教会内部的教义神学，后者正是中国教会的职责和努力之所在。这种不同的分工和意向完全可以使教外学者与教会人士相互交流、共同合作，由此达成共识和共存。

丁主教对教外知识界的宗教研究和神学研究表示了充分的理解和支持。对于教外学者研究基督教思想文化的现象，丁主教曾率先提出"文化基督徒"之说。尽管教会内外和学术界本身对"文化基督徒"的说法有着不同的理解和评论，在当下中国语境中亦可能造成误解或误会，但这一表述本身却充分展示了丁主教对教外学者研究基督教给予积极欢迎和热情支持的姿态及气魄。面对这一新的契机，教内外人士有着大量的工作要去完成，亦需要双方互相配合和共同努力。陈泽民先生在丁主教《文集》的出版前言中曾殷切地期望："从教会内部说，如何积极提高自己，解放思想，争取和广大知识分子有更多的共同语言，促进对话，是关系到基督教在中国能否打破画地为牢的'次文化'禁区、和全国人民共同前进的关键。希望这本书的出版，也能引起广大知识分子的关注，帮助他们对今日中国基督教有进一步的理解。"[①]我们教外学术界的广大知识分子确实已从丁主教这部文集的出版和上述期望中看到了新的研究课题和对话良机，我们会抓住这一契

---

① 《丁光训文集》，前言，第7页。

机，更加积极地关注和研究中国教会的发展及其神学思考，增强交流和对话，加深理解和体认，以迎来21世纪中国神学的新貌和中国社会的新姿。

第三十章

丁光训与基督教的中国化探索

导　　论

2015 年是丁光训主教（1915—2012）诞辰一百周年的重要年份，我们大家聚集在北京，一起隆重纪念这位当代中国基督教会的领袖，为中国教会发展做出杰出贡献的伟大宗教思想家，共同研讨基督教中国化的思想和路径，具有独特意义。在当代中国，宗教如何生存与发展，怎样来积极适应社会的变迁和进步，在我们和谐社会的建设、在实现中华民族伟大复兴的"中国梦"之努力中能够做出什么样的贡献，是大家都非常关注的，但也不是十分清晰或已达成共识的。因此，回顾并研究丁光训主教的神学思想及其教会实践的发展和贡献，有着非常现实的意义和迫切的需要。这种回顾和反思会给我们带来重要的启迪，为中国教会的未来发展提供很好的前瞻。为此，笔者在这里尝试探讨丁光训主教在基督教中国化方面的思想和实践，从丁主教主张中国教会要由中国信徒以"三自"原则自己来办，中国教会要积极适应中国社会主义社会，以及中国基督教"爱的神学"构建这三个方面来阐述丁主教在当代基督教中国化探索上的筚路蓝缕之贡献，以纪念丁光训主教诞辰一百周年。

一　中国教会要由中国信徒自己以"三自"原则来办

关于基督教的中国化问题，历史上有过一些尚不成熟的探讨，也出现过很多分歧和争议。有人强调基督教信仰的"普世"性，而认为没有必要"中国化"。有人从信仰传播学意义上认为提出基督教的"处境化""本色化"或"本土化"以及"在地化"这些表述就足够了，而不必特别凸显"中国化"。然而，这种基督教传播上的文化披戴、文化适应及文化融入的一般性认知则因自清朝以来中西交流中文化传统的不同和信仰认识上的分歧所出现的"中国礼仪之争"以及最终引发或转变为政治上的冲突与对峙而变得复杂，此后西方列强在打开中国大门时使用了"鸦片"加"枪炮"，而基督教的近代来华传播也直接卷入了相关的政治及文化冲突，使基督教得了一个"洋教"的不好名分。这样，基督教的传播学问题遂转向了政治学问题，其政教关系、政社关系的考量得以突出，从此基督教所面对的更多是中国社会及民众对帝国主义、殖民主义的反抗和谴责，人们习惯于将基督教看作"政治性宗教"而不是具有历史"超越性"的宗教。于是，基督教摆脱"洋教"的名分，凸显"中国"特色就显得格外必要和重要。所以，基督教旗帜鲜明的中国化就成为我们这个时代中国教会发展的必由之路。从这一回顾来看，基督教的中国化探索乃有着政治和文化的双重意义。

虽然长期以来基督教的"本土化"已被反复议论，并被视为基督教宣教传统的基本原则之一，但其清晰度不够，"中国"意识不很明确或没有得到凸显。而究竟应该如何来走教会"中国化"之路也没有得到特别清楚明确的提示。面对这一问题，中国教会自1949年以后才真正有了其理论和实践上的进展。而基督教的"中国化"也才得以在政治、文化这两大层面充分展开。在这种实质性进展中，丁光训主教的思想及主张起到了非常重要的作用。对此，丁光训主教明确表示，基督教的中国化之始，就是应该做到中国教会要由中国信徒自己以"三自"原则来办，并且将之办好。丁主教说，"第一阶段要解决的是中国教会该由谁来办的问题。回答是：该由中国信徒自己来办。"[①]丁主教进而指出，"'按三自爱国原则办好教会'是一个比较好的、适合现阶段的口

---

① 《丁光训文集》，第374页。

号,因为它提到了办好教会。"①"办好教会"就是"自治要治好,自养要养好,自传要传好",这样,"中国基督教有了中国基督教的特点,从而在国际教会中提高了中国教会的地位,赢得了许多朋友"②。

在丁光训主教的倡导和带领下,中国教会在其章程中表明了这一"中国"特色:"世界各地的教会由于其文化环境、历史经历、社会制度不同,在信仰中的领受也不尽相同,会产生不同的神学认识和理解。中国教会在普世教会的团契生活中,与世界各地教会圣徒相通,互为肢体,友好交流,彼此分享,互相尊重;同时又是独立自主自办的教会","以坚持'三自'原则为前提"③。关于丁光训主教在中国教会按"三自"原则发展上的贡献,陈泽民先生曾如此评价说,"丁主教以大部分时间和精力,投入中国基督教教会建设的工作。如何坚持'三自'爱国的正确方向,巩固和发展'三自'的成果,把'三自'爱国的工作热情落实到把中国教会办好,从'三自'(自治、自养、自传)进入'三好'(治好、养好、传好),便成为这时期的工作中心。"④可以说,丁主教所坚持并推动的以"三自"原则办好教会,是基督教中国化的基础和前提。

二 积极引导基督教适应中国社会主义社会

在当代中国社会,基督教的中国化所直接面对的,即中国社会的社会主义制度。有人认为宗教特别是基督教应该是超越的,不宜谈其政治或社会归属,但历史上的宗教包括基督教根本不可能,也从来没有完全脱离政治,离开过其生存的社会。其实,在研究早期基督教发展和早期社会主义运动时,人们就已经发现二者有着许多惊人的相似之处。基督教改革运动中的一些观念也包含着关于社会主义、共产主义的天才猜

---

① 《丁光训文集》,第375页。
② 《丁光训文集》,第373页。
③ 《中国基督教教会规章》第三章《教会》,2008年1月8日通过。
④ 《丁光训文集》前言,第4页。

想。虽然基督教信仰按其本质是期盼一种彼岸的得救和解脱,却在现实历史中也没有完全放弃其努力,而是在具体的时代背景中参与了其所处社会的变革发展。所以,中国教会也是有其存在的社会氛围和政治处境的,不可能对之加以根本超脱。

可以说,宗教会选择政治,却不会根本脱离或超越政治。如果不能适应中国当下的社会主义社会,基督教的中国化则无从谈起。对此,丁光训主教对积极引导基督教与中国社会主义社会相适应做出了重要的理论阐述和实践贡献。丁主教坦率表明:"我对上帝是爱的信念和中国应走社会主义道路的信念是统一的,是两者互相加强的。"按照丁主教的理解,"社会主义就是把爱为广大人民组织起来。"在比较不同社会制度时,丁主教有着非常理性和冷静的分析,"我仍然坚信,封建主义、殖民主义、资本主义对中国来说都不能代替我们所称作的有中国特色的社会主义。这一社会主义在四十年中改善了十二亿人民的生活。""我认为社会主义不是人们走过的一段弯路,一个现在可以擦掉的偶然现象。社会主义的历史还相当短。它没有一张蓝图或可资抄袭的样板。"① 这是丁主教对中国社会主义初级阶段的绝妙理解和恰到好处的解读。所以,丁主教力主基督教要积极适应中国社会主义社会,在这种发展中看到中国的希望和教会的前途。丁主教为此而有着这样的憧憬:"我们对社会主义寄予希望,不是因为我们看到了社会主义的详细蓝图,而是因为一切其他选择都不足令我们神往。"②

尽管有着苏联和东欧国家的失败,尽管中国当代社会发展也有不尽人意之处,丁主教仍然表达了其非常乐观的希望:"我相信,随着经济和教育水平的提高,有中国特色的社会主义将会具有更多的社会主义民主。"③社会主义基本精神仍然涵括有人的自由、社会民主、公正平等,代表着人类前进的主流方向。所以,丁主教号召广大基督徒要关注并积

---

① 《丁光训文集》前言,第108页。
② 同上。
③ 同上书,第109页。

极参与中国社会主义的发展，在其中体现出基督教中国化的时代特色。丁主教坚信，社会主义道路在中国社会是完全正确的选择，认为这"是一条解放和发展生产力，从而提高人民的物质生活、文化生活和自尊心的道路。"[①]由此而论，基督教是选择与社会主义社会相适应还是选择"西化"，对其在中国的生存至关重要。有人觉得宗教可以"清高"地放弃选择政治，但实际上现实存在中的任何宗教都做不到彻底放弃政治选择，而却可能公开或隐蔽、直接或间接地有着政治选择。因此，中国教会也没有必要回避或含糊其政治选择。"三自"爱国运动本身首先就已经是一种政治选择，而积极与中国社会主义社会相适应，与社会主义制度相协调，其政治蕴涵乃不言而喻的。对此，丁主教的表态清楚、明确，非常鲜明且直接。在当前复杂的国际氛围中，基督教的中国化自然也很难回避其政治态度，应该理直气壮，光明磊落，由此也是对1949年前基督教在华主要政治取向的一个根本颠覆，是对"三自"爱国精神的充分肯定和积极发扬。

三　构建中国基督教"爱的神学"

　　基督教中国化在神学思想上的典型体现，则是丁光训主教所极力倡导并积极构建的"爱的神学"。基督教思想中"爱人如己"在中国处境中通过这种"爱的神学"而得以彰显。为了在中国重塑基督教"爱的宗教"的形象，丁主教在思想推动上就提出了"爱的神学"这一表述。这种"爱"在中国的贡献既是出自基督教的思想资源，也是对中国文化传统美德的有机结合。曾有人对丁主教"爱的神学"产生误解，其实基督教核心信仰所强调的普世大爱是极为根本和关键的，丁主教的主张不仅没有对基督教信仰精神有丝毫违背，而且是对之的彰显和高扬。在此，基督教的"爱人"与儒家传统的"仁爱"相互呼应、水乳交融，使这一信仰本真增添了中国色彩和中国参与。随着中国重新认识外来文

---

① 《丁光训文集》前言，第108页。

化和发掘中国古代文化，二者的相应结合共构了新时代中国社会宗教复兴中"爱"的精神。爱神与爱人乃基督教最大的信仰表述，这种"爱"入人间在中国则就体现为道成肉身、爱我中华。可以说，这种"爱的神学"集中体现了基督教在思想文化意义上的中国化。

丁光训主教关于"爱的神学"的最初想法，起因于20世纪90年代长江流域的洪水和当时在教会中引起的反应。有一些保守的基督徒宣称洪水是对大多数不是基督徒的人们的一种惩罚，因而是这一"缺失信仰"之社会的灾祸与异兆。对这种过于狭隘的"信"之理解和以"信"划界，丁主教感到非常震惊，从而在神学观念上提出了"爱的神学"，以求正本清源、彰显基督信仰本有的无疆大爱。他认为这种大爱会朗照我中华，而且早已在中国非基督徒的爱心善行中强烈地显现出来。丁主教还非常具体地将人民解放军抗洪救灾的行动与上帝之爱直接关联，非常动情地说："我们在电视上看到，当一名解放军在抗洪中看到一个五六岁的孩子紧抱着一棵树，一松手就会落入长江洪流中去的时候，他不顾个人安危，把小船开过去，一把抓住那孩子，使她转危为安。这冒死救人的行为就是爱。我不能认为这爱'微乎其微，不足挂齿'。我认为这是伟大的爱，是神圣的爱，因为这爱的创造者就是上帝。看到这样的爱，上帝必然感到喜悦，对之我们基督徒也理应感谢，不应加以贬低。难道做了基督徒，连世人的好行为也要奚落鄙视，这正常吗？那末我们的基督徒还能和人民有什么共同语言呢？约翰福音第3章第16节告诉我们：'上帝爱世人……'但愿我们体会上帝的心意，也用爱心去看世人。"[①] 当前我们的社会仍存有冷漠和麻木，基督教与中国社会之间也缺乏信任和信心，这一时刻最好的办法就是以"爱心"来沟通彼此，来温暖人心，使我们的社会重建诚信，重筑爱巢，重树信爱。因此，丁主教认为，基督教在中国的当务之急和理想之道就是发展、弘扬一种"爱的神学"，以这种"爱"的精神体系来联合教会内外，服务社会人生，实现中国乃至整个世界的和谐共存。

---

① 引自《天风》1999年第6期。

"爱的神学"是当前中国教会的最佳选择,可以面对"成功神学"而不以物喜,也可以反思"苦难神学"而不以己悲,直面当代中国社会现实的复杂变迁、跌宕起伏,旨在中国教会在这一社会中实践爱、推广爱、体现爱、彰显爱,以使其充满爱。"爱的神学"与西方思辨神学的根本不同就在于其"实践神学"的立意,即作为一种道德神学来推广,让当下中国社会更能体现和吸纳基督教所提供的其信仰伦理典范和灵性精神感染。其实,中国的"道学"非常需要"德性"的支持,这就是中华文化"道"与"德"并论的奥秘和独特之所在。基督教思想的中国化构建,恰好应该体现出这一中国特色。对此,菲利普·魏克利(Philip Wickeri)在评价丁主教这一神学尝试时指出:"丁主教坚持中国神学需要更多强调道德伦理,以便能重新发现圣经的教诲,并使之通达他人。强调伦理并不会削弱基督宗教的独特性,因为基督宗教对爱的理解与人类爱的观念并不矛盾。这一观点与他此前关于长江洪水的辩论有着关联,丁主教赞扬了人民解放军抗洪救灾的行动,认为在其中可以看到上帝之爱为世界而存在的一个范例:这一爱乃是上帝在世界上一切行动的动因,而不论是在教会之内还是在教会之外。"[1] "爱的神学"显然是当前中国教会神学重建中的首选,它既完全保留了基督教的信仰传统,又充分体现出中华文化精神,因而达到了一种双方合璧的共赢。"爱的神学"之真谛就是以其信仰之爱的精神进入当今中国社会,在社会行动中为人们送来爱,带动民众发掘其深藏之爱,由此在"爱"的精神指引下形成和谐的人际关系和中华民族共同体乃至整个人类命运共同体的共在氛围。这种"爱"的精神通过中国教会的弘扬,则可以实实在在地为社会奉献其信仰中永不枯竭的灵性之源。

丁主教"爱的神学"所追求的乃是一种超越和超脱,构建这一神学既是理论发展的需要,更有教会实践的必要,为此基督教可以一身轻

---

[1] 菲利普·魏克利:《在中国重建基督宗教:丁光训与中国教会》(Philip Wickeri, *Reconstructing Christianity in China*, *K. H. Ting and the Chinese Church*, Orbis Books, Maryknoll, New York, 2007),第351页。

装进入中国当今"社会"领域,而其道德神学、理论精神的侧重则主要是以社会服务、社会关怀来参与中国目前和谐社会的构建,并在这种社会建设中体现其"天佑中华"的信仰主旨和"神爱世人"的宗教信念。这是丁主教冷静审视中国社会环境及教会生存处境后的符合中国国情的构设,是对商品经济中人们在竞争关系中爱的缺失的批评,也是走出这种社会、人际冷漠的建设性思考和指引。因而是一种实事求是的处境神学,同样也体现为具有超越意义的普世神学,即教会中国处境与其信仰普世关爱的奇特结合、有机共构。其实,这种"爱"在当前中国社会转型和发展中是互补的。一方面,教会以这种爱来展示其具有宗教境界、神学意蕴的社会参与行动和社会慈善事业,通过爱来积极参与中国社会建设和文化建设,使基督教以爱的实践行动来促进思想对话,进入中国社会和其民心之中。另一方面,在这种"爱心"的重新发扬光大中,中国社会自然会使其对基督教的情感冷漠或认识坚冰被"爱"融化、消解,真正理解并接纳基督教。这样,信心则可以建立,信任亦能够共构,使人民有信仰,社会有诚信,形成在新形势下彼此扬弃过去、面向未来的新型关系。这种真诚信赖的关系,则是基督信仰在华的理想生存处境,并可能让其在"中国化"的过程中成为真正的中国宗教。一旦基督教成为中国思想文化的有机构成,则也会给中国社会发展带来不可估量的"信仰动力"和"信仰资本"。因此,丁主教所倡导和开启的中国基督教"爱的神学",在当前新的历史阶段中仍处于其发展的开端,方兴未艾,其构思、取向和侧重都在摸索及选择之中,任重而道远。如果我们沿着丁主教"爱的神学"的思路继续努力向前,基督教中国形象的奠立在指日可待。所以说,这一"爱的神学"是丁主教留给我们的弥足珍贵的精神遗产,我们应为其发扬光大而继续努力。

总之,丁光训主教从上述几个方面特别强调了基督教中国化的重要性。丁主教说,"我们三十年来不遗余力地使中国教会中国化。对于耶稣基督在中国的教会来说,这是一个事关存亡的问题。"[1]而且,"假如

---

[1] 《丁光训文集》,第13页。

我们不珍惜本国的特性，那么我们对普世教会就必然无所贡献。"①在丁主教看来，中国教会的中国化既是对中国当代社会的积极适应，也是对普世教会的独特贡献。这样，基督教在中国社会可以适应其国情而积极生存发展，同时也享有并坚持了普世教会一直延续的本真信仰。丁主教这种现实性的思考和超前性的远瞻，给中国教会在中国化大道上的前进提供了启迪，指明了方向。

[原载《基督教中国化研讨会论文集（二）》，中国基督教两会，2016年。]

---

① 《丁光训文集》，第14页。

第三十一章

中国基督教"爱的神学"及其社会关怀

论及基督教在当代中国的社会作用及其影响,人们普遍关注的是基督教如何参与当代中国和谐社会的构建。由于复杂的历史发展,基督教与中国社会在相互理解和接纳上仍存有一定的障碍或问题。究其原因,可以看出是政治、文化、意识形态等层面的分歧交织所导致的彼此之间缺乏信任、缺少信心,由此形成迄今仍然未能根本逾越或完全打破的隔膜。"全球化"发展使基督教与中国社会的关系再次拉近,在这种已无法回避的"近距离"或"无距离"的彼此"亲近"中,究竟是找到一种"亲切",还是感到一种"紧张",就成为反思二者关系的历史并重构或开创其当今关系的一个重要契合点。这是一个挑战,也是新的机遇。为此,笔者从探讨当代中国大陆基督教"爱的神学"及其社会关怀入手,尝试揭示这一神学构建以一种普世关爱来面对当今中国社会的精神内涵,分析其以"社会关怀"的实践性来超越以往种种隔阂的努力,说明其重建彼此信任,树立共在信心的本真信仰意义。

导　论

在当代中国,社会政治、文化出现了重大变化和积极发展,社会主流表达了与世界共在、求人类和谐的美好愿望。2008年北京"奥运会"的召开,提出了"同一个世界,同一个梦想"的口号,把构建和谐社会、争取世界和平的愿景加以充分展现。然而，没有一种精神的支撑，缺乏一种信仰的凝聚，社会和谐并不容易达成。由美国次贷危机引发的国际金融危机和社会恐慌，实质上是一种信心上的危机，即在金融、经济交往中信任的缺失。这种信心上的危机和信任上的缺失使金融"资本"变成失控的"幽灵"，在其飘荡中引起市场的震荡和人心的震动。恰如以往这种信心和信任曾带来金融资本的扩大、膨胀那样，今天其信心和信任的缺失则使这种金融资本迅速消失、蒸发。从某种意义上来看，这种在金融资本上的"信仰"或其陨灭可能会直接影响其"资本"的大与小、有与无，因而使"信仰"本身也成为一种独特却颇具影响力或决定性的"资本"，并直接对社会的稳定或动荡起着作用。没有信心、信任，则很难建立和巩固其信仰。顺着这一启迪来思索，我们也可以考虑"信仰"在现代社会中作为"精神资本"的意义及其变化和影响的问题，进而分析基督教在中国社会的信心、信任状况，由此尝试揭开基督教信仰在当代中国的定位及命运之谜。应该说，我们仍需要相关的信心及信任来恢复或重建基督教与中国社会之间的和谐，而"爱的神学"的提出，则正是回归基督教作为"爱的宗教"之本真的当代努力。通过这种"爱"，"和谐"则可以从理想变为现实。

一 基督教在近代中国传播中"爱"的缺失或遮蔽

回顾和反省基督教的近代传华历史，我们会产生复杂的心情和有着种种感叹。本来，基督教在中国古代历史上有过和平传入、平等对话、积极交流的经历，留下不少佳话。然而，在清朝的中欧宗教交流中，因文化传统的不同和信仰认识上的分歧而出现的"中国礼仪之争"最终引发或转变为政治上的冲突与对峙，这种平等交流、和谐对话结果被阻遏。此后中国封建社会的"闭关锁国"不再支持和鼓励这种开放与交流，而西方列强在打开中国大门时则使用了"鸦片"加"枪炮"，居高临下而不再对话。颇为遗憾的是，基督教的近代来华传播也正是在这一历史背景之中，并且直接卷入了相关的政治及文化冲突。这样，中国近代社会听到的"福音"显然已经有所"变音",基督教所提倡的博爱精神也难以真正体现。由于在社会现实之中的"卷入"或"陷入",基督教所面对的更多是中国社会及民众对帝国主义、殖民主义的反抗和谴责。人们习惯于将基督教视为给西方势力提供精神支撑和信仰动力的宗教,即将之看作"政治性宗教"而不是具有历史"超越性"的宗教。"洋教"在一定程度上成为中国人对基督教的认知定式。在这种政治的选择和历史的纠缠中耗掉了教会的大部分精力,使之难以全力投入社会关爱和慈善,相关的事业也在当时的政治阴影中"变色"或"失色"。其结果,基督教在近代中国传播的过程实际上出现了"爱"的缺失或遮蔽。从总体来看,基督教在这一时期没能真正获得中国民众的信心与信任,因而也不可能使其宗教成为中国社会普遍接受或认可的信仰。

长期以来,基督教被卷入中西之间的文化冲突和政治对抗之中,基督徒成为"少数人"群体,与中国主流社会发展有着一定程度的脱离,基督教的价值观和伦理观也只是作为一种边缘思想在中国社会时隐时现,对广大民众的影响则微乎其微。在这种隔阂中,西方教会对中国社会状况主要是抱怨和批评,缺少一种对其近代在华传教历史的自我反思和反省。与之相对应,中国社会则以怀疑、警惕的眼光来看待基督教的发展,在政治共识和社会共建上对教会的参与及作用也没抱有太大的信心。这样,基督教在猜忌、不解的氛围中很难表达其"爱心",展示其"爱的宗教"之本真。而中国社会则在很大程度上并不把基督教视为或理解为一种"爱"的宗教。在"以阶级斗争为纲"的时代,中国社会对基督教基本上持一种"斗争"观念或意识,而教会及其基督徒也主要是以一种自我封闭、与外隔绝之态来自我防范和保护。

二 在改革开放、社会和谐的发展中对"爱"的重新找寻和发现

20世纪70年代末,中国大陆进入改革开放的时代,"阶级斗争"的观念逐渐从主流意识形态中淡出,"和谐""和合"则越来越成为中

国社会建设的主旋律和发展主流。在这种前所未有的向世界开放和让中国革新之中,"爱"的观念慢慢被人们发现和关注。"只要人人都献出一点爱,世界将变成美好的人间"的歌声曾唱遍神州大地,获得普遍共鸣和响应。在这种全新的争取社会"和谐"的氛围中,人们也开始关心中国历史传统,关注宗教价值表述。"传统文化热""宗教热"正是这一发展的生动写照。

在改革开放的当代发展中,基督教也有积极的表现和主动的参与。其指导观念则是基督教思想中"爱人如己"的核心价值。中国基督教为了重塑其"爱的宗教"的形象,在思想推动上就出现了"爱的神学"这一表述和努力。当然,"爱"在中国的贡献既是出自基督教的思想资源,也是对中国文化传统美德的有机结合。在此,基督教的"爱人"与儒家传统的"仁爱"相互呼应,水乳交融,随着中国重新认识外来文化和发掘中国古代文化,二者的相应结合共构了新时代中国社会宗教复兴中"爱"的精神。

与西方思辨传统不同,中国社会在当代更为需要的似乎是一种"实践理性""应用伦理"。因此,中国基督教"爱的神学"的提出并不是走传统西方神学中系统神学、思辨神学的习惯之路,而是构建一种提供给中国基督徒,帮助其在当代中国社会及文化处境中生存与发展的"实践神学""社会神学"。这种神学在基督教会内部是为了突破其以往的封闭性、保守性,以表达对中国社会广大民众的普世关爱。对于外于教会的中国社会则是为了显示基督教"爱"的价值与意义,为中国当今"和谐社会"的构建做出一些真正的、有用的贡献。

可以说,中国基督教"爱的神学"的提出,就是尝试打破自近代以来基督教与中国社会存有的隔阂,缓解其张力,在其宗教与"世俗"社会之间促成积极的双向互动、彼此理解和信赖。"爱的神学"的主旨,正是要以其"爱"的信仰来重建基督教会与中国社会之间的信心、信任和信赖。其争取的不是一种"小爱""自我之爱",而是一种有着博大胸怀、无私忘我的"大爱",体现的是"大爱无疆"的境界。这既是对中国教会自身局限性的一种自我超越,也是在中国社会寻求理解、共融的呼唤。例如，中国教会领袖丁光训主教关于"爱的神学"的最初想法，就是起因于20世纪90年代长江流域的洪水和在教会中引起的反应。当时一些保守的基督徒宣称洪水是对大多数不是基督徒的人们的一种惩罚，因而是这一"缺失信仰"之社会的灾祸与异兆。丁主教听到这种说法后感到震惊，而且坚决反对这种见解。以此为契机，他从神学观念上提出"爱的神学"，以求正本清源，端正视听。在他看来，上帝的真正且核心的启示是对所有人类的普世之爱，这种大爱自然会普照中国大地，而且也已经在中国非基督徒的善行中清楚地显现出来。在此，丁主教非常具体地将人民解放军抗洪救灾的行动直接与上帝之爱密切关联，认为解放军"这冒死救人的行为就是爱。我不能认为这爱'微乎其微，不足挂齿'。我认为这是伟大的爱，是神圣的爱，因为这爱的创造者就是上帝。……但愿我们体会上帝的心意，也用爱心去看世人"[①]。在进入新的时代后基督教与中国社会之间仍缺乏信任和信心之际，最好的办法就是以"爱心"来沟通彼此的认知，来温暖以往的冷漠，努力重建信心，取得彼此的信任。因此，丁主教认为，基督教当前在中国的理想之道应该是发展弘扬一种"爱的神学"，以"爱"来联合教会内外，服务社会人生。由"爱心"带来"信心"，则有可能化解基督教自近代以来与中国社会留存的恩怨、隔膜。

三 "爱的神学"的实践意义及其在社会关怀中的体现

"爱的神学"面对的是当代中国社会现实，旨在中国教会在这一社会中的实践。所以说，其作为"实践神学"主要为一种道德神学，突出的是伦理典范和精神感染。其实，在存有价值观的不同和信仰上的区别时，"爱"的伦理是宗教与社会协调、适应与和谐的最佳途径。对此，菲利普·魏克利（Philip Wickeri）在评价丁主教这一神学尝试时指出："丁主教坚持中国神学需要更多强调道德伦理，以便能重新发现圣

[①] 引自丁光训《上帝的创造与伦理——答读者问》，《天风》1999年第6期。

经的教诲，并使之通达他人。强调伦理并不会削弱基督宗教的独特性，因为基督宗教对爱的理解与人类爱的观念并不矛盾。……这一爱乃是上帝在世界上一切行动的动因，而不论是在教会之内还是在教会之外。"[1] 既然这种"爱的神学"旨归在行动，那么就不只是书斋之谈，而必须突出其实践意义，在其社会关怀即人间关爱中来体现。"爱的神学"的关键，就在于其要指导教会开阔眼界，进入社会，在社会行动中带动民众，形成和谐的人际关系和共在氛围。到目前为止，基督教的身影在当今社会并不明显，更谈不上高大，所以需要其在谦卑中见伟大，在朴实中显真情。而这一切都需要"爱"的精神及其实实在在的社会奉献。

中国基督教"爱的神学"立足于基督教信仰与中国社会生活现实的结合。为了赢得中国社会的理解和中国民众的信赖，基督教就必须将其"爱的精神"落实在"仆人精神"上，以其社会行动、社会关爱来"感动中国"，建立其在中国社会中的信心与信任。由于政治发展的复杂和以往历史积淀的负担，"爱的神学"所追求的乃是一种超越和超脱，为此基督教有必要"淡"出"政治"，即有政治定位但不必过多卷入政治，以摆脱其以往历史的是非恩怨，从而以一身轻装进入中国当今"社会"领域，主要以社会服务、社会关怀来参与中国目前和谐社会的构建，并在这种社会建设中体现其"天佑中华"的信仰主旨和"神爱世人"的宗教信念。

其实，在当前中国社会转型和发展中，非常需要这种具有宗教境界、神学意蕴的社会参与行动和社会慈善事业，由此可通过社会建设来促进文化建设，通过实践行动来帮助思想对话。在这种"爱心"的重新发扬光大中，中国社会自然会使其对基督教的情感冷漠或认识坚冰被"爱"融化、消解。这样，信心则可以建立，信任亦能够共构，形成在新形势下彼此扬弃过去的新型关系。这种真诚信赖的关系，则是基督信

---

[1] 菲利普·魏克利:《在中国重建基督宗教：丁光训与中国教会》（Philip Wickeri, Reconstructing Christianity in China, K. H. Ting and the Chinese Church, Orbis Books, Maryknoll, New York, 2007），第 351 页。

仰在华的理想生存处境，并可能让其在"中国化"的过程中成为真正的中国宗教。一旦基督教成为中国思想文化的有机构成，则也会给中国社会发展带来不可估量的"信仰动力"和"信仰资本"。今天的中国社会已不再排拒信仰，亦对宗教持有充分的开放和吸纳之态。社会的变化及其对待宗教的新姿态，显然会给基督教会在中国社会的重新定位带来百废待新的机遇与挑战。人们应该意识到这一重要历史时刻的到来，并善于捕捉和抓住机会，谱写新的历史。因此，中国基督教"爱的神学"在当前新的历史阶段中尚处于其发展的开端，其构思、取向和侧重都在摸索及选择之中，任重而道远。其能否真正破冰远航，则在于中国的基督徒是否已有这种意向和充分准备。

（原载《天风》2010年第10期）

第三十二章

基督教中国化与中华民族命运共同体的建设

基督教是世界三大宗教之一，历史悠久、影响广远，对世界文化尤其是西方文明的发展曾起到决定性作用。为此，著名哲学家贺麟曾说："基督教文明实为西方文明的骨干。其支配西洋人的精神生活，实深刻而周至，但每为浅见者所忽视。若非宗教的知'天'与科学的知'物'合力并进，若非宗教精神为体，物质文明为用，绝不会产生如此伟大灿烂的近代西洋文化。"[①]其实，基督教最早形成于亚洲，具有东方文化的色彩和信仰特点，只是当基督教在罗马帝国国教化以后，才逐渐演化为西方人的精神支柱和信仰形态。而在基督教的扩展发展中，基督教一方面在全球传播，不再只是西方文化的代表，另一方面则在不断融入不同社会、民族、文化之中，形成其本土化发展。这种基督教在中国的经历，实际上就意味着基督教步入其"中国化"的进程之中，从而也与中华民族命运共同体有了直接的关联。

这种基督教的中国文化适应及其中国化，在唐朝景教时期已经开始，有着曲折复杂的经历。特别是近百年左右的中国基督教的中国化努力，跌宕起伏，惊心动魄，有着非常令人醒目和感叹的时代特色。这种中国化的高潮，就在于基督教必须关心中国的政治，关心中国的社会，

[①] 贺麟：《文化与人生》，商务印书馆1999年版，第8页。

但其如何关心及参与却会带来不同的命运和结局。所以说，我们谈论基督教的中国化，就应该了解其在中国的演变历史及在当前中国所处复杂国际社会关联中基督教的选择和表态，只有面对复杂局势而能审时度势，与时俱进，这种中国化才能更好地进行下去。

回顾这段历史，在19世纪末20世纪初，基督教"本土化""中国化"的思想开始萌生，随之在20世纪初则开始有了中国"自立教会"运动，而20世纪上半叶，基督教"本土化"努力在教会中则达到了一定程度。不过，虽然这种中国意识在教会发展中已不可阻挡，却很难真正进行下去，因为教会的领导权基本控制在西方传教士手中，而不同国家的差会有着不同的想法，受到相关国家对华态度及其思想文化的多重影响。中国作为当时的弱势国家，在国际舞台上几乎没有什么发言权，中国本土教会的影响亦微乎其微。所以，可以说，实质性的中国化发展乃始于新中国成立后在20世纪50年代开展的"三自"爱国运动，其特点是在政治上推动了基督教的中国化，与西方教会基本上脱离了政治、经济等关系，这一步是非常关键的，今天中国与西方国家的关系仍然没有稳妥有效的改善。透过双方这种迄今留存的对峙及其形成的张力，我们深感当时中国基督教"三自"爱国的重要意义及其起到的关键作用。当然在新的形势下，基督教不仅要坚持这种政治意义的中国化方向，而且其在社会文化上的中国化也有待于进一步发展和深化。中国改革开放以来的新发展，国际社会对华态度的新变化，更是使基督教的中国化必须全面展开，也需要得到世界人民特别是基督徒的理解和支持。这对中国教会来说是历史的召唤，时代的机遇，由此可见，中国基督教的责任很大，应该抓住机遇，顺势前进。

当然，审视历史，我们也深感基督教"中国化"是一个需要长期努力的系统工程，既要有大力推动、时不我待的决心，也要有春风化雨、润物无声的耐心，其真正实现不可能一蹴而就，必须持之以恒。目前人们对基督教中国化仍有一些疑虑和不解，甚至提出了与之相反的发展路径，说明这一理解的复杂性和曲折性。对此，我们完全可以客观冷静地加以分析和鉴别，向积极方向引导。

反思历史和展望未来，基督教的中国化应该有如下方面的基本考量。

第一，从基督教中国化的社会政治原因来看，基督教作为信仰社团是一重要社会组织，不是在政治真空之中，而是有着鲜活、真实的政治处境。自鸦片战争以来我们所经历的西方政治反华，今天仍在一定程度上延续，美国总统的竞选和更迭，会带来中美关系乃至整个中西关系的变化，但朝何方变化则还有待于我们的观察。而基督教会在历史上有着对这些西方差会的依附，故此必须摆脱对其依属。虽然中国基督教"三自"爱国运动基本上摆脱了这种依附，但其复杂影响在不同处境中仍然有着不同程度的影响，这一社会政治层面的中国化尚未彻底完成，有时政治立场、政治表态上的博弈还很复杂，政治定位、政治参与的对立亦很尖锐。所以，基督教在社会政治层面的中国化仍然是首选，而且乃其重中之重。

第二，基督教中国化有其思想文化上的原因，在中国的基督教有必要融入中华文化传统，完成其文化转型，这是其在华安身立命之本。基督教应该主动深入地融入中国文化传统，从如耶稣会所经历的表层文化披戴达其深层文化融入，真正进入文化，成为中华文化的有机构建，并以这种带入、融入、吸纳、重构为中华文化的革新发展做出贡献。

第三，基督教中国化还有其民族意识上的原因，中国基督徒有必要确立其中国意识，不能如半封建半殖民时期那样"多一个基督徒，少一个中国人"。一个好的基督徒，理应是精神气质上的中国人，是今天中华人民共和国的好公民。中国基督徒应该有中国公民意识、中华民族意识。新教革新的一大特点本来就是相应的民族教会的形成，中华民族教会意识的确立也不违背这一教会传统。从世界各国的基督教实情来看，其民族意识同样是十分鲜明的，如果不讲其民族根基而奢谈所谓"普世信仰"则显然空洞无用，不切实际。

第四，基督教中国化也有教会发展上的原因，民族教会的兴起是基督教本土化、处境化的必然趋势，这种本土、处境之化实际上就是中国化，涉及政治、社会、文化、语言等方面。中国基督教在过去百余年的发展变迁过程中已经有过中国化的尝试，如中国教会所创办的本土教会、本色教会、自立教会以及 20 世纪 50 年代以来的"三自"爱国教会等，中国信徒需要的当然是中国化的教会，中国教会可以保持与其他教会的友好平等关系，但其特点、定位则只能是中国式、中国化的。

第五，基督教中国化有其时代变迁上的原因，今天中国教会经历了世界在 20 世纪的巨变，见证了中国在 21 世纪的崛起。时代发展要求中国教会与时俱进，适应中国当代社会日新月异的变化，并且能够跟上时代发展，符合当今中国发展的要求，与中国在 21 世纪所处的世界位置相吻合。所以说，基督教中国化既要研习、吸纳中国优秀传统文化，更要体现、见证当代中国发展的先进文化、中国特色，这样才会使中国基督教不断革新，保持其适应社会发展的活力。

第六，基督教中国化在思想层面则有神学创建上的原因，以往中国教会吸收、借鉴、采用的多是西方神学，而世界出现民族解放运动以来，第三世界的各国基督教已经发展出其本土神学、处境神学，形成第三世界神学的鲜明特点，中国涵括亚非拉美的神学非常活跃，解放神学、民众神学等更是脱颖而出，有着广泛的影响。而与此同时，中国本土的神学也逐渐出现，中国基督教的代表人物如诚静怡、吴雷川、王治心、赵紫宸、谢扶雅、吴耀宗、丁光训、陈泽民等人都曾不同程度地推动中国神学建设，形成了相关神学、中和神学、爱的神学、和好神学、中庸神学、汉语神学、和谐神学等理论体系，但从整体来看，中国神学的构建仍需不断努力，其体系仍有待完成和完善。中国神学的奠立仍然是中国教会教义思想之中国化和中国基督教为这一信仰体系贡献中国智慧的重要任务。

第七，基督教中国化有着其处境适应上的原因，在当今中国积极引导宗教与社会主义社会相适应的处境中，中国基督教应该主动积极地适应，与这种积极引导形成动态、有利的互动和发展，由此使中国基督教真正实现其在当代中国的华丽转身，在社会功能、社会作用上都能得到中国社会的肯定、支持和赞赏。

第八，基督教中国化有着参与中华民族共同命运，建设中华民族共有精神家园上的原因。我们今天要实现人类命运共同体的美好目标，首先应该实现中华民族共命运、图富强的目的，这种中华民族理想共同体的实现，中华民族富强发展的实现，是我们共有的中国梦。对此，基督教的中国化并非任何强求，而乃其基本要求，底线原则。所以说，中国化并不是针对基督教信仰本真的任何改变，而是对信仰基督教的中国人的民族意识、公民意识、最起码的社会责任、公共道德的基本要求，是对其"中国心"的基本唤起。其中国化对于中国基督教而言既顺理成章，理所当然，又义不容辞，责任使然。

基督教与中华民族命运共同体有什么关系？基督教如何参与中华民族命运共同体的建设？则是我们这里需要专门研讨的一个重要议题。其实，中华民族命运共同体作为人类社会和谐共在的一种存在形式，一直都对外持有一种开放、包容、吸纳、共建的积极态度，中华文化的奥秘就在于"天容万物，海纳百川"。所以说，中华民族命运共同体的建设不会排拒基督教的参与，而肯定会正面面对基督教，积极评价基督教在世界历史和中国历史上的贡献，希望其继续努力，再添新彩。中华民族命运共同体至少会涵括其政治共同体和精神共同体这两大层面，而二者显然都与宗教有着重要关联，其中亦不可能排拒基督教。基督教在中国古今历史上一直在调整其与中华民族的关系，自然会进入其与中华民族命运共同体建设关联的关系之中。因此，我们对中华民族命运共同体的积极构设和努力建设，都必须考虑到其中的基督教因素及相应参与。

中华民族自形成以来就采取了共同存在的形式，从原始社会到今天中国社会主义社会，中华民族的群体性、集体性和社会性存在是其民族的本质属性之所在，表达了一种整体共在的意蕴。而其共同存在形式的不断扩大，则是这种整体共在形式在观念上及存在上的扩展，如中华民族、中国意识的扩展、增容，中华各民族的凝聚共构。从炎黄子孙，经华夏理解到今天"大中华"的解读，正是中华民族命运共同体得以形成、不断巩固的生动写照。虽然中国历史见证了其在政治上的整合采用了多种方式，包括和平涵容或战争征服，却都是旨在"一统"共在和整体涵括，由此构成了中国政治史的复杂及其褒贬臧否的不易，并在我们眼前仍然延续着为了统一中华及谁来统一、如何统一这种政治上的博弈较量和外交上的纵横捭阖。从人类的过去来反思，以前达成的政治共同体基本上是一种帝国形式，有着强权、霸权、征服、掠夺，中华民族曾深受其苦。而文明的进步则使人类开始摸索除了吞并、占领之外的其他选择，包括通过谈判、媾和而达成联邦等结盟的共同体形式，以此来改善人类的生存命运及其共在形式，这看似比帝国一统显得松散，却明显要更加文明。在这种摸索中，中华民族有其重要贡献，而基督教文化的作用亦巨大深广。到了今天，我们在呼吁共建人类命运共同体的同时，也充分注意到中华民族命运共同体的建设，其实这也是参与人类命运共同体建设的资格及前提。与此同时，中华民族命运共同体自然会凸显其国家意识、国民责任，这是其命运共同体的政治底线。而共同体作为共和之体的扩展，有着精神涵括上更大更广的空间，有其历史的审视及深沉。所以中华民族精神共同体的建设乃是其命运共同体的前提和核心，其精神故更为深远。

　　由此而论，有着悠久宗教文化传统的中华民族，其生存共同体和精神共同体的存在，都明显有着宗教性之影，而且中国宗教的特点就是多元共在、共存、共同适应、协和，其中就包括基督教的参与和贡献。虽然中国的这种宗教整体观在当前已经历了"世俗化"的时代嬗变，重提宗教好像被一些人认为匪夷所思，当代中国社会中一些人对宗教的偏见和排拒仍然是很明显的，这使人们在认知基督教时更增加了难度，对此我们也需有清醒冷静的意识。尽管如此，在当今中国却仍然必须看到宗教的顽强存在和不可忽略的影响，命运共同体中的不言之意就涵括了与宗教的共在共存。基督教在改革开放以来的中国各地的迅猛发展，就是其清楚明白的见证。如果我们要去除历史虚无主义，就必须看到基督教与中华民族命运共同体的古今关联及其现实意义。在中华民族的社会文化色彩中，已经深深熔铸进基督教的思想文化元素，而且已经不可能对之根本剔除。在中华精神文化的经典表述中，最为突出的就是统摄圆融的整体观，而且在中国宗教中得到了最为透彻、最为典型的表达。基督教在与中华文化这种精神实质的磨合、融合中，也有其本身的改变及发展，这些都非常值得我们今天深入探究。

基督教在中华民族命运共同体构建中所具有的启迪意义，可以从如下一些方面来发掘：一是基督教的神圣整体观代表着人对自身及对人之群体有限性、局限性的体认，有自知之明才能超越自我，实现升华。其实，世界宗教的神明观就是使自己从其民族神之中解脱出来，达到这种超越整体神明观中人与人、民族与民族、国家与国家之间的平等互利、相互尊重。"世界一家、人类一体"。所以，这种"绝对一神"观应体现为对全世界的包容，对全人类的关爱，而不可曲解为"帝国之神"而谋求某一民族、某一国度的私利。其绝对神明观是全球意识、世界意识的体现及其责任担待。二是宗教整体观应以其神圣之维来帮助构建当今人际间的"神圣联盟"，让人看到其社会责任的神圣性，以一种神圣之维来监督自我、约束自我，克服人的私欲和私利，从而有着"头上的星空，心中的道德律"之敬畏和自律，恰如中国宗教传统给民规乡约、自我控制的那种"举头三尺有神明"之感，克己爱人，达致社会的共同团结及其民众的有机和谐。三是宗教整体观带来的是人类社会的责任感和义务感，在这种神圣整体之中，人需谦卑、自知、侍奉、服务。整体感需要的是共聚、共容的气场，为之努力的是共融、共构的共同存在。四是宗教整体观要意识到人与人、民族与民族、国家与国家之间的差异和差距，应尊重各自的差异，弥补彼此之间的差距。在这种整体观下，人类命运共同体不是靠"弱肉强食""丛林法则"来实现，而应有着相关补充、彼此帮助，同情弱者，扶持后进，这才能实现多样化的和谐。世界的多彩乃使其美得以体现，差异的和谐靠包容、互补，差异的存在则依于海纳百川、天容万物。这种整体是涵容差异的多元共在，而非纯而又纯的单调死板。中国宗教传统中的太极文化对之有着很好的启迪，太极整体乃阴中有阳、阳中有阴，阴阳互补，积极呼应，故而达成一种和谐共在、充满变化弹性和勃勃生机的太极整体。在与世界宗教特别是包括巴哈伊信仰的对话中，中国宗教文化也可以积极奉献其大道精神、太极文化、圆融思维、整体哲学，由此共同努力带来世界发展的积极运势，形成其有益气场。总之，如何将基督教积极融入中华民族命运共同体之中，需要我们决策者和建言者的勇气及智慧。

综上所述，中华民族命运共同体及其精神共同体的建设，既要开拓创新，也需返璞归真，在其中吸纳基督教的参与，获得基督教的贡献则是一种生命艺术和生存活力，由此彰显中华民族充满动态、富有弹性的发展。中华民族命运共同体的生命力中肯定有着宗教的元素，信仰的睿智，我们应正确面对而不该回避。有着太极涵容和大成智慧的中华文化完全可以吸收基督教深层面的思想、智慧体系，使之成为我们今天中国社会大厦建构的动力而绝非阻力。为此，我们就要尊重为人类文明提供过重要发展模式的基督教，揭示其能够千年未衰，历久弥新，不断转型的奥秘，在我们今天的中国社会文化处境中积极发挥基督教的作用，悟出其文化蕴涵的价值及其现实运用的可能，并对之加以综合性的整体审视和科学评价。我们因而就需要特别研究，深入了解基督教的社会结构、知识体系和信德智慧，没有必要过于敏感地将基督教视为中华民族的另类来加以排拒，而应该以前事之鉴为后事之师，在中华文化氛围中促进其自我扬弃并为我们的文化更新提供启迪和动力。中国化的基督教是参与中华民族命运共同体建设的基督教，必然是一种不断革新和创新的宗教，而沿着这一方向去努力则会自觉涤除其消极因素，高扬其积极因素。我们需要对基督教加以反问、反思和反省，但更需要其在当今中国能够纳新、更新和创新。所以，今天我们为此才会聚在一起展开研讨、对话和交流，才会特别将基督教的中国化与中华民族命运共同体的建设连在一起来思考。为此，我们衷心感谢大家积极参与，并希望大家能毫无保留地贡献聪明才智。

（原载卓新平等主编《基督教中国化探究》，宗教文化出版社2018年版。）

第三十三章

基督教"中国化"问题的政治意义

近些年来，中国社会包括基督教界对于基督教"中国化"问题有很多讨论，而海外华人教会及国际上关注中国问题的相关人士亦多有评论。在复杂多元的评议及交谈中，其观点大致分为理解、赞成这种"中国化"的努力，以及否定、抵制"中国化"的主张和实践的对立态度，这两种趋势目前都有扩大的迹象。持后一种态度者中甚至有人指责"中国化"是中国政府的"官方"行为或对基督教会的"强求"及"强压"，而学者的参与乃是"媚俗"、依附权势的表现，他们认为这种"中国化"会威胁到基督教的信仰核心及其教义体系，危害基督教的生存和福传。在这种怀疑乃至批评之见中，也包括对基督教"中国化"在政治、社会、文化这三个层面推动及实施的质疑，特别是对主张基督教在政治层面的"中国化"颇有异议。这样，两种不同看法在关于基督教"中国化"的理解及讨论上形成了巨大张力，二者正处于明显的博弈之中。于此，笔者想对这一分歧展开讨论，特别是对基督教在政治层面"中国化"的意义及其必要加以阐述。

一 历史回溯：20世纪提出基督教"中国化"的政治背景

本来，基督教"中国化"的萌芽在20世纪初就已经出现，这种努力属于中国教会近现代发展中的一大特色，故而已经成为中国教会的思想传统和实践经验之重要构成。从历史的逻辑来看，并不是在 21 世纪以来中国政府支持了"宗教中国化"的思想才有了这种基督教"中国化"的发展，而且学界和教界有关"中国化"的主张甚至是在中国政府的明确表态之前。20 世纪上半叶中国教会关于"中国化"的讨论更是留下了大量文献资料。所以，把基督教"中国化"视为是"官方"强迫、学界"帮附"的一场不利于基督教生存的"运动"，从逻辑上和历史事实上根本就说不过去。

在 20 世纪初，由于西方差会对中国基督教会的政治、经济、教牧及神学掌控，中国教会的有识之士为了打破这种被动的窘境而提出了教会"三自"发展的构想，并且尝试将之付诸实施，如俞国桢早在 1906 年就提出"有志信徒，图谋自立、自养、自传"的思想，诚静怡在 1922 年曾代表中国教会发布了"自养、自治、自传"的原则。这些"三自"努力本身即明显有着对当时社会政治的分析、考虑，其中也已萌生出"中国化"的意识。如果直观来看，中国教会的思想先驱好像更多的是从文化层面来讨论基督教的"中国化"问题，其中包括王治心 1927 年发表的论文"基督教与中国文化"及专著《中国文化与基督教》，赵紫宸 1927 年发表的论文"基督教与中国文化"以及 1946 年出版的专著《从中国文化说到基督教》，吴雷川 1936 年出版的专著《基督教与中国文化》，宋诚之 1944 年发表的论文"基督教与中国文化"以及郭中一 1945 年发表的论文"关于基督教与中国文化之商讨"等。但若仔细分析，则不难看出他们的思考中显然是基于其时代的社会政治背景。例如，吴雷川表明其撰写《基督教与中国文化》的立意就是要"以本国文化为立场参合时代思潮来论述基督教"[1]，指出鸦片战争后传入的基督教在中国已经"夹带着国际间的势力"，这样的教会"竟是利用外国的武力，在订立不平等的条约中，强迫着中国用政治的势力来保护传教"[2]。王治心在其著

---

[1] 吴雷川：《基督教与中国文化》，上海古籍出版社 2008 年版，"自序"，第 1 页。
[2] 吴雷川：《基督教与中国文化》，第 76—77 页。

述中认为基督教的"中国化"就是要经历"落花生"那样一种"死而复生"的过程,而这种"死"则是指基督教在中国要"洗涤西洋沾染的各种色彩"[①]。诚静怡解释说,基督教的"中国本色"正是针对其"西方色彩"而言的,这种"西方色彩"乃与帝国主义侵华、使中国沦为殖民地有着关联,因而他所论及的"本色化"不只是教会的内需,而直接与当时的社会政治相关。刘廷芳强调中国教会的"本色化"转型发生于中西之间政治、经济、思想、文化的激荡冲撞之中,因此教会的"本色化""是与我们中国民生与国势有密切的关系",这种关系"是切肤的,是生死关头的","教会的责任中华国民必须自己去担负,教会的主权,必须由中华信徒自己操持"[②]。赵紫宸希望"中国化的基督教"能够"脱下西方的重重茧缚",以便"能受国人的了解与接纳"[③]。陈崇桂则表明"一个真正的教徒,真正爱教必定爱国,不爱国就不爱教,爱教与爱国不但不冲突,并且是相辅而行。从一个教徒的立场,爱教非爱国不可。所以爱国爱教是能两全其美的"[④]。而发起"三自"爱国运动的主要负责人吴耀宗也明确指出,"新中国成立后的中国,是打倒了帝国主义、封建主义、官僚资本主义以后的新中国,是新民主主义的中国,是朝着社会主义道路迈进的中国。基督教革新运动是在这样一个新环境、新意识下提出来的口号"。所以,教会必须脱离"西方社会传统的影响""中国旧社会思想的羁绊","使基督教变成新中国建设中一个积极力量"[⑤]。

从这些史料及其反映的历史事实可以看出,基督教"中国化"并非凭空而出的假命题,而是中国基督教会在近现代社会变革中所意识到

[①] 引自张西平、卓新平编《本色之探——20世纪中国基督教文化学术论集》,中国广播电视出版社1999年版,第224页。

[②] 同上书,第337—338页。

[③] 同上书,第1页。

[④] 陈崇桂:《爱国爱教两全其美——和天主教基督教教友谈怎样爱国爱教》,参见《协进》,新1卷4号(1951年9月),第6页。

[⑤] 吴耀宗:《展开基督教改新运动的旗帜》,见《天风》,1951年1月30日。

的必要性，并且在近一个世纪中努力使之得以逐步实施。其中，对基督教"中国化"的政治考量占有很大比重。但也正是当时中国社会政治条件的不成熟，这种基督教"中国化"的实践难以全面展开，其初步尝试远未达到理想程度。上述历史说明基督教"中国化"早有其思想积淀，但其任务并没有根本完成，故此必须继续努力。而这种努力从政治层面的审视、实行则是绕不过去的。中国天主教也在20世纪20年代明确提出了天主教"中国化"的举措，而罗马教廷当时为了适应"五四"运动以后中华民族的觉醒、中国社会政治的变化这一形势，对这一"中国化"甚至也持相对肯定和支持的态度，如教宗本笃十五世、庇护十一世对此都曾有积极表态。不过其"中国化"措施主要是开始较多地启用中国籍神职人员，而对"中国化"的深入展开却没有进一步思考和推动。所以，20世纪上半叶的这种"中国化"因为时代及社会局限而没有取得任何实质性成效，仅为这一发展的微弱序曲而已。洞观历史，比较当下，可以说今天中国政府对基督教"中国化"的推动，正是对中国基督教会的这种内在需求在新时代加以因势利导，使其顺利推进以积极适应当今中国社会。

如果稍有历史常识，就不难看到基督教"中国化"在中国教会史上已有思想积淀，乃为历史使然。最近一些对基督教"中国化"的批评和否定，特别是对解放初期中国教会"三自"爱国运动发起者吴耀宗先生的指责，以及把今天基督教"中国化"视为大逆不道的反教会之举，显然已不仅是观点错误，而是直接违背常识，无视中国基督教这一百多年来的历史发展。实际上，这种表态及公开对抗，并非中立或公允之谈，其本身也不离其基本的政治态度及选边站位，这种博弈背后的政治选择乃是不言而喻的。

二 现实认知：当前基督教"中国化"的政治处境

基督教从其纯正信仰的立场，好似主张不卷入政治，但仍明确表示顺服政府、服从在上的政治权威，宣称"在上有权柄的，人人当顺服他"①；同时主张政教分离，"上帝的归上帝，凯撒的归凯撒"②。然而在现实社会中，脱离政治处境的抽象"政教分离"基本上不曾存在。从基督教的历史发展来看，早期基督教会遭受罗马帝国的打压，没能躲开政治。罗马帝国后期基督教成为国教，进入了政治中心，此后中世纪的教宗国更是政教合一。马丁·路德推动欧洲宗教改革运动后，西方政教关系随之出现变化，有过"教随国定"这种现象，对比以往的政教合一则显然是一种政强教弱的发展，但这种"在谁的领地，信谁的宗教"之选择，同样无法脱离政治。当今美国宣称自己是最典型的"政教分离"的国度，但美国宗教尤其是基督教也根本没有脱离政治。美国社会不仅有"文化宗教一体"的基督教社会文化氛围，而且基督教与美国上层政治更有着千丝万缕的联系，是一种割不断、理不清的状况。在今天中美贸易战等多方面冲突中，这些西方国家的基督教所显露的选边站位等迹象已再明显不过了。试问，同样是基督教会，美国教会能够站在中国一边吗？今天美国上下一致、政群联合与中国对抗的态势，已经充分说明了其政治选择之存在。美国教会的美国"意识"及对美国利益甚至"美国第一"的支持维系，是其政治立场及意向的表现。而值得注意的是，现在中国有少数号称中立、表示持政教分离之态的基督徒，包括与之相关的个别知识分子，其在此节骨眼上所亮相的言谈文述等表态却绝非中立的，其中不乏溢"美（国）"之词，对美国政治羡慕推崇、赞不绝口，而对我国政体却明显不满，多有指责。这不是政治选边又是什么呢？目前海内外有一些人指责关于"政主教从"这种政教关系的阐述，认为这是替中国政府说话。实际上，这不过是指明了中国自古至今政教关系中的一个事实而已，提出我们必须面对、正视这一政教关系的现实，并不是所谓"主张"或"不主张"那么简单。而这种"政主教从"的现象除了少数"政教合一"的国家之外，在许

---

① 《新约圣经.罗马书》13 章 1 节。
② 《新约圣经.马太福音》22 章 21 节："凯撒的物当归给凯撒，上帝的物当归给上帝。"

多国度或地区都或多或少地存在,有着直接或间接的表达。近现代以来,在不少国家其政府、政权对宗教事务都起着主导作用,故此并非中国的独特现象。

从这一意义来讲,我们仍然坚持认为基督教"中国化"的第一步,而且是非常关键的一步,就是首先要在政治层面实现"中国化"。在中国社会环境中,不仅是基督教,而是所有宗教都理应爱国爱教,认同我们的社会主义核心价值观和社会主义制度、体制,拥护共产党的领导。也只有这样,才可能真正进而推动社会、文化层面的"中国化"。因此,基督教"中国化"的"讲政治"乃至关重要。丁光训主教在推动中国神学建设时就提出了"上帝是爱"的思想,而且明确阐述了其关于基督教与当代中国社会主义社会积极适应,与马克思主义及中国社会主流思想形态对话的观点,其政治意向也是不言而喻的。同样,20世纪出现的拉美"解放神学"和韩国"民众神学"等,也都是具有政治意向的"政治神学"。在上述政治选择中,基督教并没有放弃或违背基督教的基本思想和核心教义,也没有妨碍其信仰的福传。

在中外政治激烈交锋的当下,中国社会在某种程度上已经处于"最危险的时候",中国公民当然包括基督教徒已经回避不了其政治上的选边站位,躲避不了时代大潮的冲击、洗礼。大浪淘沙见真伪,"沧海横流方显出英雄本色"。中国宗教徒唱国歌、升国旗,乃是其义务、职责和本分,能有什么可指责的,有什么理由能让人反感?!我们应该记得,20世纪上半叶正是有一部分基督徒在政治上的选择有误,故才在中国社会留下"多一个基督徒,少一个中国人"的疑问。其实,这种选择或考验正以另一种方式摆在我们面前。在出现时代转型的历史关口,面对正在逼近的全方位挑战和对抗,我们没有退路,必须回答和选择。因此,高举"爱国爱教"的大旗,坚持基督教"中国化"的方向,是中国教会理所当然的正确选择,是其坚实存在和可持续发展的康庄大道。而对之质疑、选择逆行博弈的基督徒倒需要扪心自问,自己是真正那么超越政治,以纯然宗教的超脱之态面对复杂的当今世界和中国社会吗?自己的言行究竟有没有政治意向和政治选边?实践是试金石,其存在定位可洞若观火。我们坚持基督教"中国化",就是基督教"在地化"在中华大地最真实、最正确的表达,是今天中国基督教徒旗帜鲜明的亮相。

当然,中国政府及社会各界对基督教爱国爱教之举的支持、赞许,对宗教正能量、积极适应社会的承认、肯定,对其信仰意义及价值的正视、包容,对爱国宗教人士的保护、理解,才可能使中国宗教"爱国爱教"走得更坚实,使基督教"中国化"得以志坚行远。在这节骨眼上,我们必须最大限度地团结广大信教群众,最大限度地发挥宗教的积极作用。

(原载《中国宗教》2018年12期)

第三十四章

坚持基督教"中国化"的现实必要性

在我国宗教坚持中国化方向的发展历程中,对于基督教如何实现其中国化的目的,已经获得了广泛共识,这种努力也正成为中国广大基督徒的自觉行为。不过,鉴于基督教是世界第一大宗教,有着悠久的历史传承和深远的国际影响,人们对于我国的基督教究竟应该如何坚持中国化方向仍然存有异议,时有争论。甚至有人对基督教中国化本身都持质疑态度,在这一认知中,特别典型的有两种比较偏激的看法,一是认为基督教作为"普世"宗教不需要"中国化",二是认为基督教的"有神""唯心"性质使之在中国社会主义社会氛围中不可能"中国化"。这两种明显错误的思潮从两个极端角度来否定基督教的中国化努力,已经成为阻挠基督教中国化顺利发展的巨大障碍,因此有必要对之解疑驳谬,从理论及实践等层面上加以分析和评断,在一些关键认知上意识到基督教坚持中国化方向的现实必要,以便能够排除干扰,积极推动我国基督教在坚持中国化方向上稳步前行。

关于基督教作为"普世"宗教需不需要"中国化"的问题,已有很多讨论。那种认为"不需要"的见解,强调的是基督教作为"普世"宗教的"超越性""跨国度性""普遍性",已经跨越了其作为民族宗教的阶段而成为世界宗教,故没有必要再回头来突出其"地域性""民族性""个殊性"。从抽象性认识来看,这种观点貌似合理,容易使人对之认同。然而在现实社会处境中,却根本不可能找到这种抽象的

"普世基督教"之存在，真实呈现的基督教都是非常具体的宗教团体及其活动，有着鲜明的地域、民族、社会甚至政治色彩。

回溯基督教的历史，最初的基督教以亚洲宗教为特色，受到犹太文化的深度熏染。而在基督教成为古罗马帝国国教之后，西方文化的色彩加重；在古代欧洲向中世纪西方转型过程中，基督教则成为西方文化的主要载体及象征。此后对外扩展的基督教遂有着典型的西方社会文化的印痕，所谓"普世"表达的其实也是西方文化元素，不可能代表整个"世界"。由此可见，基督教作为世界最大的宗教，在其两千多年来的发展中与西方文明形成了密切关系，它上承古希伯来、古希腊罗马文化，下导西方文化，在罗马帝国解体和中世纪欧洲重建过程中成为西方文化的源头及核心内容，随之在整个西方以及世界文化的发展中产生了巨大影响。但中世纪的基督教"大一统"也没有根本维护、坚持好基督教的"普世"共在。基督教新教自欧洲宗教改革而诞生以来，就处于不断的分化之中，尽管有 20 世纪的"普世教会"运动，迄今也只是形成一种松散的联盟，并没有实现其真正的"普世""一体"。基督教新教的特点一是随宗教改革运动而形成了"教随国主"的传统，有着对世俗政权的依属或依附，实际上即其宗教的权力在减少，而世俗政权的权力在加大，所谓"政教分离"只是针对此前的"政教合一"关系而言，其宗教已不可能与其政权根本分离、分开。而当西方基督教参与近代西方帝国主义侵略、殖民主义扩张而走向世界之后，其输出的"普世"观念仍然基本上是"西方世界"的思想，对其世俗政权的服从、跟随亦十分明显，这种政教一致、文教一体乃不言而喻。

正是由于这一原因，才有近现代以来世界各地基督教摆脱西方观念影响，立于本民族之位的"本土化""在地化""本色化""处境化"等努力。而且，在这些民族解放、独立的进程中，西方基督教作为整体维系的主要还是西方的利益，持守的也是西方的政治立场。面对这种对峙、博弈，"普世"观念则往往失效，其"跨国度性"也基本上是"跨越"到其他国家而干涉这些国家的内政，起着帮助其西方国家政治、文化等方面的渗透作用。

仅从基督教在近现代中国的传播历史来看，其传教主流乃是站在西方利益一边，鲜有真正的"普世"情怀和作为，尤其是在中国人民推翻在西方支持下而形成的半封建半殖民的旧社会、成立新中国的过程中，西方基督教同情中国革命、拥护新中国建立的人士如凤毛麟角，其大部分都是追随当时西方反华政治的立场，站在了新中国的对立面。在这种中国社会政治的巨变中，西方基督教的"普世"关怀则显得软弱无力，基本上集体失声。可以说，在20、21世纪的国际社会发展中，世界各地基督教的存在与发展都呈现出明显的地域性，西方国家的基督教与时称"第三世界"国家或地区的基督教迥异，并没有形成"普世教会"的一体景观。甚至在今天国际关系、全球化关联中，我们仍然可以看到西方基督教在对待其他国家态度时对本国利益的坚持和维护，基本缺乏为了这种宗教"普世"存在的换位思考和积极努力。所以，中国的基督教不可能等同于西方基督教，二者之间的"普世"关联在涉及各自的民族、国家利益时则微乎其微，几乎难见，但各自的选边站位则是极为明显、有目共睹的。当今天仍有人以基督教的"普世"性来宣称或坚持对其所在国度的"跨越"或"超越"时，我们希望其好好学习过去百年的历史，听见并记住"前事不忘，后事之师"的警醒。

今天基督教"中国化"的主要社会政治原因，就在于西方主流政治仍在反华，境外渗透犹在，而西方基督教会对之或是与西方国家保持一致，或是对华态度暧昧，但支持中国却基本上"稀声"或"无声"。基于这一现实，中国基督教找不到这种"普世"的梦想，而严酷的国际政治形势则使中国教会必须摆脱对西方基督教的依属。为此，中国基督教必须积极适应这一现实境遇，完成其华丽转身，即融入中华文化传统，实现其文化转型，从而形成其中华民族意识，确立中国国民身份，建设好中国人自己的本土教会、自立教会。根据如上分析，我们不可被貌似公平、看似抽象的"普世"话语所忽悠，而必须以坚持"三自爱国"的原则立场来坚定不移地推动我国基督教的"中国化"发展。

而第二种认为基督教因其"有神""唯心"性质使之在中国社会主

义社会氛围中不可能"中国化"的错误观点亦危害极大，我们对之也必须保持高度警惕。这种观点实质上是把西方"二元分殊"的立场全盘接受，对包括基督教在内的所有宗教都持根本排拒、反对的态度，认为在社会主义意识形态及核心价值观与宗教意识形态及价值取向之间乃鸿沟相隔，没有任何调和或沟通的余地。这种错误观点"形左实右"，表面看来是以一种"左"的立场，把具有"有神""唯心"性质的宗教加以基本否定，强调批判宗教，根本否定其教义神学，突出宗教消极作用而无视其积极作用的存在，甚至在内心里并不认同对宗教的"积极引导"，而主张推行对宗教的全面防范和坚决打压。其结果，他们在实质上是在实行把宗教推出去、推到我们的对立面即敌对势力一边的"右"的作为。基督教在这种舆论的压力下，则可能退回到一种与我们社会隔阂、隔断、隔离的另类存在、边缘化存在、"飞地"存在，从而导致与我们的社会主体、主流格格不入，异化生分，根本动摇或消除了其坚持"中国化"方向的根基。如果这种错误认知占据了社会舆论的主流，那么基督教就可能不得不"外求""外化"，即在所谓"有神""唯心"的境外宗教话语世界中重新寻求自身的存在，在境外基督教社会氛围中找到自己的"归属"和"依属"，而这种选项则与我们所强调的"坚持中国化方向"相去甚远，背道而驰。实际上，值得高度警惕的是，我国基督教界正在形成与之相关的分化，一部分转入地下的所谓"家庭教会"就呼应这种错误观点，形成"左右逢源"的奇特现象。他们也宣称自身与社会主义主流意识形态及其核心价值格格不入，是一种对立、对抗的关系，从而公开表示其"西化""外化"的意向，给我们"三自爱国"教会施加压力，构成威胁。

这种排拒基督教乃至整个宗教的观点貌似"正确"，其实已经造成非常不利的影响，并且直接阻挠了我国宗教坚持中国化方向的发展，起到了严重的负面作用。党的宗教工作的基本方针所强调的是积极引导宗教与社会主义社会相适应，而绝不是消极防范或把宗教推出去，对其贯彻落实的一个重要方面就是要有力推动我国宗教坚持中国化方向，这对于基督教尤其必要。为此，我们的思想理论、舆论宣传就应该围绕这一中心思想来做工作、造舆论，是积极推动而不是反向而为。对之，当前社会上还存在不少模糊认识和一些错误看法，故有必要加以理论及实践两个方面的澄清和纠正。

从中国社会主义社会现状来看，中国当代宗教乃依存于此，社会主义社会是其存在基础，这与马克思主义经典作家批判宗教的社会存在是完全不同的。而马克思主义强调社会产生宗教，对宗教的批判正是针对其得以产生的社会，为此公开宣称对宗教的批判已经结束，无产阶级政党的任务已经直接转入对其社会及其政治、法律等的批判。这种当前中国宗教社会存在与我们人民群众的一致性，使我们不能再对宗教加以其社会存在的批判，而共有社会存在的意义要远远大于在"有神""无神""唯心""唯物"之认识论上的分歧。所以，从社会存在意义上，不可再负面评价和否定中国当今社会存在的基督教乃至其他合法宗教。

从理论认知来看，我党"统一战线"对宗教的基本原则是"政治上团结合作，信仰上相互尊重"，并不是要对宗教信仰的教义精神全盘否定，而也是强调积极引导其与我们中国社会主义社会相适应。这一理解非常重要。当前我们落实我国宗教坚持中国化方向的一项具体举措，就是让我们中华人民共和国的国旗、国歌进宗教场所，体现爱国爱教的精神，加强信众的国家公民意识。同理，我们的社会主义核心价值观、中国共产党的相关指示精神也进入了宗教场所，其必要性就在于爱社会主义中国当然也应该爱其执政的共产党。有的人不同意在宗教场所有我们党和国家领导人的著作，却忘了宗教场所也是我们党和国家领导、管理的范围，其既不是"法外之地"，更不是排拒社会主义核心价值观的"飞地"。在此，我们必须最大范围地"求同""认同"，而没有必要过于凸显其认识层面之异。

从习近平主席的重要讲话和全国宗教工作会议精神来看，我们所强调的对宗教之积极引导已经涉及宗教信仰之核心的教义层面。这里，积极引导宗教与社会主义社会相适应，就是"要引导信教群众热爱祖国、热爱人民，维护祖国统一，维护中华民族大团结，服从服务于国家最高利益和中华民族整体利益；拥护中国共产党领导、拥护社会主义制度，坚持走中国特色社会主义道路；积极践行社会主义核心价值观，弘扬中华文化，努力把宗教教义同中华文化相融合"①。显而易见，我们党和政府把宗教信众视为我们社会自己的基本群众，对宗教界明确要求拥护共产党领导和社会主义制度，积极践行社会主义核心价值观，而没有把宗教从我们社会主义主流意识形态及核心价值观领域排斥出去。习近平主席在明确积极引导宗教与社会主义社会相适应的一个重要任务是支持我国宗教坚持中国化方向之际，还特别说明"要用社会主义核心价值观来引领和教育宗教界人士和信教群众，弘扬中华民族优良传统，用团结进步、和平宽容等观念引导广大信教群众"②，并非常清晰地表示"支持各宗教在保持基本信仰、核心教义、礼仪制度的同时，深入挖掘教义教规中有利于社会和谐、时代进步、健康文明的内容，对教规教义作出符合当代中国发展进步要求，符合中华优秀传统文化的阐释"③。所以说，我们党和政府已经充分肯定了中国宗教的积极方面，承认宗教教义中存在"有利于社会和谐、时代进步、健康文明的内容"，因而可以对宗教教义"作出符合当代中国发展进步要求"的解释。从理论认知的深层面上，我们党和政府也没有根本排拒宗教的信仰教义内容。

坚持并推进基督教的中国化进程，必须排除以"有神""唯心"来分殊的错误见解，必须充分体现并落实习近平总书记和全国宗教工作会议的上述指示精神。习近平总书记和党中央对我国宗教团体有一个与时俱进发展经典马克思主义宗教观的全新定位，即强调宗教团体是"党和政府团结、联系宗教界人士和广大信教群众的桥梁和纽带"。这是对列宁关于"这些团体应当是完全自由的、与政权无关的志同道合的公民联合体"之认识的突破性、创新性发展，是对中国宗教团体与我们党政关系发生巨大变化之后做出的科学论断。这类宗教团体当然也包括中国基督教会，因此要支持、帮助其发挥这一"桥梁""纽带"作用，

---

① 见《习近平谈治国理政》第二卷，外文出版社2017年版，第301—302页。
② 习近平：《全面提高新形势下宗教工作水平》，2016年4月23日，新华网。
③ 同上。

而不可因信仰上的缘由使之成为"断桥""飘带"。基督教的中国化曾在20世纪形成实质性发展，先后经历了20世纪初的"自立教会"、20世纪上半叶的"本色教会"以及1949年以后"三自爱国教会"运动，但其中国化的努力在社会政治层面要大于教会思想文化层面，因此并不彻底。随着中国改革开放，中国基督教开始了教义思想上中国化的进程，以丁光训等人所倡导的"中国神学建设"就是其典型标志。应该说，在当今多元世界现状的影响下，基督教的中国化仍存在一定困难，其较为成功的政治层面的中国化主要是在20世纪50年代得到周总理等党和国家领导人的倡导和支持，阻力相对较小，而其神学、教义、礼仪及教会生活、文化等方面的中国化则处于方兴未艾之状。如果这一领域要想取得根本性突破，则必须全面贯彻落实以习近平同志为核心的党中央关于宗教问题的最新阐释，根本否定基督教等宗教因其"有神""唯心"定性而不可能中国化的错误观点。

（原载《中国宗教》2019年10期）

结语：改革开放 40 年来的基督教研究

中国改革开放之前，基督教研究相对沉寂，成果不多。追溯到 20 世纪上半叶，在中国教会内的基督教研究，不论是天主教还是基督新教曾非常活跃，其对历史、教义及神学思想的研究也颇有特色。天主教研究以北京辅仁大学、上海光启社以及河北献县等为中心，在神学理论、历史传承和基督教文献整理出版上都比较活跃，推出了系列成果，涌现出一批研究方面有成就的学者。基督新教方面也相当突出，当时流传北有燕京大学、南有圣约翰大学"双雄对峙"之说，教会大学的研究也有较广的发展，不少新教神学家在学界知名度非常高，推出了《基督教历代名著集成》等系列丛书。其学术讨论的重点之一就是对本色教会的研究，对基督教在中国发展的思考，此外在《圣经》的翻译研究上也有一些进展。1949 年以后，教会研究为主的局面逐渐消失，仅有少量著述发表，至 20 世纪 60 年代，教会内部的研究声音基本上不复存在。与此相对应，教外开始出现对基督教的研究。不过，在当时的历史氛围中，20 世纪 60 年代至 70 年代的"文化大革命"时期，这种研究主要是批判基督教与西方列强的关联，而在分析国际形势上则有对美国基督教思想的关注，翻译了一批美国基督教现代思想家的著作以内部资料的形式出版发行。当然，在中国通史和中国思想通史的研究中，也涉及基督教在华的历史及其思想发展，其立论却是批评的态度和否定的审视。但这种研究在整个中国学术界影响不大，成果甚微。所以说，严格意义上的中国基督教研究应该是从改革开放以来才真正形成的，始于 1978 年下半年，至今已有 40 年的历史进程。

回顾中国改革开放40年来的基督教研究，可以从五个方面来加以阐述：第一，改革开放初期的研究；第二，20世纪80年代末90年代初的研究；第三，20世纪90年代以来的研究；第四，世纪之交的研究；第五，对基督教研究的未来展望。

一　改革开放初期的基督教研究

中国改革开放初期的研究体现出"早春二月"的特点，研究出现了春天复苏的气息，但是乍暖仍寒，禁忌较多。虽然这种研究沿着历史的惯性还是在延续以往批判宗教这样的风格，却终于能够有专门研究基督教的著作问世，出现了零的突破。1979年，生活·读书·新知三联书店公开出版了杨真的专著《基督教史纲》上册。作者此书出版于改革开放初期，有着资料较旧、批判过多等局限，却是其在"文化大革命"难局中写就，当时能够转向基督教研究、潜心做学问本身就难能可贵，其开创和开拓功不可没。从这一时期开始，逐渐有一些研究著作问世，如顾长声所著《传教士与近代中国》（1981年）、《从马礼逊到司徒雷登》（1985年）等。当时的学术关注一是基督教通史，有少量译著问世；二是国际政治与基督教，特别是翻译出版了梵蒂冈历史研究著作；三是中国基督教的历史，包括对各种教案的史料收集整理和分析研究，对基督教来华历史及其传教士的研究，以及对陈垣等中国史学家的基督教研究著述之整理出版等。这些研究虽然多有批判的痕迹，却开始了对基督教历史全面、系统的探究。当时的研究工作主要分布在北京、上海以及福建、四川等地的研究机构和高校，如福建师范大学的教案史料整理与研究就比较突出。上述研究形成了最早探究基督教的一批学者。所以说，在改革开放初期，这些成果迈出了中国基督教当代研究的第一步。

二　20世纪80年代末90年代初的基督教研究

这一时期的基督教研究凸显出研究意向的文化意识，出现了基督教文化研究的亮相，从而突破了以往仅仅从负面批判性研究的窠臼，开始了对基督教客观、正面的评价。应该说，这一转型是与中国社会的大气候有着密切关联。当时正好经历了中国学术界关于宗教的"鸦片论"和"文化论"之大讨论，一些学者开始从宗教的文化蕴含及宗教文化史层面来研究宗教。众所周知，在中国现代学术史上，对于基督教乃至整个宗教的评价，经历了这样几次大的风波：一是在"新文化运动"之后，中国南北许多高校曾经兴起"非基督教运动"和"非宗教运动"，直接涉及对基督教的价值评断和其来华社会作用的评说。二是在1949年之后对基督教在华存在及其传教与帝国主义列强相关联的认知，正是因为要摆脱、消除这种影响才出现了20世纪50年代的基督教"三自"爱国运动。三是20世纪60年代中国理论界关于宗教是否为"迷信"的争论。四是经历了"文化大革命"对包括基督教的全方位宗教批判。五是改革开放初期关于宗教是否为"鸦片"的大讨论。这些政治运动及学术思潮都对基督教形成过冲击，也涉及对基督教的价值及社会评价问题，特别是论及基督教在华作用和其性质及特点的评价。

应该说，这些讨论从整体来看，对基督教的负面印象要大于对其正面评价，尤其在基督教与西方社会的关联、基督教在帝国主义侵华中的"文化侵略"之卷入等问题上，使对基督教整体评价的难度加大，其定性极为敏感。在中国社会学术建制内，在20世纪60年代以来的研究有一个基本定位：研究宗教，批判神学。研究宗教，其范围比较广，而批判神学则剑指明确，显然把重点放在对基督教神学的批判上。不过，今天中国社会对"批判神学"有不同的解读，一种是坚持"文化大革命"中否定一切的"大批判"意蕴，即对宗教、神学否定意义的打倒、摒弃。但这种观念在20世纪80年代末90年代初已经开始出现动摇和反思。另一种则是还原"批判"的本初意义，即学术批评、理论评断的本义；西方学术界在研究基督教《圣经》时曾出现过19世纪的"圣经批判学"，有着各种类型的"批判"模式，但因为忌讳"文化大革命"之"大批判"理解，这一"圣经批判学"遂被汉译为"圣经评断学"，其中苦心乃不言而喻。正是这后一种理解的还原，故使"批判"的寓意更为丰富，由此在中国基督教研究领域，"批判神学"与"神学建设"得以相提并论，形成对照。

20世纪80年代末90年代初，中国基督教研究真正具有划时代的意义，则是走出了20世纪对宗教包括基督教全盘否定的评价之格局，开始对宗教全面、综合性评价及研究。这样，基督教研究得以在一个平等、公正的场景中科学展开。特别是通过这一时期关于宗教是"鸦片"还是"文化"的讨论，"宗教是文化"的观点脱颖而出，人们开始从文化的角度来审视宗教，出现"宗教文化"之说。这场讨论应该说是在学术层面推动、深化了对宗教的研究和理解，使人们可以从文化的视角来讨论宗教问题。尽管"宗教文化论"仍然是一个有争议的命题，至少其亮相不会遭到太大的冲击。例如，世界宗教研究所在1994年与爱德基金会合作召开的第一次关于基督教的国际学术研讨会，就采用了"基督教文化与现代化"这一表述作为会议主题，也就是说，开始公开地从"基督教文化"这一角度或定位来讨论基督教。这是第一次开始以基督教文化即宗教文化的角度来研究基督教，讨论基督教文化体系与世界及中国现代化的关系问题。从此，可以从宗教文化立足来全面研究基督教，形成新的研究模式。

这一时期的基督教研究至少具有如下几个特点：一是教会外的学术界开始正面评价基督教，系统研究基督教。当时教会内部仍处于相对封闭状态。由于整个社会氛围对基督教的传统批判，迫使教会内部为了表明自己在适应中国社会发展的态度，不得不进行过度的自我批判，保持自我否定的态度，以免遭到社会的批判和反感。这就形成富有戏剧性的局面，基督教会一方面坚持自己的信仰，另一方面又对之加以自我否定，从而导致逻辑悖论，仍处于奇特的异化之中。二是学术界开始对教会大学展开全面而客观的评价，并对此加以相对肯定，指出教会大学在中国文化历史发展中，对中国的学术、文化、教育还是做出了重要贡献的。当时的教会大学为中国社会、经济、金融、文化、学术、教育、甚至政治等领域都培养了一批优秀人才，包括共产党内的一些杰出人物也有从教会大学毕业的。所以，对教会大学要有一个客观冷静、真实公平的分析。学界对教会大学的研究以华中师范大学为重点,在章开沅教授的带领下,形成了整个中国学术界的教会大学系统研究,包括北京师范大学、复旦大学以及福建一些大学的学者开始重点研究教会大学。三是形成国际合作的局面,不再是以往关起门来自说自话的封闭性研究。这样,中国的宗教研究得以与国际接轨,在世界范围的研究舞台上出现中国的声音,建立起中国的学术话语权。

从研究范围来看,这个时期的中国基督宗教研究大致包括如下一些方面。

一是教会大学历史研究,随之扩展为对整个基督教在华教育历史的探究,以华中师范大学起着学术引领作用,并搜集保存了国内最翔实的教会大学史料。

二是中国基督教历史研究,此时教内教外都在全面展开这一领域的探讨,如中国基督教会陈泽民、上海社会科学院江文汉等一批资深学者曾尝试进行中国基督教的通史研究。在福建师范大学、暨南大学、中国社会科学院历史研究所、上海天主教光启社等则深入开展了中国天主教史的系统探究。

三是教案研究,这一研究起步较早,得以全面展开,尤其是福建师范大学等对清代教案的探究特别系统而深入,对清史研究的发展起了重要的补充作用。

四是对基督教思想史的系统研究,中国社会科学院世界宗教研究所、哲学所,北京大学、复旦大学、中国人民大学、南开大学、武汉大学等重点开展了对天主教经院哲学的研究,并与西方哲学史的研究有机结合,形成很有必要的互补,傅乐安、尹大贻、车铭洲等学者推出其首批成果。其重点研究人物包括奥古斯丁、托马斯·阿奎那、库萨的尼古拉等。此外,对基督教思想通史、宗教改革思想史、近现代基督教神学史的研究也在全面展开。这一领域的重大突破还包括对基督教思想文化经典著作的系统翻译,形成了许多系列丛书。

五是世界基督教历史与现状研究,其中基督教史研究以华东师范大学为引领,徐怀启教授以一个基督教史的提纲开始讲课,其去世后这一讲稿得以整理出版。随之南开大学开始进行世界基督教的全面研究，于可教授形成了自己的研究团队，这种研究也将马丁·路德的宗教改革运动作为其研究重点。上海社会科学院宗教所则率先关注对宗教现状的调查研究，开始形成对基督教现状展开田野调查的进路。

三 20世纪90年代以来的研究

在前一时期的研究积累、准备的基础上，20世纪90年代以来的基督教研究形成高潮，出现了许多成果，形成了各种学术流派，其研究的系统性、建制性基本成熟。

这一时期的突出进展包括中国教会内部的研究得以全面展开，以丁光训、陈泽民以及金陵神学院的教师为代表，开展了"中国神学"研究，形成"中国神学建设"的构想。当时丁光训主教关于"爱的神学"之阐述引起了广泛讨论和争议商榷，神学领域开始活跃。此时在南京的爱德印刷厂开始印刷出版中文神学著作，特别是大量中文《圣经》的印刷发行带来了巨大的国际影响。天主教方面在金鲁贤主教的带动下也开始了神学及圣经研究，上海光启社的神学著作、期刊出版亦有声有色。北京天主教也组建起研究中心，开始定期召开神学研讨会议，出版其研究成果。

学术界的研究则锦上添花，深入拓展。基督教研究出现系列著作的发行、学术会议的召开、国际交流的推动等积极发展。在中国社会科学院世界宗教研究所、北京大学、中国人民大学、清华大学、中央民族大学、北京师范大学、北京外国语大学、复旦大学、上海大学、武汉大学、华中师范大学、浙江大学、中山大学、暨南大学、福建师范大学、东北师范大学、山东大学等逐渐形成基督教研究的中心，并且各有分工、各有侧重，形成科学、有机的研究发展。许多大学都有自己的相关研究课题，推出了相应的学术成果。

随着基督教研究的深入开展，其跨学科研究的特色得以彰显。例如，圣经研究的系统展开就触及许多领域，旧约圣经的研究开始与犹太教研究相结合，希伯来语言文化之探又深入两河流域的古代文明研究，新约圣经的研究则与古希腊罗马思想文化之探密切结合。天主教研究则与海外汉学研究相呼应，推动了澳门学、法国汉学、耶稣会研究的纵深发展，其科际整合的重要话题之一就是传教士汉学研究的提出。此外，这一研究开始注意学术方法的提炼及推广，学术流派的构建和成长，而"百花齐放、百家争鸣"的学术争论也多有热点涌现，如"汉语神学""文化基督徒""基督教哲学""基督教学"等问题，都有各抒己见、相互分辩的现象，其学术观点、研究进路、成果结论亦呈现出多元景观。

四 世纪之交的基督教研究

在告别20世纪、进入21世纪之际，中国的基督教研究也随着改革开放的深入发展而进入了"新时代"。这一时期的基督教研究已经很成规模，学科布局也比较系统、全面。许多研究机构和高校先后成立了专门研究基督教的研究中心、宗教学系、学院、研究室或课题组，从而基本上从以往学者个人的零散研究进入有相当规模的建构性研究发展。而在研究选题及学术重点上，也逐渐从资料的收集、整理更多转入中国学者独立的学术思想阐发、学术流派传承和学术个性彰显，有了中国学者自己的问题意识、学术风格、思想进路和研究方法。

在世纪之交，基督教研究与时俱进，不断创新，展示出学术金秋时节的来临。其研究的意向、侧重和成果表现出如下一些特点。

其一，基督教研究已经涉及其各大分科和相关领域，形成多层次、全方位的发展态势，达到前所未有的学术覆盖。比如，在基督教全球历史、思想理论、经典诠释、现状发展、中国基督教专史等方面都在不断细化，有着"科班"传承和"术业专攻"的气象，相关分支学科得以健全。

其二，经典研究与专业语言的结合更为直接和密切。从最初的批判性研究、文化史关注而转入基于经典的深入探究，使其研究显得扎实、厚重。一方面，其经典研究与希伯来语、希腊语、拉丁语等古典语言的学习掌握结合起来，相关研究基于原典原文之探，更多运用第一手材料。另一方面，对基督教的经典之探与语言语义学和现代诠释学的运用有机共构，哲学方法、经文辨识得到普及，被相关学者所娴熟运用。

其三，跨学科的研究风格基本形成，其探究既有内涵式的深入，也有外延式的扩展，与文史哲、社会学、语言学、文献学等多种学科的边沿性接触和交叉性互渗获得双赢之效，开拓了基督教的研究视域，也促成许多研究成果的问世。

其四，由学院式研究扩大到社会学、人类学研究，学者得以走出书斋而深入田野，注入社会调查的清新之风。这种接触实际的研究则推动了对基督教现状的调研、关注和警醒，从而与国际形势的分析、预测，对国情的联系、影响形成呼应。基督教国情调研、统计分析在这一时期得以全面开展，基督教与政治、社会、国家的关系受到特别的重视。如"我国宗教坚持中国化方向"就是最早从对"基督教的中国化"加以提倡和强调来推进的，旨在基督教在当代中国社会最大限度地发挥其积极作用。当然，这种摆脱书本之限的研究在实际工作中也引发了不少思考，尤其在其现状的分析研究上，学者开始探究基督教发展与中国的现状到底有什么关系，会产生什么影响，基督教在今天的中国社会主义社会究竟应该如何定位，即怎样来判断基督教的社会作用及影响，其在现实中所受到的外界影响，其在对外文化交流和传播中的作用，甚至包括其如何抵制、防范境外渗透的问题等。显而易见，基督教研究上理论与实践的有机结合得到了空前的强调和履行。

必须看到，中国的改革开放在世纪之交已经进入了深水区，社会转型复杂而曲折，这对基督教的研究有着直接的影响。随着这种研究的多元发展及多元走向，也出现了对相关研究问题或其意向的批评、商榷。其观点分歧在加大，相关争议也呈现出加重的迹象。在众说纷纭之中，达成共识则更为困难。例如，在如何理解并推进"基督教的中国化"上，就有多种说法、不同模式，对之有着激烈的争鸣、尖锐的批评和迥异的观点。以前研究的"一种声音"、舆论一律已不复存在。由于基督教现实研究的复杂性、敏感性和多元性，人们开始关注其发展走向是否会出现"拐点"以及会转向什么方向来发展。

五 对基督教研究的未来展望

从学术定位来看，我们对基督教研究应该持一种客观的立场，有一种比较冷静的分析，保持一种科学、公正的态度。但从现实来考察，基督教研究则与社会政治的确有着千丝万缕的纠缠，因而不可过分"书呆子气"，必须"讲政治"。这种研究与改革开放的发展变化有着直接的关联，并且会在未来的走向上出现交互影响。为此，基督教研究在未来必须在学术领域和现实需求上齐头并进，一是在"纯学术"的领域继续加强其学科建设，扩大其研究领域，完善其研究方法，形成中国问题意识、中国研究风格、中国学术流派，在国际学术交往中获得较强的"话语权"。二是在"讲政治"的社会现实处境中将基督教研究与中国当代社会可持续发展密切结合，使这一研究在真正构建世界和谐社会及人类命运共同体、积极引导宗教与我们社会主义社会相适应上发挥重要作用。所以说，基督教研究的"现实关怀"非常必要，任务艰巨。在这一方面应该引起我们的特别重视，使其能在服务于现实社会的宗教工作上起到独特作用，带来积极发展。

总之，中国的基督教研究在改革开放40年来形成了良好的基础，发掘出巨大潜力，从而会有着光明的发展前景。这种研究的使命和责任在中国当代社会转型中会更加重要，但也会充满风险，有着艰难之路，承受不小压力。为此，研究者必须增强信心，充满对未来的希望，以不断开拓、积极创新之态来迎接挑战，抓住机遇，与中国的改革开放保持同步，以其优秀的学术成就来贡献于中华民族的文化复兴和社会繁荣。

（原载《中国宗教》2019年第1期）